REVIEW TEXT IN SPANISH THREE YEARS

By ROBERT J. NASSI

BERNARD BERNSTEIN

and THEODORE F. NUZZI

Dedicated to serving

AMSCO

our nation's youth

When ordering this book, please speci

either **R 43 P** *or*

REVIEW TEXT IN SPANISH THREE YEAR

AMSCO SCHOOL PUBLICATIONS, Inc.

315 Hudson Street   New York, N.Y. 10013

ISBN 0-87720-508-6

Copyright © 1965 by

AMSCO SCHOOL PUBLICATIONS, Inc.

*No part of this book may be reproduced
in any form without written permission
from the publisher.*

PRINTED IN THE UNITED STATES OF AMERICA

PREFACE

This *Review Text in Spanish Three Years* has as its principal aims for the student to assist him in his mastery of the elements of the Spanish language, and give him a broad understanding of the culture of the Hispanic world. For the teacher, the book aims to organize the basic material taught in the first three years of Spanish, furnish an abundance of varied drills, and provide suitable tests.

The Review Text is so arranged as to make it readily usable. The contents are divided into large units: Verbs, Grammatical Structures, Idioms, Civilization, Composition, Reading Comprehension, and Auditory Comprehension. Within the units, each lesson treats fully one important topic. Mastery Exercises, placed at logical summary points, afford a comprehensive review of several closely-related lessons.

The vocabulary used throughout the book is extensive but carefully selected to fit the needs of the third-year student. An attempt has been made to include each word or idiom several times to promote learning through repetition. Reference vocabularies are found at the end of the book.

Other noteworthy features of the text are: the exclusive use of the foreign language in the unit on Civilization as well as in the cultural vignettes; the testing of reading passages by means of multiple-choice responses; provision for developing the ability to write coherently through suggested composition exercises; a guide for students preparing to take the College Board Achievement Test in Spanish.

In brief, from the points of view both of learning the language and of teaching the language, this *Review Text in Spanish Three Years* should prove of inestimable value.

The authors appreciate the significant contribution of Miss Nunzia Greco, New York City, who assisted in the preparation and reading of the manuscript and offered valuable suggestions for improvement.

—The Authors

iii

CONTENTS

Part I—*Verbs*

Lesson   *Page*

1. PRESENT TENSE.. 1
   Regular Verbs... 1
   Verbs Irregular in the Present Tense..................... 1
   Uses of the Present Tense............................... 3
2. PRESENT TENSE OF STEM-CHANGING VERBS......... 7
   Stem-Changing Verbs Ending in *-AR* and *-ER*............ 7
   Stem-Changing Verbs Ending in *-IR*..................... 8
3. SPELLING CHANGES IN THE PRESENT TENSE........ 12
4. PRETERITE TENSE...................................... 15
   Regular Verbs... 15
   Verbs Which Change *I* to *Y* in the Preterite............ 15
   Verbs Ending in *-CAR*, *-GAR*, and *-ZAR*.............. 15
   Stem-Changing Verbs Ending in *-IR*..................... 17
   Verbs Irregular in the Preterite......................... 17
   Uses of the Preterite Tense............................. 18
5. IMPERFECT TENSE..................................... 21
   Regular Verbs... 21
   Verbs Irregular in the Imperfect Tense................... 21
   Uses of the Imperfect Tense............................. 21
   Preterite and Imperfect Compared....................... 22
6. MASTERY EXERCISES (Lessons 1–5)..................... 25
7. FUTURE AND CONDITIONAL............................ 28
   Regular Verbs... 28
   Verbs Irregular in the Future and Conditional............ 28
   Uses of the Future Tense................................ 29
   Uses of the Conditional................................. 30
8. GERUND (PRESENT PARTICIPLE); PROGRESSIVE
   TENSES.. 35
   Gerunds of Regular Verbs............................... 35
   Gerunds Ending in *-YENDO*............................ 35
   Verbs Irregular in the Gerund........................... 35
   Uses of the Gerund (Present Participle)................... 36
9. PAST PARTICIPLE; COMPOUND TENSES................ 38
   Past Participles of Regular Verbs........................ 38
   Past Participles Ending in *-ÍDO*........................ 38
   Verbs Irregular in the Past Participle.................... 38
   Compound Tenses....................................... 39
10. USES OF *SER* AND *ESTAR*............................ 43
11. REFLEXIVE VERBS.................................... 47

Position of Reflexive Pronouns.................................. 47
Uses of the Reflexive Pronouns................................ 48
12. MASTERY EXERCISES (Lessons 7–11)..................... 52
13. PASSIVE VOICE... 56
14. FORMATION OF THE SUBJUNCTIVE..................... 62
Formation of the Present Subjunctive......................... 62
Formation of the Imperfect Subjunctive....................... 64
Formation of the Perfect and Pluperfect Subjunctive............ 65
15. USES OF THE SUBJUNCTIVE (PART I)................... 67
Sequence of Tenses... 70
16. USES OF THE SUBJUNCTIVE (PART II).................. 75
17. FORMAL AND FAMILIAR COMMANDS................... 85
Formal Commands.. 85
Indirect Commands... 85
LET US (LET'S).. 85
Familiar Commands... 86
Object Pronouns With Commands............................ 87
18. MASTERY EXERCISES (Lessons 13–17)................... 91
MASTERY VERB DRILL CHART........................ 96

Part II—*Grammatical Structures*

1. NOUNS AND ARTICLES.................................. 98
Gender of Nouns... 98
Plural of Nouns.. 100
Forms of the Articles....................................... 100
Special Uses of the Articles................................. 101
Neuter Article *LO*.. 103
Omission of the Articles..................................... 104
2. POSSESSION... 107
Possessive Adjectives....................................... 107
Possessive Pronouns.. 108
WHOSE.. 109
3. DEMONSTRATIVES...................................... 112
Demonstrative Adjectives.................................... 112
Demonstrative Pronouns..................................... 113
4. ADJECTIVES AND ADVERBS............................. 118
Adjectives... 118
Adverbs... 122
5. COMPARISONS... 126
Comparisons of Inequality................................... 126
Comparisons of Equality..................................... 128
Absolute Superlative (No Comparison)......................... 129
6. MASTERY EXERCISES (Lessons 1–5)...................... 132

7. PERSONAL PRONOUNS.................................... 135
   Subject Pronouns.. 135
   Prepositional Pronouns.................................... 135
   Object Pronouns... 137
   Position of Object Pronouns............................... 137
   Double Object Pronouns.................................... 138
8. INTERROGATIVES, EXCLAMATIONS, AND RELATIVE
   PRONOUNS... 144
   Interrogatives... 144
   Exclamations.. 145
   Relative Pronouns... 146
9. NEGATIVES; *PERO—SINO*................................ 151
   Negatives.. 151
   Negative Expressions...................................... 152
   PERO—SINO... 153
10. NUMBERS; TIME; DATES................................. 158
   Cardinal Numbers... 158
   Arithmetic Expressions.................................... 159
   Ordinal Numbers.. 160
   Time.. 160
   Dates... 161
11. PREPOSITIONS.. 165
   Prepositions Before Infinitives............................ 165
   Personal *A*.. 169
   PARA—POR... 170
12. MASTERY EXERCISES (Lessons 7–11).................... 176
   MASTERY STRUCTURE DRILLS........................ 180

Part III—*Idioms*

1. IDIOMS WITH *DAR*, *HABER*, *HACER*, AND *TENER*..... 185
   Idioms With *DAR*... 185
   Idioms With *HABER*...................................... 186
   Idioms With *HACER*...................................... 187
   Idioms With *TENER*...................................... 189
2. MISCELLANEOUS VERBAL IDIOMS (PART I)............. 192
3. MISCELLANEOUS VERBAL IDIOMS (PART II); *GUSTAR* 199
4. IDIOMS WITH *A*, *DE*, AND *EN*......................... 205
   Idioms With *A*... 205
   Idioms With *DE*.. 207
   Idioms With *EN*.. 208
5. MISCELLANEOUS IDIOMS.............................. 212
6. MASTERY EXERCISES................................. 219

Part IV—*Civilization*

1. LA GEOGRAFÍA DE ESPAÑA.................................. 223
   Extensión, Clima, y Población............................. 223
   Cordilleras Principales................................... 223
   Ríos... 224
   Productos y Minerales Principales......................... 225
   División Territorial del País............................. 227
   Posesiones Extraterritoriales............................. 230
   Ciudades Principales..................................... 232
2. LA HISTORIA DE ESPAÑA................................... 235
   Época Primitiva.. 235
   Grandeza de España....................................... 236
   Decadencia... 237
   España Desde el Siglo XIX Hasta Hoy...................... 237
   Algunas Observaciones Sobre los Idiomas de la Península....... 238
3. LA LITERATURA DE ESPAÑA................................ 240
   Literatura Antes del Siglo de Oro........................ 240
   Siglo de Oro... 240
   Siglo XVIII.. 242
   Siglo XIX.. 242
   "Generación del '98" Hasta Nuestros Días................. 243
4. LAS BELLAS ARTES Y LA CIENCIA.......................... 248
   Música... 248
   Arquitectura, Pintura, Ciencia........................... 249
5. LA VIDA Y LAS COSTUMBRES ESPAÑOLAS.................... 253
   Casa y Familia... 253
   Tipos Pintorescos.. 253
   Actividades Sociales y Costumbres........................ 253
   Comidas y Bebidas.. 254
   Ropa... 254
   Días de Fiesta... 255
   Diversiones y Deportes................................... 256
6. MASTERY EXERCISES ON SPAIN............................. 258
7. LA GEOGRAFÍA DE HISPANOAMÉRICA....................... 260
   México y la América Central.............................. 260
   Las Antillas... 263
   La América del Sur....................................... 266
8. LA HISTORIA DE HISPANOAMÉRICA......................... 276
   Civilizaciones Indias.................................... 276
   Descubrimiento, Exploración, y Conquista................. 276
   Administración de las Colonias........................... 278
   La Independencia... 278
   Desde la Independencia Hasta Nuestros Días............... 280
   Relaciones Interamericanas............................... 281
   El Cuerpo de Paz y la Alianza Para el Progreso........... 281

9. LA LITERATURA DE HISPANOAMÉRICA................ 284
   Desde la Época Colonial Hasta la Revolución.................. 284
   Post-Revolución.................... 284
   El Modernismo Hasta Nuestros Días........................ 285
   Novelistas del Siglo XX................................. 285
   Poetas del Siglo XX................................... 286
10. EL ARTE Y LA MÚSICA DE HISPANOAMÉRICA........ 288
   Pintores................................. 288
   Música y Baile............................. 288
11. LAS COSTUMBRES HISPANOAMERICANAS.............. 291
   Días de Fiesta............................ 291
   Bebidas................................ 291
   Comidas Mexicanas........................... 291
   Tipos Pintorescos........................... 292
   Trajes Típicos............................ 292
   Monedas................................ 292
12. MASTERY EXERCISES ON SPANISH AMERICA........... 294

Part V

Practice in Composition 297

Part VI

Reading Comprehension................................. 306

Part VII

Auditory Comprehension............................... 326

Part VIII

A Guide to the College Board Achievement Test in Spanish.. 330

Appendix

Irregular Verb Forms................................ 343

Examinations 357

Spanish-English Vocabulary......................... 1

English-Spanish Vocabulary......................... 23

Part I—*Verbs*

1. PRESENT TENSE

REGULAR VERBS

entrar:	entr	*-o, -as, -a, -amos, -áis, -an*
comer:	com	*-o, -es, -e, -emos, -éis, -en*
vivir:	viv	*-o, -es, -e, -imos, -ís, -en*

VERBS IRREGULAR IN THE PRESENT TENSE

1. The following verbs are irregular only in the first person singular of the present tense:

caber, to fit, to be room for:

quepo, cabes, cabe, cabemos, cabéis, caben

caer, to fall:

caigo, caes, cae, caemos, caéis, caen

conocer, to know, to be acquainted with:

conozco, conoces, conoce, conocemos, conocéis, conocen

Like conocer:

aborrecer, to hate	**merecer,** to deserve
agradecer, to thank	**nacer,** to be born
aparecer, to appear	**obedecer,** to obey
carecer, to lack	**ofrecer,** to offer
crecer, to grow	**parecer,** to seem
desaparecer, to disappear	**permanecer,** to remain
desconocer, to be unaware of	**pertenecer,** to belong
establecer, to establish	**reconocer,** to recognize
estremecerse, to shudder	

dar, to give:

doy, das, da, damos, dais, dan

1

hacer, to make, to do:

   hago, haces, hace, hacemos, hacéis, hacen

      Like hacer:

         deshacer, to undo; **satisfacer,** to satisfy

poner, to put, to set:

   pongo, pones, pone, ponemos, ponéis, ponen

      Like poner:

componer, to compose	**imponer,** to impose
disponer, to dispose	**oponer(se),** to oppose
exponer, to expose	**proponer,** to propose

saber, to know:

   sé, sabes, sabe, sabemos, sabéis, saben

salir, to go out:

   salgo, sales, sale, salimos, salís, salen

traducir, to translate:

   traduzco, traduces, traduce, traducimos, traducís, traducen

      Like traducir:

         conducir, to conduct, to lead

         producir, to produce

         reducir, to reduce

traer, to bring:

   traigo, traes, trae, traemos, traéis, traen

      Like traer:

         atraer, to attract

valer, to be worth:

   valgo, vales, vale, valemos, valéis, valen

ver, to see:

   veo, ves, ve, vemos, veis, ven

Note

Most verbs that end in **-cer** or **-cir** and that have a vowel directly before the **c,** change the **c** to **zc** in the first person singular. (See **conocer** and **traducir.**)

Exceptions: **decir (digo), hacer (hago), cocer (cuezo).**

Important: Irregular verbs that change **c** to **zc** are identified in the vocabulary lists by **zc** in parentheses after the verb.

2. Other verbs that have irregular forms in the present tense are:

decir, to say, to tell:

digo, dices, dice, decimos, decís, *dicen*

estar, to be:

estoy, estás, está, estamos, estáis, *están*

haber, to have:

he, has, ha, hemos, habéis, *han*

ir, to go:

voy, vas, va, vamos, vais, van

oír, to hear:

oigo; oyes, oye, oímos, oís, *oyen*

ser, to be:

soy, eres, es, somos, sois, son

tener, to have:

tengo, tienes, tiene, tenemos, tenéis, *tienen*

Like tener:

contener, to contain	**obtener,** to obtain
detener, to detain	**sostener,** to sustain
mantener, to maintain	

venir, to come:

vengo, vienes, viene, venimos, venís, *vienen*

USES OF THE PRESENT TENSE

1. The present tense may be expressed in three ways in English.

Pablo *sale.*	Paul leaves (is leaving, does leave).
Van a casa.	They go (are going, do go) home.

2. The present tense is often used instead of the future to ask for instructions or to refer to an action that will take place in the immediate future.

¿Lo *pongo* aquí?	Shall I put it here?
¿Qué *hacemos* ahora?	What shall we do now?
Llamo más tarde.	I'll call later.
Después *comemos.*	We'll eat afterwards.

3. The construction **hace** + an expression of time + **que** + the present tense is used to express an action or event that began in the past and continues into the present. In questions, *How long?* is translated by **¿Cuánto tiempo hace que . . . ?** + the present tense.

Hace un año que vivo aquí.
It a year that I am here
makes   living

I have been living here for a year.

Hace una hora que esperamos.
It an hour that we are
makes   waiting

We have been waiting for an hour.

¿Cuánto tiempo hace que Vd.
How   time   does that you
much   it
                make

How long have you been working?

trabaja?
are
working

Note

The present tense + **desde hace** + an expression of time is also used to express a past action or event that continues into the present. In such expressions, the question *How long?* is translated by **¿Desde cuándo . . . ?** + the present tense.

Vivo aquí desde hace un año.
I am here since it a year
living   makes

I have been living here for a year.

¿Desde cuándo trabaja Vd.?
Since   when   are you working

How long have you been working?

EJERCICIOS

A. En cada grupo, complétense las frases, usando la forma correcta del verbo de la primera frase.

EJEMPLO: Yo *voy* al cine. Alicia _____*va*_____ al cine también.

¿Desea Vd. _____*ir*_____ con nosotros?

1. *Establecen* la fábrica en Chicago. Yo _____ mi casa en Los Ángeles. Mis primos _____ la suya en Nueva York.
2. *Tengo* que regresar a casa. ¿_____ Vds. que regresar también? Sí, Inés y yo _____ que regresar en seguida.
3. Tú *eres* el hermano de Pepe, ¿verdad? Sí, yo _____ su hermano. Nosotros _____ de Chile.
4. Concha y Federico *traen* sus discos. Yo _____ mis discos también. ¿Desea Vd. _____ los suyos?
5. ¿Dónde *ponemos* las maletas? Yo siempre las _____ en la alcoba. ¿Desea Vd. _____ las mías allí también?
6. ¿Cuándo *vienen* Vds. a visitarme? Yo _____ mañana. ¿_____ Alicia también?

7. ¿*Da* Vd. una propina al mozo? Yo siempre le _____ una propina. Casi todos le _____ propinas.
8. ¿Qué *hacen* Vds. esta noche? Yo no _____ nada. ¿Tiene Vd. algo que _____?
9. Pablo nunca *dice* mentiras. Yo no _____ mentiras tampoco. Nosotros siempre _____ la verdad.
10. Los actores *aparecen* en las películas. Yo no _____ en ninguna película. Mi amigo es actor y _____ en buenas películas.

B. Escríbase la forma correcta de cada uno de los verbos entre paréntesis.

EJEMPLO: No *está* aquí. (caber, vivir, llegar, comer)
cabe, vive, llega, come

1. *Escucho* aquel programa. (aborrecer, cambiar, oír, desconocer)
2. Yo *veo* a mis padres. (obedecer, necesitar, agradecer, admirar)
3. El campesino *produce* frutas. (vender, ver, tener, regalar)
4. Tomás *toca* la guitarra. (comprar, romper, mirar, esconder)
5. Yo *trabajo* en mi cuarto. (estar, caber, permanecer, llorar)
6. Yo *estudio* mi lección de español. (traducir, leer, saber, escribir)
7. Yo *compro* el automóvil. (ver, conducir, reconocer, detener)
8. Se lo *pago* mañana. (dar, traer, ofrecer, decir)
9. Las flores *brotan* de la tierra. (venir, nacer, salir, crecer)
10. El esclavo *desea* la libertad. (obtener, recibir, amar, desconocer)

C. Tradúzcanse las frases al español, de dos maneras, según los ejemplos.

EJEMPLO: How long have you been studying Spanish?
a. ¿Cuánto tiempo hace que Vd. estudia el español?
b. ¿Desde cuándo estudia Vd. el español?

1. How long have you been reading?
2. How long have they been living there?
3. How long have you been coming here?
4. How long have you been working?
5. How long has he been waiting?

EJEMPLO: I have been studying for two hours.
a. Hace dos horas que estudio.
b. Estudio desde hace dos horas.

6. I have been working for a week.
7. We have been traveling for a month.
8. They have been attending this school for a year.
9. You have been resting for an hour.
10. She has been here for a long time.

EJEMPLOS: Shall I bring the refreshments? ¿Traigo los refrescos?
I'll bring the refreshments. Traigo los refrescos.

11. I'll put the package here.
12. Shall I thank him for the gift?
13. Shall I prepare the meal?
14. We'll go now.
15. Shall we wait for Henry?

D. Contéstense en español en frases completas.

1. ¿Saludan Vds. al profesor al entrar en la clase?
2. ¿Dónde pone Vd. sus libros en la escuela?
3. ¿Abren Vds. las ventanas cuando hace frío?
4. ¿Desaparece Vd. cuando hay trabajo que hacer?
5. ¿Debe Vd. estudiar más?
6. ¿A qué hora salen Vds. de la escuela?
7. ¿Hace Vd. mucho ruido cuando sale?
8. ¿Pasa Vd. mucho tiempo charlando con sus amigos?
9. ¿Son Vds. buenos alumnos?
10. ¿Tiene Vd. que trabajar después de las clases?
11. ¿Cuántos regalos le dan sus padres en su cumpleaños?
12. ¿Ve Vd. muchos programas de televisión?
13. ¿Oye Vd. las noticias del día por radio?
14. ¿En qué mes cae su cumpleaños?
15. ¿Obedece Vd. siempre a sus padres?
16. ¿Cuánto tiempo hace que Vd. es alumno(-a) de esta escuela?
17. ¿Cuánto tiempo hace que Vds. asisten a esta clase?
18. ¿Cuánto tiempo hace que Vd. desea viajar?
19. ¿Desde cuándo tienen Vds. un aparato de televisión?
20. ¿Desde cuándo conoce Vd. a su mejor amigo(-a)?

E. Tradúzcanse al español.

1. He has been dancing with her for one hour.
2. Why does Peter say such things?
3. I deserve a good mark in this examination.
4. How long have you been in the library?
5. What are you going to do this week end?
6. Charles and I hope to see them tomorrow.
7. This afternoon they are going to write to us.
8. I belong to the human race.
9. We have to discuss an important matter.
10. I do not know the address.
11. He gives his sister a pearl necklace.
12. These jewels are worth much.
13. In the autumn the leaves fall from the trees.
14. Every Sunday we hear the church bells.
15. I drive the automobile better than my brother.

La ciudad de Chichén-Itzá, en la península de Yucatán, es el centro tradicional de la gran civilización de los mayas. Hasta hoy día se pueden ver sus magníficas pirámides y las ruinas de sus templos.

2. PRESENT TENSE OF STEM-CHANGING VERBS

STEM-CHANGING VERBS ENDING IN -*AR* AND -*ER*

Stem-changing verbs ending in **-ar** or **-er** change the stem vowel in the present tense as follows:

> **e to ie** ⎫
>   ⎬ in all forms except those for **nosotros** and **vosotros**
> **o to ue** ⎭

pensar, to think:

    p*ie*nso, p*ie*nsas, p*ie*nsa, pensamos, pensáis, p*ie*nsan

    Like pensar:

acertar, to hit the mark, to guess right	**empezar,** to begin
apretar, to tighten, to squeeze, to be tight	**encerrar,** to enclose, to lock up
	gobernar, to govern
atravesar, to cross	**helar,** to freeze
cerrar, to close	**nevar,** to snow
comenzar, to begin, to commence	**quebrar,** to break
confesar, to confess	**remendar,** to patch, to mend
despertar(se), to awaken	**sentarse,** to sit down

descender, to descend:

    desc*ie*ndo, desc*ie*ndes, desc*ie*nde, descendemos, descendéis, desc*ie*nden

    Like descender:

ascender, to ascend	**entender,** to understand
defender, to defend	**perder,** to lose
encender, to light, to ignite	**querer,** to wish, to love, to want

mostrar, to show:

    m*ue*stro, m*ue*stras, m*ue*stra, mostramos, mostráis, m*ue*stran

    Like mostrar:

acordarse (de), to remember	**jugar (u to ue),** to play
acostarse, to go to bed	**recordar,** to remember
almorzar, to eat lunch	**renovar,** to remodel, to renew
contar, to count, to relate	**tronar,** to thunder
costar, to cost	**volar,** to fly
encontrar, to find, to meet	

volver, to return:

> vu*e*lvo, vu*e*lves, vu*e*lve, volvemos, volvéis, vu*e*lven

> > Like volver:

> > > **conmover,** to move (emotionally).   **oler (o** to **hue),** to smell
> > > **devolver,** to return, to give back   **poder,** to be able
> > > **doler,** to pain, to ache   **resolver,** to solve, to resolve
> > > **llover,** to rain   **soler,** to be in the habit of, to be
> > > **mover,** to move   accustomed to

STEM-CHANGING VERBS ENDING IN -*IR*

Stem-changing verbs ending in **-ir** change the stem vowel in the present tense as follows:

> **e** to **ie**
> **o** to **ue** ⎬ in all forms except those for **nosotros** and **vosotros**
> **e** to **i**

consentir, to consent:

> consi*e*nto, consi*e*ntes, consi*e*nte, consentimos, consentís, consi*e*nten

> > Like consentir:

> > > **adquirir (i** to **ie),** to acquire   **mentir,** to lie
> > > **advertir,** to notify, to warn   **preferir,** to prefer
> > > **convertir,** to convert   **referir,** to narrate, to refer
> > > **divertirse,** to enjoy oneself, to   **sentir,** to regret, to feel sorry
> > >   have a good time   **sentirse,** to feel (well, ill)
> > > **hervir,** to boil

dormir, to sleep:

> du*e*rmo, du*e*rmes, du*e*rme, dormimos, dormís, du*e*rmen

> > Like dormir:

> > > **dormirse,** to fall asleep   **morir(se),** to die

pedir, to ask for, to request:

> p*i*do, p*i*des, p*i*de, pedimos, pedís, p*i*den

Like pedir:

despedirse (de), to take leave (of),
   to say goodbye (to)
gemir, to groan, to moan
impedir, to prevent
medir, to measure
reír(se), to laugh

reñir, to quarrel, to scold
repetir, to repeat
servir, to serve
sonreír, to smile
vestir(se), to dress (oneself)

Note

A. The verb **reír** (and **sonreír**) has a written accent mark over the letter **i** in all forms:

río, ríes, ríe, reímos, reís, ríen

B. In verbs ending in **-uir** (except **-guir**), a **y** is inserted after the **u** in all forms except those for **nosotros** and **vosotros**.

huir, to flee:

huyo, huyes, huye, huimos, huís, huyen

Like huir:

concluir, to conclude, to end
construir, to construct
contribuir, to contribute
destruir, to destroy

distribuir, to distribute
incluir, to include
influir, to influence, to have influence
sustituir, to substitute

C. Some verbs ending in **-iar** or **-uar** stress the **i** or the **u (í, ú)** in all forms except those for **nosotros** and **vosotros**.

enviar, to send:

envío, envías, envía, enviamos, enviáis, envían

Like enviar:

confiar (en), to rely (on), to confide (in)
espiar, to spy
fiarse (de), to trust

guiar, to guide, to drive
resfriarse, to catch cold
variar, to vary

continuar, to continue:

continúo, continúas, continúa, continuamos, continuáis, continúan

Like continuar:

actuar, to act

graduarse, to be graduated, to graduate

Important: All stem-changing verbs are identified in the vocabulary lists by the type of change **(ie, ue, i, y, í, ú)** after the verb.

EJERCICIOS

A. Cámbiese la forma del verbo en letra cursiva, empleando los sujetos entre paréntesis.

EJEMPLO: María *lee* el libro y lo *cierra*.   (ellos, nosotros, yo)

       Ellos leen . . . cierran.

       Nosotros leemos . . . cerramos.

       Yo leo . . . cierro.

1. El señor *vuelve* a casa y *se acuesta*.   (yo, ellos, nosotros)
2. Yo *quiero* ir a la función, pero no *puedo*.   (ellos, Vd., tú)
3. Ellos *se sientan* a la mesa y *empiezan* a comer.   (él, nosotros, yo)
4. En junio *me gradúo* y *me despido* de la escuela.   (nosotros, tú, ella)
5. Yo *me despierto* y *me visto* pronto.   (tú, los niños, nosotros)
6. *Concluyen* la discusión y *cierran* la sala.   (yo, Vd., nosotros)
7. *Nos divertimos* mucho cuando *jugamos* al fútbol.   (yo, ellos, tú)
8. *Destruye* los papeles y *huye* de la casa.   (nosotros, yo, Vds.)
9. No *me siento* bien cuando *duermo* menos de ocho horas.   (nosotros, tú, ella)
10. Ellas *actúan* muy bien y *conmueven* al público.   (nosotros, tú, yo)
11. *Repito* la lección varias veces cuando no la *entiendo*.   (los alumnos, nosotros, él)
12. *Enciendo* la luz cuando *comienzo* a trabajar.   (nosotros, el maestro, vosotros)
13. *Sonrío* cuando *recuerdo* aquel chiste.   (ellos, Elena, nosotros)
14. Diego *almuerza* y luego *pide* la cuenta.   (yo, nosotros, los señores)
15. *Confían* en la buena suerte cuando *juegan* al fútbol.   (nosotros, yo, vosotros)

B. En cada grupo, complétense las frases, usando la forma correcta del verbo de la primera frase.

1. *Atravesamos* varias calles para llegar a la escuela. ¿_____ Vd. muchas calles? Yo no _____ ninguna calle.
2. ¿*Juegan* Vds. al ajedrez? Nosotros no _____. Nuestro padre _____ bien.
3. Yo *muevo* la silla. ¿_____ Vds. la mesa? No, nosotros _____ el escritorio.
4. Paco *resuelve* el problema. Nosotros lo _____ también. Ellos no lo _____.
5. *Volvemos* ahora. Alicia _____ más tarde. Todos _____ lo más pronto posible.
6. Yo *me divierto* mucho en una tertulia. ¿_____ Vds.? Sí, nosotros _____ siempre.
7. *Preferimos* este vestido. Ella _____ el vestido rojo. ¿Qué vestido _____ Vd.?
8. Rosa ya *sirve* la ensalada. Yo _____ la carne. Nosotras _____ el té después.
9. Siempre *acertamos* a dar la respuesta correcta. ¿_____ Vds. también? No, pero ella _____ a menudo.
10. No *guío* bien el automóvil. ¿_____ Vds. bien? Nosotros _____ muy mal.

C. Escríbase la forma correcta de cada uno de los verbos entre paréntesis, en lugar del verbo en letra cursiva.

1. Tomás *piensa* hacerlo.   (comenzar a, consentir en, acordarse de, preferir)
2. El emperador *abandona* su trono.   (querer, perder, preferir, defender)
3. *Cuesta* mucho.   (llover, nevar, divertirse, reírse)
4. El policía *acusa* al ladrón.   (encontrar, encerrar, conocer, espiar)
5. Todos *resisten*.   (acertar, continuar, contribuir, servir)
6. No *gano* dinero.   (adquirir, contar, distribuir, querer)
7. Los niños *lloran*.   (gemir, mentir, reírse, reñir)
8. *Vende* el instrumento.   (destruir, enviar, mostrar, quebrar)

9. *Ponen* la casa en el campo.   (construir, destruir, renovar, recordar)
10. El presidente *defiende* el país.   (gobernar, guiar, pensar en, servir)

   D. Contéstense en español en frases completas.

1. ¿Piensa Vd. continuar estudiando el español?
2. ¿Suele Vd. pasar mucho tiempo mirando la televisión?
3. ¿Recuerda Vd. los años de su infancia?
4. ¿Sonríe Vd. cuando se siente feliz?
5. ¿Se divierte Vd. durante las vacaciones?
6. ¿Repiten Vds. las frases varias veces en la clase de español?
7. ¿Cuándo se gradúa Vd.?
8. ¿A qué hora empieza Vd. a estudiar sus lecciones?
9. ¿Se fía Vd. mucho de sus amigos?
10. ¿Cierra Vd. la puerta al salir de casa?
11. ¿Envía Vd. regalos a sus amigos para la Navidad?
12. ¿A qué hora se acuesta Vd. generalmente?
13. ¿Se ríe Vd. de los errores de sus compañeros?
14. ¿Duermen Vds. en la clase?
15. ¿Pide Vd. permiso a sus padres para salir de noche?
16. ¿Se resfría Vd. cuando hace mal tiempo?
17. ¿Se despiden Vds. del profesor al salir de la clase?
18. ¿A qué hora almuerza Vd.?
19. ¿Riñe Vd. a veces con sus padres?   ¿Por qué?
20. ¿Devuelve Vd. los libros que sus amigos le prestan?

   E. Tradúzcanse al español.

1. In the winter it snows, and the lakes freeze over.
2. I warn you that such punishment is not sufficient.
3. The elevator rises and descends smoothly.
4. Because of his fall, his right leg hurts him.
5. The wind hinders the progress of the boats.
6. On the frontier, the travelers convert their dollars to pesos.
7. While the soup boils, my mother sets the table.
8. This child shows an extraordinary talent for mathematics.
9. The price of the meal includes the tax and the tip.
10. Customs vary from one country to another.
11. He doesn't think of the difficulties of the enterprise.
12. The monument measures thirty feet in width and fifty in height.
13. A good teacher has much influence on the future.
14. He is wearing new shoes, and they are tight.
15. Upon entering, he smells the aroma of roast beef.

3. SPELLING CHANGES IN THE PRESENT TENSE

Verbs with changes in spelling are not really irregular. The spelling change occurs before certain letters in order that the original *sound* may be kept in accordance with the rules for Spanish pronunciation.

1. In verbs ending in **-cer** or **-cir,** the **c** changes to **z** before **o** or **a.**

vencer, to conquer, to overcome:

    ven**z**o, vences, vence, vencemos, vencéis, vencen

      Like vencer:

        convencer, to convince

        ejercer, to exert, to exercise, to practice (a profession)

2. In verbs ending in **-ger** or **-gir,** the **g** changes to **j** before **o** or **a.**

dirigir, to direct:

    diri**j**o, diriges, dirige, dirigimos, dirigís dirigen

      Like dirigir:

        afligir, to afflict, to grieve   **fingir,** to pretend

        coger, to seize, to grasp, to catch   **proteger,** to protect

        escoger, to choose, to select   **recoger,** to gather, to pick up

        exigir, to demand, to require

3. In verbs ending in **-guir,** the **gu** changes to **g** before **o** or **a.**

distinguir, to distinguish:

    distin**g**o, distingues, distingue, distinguimos, distinguís, distinguen

      Like distinguir: **extinguir,** to extinguish

Note

A. Some verbs with spelling changes also have stem changes. (See Verb Lesson 2, page 7.) Some verbs of this type are:

cocer, to cook:

    *cue***z**o, *cue*ces, *cue*ce, cocemos, cocéis, *cue*cen

      Like cocer: **torcer,** to twist, to turn

corregir, to correct:

    corri**j**o, corri*g*es, corri*g*e, corregimos, corregís, corri*g*en

      Like corregir: **elegir,** to elect, to choose

seguir, to follow, to continue:

sigo, s*i*gues, s*i*gue, seguimos, seguís, s*i*guen

Like seguir:

conseguir, to get, to obtain,   **proseguir,** to continue,
to succeed in   to proceed

perseguir, to pursue, to persecute

B. Verbs ending in **-car, -gar,** and **-zar** have no spelling changes in the present tense; changes occur only in the preterite, in commands, and in the present subjunctive. They are discussed in the appropriate chapter.

Important: Verbs with spelling changes are identified in our vocabulary lists by the type of change **(z, j, g)** in parentheses after the verb.

EJERCICIOS

A. Cámbiese la forma del verbo en letra cursiva, empleando los sujetos entre paréntesis.

EJEMPLO: María *escoge* la pluma azul.   (yo, ellos, nosotros)

Yo escojo . . .

Ellos escogen . . .

Nosotros escogemos . . .

1. Vd. *corrige* las faltas.   (yo, nosotros, ellos)
2. *Siguen* los consejos del sabio.   (tú, yo, vosotros)
3. *Convencemos* a los oficiales.   (ellos, Arturo, yo)
4. *Proseguimos* el camino.   (yo, ellos, tú)
5. *Recogemos* las flores.   (él, yo, ellos)
6. A las dos millas, *tuerce* a la derecha.   (Vds., nosotros, yo)
7. El amo *protege* a los empleados.   (yo, ellos, vosotros)
8. El dolor le *aflige*.   (tú, la enfermedad, yo)
9. *Ejerce* la profesión de abogado.   (nosotros, yo, tú)
10. *Dirigen* un negocio importante.   (el Sr. Gómez, yo, tú)
11. Los alumnos *distinguen* entre "tú" y "Vd."   (yo, el maestro, tú)
12. *Escogen* la pintura grande.   (tú y yo, yo, ella)
13. *Conseguimos* buenas notas.   (yo, ellas, vosotros)
14. *Cogen* el autobús de las ocho.   (nosotros, tú, yo)
15. El sereno *exige* una propina.   (yo, nosotros, ellos)

B. En cada grupo, complétense las frases, usando la forma correcta del verbo de la primera frase.

1. Ella *escoge* una alhaja.   Yo _____ un libro.   ¿Qué _____ Vd.?
2. Ella *protege* a su hermanita.   ¿_____ Vd. a la suya?   Sí, yo _____ a la mía.
3. ¿*Recoge* Vd. las frutas?   Sí, yo _____ las frutas.   Ellos no _____ las frutas; se las comen.
4. ¿*Corrige* Vd. sus faltas?   El maestro _____ mis faltas.   Yo no las _____.
5. ¿Qué profesión *ejerce* su hermano?   Mi hermano no _____ ninguna profesión. Yo _____ la profesión de ingeniero.

6. ¿Quién *dirige* esta escuela? Yo no la _____. Creo que los maestros la _____.
7. *¿Distingue* Vd. entre lo bueno y lo malo? Sí, yo _____ entre los dos. Todo el mundo _____ entre ellos.
8. ¿Qué *exige* Vd. de sus padres? Yo no _____ nada de ellos. Ellos _____ mucho de mí.
9. En todas partes *cuecen* habas. ¿Las _____ Vd. en su casa? No, yo no las _____.
10. Para evitar trabajo, *¿finge* Vd. estar dormido? No, yo no _____. Pero mis hermanos _____ estar enfermos.

C. Contéstense en español en frases completas.

1. ¿Corrige Vd. las faltas de sus amigos?
2. ¿Coge Vd. muchos resfriados en el invierno?
3. ¿Finge Vd. una enfermedad para no trabajar?
4. ¿Consigue Vd. un empleo para el verano?
5. ¿Quién dirige la orquesta de su escuela?
6. ¿Sigue Vd. estudiando el español?
7. ¿Exige mucho trabajo su profesor de español?
8. ¿Escoge Vd. a sus amigos con cuidado?
9. ¿Vence Vd. todas sus dificultades?
10. En la clase, ¿recoge Vd. los papeles del suelo?

D. Tradúzcanse al español.

1. I write and address the letter to the company.
2. He knows that I am following his advice.
3. The newspapers are spreading the news rapidly.
4. The heroic policeman chases the criminal.
5. After the wedding, they gather their gifts.
6. He is kind and protects the animals.
7. My uncle exerts much influence among the politicians.
8. After resting, the traveler proceeds on his way (camino).
9. The memory of her son grieves her.
10. His enthusiasm convinces many people.

Los sacerdotes que acompañaron a los conquistadores al Nuevo Mundo se dedicaron a civilizar al indio y convertirle a la fe católica. Hasta hoy día se ven, en Tejas, Nuevo México, Arizona, y California, los restos de las misiones que establecieron. Una misión generalmente consistía en una iglesia, una escuela, y varios otros edificios. Muchos de estos centros llegaron a ser ciudades importantes.

4. PRETERITE TENSE

REGULAR VERBS

invitar:	invit	*-é, -aste, -ó, -amos, -asteis, -aron*
correr:	corr	} *-í, -iste, -ió, -imos, -isteis, -ieron*
admitir:	admit	

VERBS WHICH CHANGE *I* TO *Y* IN THE PRETERITE

caer:	ca	
creer:	cre	
leer:	le	} *-í, -iste, -yó, -ímos, -ísteis, -yeron*
oír:	o	
poseer:	pose	

Note

A. Verbs that end in **-er** or **-ir,** and that contain a vowel immediately before the ending, change in the third person singular and plural from **-ió** to **-yó** and from **-ieron** to **-yeron.** The **i** has a written accent in all the other forms.

   Exceptions: **traer, atraer,** and all verbs ending in **-guir** (the **u** is not pronounced).

B. Verbs that end in **-uir** (**contribuir, huir,** etc.) also belong in this group, but no accent appears in the endings **-uiste, -uimos,** and **-uisteis.**

VERBS ENDING IN *-CAR, -GAR,* AND *-ZAR*

Verbs ending in **-car, -gar,** and **-zar** change in the first person singular of the preterite as follows:

c changes to **qu**	g changes to **gu**	z changes to **c**

atacar, to attack:

ata*qu*é, atacaste, atacó, atacamos, atacasteis, atacaron

Like atacar:

acercarse, to approach	**indicar,** to indicate
aplicar, to apply	**marcar,** to designate, to mark
arrancar, to root out, to pull out	**mascar,** to chew
buscar, to look for, to seek	**pescar,** to fish
colocar, to place, to put	**publicar,** to publish
comunicar, to communicate	**replicar,** to reply
dedicar, to dedicate, to devote	**sacar,** to take out
educar, to educate	**sacrificar,** to sacrifice
embarcarse, to embark	**significar,** to mean
equivocarse, to be mistaken	**suplicar,** to beg, to implore
explicar, to explain	**tocar,** to touch, to play (music)
fabricar, to make, to manufacture	

pagar, to pay (for):

pa*gu*é, pagaste, pagó, pagamos, pagasteis, pagaron

Like pagar:

agregar, to add	**jugar,** to play
ahogarse, to drown	**llegar,** to arrive
apagar, to put out, to extinguish	**madrugar,** to rise early
cargar, to load	**negar,** to deny
castigar, to punish	**obligar,** to obligate, to compel
colgar, to hang	**pegar,** to stick, to beat
encargar, to put in charge	**rogar,** to ask, to beg
entregar, to deliver, to hand over	

cruzar, to cross:

cru*c*é, cruzaste, cruzó, cruzamos, cruzasteis, cruzaron

Like cruzar:

abrazar, to embrace, to hug	**empezar,** to begin
alcanzar, to reach, to overtake	**gozar,** to enjoy
almorzar, to eat lunch	**lanzar,** to throw
amenazar, to threaten	**realizar,** to fulfill, to realize
avanzar, to advance	(a profit)
comenzar, to begin, to commence	**rezar,** to pray
deslizarse, to slip, to glide	**tropezar,** to stumble

STEM-CHANGING VERBS ENDING IN *-IR*

Verbs ending in **-ir** that have a stem change in the present tense also have a stem change in the preterite.   In the preterite tense, the stem vowel changes in the third person singular and plural, from **e** to **i** or from **o** to **u**.

convertir, to convert:

convertí, convertiste, convirtió, convertimos, convertisteis, convirtieron

servir, to serve:

serví, serviste, sirvió, servimos, servisteis, sirvieron

dormir, to sleep:

dormí, dormiste, durmió, dormimos, dormisteis, durmieron

Note

A. The verbs **reír** and **sonreír** are conjugated in the preterite as follows:

reí, reíste, *rió*, reímos, reísteis, *rieron*
sonreí, sonreíste, *sonrió*, sonreímos, sonreísteis, *sonrieron*

B. Verbs ending in **-ir** that have **ñ** directly before the ending **(ceñir, gruñir, reñir)** drop the i of the ending in the third person singular and plural of the preterite **(riñó, riñeron)**.   Note that, because of the **ñ**, the *sound* of the ending is still regular.

Important: All verbs having spelling changes or stem changes in the preterite are identified in our vocabulary lists according to the type of change **(i, u, y, qu, gu, c)**.

VERBS IRREGULAR IN THE PRETERITE

1. The following verbs have an irregular stem in the preterite.   The endings for these verbs are **-e, -iste, -o, -imos, -isteis, -ieron (-eron** if **j** precedes the ending).

andar: *anduve, anduviste, anduvo, anduvimos, anduvisteis, anduvieron*
caber: *cupe, cupiste, cupo, cupimos, cupisteis, cupieron*
estar: *estuve, estuviste, estuvo, estuvimos, estuvisteis, estuvieron*
haber: *hube, hubiste, hubo, hubimos, hubisteis, hubieron*
hacer: *hice, hiciste, hizo, hicimos, hicisteis, hicieron*
poder: *pude, pudiste, pudo, pudimos, pudisteis, pudieron*
poner: *puse, pusiste, puso, pusimos, pusisteis, pusieron*
querer: *quise, quisiste, quiso, quisimos, quisisteis, quisieron*

saber: *supe, supiste, supo, supimos, supisteis, supieron*
tener: *tuve, tuviste, tuvo, tuvimos, tuvisteis, tuvieron*
venir: *vine, viniste, vino, vinimos, vinisteis, vinieron*

decir: *dije, dijiste, dijo, dijimos, dijisteis, dijeron*
producir: *produje, produjiste, produjo, produjimos, produjisteis, produjeron*
traer: *traje, trajiste, trajo, trajimos, trajisteis, trajeron*

2. The verbs **dar, ser,** and **ir** are also irregular in the preterite. **Dar** takes the endings of regular -er, -ir verbs; **ser** and **ir** have the same forms in the preterite.

> **dar:** *di, diste, dio, dimos, disteis, dieron*
>
> **ser**
> **ir** } *fui, fuiste, fue, fuimos, fuisteis, fueron*

Note

A. The third person singular of **hacer** is spelled **hizo.** The **c** changes to **z** to avoid the *k* sound.

B. All verbs ending in **-ducir** are conjugated like **producir:**

   conducir, to lead, to drive: **conduje, -iste, -o, -imos, -isteis, -eron**
   traducir, to translate: **traduje, -iste, -o, -imos, -isteis, -eron**

C. All compounds of **poner** (**proponer,** etc.), **tener** (**detener,** etc.), **hacer** (**satisfacer,** etc.), **venir** (**convenir,** etc.), and **traer** (**atraer,** etc.) are conjugated in the same manner as the basic verb.

D. Formerly, the preterite forms of **dar, ver, ser,** and **ir** were written with accent marks: **dí, dió; ví, vió; fuí, fué.** However, the present custom is to omit the accent marks on these forms.

USES OF THE PRETERITE TENSE

1. The preterite tense is used to indicate the beginning or the end of an action or event occurring in the past. It may also narrate a complete event (that is, both beginning and end).

Comenzó a leer el libro. (beginning)	He began to read the book.
Cesó de llover a las cuatro. (end)	It stopped raining at 4 o'clock.
Carlos me **visitó** ayer. (he came and went)	Charles visited me yesterday.

2. Because of the nature of the preterite (beginning or end), the verbs **conocer** (to know), **saber** (to know), **tener** (to have), **querer** (to want), and **poder** (to be able) often have a different meaning in the preterite.

Le *conocí* en México.
(began to know)

I *met* him in Mexico.

¿Cuándo *supieron* la verdad?
(began to know)

When did they *find out* (*learn*) the truth?

Tuve una carta de él esta mañana.
(it came into my possession)

I *received* a letter from him this morning.

No *quiso* hacerlo.
(final decision)

He *refused* to do it.

Pude convencerle.
(finally was able)

I *managed* to convince him.

EJERCICIOS

A. Escríbase la forma correcta del pretérito de cada uno de los verbos entre paréntesis.

1. Al oír el trueno, *se estremecieron*.   (huir, despedirse, agitarse, espantarse)
2. *Descansé* en San Francisco el martes pasado.   (quedarse, estar, embarcarse, esperar)
3. ¿A qué hora *partieron*?   (morir, salir, regresar, venir)
4. Yo *estudié* demasiado.   (sufrir, sacrificar, pagar, andar)
5. ¿*Terminó* Vd. la novela?   (conseguir, ver, concluir, comprar)
6. Vds. no me *comprendieron*.   (llamar, corregir, perdonar, detener)
7. Al entrar, *vi* a mi mamá.   (besar, hablar, buscar, abrazar)
8. ¿Cuándo *acabó*?   (llegar, irse, ocurrir, dormirse)
9. *Pronunciaron* las palabras difíciles.   (aprender, oír, decir, repetir)
10. ¿*Tomaste* el cheque?   (dar, recibir, firmar, traer)

B. Cámbiese la forma del verbo en letra cursiva, empleando los sujetos entre paréntesis.

1. *Llegamos* a la reunión.   (Carlos, Vds., tú, yo)
2. Yo *cupe* en el coche.   (los niños, nadie, nosotros, tú)
3. Tú no *pudiste* trabajar.   (yo, el señor, ellos, Pepe y yo)
4. Alguien *tuvo* un accidente.   (nosotros, el artista, yo, mis amigos)
5. ¿Dónde *pusiste* tú los zapatos?   (Vd., nosotros, ellos, yo)
6. Yo lo *supe* anoche.   (nosotros, Francisca, tú, Vds.)
7. El hombre no *quiso* jugar.   (tú, los niños, yo, nosotros)
8. No *hicimos* nada ayer.   (Vd., yo, Carmen y Rosa, tú)
9. Yo *vine* tarde.   (nosotros, el alumno, tú, Vds.)
10. Yo no *elegí* eso.   (Jorge, tú, ellos, nosotros)
11. Nosotros lo *publicamos* en el periódico.   (yo, Vds., Carlota, mis amigos)
12. *Caí* escalera abajo.   (ellos, vosotros, Vd., nosotros)
13. Le *perseguí* a pie.   (nosotros, Roberto, Vd., los soldados)
14. El profesor *tradujo* la poesía al inglés.   (yo, nosotros, los alumnos, Vd.)
15. Yo no *mentí*.   (nosotros, Alfredo y Carlos, vosotros, ella)

C. Cámbiese cada verbo al pretérito.

1. *Almuerzo* a las doce.
2. Carlos y Felipe *se divierten* juntos.
3. *Soy* el primero en llegar.
4. *Dice* que sí.
5. *¿Estás* enfermo?
6. ¿Dónde *cuelgo* el sombrero?
7. No *contribuye* bastante dinero.
8. El guía me *conduce* a la carretera principal.
9. *Siguen* caminando por las calles.
10. Ellos no *sonríen.*
11. Nosotros no lo *creemos.*
12. ¿Con quién *riñe?*
13. La corrida de toros *atrae* a mucha gente.
14. ¿Cuánto tiempo *hierve* el agua?
15. Esta comida me *satisface.*

D. Contéstense en español en frases completas.

1. ¿Aprendieron Vds. mucho en esta clase?
2. ¿Mascó Vd. chicle en clase hoy?
3. ¿Recibió Vd. buenas notas el semestre pasado?
4. ¿Empezó Vd. la lección para mañana?
5. ¿Se puso Vd. a estudiar para el examen de esta semana?
6. ¿Cuánto tiempo dedicó Vd. a preparar la lección de hoy?
7. ¿Cuándo estuvo Vd. en la biblioteca?
8. ¿A qué hora apagó Vd. la luz anoche?
9. ¿Qué película interesante vio Vd. el mes pasado?
10. ¿Colocó Vd. el sobretodo en el armario?
11. ¿Vinieron Vds. a la clase a tiempo?
12. ¿Tocó el maestro discos en la clase?
13. ¿Qué trajo Vd. a la escuela esta mañana?
14. ¿Cuántas calles cruzó Vd. para llegar a la escuela?
15. ¿Adónde fue Vd. ayer?
16. ¿Entregó Vd. su libro a su compañero?
17. ¿Avanzó Vd. en sus estudios este año?
18. ¿Pudo Vd. dormir anoche?
19. ¿Se vistió Vd. rápidamente hoy?
20. ¿Qué dio Vd. a sus padres para su aniversario?

E. Tradúzcanse al español.

1. They brought me many gifts.
2. He opposed the construction of the monument.
3. Upon hearing the news, the woman moaned.
4. I came upon him in the office today.
5. Yesterday was August 1.
6. When did she acquire the property?
7. Finally, I found out what happened.
8. He met (conocer) her during the summer vacation.
9. They gave me a bouquet of flowers.
10. He destroyed it on purpose.
11. What produced the explosion?
12. They did not smell the smoke.
13. His illness hindered his work.
14. In a moment, she undid the work of many years.
15. The mother distributed candy among the children.

5. IMPERFECT TENSE

REGULAR VERBS

tomar:	tom	-aba, -abas, -aba, -ábamos, -abais, -aban
leer:	le ⎫	
subir:	sub ⎭	-ía, -ías, -ía, -íamos, -íais, -ían

VERBS IRREGULAR IN THE IMPERFECT TENSE

ir:	iba, ibas, iba, íbamos, ibais, iban
ser:	era, eras, era, éramos, erais, eran
ver:	veía, veías, veía, veíamos, veíais, veían

USES OF THE IMPERFECT TENSE

The imperfect tense is used to indicate the continuance of a past action or event, or to describe a situation in past time. Neither the beginning nor the end of the event or situation is indicated. Thus, it is used:

1. To express what was happening, used to happen, or happened repeatedly in the past.

Los pájaros *cantaban.*	The birds were singing.
Vivíamos en esta calle.	We used to live on this street.
Tomás a menudo *llegaba* tarde. (happened repeatedly)	Thomas often would arrive (arrived) late.

2. To describe persons or things in the past.

Pedro *era* rubio y *tenía* los ojos azules.	Peter was blond and had blue eyes.
La sala *estaba* llena de gente.	The living room was full of people.

3. To describe a state of mind in the past, with such verbs as **creer, pensar, querer,** and **saber.**

Creían (*Pensaban, Sabían*) que era importante.	They believed (thought, knew) that it was important.
Queríamos comprar un coche nuevo.	We wanted to buy a new car.

4. To express the time of day in the past.

Eran las ocho.   It was eight o'clock.

5. In the construction **hacía** + an expression of time + **que** + the imperfect tense, to describe an action or event that began in the past and continued in the past. In questions, *How long?* is translated by **¿Cuánto tiempo hacía que . . . ?** + the imperfect tense.

Hacía un mes que viajaban.
It   a   month that   they were
made   traveling

They had been traveling for a month.

¿Cuánto tiempo hacía que
How   time   did it   that
much   make

dormían?
they were
sleeping

How long had they been sleeping?

Note

The imperfect tense + **desde hacía** + an expression of time is also used to describe an action or event that began in the past and continued in the past. In such expressions, the question *How long?* is translated by **¿Desde cuándo . . . ?** + the imperfect tense.

Viajaban desde hacía un mes.
They were   since   it   a month
traveling   made

They had been traveling for a month.

¿Desde cuándo dormían?
Since   when   were they
                 sleeping

How long had they been sleeping?

6. With the preterite to describe a situation that was going on (the *imperfect*) when an action or event occurred, that is, was begun or completed (the *preterite*).

Comíamos cuando nos **llamó.**
(was going on)   (completed action)
(imperfect)   (preterite)

We were eating when he called us.

PRETERITE AND IMPERFECT COMPARED

Preterite	Imperfect
1. Narrates a series of completed actions or events (similar to a moving picture).	1. Describes a situation (similar to a still picture).
2. Indicates a *limit* of the action or event (*either* the beginning *or* the end).	2. Indicates the *continuance* of an action or event (*neither* the beginning *nor* the end).

Note

Was . . . and *were* . . . do not always indicate that the imperfect must be used in Spanish. Compare the following pairs of sentences:

IMPERFECT	PRETERITE
<u>**Estaban**</u> contentos en su casa.	<u>**Estuvieron**</u> contentos de verlo.
(situation)	(became glad)
They were content in their house.	They were glad to see it.
<u>**Era**</u> muy alto.	<u>**Fue**</u> herido.
(description)	(action, event)
He was very tall.	He was wounded.

In describing a situation or a scene, we use the imperfect, even though the English verb is not expressed with *was* . . . or *were* . . . .

El sol **brillaba**.   The sun shone. (The sun was shining.)

EJERCICIOS

A. Cámbiese la forma del verbo en letra cursiva, empleando los sujetos entre paréntesis.

1. Carlos le *llamaba* con frecuencia.   (yo, nosotros, ellos)
2. Ellos *eran* buenos amigos.   (nosotros, Vds., José y Arturo)
3. Su mujer *se oponía* a su plan.   (yo, las autoridades, vosotros)
4. *Iban* al teatro los sábados.   (yo, nosotros, los muchachos)
5. *Carecíamos* de pan y agua.   (las víctimas, yo, tú)
6. Yo *veía* a Felipe todos los días.   (ellos, tú, nosotros)
7. Los viajeros *eran* de Chile.   (nosotros, Vd., yo)
8. Cuando Pedro *iba* a la escuela, no *estudiaba* mucho.   (yo, ellos, tú)
9. Hacía diez minutos que yo le *esperaba*.   (ellos, nosotros, Jorge)
10. ¿Cuánto tiempo hacía que Vds. *trabajaban* aquí?   (su padre, ellos, tú)

B. Contéstense las preguntas según los ejemplos.

EJEMPLO: ¿Está Juan en su cuarto?
Juan estaba en su cuarto cuando entré.

1. ¿Prepara Ana la comida?
2. ¿Hace Teresa sus tareas?
3. ¿Escribe Manuel una carta?
4. ¿Lee Vicente la comedia?
5. ¿Fuma Tomás un cigarro?

EJEMPLO: ¿Hablan los señores a Julia?
Los señores hablaban a Julia cuando llegamos.

6. ¿Salen los alumnos de la escuela?
7. ¿Buscan los niños la pelota?
8. ¿Miran los muchachos la televisión?
9. ¿Discuten los amigos las noticias?
10. ¿Van los jóvenes a la fiesta?

C. Cámbiense los verbos al imperfecto y al presente.

1. Jaime *llegó* tarde.
2. *Tuvimos* que hacerlo.
3. *Comieron* a las seis.
4. No *pudo* ayudarle.
5. *Estuve* muy enfermo.

6. *Vimos* al director en la cafetería.
7. *Fue* muy importante.
8. Le *dieron* muchos regalos.
9. Alberto *leyó* muchos libros.
10. *Fueron* al centro con nosotros.

D. Cámbiense las frases siguientes al tiempo pasado.

EJEMPLO: Hace mucho tiempo que viven aquí.
Hacía mucho tiempo que vivían aquí.

1. Hace una hora que Inés está en la oficina.
2. Hace un año que Enrique es socio de este club.
3. Hace una semana que no le veo.
4. Hace un mes que trabajan en esa fábrica.
5. Hace mucho tiempo que le conocemos.
6. ¿Cuánto tiempo hace que Vd. lo sabe?
7. ¿Cuánto tiempo hace que ellos viajan?
8. ¿Cuánto tiempo hace que tú asistes a esta clase?
9. ¿Desde cuándo van a la universidad?
10. ¿Desde cuándo tiene Rosa ese perro?

E. Escójase la forma correcta, según el significado de cada frase.

1. La orquesta (tocó, tocaba) el tango pero ellos bailaron el mambo.
2. Sospechaba que el testigo (mintió, mentía) cuando daba su testimonio.
3. Mientras mi hermana ponía la mesa, yo (leí, leía) el periódico.
4. En sus sueños aquella noche, el enfermo (vio, veía) sombras.
5. Juan tenía dos hermanas que (fueron, eran) encantadoras.
6. En la fábrica se (construyeron, construían) televisores cuando yo trabajaba allí.
7. El juez (creyó, creía) que el señor que describió el incidente.
8. Hacía diez minutos que (comieron, comían) cuando sonó el teléfono.
9. A menudo me (encontré, encontraba) con Miguel durante mis días de vacaciones.
10. ¿Cuánto tiempo (hizo, hacía) que eran amigos?

F. Tradúzcanse las frases al español.

1. When he had money, he also had many friends.
2. She was composing verses while she listened to the music.
3. It was one o'clock when she returned.
4. We were walking through the park when we met him.
5. He would always consult the dictionary.
6. The sun was shining while I strolled along the street.
7. A stone wall marked the frontier between the two countries.
8. The child had been crying for a long time when they found him.
9. The father punished the children when they were bad.
10. How long had she been sleeping?
11. She wore a blue suit and had white gloves.
12. We used to travel much when we were rich.
13. She was drowning when he saw her.
14. The children couldn't (weren't able to) sleep because of the noise.
15. He was sure that it was snowing.

6. MASTERY EXERCISES

(LESSONS 1-5)

A. Escríbanse los verbos en la primera persona singular del presente y del pretérito, y en la tercera persona plural del pretérito.

EJEMPLO: hablar—hablo, hablé, hablaron

1. caer	4. divertirse	7. ir	10. reírse	13. ser
2. concluir	5. encargar	8. poder	11. reñir	14. traer
3. continuar	6. hacer	9. reducir	12. seguir	15. variar

B. Cámbiense los verbos al presente.

1. afirmé	7. convertiste	13. extinguí	19. juraron	25. solicitó
2. apoyabais	8. derramó	14. helaron	20. medían	26. sustituí
3. apretó	9. descendí	15. hubo	21. olió	27. triunfó
4. ascendían	10. deshice	16. impedí	22. referí	28. tronó
5. compusieron	11. dominábamos	17. incluyeron	23. rogaba (él)	29. tropezó
6. contuvo	12. me estremecí	18. influían	24. solía (yo)	30. valí

C. Cámbiense los verbos al pretérito.

1. me acercaba	9. te despiertas	17. llueve	25. rezaba (yo)
2. advierten	10. dicen	18. madrugaba (yo)	26. sé
3. amenazo	11. disponían	19. nazco	27. seguís
4. ataco	12. se divertían	20. pedían	28. teníamos
5. atraen	13. duermen	21. pongo	29. viene
6. caemos	14. empiezo	22. me quejaba	30. voy
7. creíais	15. os equivocabais	23. quepo	
8. damos	16. están	24. quiero	

D. Tradúzcanse al español las siguientes expresiones:

1. I seize	11. they defend	21. we used to read
2. they fled	12. I had lunch	22. you (Vds.) contributed
3. it contains	13. she was graduated	23. I used to see
4. he was correcting	14. I fished	24. they constructed
5. I heard	15. it belongs	25. I arrived
6. they serve	16. he found out (saber)	26. we were going
7. she smiled	17. I am grateful (agradecer)	27. she was crying
8. I conquer (vencer)	18. the money disappeared	28. he confessed
9. I explained	19. I paid	29. they remembered
10. I touched	20. I acquire	30. it was snowing

E. Contéstense las siguientes preguntas, empleando el tiempo indicado del verbo.

PRESENTE:

1. ¿Conduce Vd. el coche de la familia?
2. ¿Tiene Vd. un estante para libros en su casa?
3. ¿Continúa Vd. con sus estudios en la universidad?
4. ¿Expone Vd. sus ideas claramente?

5. ¿Protesta Vd. contra la injusticia?
6. ¿Aplica Vd. su inteligencia para resolver un problema?
7. ¿Confía Vd. en su buena suerte?
8. ¿Se estremece Vd. al oír el trueno?
9. ¿En qué estación se hielan los lagos?
10. ¿Muestra Vd. cariño a sus padres?

PRETÉRITO:

11. ¿Explicó Vd. la lección de hoy a la clase?
12. ¿A qué hora empezó Vd. a estudiar anoche?
13. ¿Cruzó Vd. alguna vez la frontera de México?
14. ¿Cuándo apagó Vd. la luz en su cuarto anoche?
15. ¿Tradujo Vd. el ejercicio para hoy?
16. ¿Gozó Vd. de buena salud el año pasado?
17. ¿Pegó Vd. alguna vez a su hermano(-a) menor?
18. ¿Dio Vd. un regalo a su mamá el día de su cumpleaños?
19. ¿En qué año comenzó Vd. a estudiar el español?
20. ¿Buscó Vd. un libro en la biblioteca la semana pasada?

IMPERFECTO:

Cuando Vd. era niño(-a) . . .

21. ¿Acostumbraba Vd. cumplir con su promesa?
22. ¿Arrojaba Vd. piedras a los otros chicos?
23. ¿Solía Vd. comer pan en la cena?
24. ¿Tardaba Vd. mucho en vestirse?
25. ¿Se cansaba Vd. del trabajo constante?
26. ¿Era su abuelo un hombre generoso?
27. ¿Veía Vd. muchas novedades en el teatro?
28. ¿Se despertaba Vd. temprano para ver el alba?
29. ¿Se interesaba Vd. por la lectura?
30. ¿Carecía Vd. de fondos para ir al teatro muchas veces?

F. Tradúzcanse al español. (See Preterite and Imperfect Compared, pages 22–23.)

1. When I left the house, the sun was shining.
2. Emil went to bed at 11 o'clock and woke up at 7.
3. While he was walking, he suddenly smelled smoke.
4. The man finished the novel, closed the book, and stood up.
5. I arrived early, while he was still dressing.
6. He had been ill for a week when he died.
7. The poor man had not eaten for three days when he found five dollars.
8. He wrote to us and saw us frequently.
9. We were here yesterday at 3 o'clock and then went away.
10. While he watched, I began to work.
11. They used to contribute much to the club to which they belonged.
12. While I was traveling in Mexico, I met Mr. Molina.
13. They found out the truth when they read the letter.
14. My cousins often visited me when I lived there.
15. I received a telegram this morning, and I answered it.
16. Lincoln, who was a great president, died in 1865.
17. I took the check and ran to the bank.
18. How long had you been waiting when she came?
19. We got wet when we went out yesterday.
20. It stopped raining, and the sun appeared.

G. Each of the following passages contains infinitives numbered 1–10. For each infinitive, you will find a choice of two verb forms. Select the correct form in each pair.

I. Yo (1) *nacer* en Santiago en 1896. En aquel entonces mi padre (2) *tener* unos cuarenta años. En su temprana juventud (3) *ir* a la América Hispana de arquitecto. De la Argentina (4) *pasar* a Chile, donde (5) *conocer* a una chilena. Allí (6) *casarse*, y allí (7) *ver* nacer a sus tres hijos. Al llegar a Nueva York, mi familia (8) *tener* largos años de lucha contra la miseria. Durante esa época, sólo (9) *soñar* con mejorar nuestra fortuna, y (10) *esperar* días mejores.

(1) (*a*) nacía   (*b*) nací
(2) (*a*) tenía   (*b*) tuvo
(3) (*a*) iba   (*b*) fue
(4) (*a*) pasaba   (*b*) pasó
(5) (*a*) conocía   (*b*) conoció

(6) (*a*) se casaba   (*b*) se casó
(7) (*a*) veía   (*b*) vio
(8) (*a*) tenía   (*b*) tuvo
(9) (*a*) soñábamos   (*b*) soñamos
(10) (*a*) esperábamos   (*b*) esperamos

II. Esta mañana (1) *abrir* los ojos y (2) *saltar* de la cama. (3) *Vestirse* y (4) *salir*. La mañana (5) *ser* hermosa. En los árboles las aves (6) *cantar* alegremente. Los niños que (7) *jugar* en el patio (8) *parecer* más risueños que nunca. Toda la naturaleza (9) *llevar* un aspecto más joven, más verde, más vivo. Suspirando de placer, Luisita (10) *volver* a pensar en el baile de la noche anterior.

(1) (*a*) abría   (*b*) abrió
(2) (*a*) saltaba   (*b*) saltó
(3) (*a*) Se vestía   (*b*) Se vistió
(4) (*a*) salía   (*b*) salió
(5) (*a*) era   (*b*) fue

(6) (*a*) cantaban   (*b*) cantaron
(7) (*a*) jugaban   (*b*) jugaron
(8) (*a*) parecían   (*b*) parecieron
(9) (*a*) llevaba   (*b*) llevó
(10) (*a*) volvía   (*b*) volvió

III. (1) *Ser* ya las cuatro de la tarde. Ramón y Elena (2) *estar* sentados en la sala. De las otras habitaciones (3) *oírse* el lejano rumor de voces, de gente que (4) *hablar* en tono animado. Elena (5) *levantarse* y (6) *acercarse* a la ventana. (7) *Mirar* afuera y (8) *ver* que todavía (9) *caer* la lluvia. (10) *Experimentar* una sensación de tristeza.

(1) (*a*) Eran   (*b*) Fueron
(2) (*a*) estaban   (*b*) estuvieron
(3) (*a*) se oía   (*b*) se oyó
(4) (*a*) hablaba   (*b*) habló
(5) (*a*) se levantaba   (*b*) se levantó

(6) (*a*) se acercaba   (*b*) se acercó
(7) (*a*) Miraba   (*b*) Miró
(8) (*a*) veía   (*b*) vio
(9) (*a*) caía   (*b*) cayó
(10) (*a*) Experimentaba   (*b*) Experimentó

IV. Alrededor de la mesa la familia (1) *cenar*, chicos y mayores comiendo, riendo, y hablando a la vez. De repente (2) *sonar* la campana del pueblo. ¡Fuego! Todos (3) *dejar* la mesa y (4) *echarse* a correr hacia la plaza. Allí (5) *ver* una escena horrible. (6) *Arder* la casa de un vecino. Por todas partes (7) *encontrarse* gente que (8) *gritar*, y (9) *hacer* esfuerzos inútiles para extinguir el fuego. De pronto (10) *aparecer* en una ventana la figura de una mujer.

(1) (*a*) cenaba   (*b*) cenó
(2) (*a*) sonaba   (*b*) sonó
(3) (*a*) dejaban   (*b*) dejaron
(4) (*a*) se echaban   (*b*) se echaron
(5) (*a*) veían   (*b*) vieron

(6) (*a*) Ardía   (*b*) Ardió
(7) (*a*) se encontraba   (*b*) se encontró
(8) (*a*) gritaba   (*b*) gritó
(9) (*a*) hacía   (*b*) hizo
(10) (*a*) aparecía   (*b*) apareció

V. (1) *Ir* camino de la estación cuando (2) *tropezar* con un amigo que le (3) *detener* para charlar un momento. Al llegar a la estación, (4) *notar* que el tren ya (5) *estar* allí. (6) *Darse* prisa pero (7) *llegar* tarde. (8) *Comenzar* a pasearse por el andén, impaciente, lleno de enojo. (9) *Mirar* el reloj. Las nueve menos veinte. Le (10) *quedar* solamente veinte minutos para llegar a la oficina, y seguramente no llegaría a tiempo.

(1) (*a*) Iba   (*b*) Fue
(2) (*a*) tropezaba   (*b*) tropezó
(3) (*a*) detenía   (*b*) detuvo
(4) (*a*) notaba   (*b*) notó
(5) (*a*) estaba   (*b*) estuvo

(6) (*a*) Se daba   (*b*) Se dio
(7) (*a*) llegaba   (*b*) llegó
(8) (*a*) Comenzaba   (*b*) Comenzó
(9) (*a*) Miraba   (*b*) Miró
(10) (*a*) quedaban   (*b*) quedaron

7. FUTURE AND CONDITIONAL

REGULAR VERBS

FUTURE	ayudar aprender escribir	-é, -ás, -á, -emos, -éis, -án
CONDITIONAL	ayudar aprender escribir	-ía, -ías, -ía, -íamos, -íais, -ían

Note

A. The future and the conditional of *all* verbs are formed by adding to the infinitive the *endings* of **haber**: the present endings for the future, and the imperfect endings for the conditional.

    PRESENT: h*e,* h*as,* h*a,* h*emos,* hab*éis,* h*an*

    IMPERFECT: hab*ía,* hab*ías,* hab*ía,* hab*íamos,* hab*íais,* hab*ían*

B. All future endings except **-emos** bear a written accent mark to indicate stress.

C. Verbs that have a written accent in the infinitive (**oír, reír,** etc.) drop that accent in the future and the conditional (**oirían, reiremos,** etc.).

VERBS IRREGULAR IN THE FUTURE AND CONDITIONAL

VERBS THAT DROP THE *e* OF THE INFINITIVE

caber:	*cabr*	
haber:	*habr*	-é, -ás, -á, etc.
poder:	*podr*	-ía, -ías, -ía, etc.
querer:	*querr*	
saber:	*sabr*	

VERBS THAT CHANGE THE VOWEL (*e* OR *i*) OF THE INFINITIVE TO *d*

poner: *pondr*
salir: *saldr*
tener: *tendr* -é, -ás, -á, etc.
valer: *valdr* -ía, -ías, -ía, etc.
venir: *vendr*

VERBS THAT DROP THE *e* AND *c* OF THE INFINITIVE

decir: *dir* }-é, -ás, -á, etc.
hacer: *har* -ía, -ías, -ía, etc.

Note

Compounds of the irregular verbs are also irregular: **disponer,** *dispon-dré;* **contener,** *contendrán;* **satisfacer,** *satisfaríamos,* etc.

USES OF THE FUTURE TENSE

1. The future tense is used in Spanish, as in English, to express future time.

Vendremos mañana.   We shall come tomorrow.

¿Cuándo *irán* Vds.?   When will you go?

Note

When *will* is used in the sense of *to be willing,* it must be expressed in Spanish by the verb **querer.**

¿*Quiere* Vd. cerrar la ventana?   Will you (are you willing to) close
                              the window?

No quieren ayudarnos.   They won't (aren't willing to)
                              help us.

2. The future tense is often used together with the present.

Juan *dice* que *irá.*   John says that he will go.

3. The future is used to express *wonderment* or *probability* in the present, and is often translated by such expressions as *I wonder, probably, must, can,* etc.

¿Cuántos años **tendrá?**　　　　　I wonder how old he is.
　　　　　　　　　　　　　　　　　(How old can he be?)

¿Qué hora **será?**　　　　　　　I wonder what time it is.
　　　　　　　　　　　　　　　　　(What time can it be?)

Serán las dos.　　　　　　　　It is probably (It must be) two o'clock.

Estará cansado.　　　　　　　He must be (He is probably) tired.

USES OF THE CONDITIONAL

1. The conditional is translated into English by *would*.

Ana no lo **pondría** allí.　　　　Anna would not put it there.

Me **gustaría** verlo.　　　　　　I would like to see it.

¿**Podría** Vd. mostrármelo?　　　Would you be able to (Could you) show it to me?

Note

A. When *would* is equivalent to *used to*, it is translated by the imperfect tense.

Arturo nos **visitaba** a menudo.　　Arthur would (used to) often visit us.

B. When *would* is used in the sense of *to be willing*, it is translated by the preterite tense of **querer**.

No **quiso** pagar la cuenta.　　　He wouldn't (wasn't willing to, refused to) pay the bill.

2. The conditional is often used together with the past (preterite, imperfect, pluperfect).

Juan ⎰ **dijo** ⎱ que **iría.**　　　John ⎰ said ⎱ that he would go.
　　　⎨ **decía** ⎬　　　　　　　　　⎨ was saying ⎬
　　　⎱ **había dicho** ⎰　　　　　　⎱ had said ⎰

3. The conditional is used to express *wonderment* or *probability* in the past, and is often translated by such expressions as *I wonder, probably, must have, could,* etc.

¿Qué hora **sería** cuando salió?	I wonder what time it was when he went out.
	(What time could it have been when he went out?)
Serían las dos.	It was probably (It must have been) two o'clock.

Note

The expression **deber de** followed by an infinitive may also be used to express probability, in present or past time.

Deben de estar cansados.	They must be tired.
Ella **debe de tener** veinte años.	She must be twenty years old.
Debían de estar cansados.	They must have been tired.
Ella **debía de tener** veinte años.	She must have been twenty years old.

EJERCICIOS

A. Escríbase la forma correcta del condicional de cada uno de los verbos entre paréntesis.

1. Ellos no lo *arreglarían*. (presenciar, admitir, castigar, consultar)
2. Lo *veríamos* en una semana. (traer, hacer, tener, proponer)
3. Yo lo *aceptaría* con mucho gusto. (hacer, vender, decir, recibir)
4. El artista *pintaría* el retrato. (admirar, colgar, obtener, ver)
5. Yo sabía que la clase *ayudaría* al maestro. (responder, convencer, obedecer, respetar)
6. *Desearíamos* acompañarle. (poder, preferir, necesitar, querer)
7. Mamá *prepararía* el almuerzo. (cocer, servir, comer, quemar)
8. Creían que Cortés *conquistaría* una nueva colonia. (fundar, establecer, crear, conseguir)
9. Dijo que *llegarían* mañana. (salir, volver, venir, terminar)
10. ¿*Prometerías* hacerlo? (saber, querer, poder, preferir)
11. Prometió que él *estaría* allí. (quedarse, detenerse, esperar, descansar)
12. ¿Dónde lo *comprarías*? (poner, hallar, colocar, buscar)
13. Yo se lo *llevaría* esta noche. (dar, decir, vender, entregar)
14. Replicó que *volvería* al día siguiente. (venir, estudiar, salir, ir)
15. Vd. *ganaría* bastante dinero. (recibir, tener, perder, gastar)

B. Cámbiense los verbos según los ejemplos.

EJEMPLO: León dice que me escribirá.

León dijo que me *escribiría* .

1. Creen que la película será interesante.
   Creían que la película _____ interesante.
2. Le aseguro que valdrá la pena verlo.
   Le aseguré que _____ la pena verlo.
3. Mi primo escribe que vendrá a visitarme.
   Mi primo escribió que _____ a visitarme.
4. Le prometo que no lo haré otra vez.
   Le prometí que no lo _____ otra vez.
5. Nos avisan que no podrán ayudarnos.
   Nos avisaron que no _____ ayudarnos.
6. Tomás dice que le gustará ir al cine.
   Tomás dijo que le _____ ir al cine.
7. El general se entera de que la campaña comenzará.
   El general se enteró de que la campaña _____.
8. El maestro nos avisa que el viernes no tendremos clase.
   El maestro nos avisó que el viernes no _____ clase.
9. Estima que cabrán trescientas sillas en el aula.
   Estimaba que _____ trescientas sillas en el aula.
10. Me dicen que la nueva compañía fabricará guantes.
    Me dijeron que la nueva compañía _____ guantes.

EJEMPLO: León dijo que me escribiría.

León dice que me *escribirá* .

11. Declaró que buscaría aventuras en la selva.
    Declara que _____ aventuras en la selva.
12. El capitán anunció que el ejército atacaría al amanecer.
    El capitán anuncia que el ejército _____ al amanecer.
13. Estaba seguro de que tú sabrías la respuesta.
    Estoy seguro de que tú _____ la respuesta.
14. Ellos creían que saldríamos temprano.
    Ellos creen que _____ temprano.
15. Le aseguró que no lo haría.
    Le asegura que no lo _____.

C. Cámbiense las frases según los ejemplos.

EJEMPLOS: Debe de ser muy rico.   Será muy rico.

Deben de estar en casa.   Estarán en casa.

1. Deben de ser hermanos.
2. Debes de saber la dirección.
3. Debe de tener unos quince años.
4. Deben de conocer al dueño de la tienda.
5. Debe de estar en su cuarto.

EJEMPLOS: Debía de ser muy rico.   Sería muy rico.

Debían de estar en casa.   Estarían en casa.

6. Debía de ser la una.
7. Debía de estar enfermo.
8. Debías de recordar la fecha del accidente.
9. Debía de haber un camino más corto.
10. Debían de tener mucha hambre.

D. Cámbiense las frases según los ejemplos.

EJEMPLO: Probablemente están en casa.   Estarán en casa.

1. Probablemente es su padre.
2. Probablemente tiene unos sesenta años.
3. Probablemente está enojado.
4. Probablemente hay muchas dificultades.
5. Probablemente son las once de la mañana.

EJEMPLO: Probablemente estaban en casa.   Estarían en casa.

6. Probablemente estaban descansando.
7. Probablemente llegaron tarde.
8. Probablemente tenían mucho que hacer.
9. Probablemente sabían lo que pasó.
10. Probablemente lo vieron.

E. Tradúzcanse las frases al español según los ejemplos.

EJEMPLO: I wonder what time it is.
or
What time can it be? } ¿Qué hora será?

1. I wonder how much it is worth.
2. I wonder who it is.
3. Where can they be at this time?
4. Who can that man be?
5. I wonder what my mother thinks.

EJEMPLO: I wonder where they were.
or
Where could they be? } ¿Dónde estarían?

6. I wonder where he went.
7. Where could they be hiding the gold?
8. I wonder what they thought of her.
9. What could that sentence mean?
10. I wonder what time it was.

F. Contéstense en español en frases completas.

1. ¿Cuándo celebrará Vd. su cumpleaños?
2. ¿Habrá una fiesta en su casa?
3. ¿Invitará a sus compañeros de escuela?
4. ¿Sabrá Vd. saludar a sus amigos en español?

5. ¿A qué hora saldrán los invitados?
6. ¿Hará Vd. un viaje a Europa algún día?
7. ¿Cuándo y con quién irá Vd.?
8. ¿Cómo viajarán Vds.? ¿por avión? ¿por barco?
9. ¿Cuánto dinero necesitará Vd. para el viaje?
10. ¿Tendrán Vds. que obtener un pasaporte?
11. ¿Qué países visitarán Vds.?
12. ¿Sacará Vd. fotos de los lugares de interés?
13. ¿Traerá Vd. recuerdos de su viaje?
14. ¿Cuánto tiempo pasará Vd. en Europa?
15. ¿Cuándo regresarán Vds.?

G. Contéstense en español en frases completas.

1. ¿Diría Vd. una mentira para proteger a su compañero?
2. ¿Compraría Vd. algo antes de verlo?
3. ¿Qué haría Vd. con un millón de dólares?
4. ¿Le gustaría a Vd. vivir en un país extranjero?
5. ¿Lucharía Vd. por su patria?
6. ¿Prestaría Vd. su cuaderno a su compañero?
7. ¿Respetarían Vds. los deseos de sus padres?
8. ¿Gastaría Vd. todo su dinero en un día?
9. ¿Desearían Vds. formar un club?
10. ¿Preferirían Vds. menos exámenes?
11. ¿Saldrían Vds. bien en los exámenes sin estudiar?
12. ¿Iría Vd. a cualquier universidad?
13. ¿Le permitirían sus padres viajar solo(-a)?
14. ¿Qué le interesaría hacer este sábado?
15. ¿Qué regalo daría Vd. a un niño para su cumpleaños?

H. Tradúzcanse al español.

1. She would not like to travel alone.
2. I will try to be there at twelve o'clock.
3. We shall not arrive on time tomorrow.
4. She says that she will be able to go to the dance.
5. They assured me that they would pay the next day.
6. He told us that it would not happen again.
7. I would like to play tennis this afternoon.
8. He must have the tickets because I don't have them.
9. He wouldn't (did not wish to) lend me the money.
10. They would like to take a walk.
11. He promised me that he would study.
12. Would you like to spend a week in the country?
13. It must have been five o'clock when I saw her.
14. The owner won't (doesn't wish to) sell the houses.
15. The train would always stop there on Sundays.
16. She is probably about forty years old.
17. It must have been four o'clock when he called me.
18. I will invite all my friends to the party.
19. We would like to take a trip to Spain.
20. There were probably many people at (en) the meeting.

8. GERUND (PRESENT PARTICIPLE); PROGRESSIVE TENSES

GERUNDS OF REGULAR VERBS

cantar:	cant	*-ando,* singing
comer:	com	*-iendo,* eating
abrir:	abr	*-iendo,* opening

GERUNDS ENDING IN *-YENDO*

caer:	*cayendo*	oír:	*oyendo*
creer:	*creyendo*	traer:	*trayendo*
leer:	*leyendo*		

VERBS IRREGULAR IN THE GERUND

1. In the gerund, stem-changing **-ir** verbs change the stem vowel from **e** to **i** and from **o** to **u**.

decir:	di*ciendo*	**pedir:**	pi*diendo*
dormir:	du*rmiendo*	**sentir:**	si*ntiendo*
morir:	mu*riendo*	**venir:**	vi*niendo*

2. Other verbs irregular in the gerund:

ir: *yendo*	poder: *pudiendo*

USES OF THE GERUND (PRESENT PARTICIPLE)

1. The gerund is used with the verbs **estar, seguir, continuar,** and with verbs of motion, to stress the fact that an event is (or was, or will be) in progress or is continuing at the moment indicated. The tenses thus formed are called *progressive tenses.*

Los niños **están jugando.**	The children are playing.
Salió llorando.	He went out crying.
Los tiempos **van cambiando.**	Times are changing.
Siga Vd. **leyendo.**	Keep on reading.
Continuarán estudiando.	They will continue studying. (They will continue to study.)
Venían corriendo.	They came running.

Note

The gerunds of **estar, ir,** and **venir** are not used to form the progressive tenses of these verbs. Instead, the simple tenses are used.

Ella **viene** aquí.	She is coming here.
Rosa **iba** al parque.	Rose was going to the park.

2. The Spanish gerund is often the equivalent of *by* + an English present participle.

Viajando, se aprende mucho.	By traveling, one learns much.
Estudiando, saldrás bien en los exámenes.	By studying, you will pass the examinations.

EJERCICIOS

A. Escríbase el gerundio de cada uno de los verbos entre paréntesis.

1. Pasamos el tiempo *jugando.* (charlar, leer, escribir, conversar)
2. Al oír la noticia, salió *gritando.* (reírse, llorar, temblar, quejarse)
3. Estoy *tocando* los discos. (oír, comprar, traer, romper)
4. ¿Qué estaban Vds. *haciendo?* (discutir, buscar, decir, contemplar)
5. La señorita sigue *cantando.* (bailar, escribir, trabajar, sonreír)
6. El señor continúa *hablando.* (sufrir, esperar, fumar, dormir)
7. ¿Por qué estás *llorando?* (murmurar, saltar, gritar, interrumpir)
8. Poco a poco el niño irá *aprendiendo.* (comprender, acostumbrarse, recordar, crecer)
9. *Andando* a la escuela, encontré a mi amigo Jorge. (ir, caminar, acercarse, volver)
10. La cocinera estaba *preparando* la sopa. (tomar, calentar, hervir, cocer)

B. Cámbiense las frases a la forma progresiva con el verbo *estar*.

EJEMPLO: El hombre *trabaja*. EJEMPLO: *Entraban* en la casa.
      El hombre está trabajando.   Estaban entrando en la casa.

1. Inés y su amiga *dan* un paseo.
2. *Leo* el periódico.
3. La taza *cae* al suelo.
4. *Discuten* los dos sistemas.
5. Los niños *nadan* en la piscina.

6. *Llovía* mucho.
7. Yo *llamaba* a Enrique por teléfono.
8. El joven *decía* la verdad.
9. *Preparábamos* la comida.
10. El sol *brillaba* todo el día.

C. Complétense las frases siguientes, empleando en cada frase el gerundio de uno de los siguientes verbos: (Cada verbo debe usarse solamente *una vez*.)

bailar	charlar	escuchar	jugar	poder
cambiar	discutir	estar	leer	ser
caminar	escribir	estudiar	oír	tocar

1. La orquesta está _____ mi canción favorita.
2. ¿Qué estás _____ en esa revista?
3. Los alumnos continúan _____ los verbos.
4. Paso el día _____ con mis compañeros.
5. El profesor sigue _____ el tema.
6. _____ en la clase, se aprende mucho.
7. Las costumbres van _____.
8. Me divierto _____.
9. _____ perezoso, no recibiré buenas notas.
10. Siga Vd. _____ hasta terminar el ejercicio.
11. _____ enfermo, no pudo trabajar.
12. _____ esto, salió en seguida.
13. Estaban _____ cuando entramos.
14. No _____ verlo, se puso los anteojos.
15. _____ por la calle, vi a mi amigo Hugo.

D. Tradúzcanse al español, empleando el gerundio en cada frase.

1. They were traveling by plane.
2. By working in the summer, you will earn enough money.
3. Keep on taking the same medicine.
4. They will keep on working.
5. We were listening to an interesting program.
6. By traveling, you will see many interesting things.
7. She was checking her luggage.
8. Jane was reading a novel.
9. She continues suffering.
10. We are celebrating his birthday.
11. She keeps on talking.
12. By studying every day, you will receive good grades.
13. I am discussing an important matter.
14. The children will be playing in the garden.
15. They continue living there.

9. PAST PARTICIPLE; COMPOUND TENSES

PAST PARTICIPLES OF REGULAR VERBS

tomar:	tom	*-ado,*	taken
comer:	com	*-ido,*	eaten
sufrir:	sufr	*-ido,*	suffered

PAST PARTICIPLES ENDING IN *-ÍDO*

caer:	*caído*	oír:	*oído*
creer:	*creído*	reír:	*reído*
leer:	*leído*	traer:	*traído*

VERBS IRREGULAR IN THE PAST PARTICIPLE

abrir: *abierto,* opened	morir: *muerto,* died
cubrir: *cubierto,* covered	poner: *puesto,* put
decir: *dicho,* said	resolver: *resuelto,* resolved, solved
escribir: *escrito,* written	romper: *roto,* broken
hacer: *hecho,* done	ver: *visto,* seen
imprimir: *impreso,* printed	volver: *vuelto,* returned

Note

Compounds of the above verbs (**descubrir, deshacer, imponer, devolver,** etc.) are also irregular in the past participle.

COMPOUND TENSES

The past participle is used with the various tenses of the verb **haber** (to have) to form the compound tenses.

PERFECT (PRESENT PERFECT) TENSE

I have entered (eaten, lived), etc.

he
has }entrado (comido, vivido)
ha

hemos
habéis }entrado (comido, vivido)
han

PLUPERFECT (PAST PERFECT) TENSE

I had entered (eaten, lived), etc.

había
habías }entrado (comido, vivido)
había

habíamos
habíais }entrado (comido, vivido)
habían

PRETERITE PERFECT TENSE

I had entered (eaten, lived), etc.

hube
hubiste }entrado (comido, vivido)
hubo

hubimos
hubisteis }entrado (comido, vivido)
hubieron

Note

The preterite perfect tense is used mainly in literary style to indicate that the action or event had just ended. It usually follows such expressions as **cuando** (when); **apenas** (scarcely, hardly); **después que** (after); **luego que, en cuanto, así que, tan pronto como** (as soon as). In conversation and informal writing, the preterite perfect is replaced by the preterite or the pluperfect tense.

Apenas hube llegado cuando me llamó.

I had scarcely arrived when he called me.

En cuanto hubo entrado, todos se levantaron.

As soon as he had entered, everyone got up.

FUTURE PERFECT TENSE

I shall (will) have entered (eaten, lived), etc.

habré		*habremos*	
habrás }entrado (comido, vivido)		*habréis* }entrado (comido, vivido)	
habrá		*habrán*	

CONDITIONAL PERFECT

I would have entered (eaten, lived), etc.

habría		*habríamos*	
habrías }entrado (comido, vivido)		*habríais* }entrado (comido, vivido)	
habría		*habrían*	

PERFECT INFINITIVE

haber entrado (comido, vivido), *to have entered (eaten, lived)*

PERFECT PARTICIPLE

habiendo entrado (comido, vivido), *having entered (eaten, lived)*

Note

The future perfect and conditional perfect are used to express probability in past time.

¿Lo **habrá terminado?**	I wonder if he has finished it. (Can he have finished it?)
¿Lo **habría terminado?**	I wondered if he had finished it. (Could he have finished it?)
Habrán perdido las llaves.	They have probably lost the keys. (They must have lost the keys.)
Habrían perdido las llaves.	They had probably lost the keys.

The expression **deber de** followed by the perfect infinitive may be substituted for the future perfect in expressing probability in past time.

Deben de haber perdido las llaves.	They must have lost the keys.
Debe de haber tomado el libro.	He must have taken the book.

EJERCICIOS

A. Escríbase la forma correcta de cada verbo, empleando los sujetos entre paréntesis.

1. Yo *había ofendido* al jefe. (ellos, vosotros, ella)
2. Ellos no *han recibido* una carta de Paco. (yo, Vd., nosotros)
3. *He prometido* traerlo. (Vds., tú, nosotros)
4. *Hemos firmado* el contrato. (el señor, yo, ellos)
5. *Se habían expresado* bien. (nosotros, tú, él)
6. ¿*Ha leído* Vd. este artículo? (Vds., tú, Elena)
7. La criada *ha puesto* las cajas en el suelo. (yo, nosotros, ellos)
8. No *habían hecho* nada. (Pepe, yo, nosotros)
9. Yo *habría tomado* el tranvía en vez del autobús. (nosotros, Ana, ellos)
10. *Habrán vuelto* para las diez. (yo, mi amigo, Vds.)

B. Cámbiense los verbos al perfecto (present perfect).

1. ¿*Combatirías* la injusticia?
2. Arturo *escribe* una carta a su amigo.
3. La muchacha *se desmaya*.
4. ¿Lo *ves?*
5. *Penetró* en la mina.

C. Cámbiense los verbos al pluscuamperfecto (pluperfect).

1. *Trajo* el paraguas.
2. Muchos *murieron* en el accidente.
3. El tirano *se apoderó* del gobierno.
4. *Volvió* temprano.
5. *Cubrieron* el altar de flores.

D. Cámbiense los verbos al futuro perfecto.

1. El barco *se hunde* en el mar.
2. *Descubrirán* el secreto.
3. *Acabaría* el trabajo.
4. *Empezarán* mañana.
5. *Cayeron* desde la cumbre de la montaña.

E. Cámbiense los verbos al condicional perfecto.

1. Yo lo *rompía*.
2. *Vi* un ejemplar de aquel libro.
3. Rosa no lo *abrirá*.
4. Su novia *sonríe* con dulzura.
5. *Hicieron* el viaje a pie.

F. Cámbiense las frases según los ejemplos.

EJEMPLOS: Deben de haber llegado.   Habrán llegado.

            Debe de haber entrado.   Habrá entrado.

1. Deben de haber vuelto.
2. Debemos de haberle ofendido.
3. Deben de haber esperado.
4. Deben de haber terminado.
5. Debe de haber muerto.

G. Contéstense en español en frases completas.

1. ¿Ha visto Vd. muchos partidos de béisbol?
2. ¿Han terminado Vds. ya la lección para mañana?
3. ¿La habrán terminado para la hora de clase mañana?
4. ¿Ha visitado Vd. la capital de nuestro país?
5. ¿Ha decidido Vd. qué carrera va a seguir?
6. ¿Ha estado Vd. ausente este semestre?
7. ¿Ha saludado Vd. hoy a su maestro?
8. ¿Se ha aplicado Vd. a sus estudios este año?
9. ¿Ha sentido Vd. orgullo alguna vez en su vida?
10. ¿Ha cumplido Vd. siempre con su palabra?
11. ¿Ha leído Vd. una novela recientemente?
12. ¿Le ha gustado el estilo del autor?
13. ¿Ha comprendido Vd. el misterio de la gramática?
14. ¿Ha dicho Vd. siempre la verdad?
15. ¿Ha contestado Vd. bien a todas estas preguntas?

H. Tradúzcanse al español.

1. Who would have believed it?
2. I wonder if he has paid the debt.
3. They have solved all their problems.
4. I wonder if they had returned the material.
5. He will have finished the test by (para) eleven o'clock.
6. He is glad to have won the prize.
7. Having written the letter, he put it in an envelope.
8. Who has broken these cups?
9. They must (deber de) have eaten green apples.
10. They had printed all his works in five volumes.
11. Where can I have put my coat?
12. Where have I put my coat?
13. His father had died in the Second World War.
14. You (tú) must have seen those pictures.
15. I am sorry to have arrived late.

10. USES OF *SER* AND *ESTAR*

SER	ESTAR

SER

1. To express a *quality* or *characteristic* of the subject.

   Este vino *es de España.*
   La casa *es de madera.*
   Felipe *es bueno.*

2. To *describe* or *identify* the subject.

   María *es alta (joven).*
   El coche *es nuevo (blanco).*
   Mi hermano *es médico (fuerte).*
   Juana *es rica (feliz).*
   ¿Quién es? Soy yo (es él).

3. To express *time* and *dates*, and with *impersonal expressions.*

   ¿Qué hora es? Son las dos.
   Hoy *es el tres de marzo.*
   Es necesario estudiar.

4. To express an *action* when used with the past participle. (See #1, page 56.)

   Las ventanas *fueron cerradas* por el profesor.
   La puerta *fue abierta* por el niño.

ESTAR

1. To express *location, position,* or *situation* of the subject.

   Madrid *está en España.*
   ¿Dónde está la casa?
   Felipe *está delante de la biblioteca.*

2. To indicate a *state* or *condition* of the subject.

   María *está cansada (sentada).*
   El coche *está lleno (sucio).*
   Ellos *están alegres (tristes).*
   Luis *está enfermo (bien).*
   La puerta *está abierta (cerrada).*

3. To form the *progressive tenses* (with the gerund).

   Están cantando.
   Estaban jugando.

Note

A. SER: *Quality, characteristic, description,* and *identification* are similar in many respects and may overlap each other in meaning. For instance, in the sentence **La puerta es de madera,** the expression *of wood* may be considered a characteristic or a quality of the door, or a description or an identification of the door.

B. ESTAR: A *condition* may be a *phase:* **Juan está enfermo (triste)**; a *temporary state:* **Está cansado (sentado)**; or the *result of an action:* **La puerta está cerrada.** Note that a condition does not identify, describe, or express a characteristic.

C. Some adjectives may be used with either **ser** or **estar**. However, the meaning of an adjective used with **ser** will differ from its meaning when used with **estar**.

Es bueno (malo).	He is good (bad). (characteristic)
Está bueno (malo).	He is well (ill). (condition)
Es listo.	He is clever (smart). (characteristic)
Está listo.	He is ready. (condition)
Es pálido.	He is pale-complexioned. (description; identification)
Está pálido.	He is pale. (condition)
Es seguro.	It is safe (reliable). (description)
Está seguro.	He is sure. (condition; state of mind)
El color *es vivo.*	The color is bright. (description)
Está vivo.	He is alive. (state; phase)
Es viejo (joven).	He is old (young). (description)
Está viejo (joven).	He looks old (young). (condition)
Él *es cansado.*	He is tiresome. (characteristic)
Él *está cansado.*	He is tired. (condition; state)

Adjectives used with **ser** and **estar** (like other adjectives) must agree with the subject in gender and number.

Alicia está ocupad*a.*	Alice is busy.
Eran pobre*s.*	They were poor.

EJERCICIOS

A. Escríbanse las formas correctas de *ser* y *estar*, empleando los sujetos indicados y haciendo los otros cambios necesarios.

1. *Felipe es de México y está aquí de visita.*
   a. Yo _____ de México y _____ aquí de visita.
   b. Nosotros _____ de México y _____ aquí de visita.
   c. Ellos _____ de México y _____ aquí de visita.
2. *Yo soy un muchacho bueno, pero ahora estoy malo.*
   a. Ellos _____, pero ahora _____.
   b. Nosotros _____, pero ahora _____.
   c. Tú _____, pero ahora _____.
3. *Ellos son ricos pero no están contentos.*
   a. Tú _____ pero no _____.
   b. Vd. _____ pero no _____.
   c. Nosotros _____ pero no _____.
4. *¿Quién es ese muchacho que está sentado allí?*
   a. ¿Quién _____ esa señorita que _____ allí?
   b. ¿Quiénes _____ esos señores que _____ allí?
   c. ¿Quiénes _____ esas muchachas que _____ allí?

5. *Eran las cinco, y José todavía estaba trabajando.*
   a. _____ la una, y tú todavía _____.
   b. _____ las diez, y ellos todavía _____.
   c. _____ tarde, y nosotros todavía _____.
6. *Era domingo, y la tienda estaba cerrada.*
   a. _____ sábado, y los bancos _____.
   b. _____ el cuatro de julio, y las escuelas _____.
   c. _____ día de fiesta, y el restaurante _____.
7. *El radio es nuevo pero está roto.*
   a. La cámara _____ pero _____.
   b. Los juguetes _____ pero _____.
   c. El reloj _____ pero _____.
8. *La puerta fue abierta por Pedro y todavía está abierta.*
   a. El cajón _____ por Pedro y todavía _____.
   b. La ventana _____ por Pedro y todavía _____.
   c. Las botellas _____ por Pedro y todavía _____.
9. *El chaleco es negro pero no está sucio.*
   a. Mi falda _____ pero no _____.
   b. Sus calcetines _____ pero no _____.
   c. El automóvil _____ pero no _____.
10. *La ventana es grande y está llena de polvo.*
    a. Tus zapatos _____ y _____ de polvo.
    b. El escritorio _____ y _____ de polvo.
    c. La catedral _____ y _____ de polvo.

B. Tradúzcanse al inglés.

1. Mi tía es buena.
2. Mi tía no está buena; tiene dolor de estómago.
3. Su hijo es muy malo.
4. Su hijo está muy malo; tiene resfriado.
5. El puente es muy seguro.
6. Yo estoy seguro de que Pedro lo hará.
7. Los muchachos son muy listos.
8. Los muchachos están listos para trabajar.
9. Los colores eran muy vivos.
10. Afortunadamente todos los pasajeros estaban vivos.
11. El señor Cárdenas es viejo; tiene ochenta años.
12. El señor Vives está tan viejo, y tiene solamente cuarenta años.
13. Estando muy cansado, se acostó temprano.
14. ¡Qué cansado es aquel conferenciante! No quiero escuchar más.
15. María no es hermosa pero está muy bonita con su vestido nuevo.

C. Complétese cada frase con la forma correcta del verbo *ser* o *estar*.

1. Nosotros _____ norteamericanos.
2. El ejército _____ muy lejos.
3. Los chicos _____ jugando en el patio.
4. ¿_____ Vd. listo para salir?
5. Hoy _____ miércoles.
6. Estos productos _____ de Inglaterra.
7. El museo _____ enfrente del parque.
8. _____ importante honrar a sus padres.
9. Las ventanas no _____ limpias.
10. ¡Qué sorpresa tuvo! Todavía _____ pálida.
11. Su camisa _____ limpia.
12. La corbata de Roberto _____ de colores muy vivos.
13. El señor Barja _____ ingeniero.
14. Los muebles _____ llenos de polvo.

15. _____ las once cuando llegaron.
16. Esta novela _____ escrita en el siglo diez y nueve por un autor español.
17. Este coche _____ de Juan.
18. La sopa no _____ caliente.
19. _____ preciso salir en seguida.
20. ¿_____ Vd. satisfecho?

D. Contéstense en español en frases completas.

1. ¿De dónde es Vd.?
2. ¿Dónde está Vd. ahora?
3. ¿Cómo está Vd. hoy?
4. ¿Quién está al lado de Vd.?
5. ¿Quién está ausente hoy?   ¿Por qué no está aquí?
6. ¿Qué está Vd. haciendo ahora?
7. ¿De qué color es la pizarra?
8. ¿Qué quiere Vd. ser algún día?
9. ¿Cómo es Vd.?   ¿Es Vd. alto(-a) o bajo(-a)?   ¿rubio(-a) o moreno(-a)?   ¿gordo(-a) o delgado(-a)?
10. ¿Es Vd. un(-a) amigo(-a) fiel?
11. ¿Dónde está situada su casa? ¿Es de piedra? ¿de estuco? ¿de madera? ¿de ladrillos?
12. ¿Está rodeada de árboles su escuela?
13. ¿Está Vd. satisfecho(-a) de sus notas en esta clase?
14. ¿Quién es admirado y respetado de todos?
15. ¿Está Vd. atento(-a) cuando habla el profesor?
16. ¿Quién fue elegido presidente de los Estados Unidos?
17. ¿Estaban Vds. ocupados ayer?
18. ¿Está Vd. alegre o triste hoy?   ¿Por qué?
19. ¿Es Vd. un estudiante ejemplar?
20. ¿Qué hace Vd. cuando está cansado(-a)?   ¿cuando está enojado(-a)?

E. Tradúzcanse al español.

1. Who is it?   It is I.
2. I am Mr. Jones.   Is Alice at home?
3. Where are they from?   They are from Venezuela.
4. She is Spanish; he is German.
5. The street is short, but it is very wide.
6. We were busy today, and I am very tired.
7. Why is Jane so sad?   Her mother is very ill.
8. The house was full of people; some were eating in the patio.
9. This chapter is tiresome; it is too long.
10. What time is it?   It is four o'clock.
11. The house is well built; it was built by a famous architect.
12. This watch is new; it is (made) of gold.
13. Helen is not lazy, but her room is very dirty.
14. The young lady who is seated near the window is my cousin.
15. Today is Friday; it is the first of June.
16. The book is covered because it is new.
17. The window is open; it was opened by Henry.
18. The meal is good, but the coffee is cold.
19. The tables were small and were covered with (de) white tablecloths.
20. The essay is long, but it is well written.

11. REFLEXIVE VERBS

lavarse

PRESENT TENSE

(yo) *me* lavo	(nosotros, -as) *nos* lavamos
(tú) *te* lavas	(vosotros, -as) *os* laváis
(Vd., él, ella) *se* lava	(Vds., ellos, -as) *se* lavan

PRETERITE: *me* lavé, *te* lavaste, etc.
IMPERFECT: *me* lavaba, *te* lavabas, etc.
FUTURE: *me* lavaré, *te* lavarás, etc.
CONDITIONAL: *me* lavaría, *te* lavarías, etc.

PERFECT TENSE

(yo) *me* he lavado	(nosotros, -as) *nos* hemos lavado
(tú) *te* has lavado	(vosotros, -as) *os* habéis lavado
(Vd., él, ella) *se* ha lavado	(Vds., ellos, -as) *se* han lavado

PLUPERFECT: *me* había lavado, *te* habías lavado, etc.
FUTURE PERFECT: *me* habré lavado, *te* habrás lavado, etc.
CONDITIONAL PERFECT: *me* habría lavado, *te* habrías lavado, etc.

GERUND (PRESENT PARTICIPLE)

lavándo*me,* lavándo*te,* lavándo*se,* lavándo*nos,* lavándo*os,* etc.

COMMANDS

láve*se* Vd.	láven*se* Vds.
láva*te* tú	lava*os* vosotros
no *se* lave Vd.	no *se* laven Vds.
no *te* laves tú	no *os* lavéis vosotros

POSITION OF REFLEXIVE PRONOUNS

The reflexive pronoun, like the other object pronouns, generally precedes the verb. However, when used with an infinitive, a present participle (gerund), or an affirmative command, the reflexive pronoun follows the verb and is attached to it.

NORMAL POSITION

Se lava.   He washes himself.

Nos hemos lavado.   We have washed ourselves.

EXCEPTIONS

INFINITIVE	Quiero lavar*me*. *or* *Me* quiero lavar.	I want to wash myself.
GERUND (PRESENT PARTICIPLE)	Estamos lavándo*nos*. *or* *Nos* estamos lavando.	We are washing ourselves.
AFFIRMATIVE COMMAND	Láven*se* Vds. (affirmative) *but* No *se* laven Vds. (negative)	Wash yourselves. Don't wash yourselves.

Note

A. The reflexive pronoun may either follow and be attached to the infinitive or the gerund, or precede the "conjugated" form of the verb.

B. When the reflexive pronoun is attached to the gerund or the affirmative command, a written accent mark is required on the stressed vowel of the verb in order to keep the original stress.

If not required for stress, the accent mark is omitted: **diles, ponte,** etc.

USES OF THE REFLEXIVE PRONOUNS

1. The reflexive pronoun is another form of object pronoun, either direct or indirect. It indicates that the subject and the object of the sentence are the same person or thing.

Nosotros levantamos el baúl.   We lift the trunk.
Nosotros *nos* levantamos.   We stand up.   (We lift ourselves.)

Pongo el sombrero en la mesa.   I put the hat on the table.
Me pongo el sombrero.   I put on my hat.   (I put the hat on myself.)

Note

A. Other verbs with special reflexive meanings are:

Basic Meaning	Reflexive Meaning
aburrir, to bore	**aburrirse,** to bore oneself (to become bored)
acostar, to put to bed	**acostarse,** to put oneself to bed (to go to bed)
bañar, to bathe (someone)	**bañarse,** to bathe oneself (to take a bath)
cansar, to tire	**cansarse,** to tire oneself (to become tired)
colocar, to place (something)	**colocarse,** to place oneself
engañar, to deceive	**engañarse,** to deceive oneself (to be mistaken)
esconder, to hide (something)	**esconderse,** to hide (oneself)
parar, to stop (something)	**pararse,** to stop oneself (to stop)
sentar, to seat	**sentarse,** to seat oneself (to sit down)

B. Some verbs are used reflexively, even though the reflexive meaning is not evident.

acordarse (de), to remember	**escaparse (de),** to escape (from)
apoderarse (de), to take possession (of)	**figurarse,** to imagine
apresurarse (a), to hurry	**irse,** to go away
aprovecharse (de), to avail oneself (of), to profit (by)	**morirse,** to pass away, to die
atreverse (a), to dare (to)	**negarse (a),** to refuse (to)
desayunarse, to have breakfast	**olvidarse (de),** to forget
desmayarse, to faint	**pasearse,** to stroll
empeñarse (en), to insist (on)	**quejarse (de),** to complain (of)
	tratarse (de), to concern, to be a question (of)

2. Reflexive verbs may be used to express a reciprocal action, which corresponds to the English *each other, one another.*

Nos escribimos.	We write to each other.
Pepe y Elena *se* aman.	Joe and Helen love one another.

Note

Uno a otro (Una a otra) or **el uno al otro (la una a la otra)** may be added to clarify the meaning of the sentence.

Las muchachas *se* miran.	The girls look at each other (*or* look at themselves).
Las muchachas *se* miran *una a otra* (*la una a la otra*).	The girls look at each other.
Pepe y Elena *se* aman *uno a otro* (*el uno al otro*).	Joe and Helen love each other.

3. Reflexive verbs are often used to express the passive voice. This occurs when the subject is a thing (not a person), and when the agent (doer) is not indicated. (See Note 2, page 57.)

Aquí *se habla* español. (singular) (singular)	Spanish is spoken here.
Estos libros *se venderán* a un (plural) (plural) precio barato.	These books will be sold at a low (cheap) price.

EJERCICIOS

A. Escríbase la forma correcta de cada uno de los verbos entre paréntesis.

1. El marinero *se alejó* de la bella isla. (acordarse, olvidarse, despedirse, apoderarse)
2. No *se encierre* Vd. en su habitación. (acostarse, dormirse, esconderse, quedarse)
3. ¿De qué *te enojas?* (preocuparse, quejarse, enfadarse, alegrarse)
4. Creo que ellos *se han marchado.* (equivocarse, irse, quedarse, despertarse)
5. Llovió ayer, y yo *me mojé.* (resfriarse, afligirse, enfadarse, turbarse)
6. *Cállense* Vds. en seguida. (irse, pararse, lavarse, rendirse)
7. Vamos a *desayunarnos* pronto. (levantarse, pasearse, casarse, acostarse)
8. No *se enfade* Vd. (apresurarse, asustarse, preocuparse, fiarse)
9. *Estoy lavándome.* (peinarse, bañarse, desayunarse, vestirse)
10. Juana y Rosa *se escriben.* (ayudarse, saludarse, abrazarse, besarse)

B. En cada grupo, complétense las frases, usando la forma correcta del verbo de la primera frase.

1. *Me confundo* con tantos verbos. ¿_____ tú también? Nosotros no _____ si estudiamos.
2. María *se interesa* por el arte. Nosotros _____ por la música. ¿_____ vosotros por algo?
3. Ella *se ha sacrificado* por sus hijos. Los hijos no _____ por nadie. Es noble _____ por alguien.
4. *Se fijó* en el retrato. ¿_____ Vds. en el mismo retrato? Nosotros _____ en la otra pintura.
5. Algunos muchachos no *se portan* bien. ¿_____ Vds. bien? Debemos _____ bien.

6. No *se quite* Vd. la chaqueta ahora. _____ Vd. la chaqueta más tarde. No quiero _____ la chaqueta.

7. ¿Cómo *se llaman* Vds.? Yo _____ Pedro. Mi hermano _____ Luis.

8. Voy a *ponerme* el traje azul. ¿Qué traje vas a _____? Estoy _____ el traje gris.

9. *¿Se comunican* Vd. y su amigo? Sí, _____ cada semana. Los buenos amigos deben _____ a menudo.

10. Yo *me quedaré* en el campo por un mes. Federico _____ por dos semanas. ¿Cuánto tiempo piensan Vds. _____?

C. Contéstense en español en frases completas.

1. ¿Por qué se enfada el profesor a veces con Vd.?
2. ¿Con qué se cubre Vd. cuando llueve?
3. ¿Se quejan Vds. cuando el profesor les da muchas tareas?
4. ¿Se entrega Vd. a su trabajo con entusiasmo?
5. ¿A qué hora quiere Vd. desayunarse?
6. ¿Cuándo se celebra nuestra fiesta nacional?
7. ¿Se asusta Vd. de la oscuridad?
8. ¿Deben los hombres quitarse el sombrero al entrar en un ascensor?
9. ¿Se ponen Vds. tristes cuando terminan las vacaciones?
10. ¿Se cansa Vd. dando largos paseos?
11. ¿Se baña Vd. antes de desayunarse?
12. ¿Se callan Vds. mientras está hablando el profesor?
13. ¿Se preocupan los padres demasiado por sus hijos?
14. ¿Admite Vd. su error cuando se equivoca?
15. ¿Se apresura Vd. a regresar a casa después de las clases?

D. Tradúzcanse al español.

1. He takes a bath every morning.
2. Have you brushed your teeth this morning?
3. I became frightened and began to (echarse a) run.
4. Do not get angry; they will go away.
5. She fainted when she saw the accident.
6. She has washed her (la) face and (las) hands.
7. He is shaving and washing.
8. The barber shaved the man.
9. She used to appear at the window every evening.
10. I have put on my white shoes.
11. The pupil raised his (la) hand.
12. He approached the fire to warm himself.
13. I thought that stamps were sold in that store, but I was mistaken.
14. He insisted on leaving at once, but we refused to accompany him.
15. Do not take off your coat; we are not going to stay here more than a few minutes.

12. MASTERY EXERCISES

(LESSONS 7–11)

A. Escríbase la forma correcta del futuro y del condicional.

1. El pasajero *tuvo* que facturar su maleta.
2. Yo *defiendo* mis derechos.
3. *Salió* sin afeitarse.
4. *Querían* tomar parte en la acción.
5. En el comedor *caben* una mesa y siete sillas.
6. *Limité* mis gastos.
7. Hoy no *vamos* a pescar.
8. El escultor *hizo* una imagen de mármol.
9. Sin duda *dijeron* algo ridículo.
10. *Sé* portarme como caballero honrado.
11. El diamante *vale* mucho.
12. El sol *se puso* detrás de la montaña.
13. Esto nos *agradó*.
14. El ciudadano *reclamó* sus derechos.
15. *Te sentaste* en un sillón cómodo.
16. *Vendimos* las demás cosas a un precio barato.
17. Al fin, *llegaron* a la aldea desierta.
18. El pícaro *mentía* con cara inocente.
19. Al pasar el pueblo, *torcimos* a la izquierda.
20. *Alcé* el saco pesado.

Lope Félix de Vega Carpio (1562–1635) fue el dramaturgo principal de España. Su obra dramática consiste en centenares (hundreds) de comedias, todas escritas en verso. También escribió varios poemas épicos. En la literatura española, se le considera superado sólo por Cervantes.

B. Tradúzcanse al español las expresiones en inglés, empleando las formas compuestas (perfectas o progresivas).

1. Ella *continues crying* a causa de su muñeca rota.
2. Dispense Vd.; yo *have broken* la lámpara.
3. Tú *have omitted* la mitad del cuento.
4. No pude entender lo que ellos *were saying*.
5. Yo *am getting dressed* para salir.
6. La nieve *had fallen* durante la noche.
7. Ellos *are getting bored* con esta película.
8. Nosotros lo *would have done* mejor.
9. Isabel *has described* el suceso con muchos detalles.
10. El avaro *had acquired* muchas propiedades.
11. El dependiente *has wrapped* el paquete.
12. *It has stopped* ya de llover.
13. Para mañana el sastre *will have finished* el traje.
14. Para el invierno la nieve *will have covered* el valle.
15. El poeta *had written* unos versos para su novia.
16. *He was mixing* agua con la leche cuando entró el inspector.
17. Para las ocho *they will have opened* la zapatería.
18. ¿Qué *had she said* a su madre?
19. ¿*Have you decorated* vosotros el salón para la fiesta?
20. Antes de regresar, *we will have seen* el Gran Cañón.

C. Tradúzcanse al español las expresiones en inglés, empleando las formas reflexivas.

1. *Stand up* Vd. y *don't lean* en la pared.
2. Yo estaba *enjoying myself* en el circo, y *I refused* a volver a casa.
3. Los novios *will get married* en abril; la boda *will take place* en la iglesia.
4. *Take care of yourselves;* Vds. deben *to take advantage* de las horas de sol.
5. *He feels* enfermo, y *he complains* de dolor de cabeza.
6. *They did not laugh* de sus chistes y *took leave* de él en seguida.
7. Quería *to become* médico, pero sus padres *opposed* a sus planes.
8. Juan y María prometieron *to love each other* siempre y *to write to each other* todos los días.
9. Un hombre que *was called* Gómez *was drowned* ayer en la piscina.
10. En aquella tienda *are sold* zapatos y calcetines; las puertas *open* (are opened) a las ocho.
11. *I fell asleep* a las once, *waking up* a las siete de la mañana siguiente.
12. Las dos niñas *looked at each other* y luego *greeted each other*.
13. El muchacho *fell down* y *hurt himself*.
14. *Don't make fun* Vd. de los desgraciados; mejor es *to keep silent*.
15. *Don't be astonished;* yo *have taken charge* de este negocio.

D. Contéstense en español en frases completas.

1. ¿De qué color son sus zapatos?
2. ¿Se ha desmayado Vd. alguna vez en su vida?
3. ¿Sabe Vd. expresarse bien en español?
4. ¿Qué dirán sus padres si Vd. recibe malas notas?
5. ¿A qué hora se juntará Vd. con sus amigos hoy?
6. ¿Le gustaría tomar un helado ahora?
7. ¿A qué hora se sentó Vd. anoche para estudiar?
8. ¿Está Vd. aburriéndose en esta clase?
9. ¿A qué hora estará Vd. en casa esta tarde?
10. ¿Qué hace Vd. cuando el maestro dice "Levántese Vd."?
11. ¿Se lleva Vd. bien con sus amigos?
12. ¿Estaba brillando el sol cuando Vd. se despertó hoy?
13. ¿Están Vds. listos para escribir al dictado?
14. ¿En qué país está Vd.?
15. ¿A qué hora se desayunó Vd. hoy?

E. Tradúzcanse al español.

1. The knife is very sharp; don't cut yourself.
2. This bottle is empty; this morning it was full of water.
3. They will be in Germany in October and November.
4. He threw himself into the water to rescue the child.
5. The drink is bitter; don't drink it.
6. He hopes to cure himself by exposing himself to the sun's rays.
7. My two best friends are from France; they are French.
8. You are wrong; today is not March 10.
9. Not being able to imagine such cruelty, he refused to believe what he had heard.
10. Don't move from that place; remain there for an hour.
11. It was December 24; the next day would be Christmas.
12. He was referring to a battle of the Second World War.
13. A religious procession will start (iniciar) the ceremony.
14. Her new blouse is of silk; it is beautiful.
15. Mr. Rodríguez keeps adding paintings to his collection.

F. Each of the following passages contains forms of the verb *to be* numbered 1–10. For each English form, you will find a choice of two Spanish verb forms. Select the correct verb form in each pair.

I. (1) *It was* las tres de la tarde. (2) *It was* un día hermoso de agosto. Los árboles (3) *were* cargados de frutas que más tarde (4) *would be* recogidas por niños y mayores. El aire (5) *was* lleno del rumor de pájaros e insectos que se aprovechaban de la luz del sol. En los campos de trigo y de maíz, los agricultores (6) *were* trabajando entre gritos y risas. El cielo (7) *was* completamente libre de nubes. (8) *It was* una escena de belleza ideal. —Esto (9) *is* vivir—pensaba el turista, respirando fuerte. La tristeza que había sentido antes iba cambiando. Ahora (10) *he was* alegre.

(1) (a) Estaban	(b) Eran		(6) (a) estaban	(b) eran
(2) (a) Estaba	(b) Era		(7) (a) estaba	(b) era
(3) (a) estaban	(b) eran		(8) (a) Estaba	(b) Era
(4) (a) estarían	(b) serían		(9) (a) está	(b) es
(5) (a) estaba	(b) era		(10) (a) estaba	(b) era

II. Luisito (1) *is* un muchacho de trece años. (2) *He is* alto y rubio, y tiene una sonrisa de ángel. (3) *He is* bueno, listo, y simpático, pero bastante pícaro y atrevido. Ayer se subió a un manzano, y comió un par de manzanas verdes. Ahora (4) *he is* enfermo, con fiebre, y tiene que (5) *to be* en cama todo el día. Le visité esta mañana, y (6) *he was* pálido. Le pregunté:—¿Cómo (7) *are you?*

Me contestó con voz muy débil:—(8) *I am* muy malo hoy.

El médico dice que la enfermedad no (9) *is* grave, y que dentro de dos o tres días Luisito (10) *will be* tan bueno como antes.

(1) (a) está	(b) es		(6) (a) estaba	(b) era
(2) (a) Está	(b) Es		(7) (a) estás	(b) eres
(3) (a) Está	(b) Es		(8) (a) Estoy	(b) Soy
(4) (a) está	(b) es		(9) (a) está	(b) es
(5) (a) estar	(b) ser		(10) (a) estará	(b) será

III. Los aztecas (1) *were* dueños del Valle de México. Su capital (2) *was* Tenochtitlán (que hoy día (3) *is* la Ciudad de México). (4) *It was* situada en un lago, y (5) *it was* totalmente rodeada de agua. Para llegar allí, (6) *it was* necesario cruzar por medio de uno de los numerosos puentes. En el centro de la ciudad (7) *was* el palacio del emperador. (8) *They were* una raza bárbara y militar, y se habían hecho propietarios de mucho terreno ajeno. Cuando llegó Cortés, muchas naciones (9) *were* sujetas al poder de los aztecas. Su gobierno (10) *was* severo y cruel, y practicaban el culto del sacrificio humano en los altares de sus templos.

(1) (a) estaban	(b) eran		(6) (a) estaba	(b) era
(2) (a) estaba	(b) era		(7) (a) estaba	(b) era
(3) (a) está	(b) es		(8) (a) Estaban	(b) Eran
(4) (a) Estaba	(b) Era		(9) (a) estaban	(b) eran
(5) (a) estaba	(b) era		(10) (a) estaba	(b) era

IV. El director de la expedición (1) *was* el Sr. Suárez. (2) *He was* un hombre de mucha experiencia, de origen gallego, que había (3) *been* navegante y que había (4) *been* en muchas luchas contra el océano. (5) *It was* martes, el treinta de enero, cuando salimos, y nos dirigimos al continente de África, donde, según él, (6) *was* el tesoro. El mar (7) *was* tranquilo. Una noche (8) *we were* sentados en el salón, cuando uno de los compañeros de la empresa le preguntó si (9) *he was* seguro de que el mapa (10) *was* genuino. Lleno de ira, se levantó de su asiento.

(1) (a) estuvo   (b) fue
(2) (a) Estaba   (b) Era
(3) (a) estado   (b) sido
(4) (a) estado   (b) sido
(5) (a) Estaba   (b) Era

(6) (a) estaba   (b) era
(7) (a) estaba   (b) era
(8) (a) estábamos   (b) éramos
(9) (a) estaba   (b) era
(10) (a) estaba   (b) era

V. El Sr. Torres (1) *was* de España.   (2) *He was* español de nacimiento.   Había venido a Buenos Aires para (3) *to be* administrador del negocio de su padre, en la industria de lana.   (4) *He was* viudo, y vivía con sus hijas y sus nietos.   Su trabajo (5) *was* fácil, y tenía muchas horas libres.   Su casa (6) *was* situada en la avenida principal de la ciudad y (7) *was* de buena construcción, de ladrillos.   Tenía una biblioteca que también (8) *was* despacho, con gran número de libros, cuadros, y curiosidades.   (9) *He was* muy aficionado a la lectura, y prefería obras de historia.   La puerta siempre (10) *was* abierta para los amigos y conocidos.

(1) (a) estaba   (b) era
(2) (a) Estaba   (b) Era
(3) (a) estar   (b) ser
(4) (a) Estaba   (b) Era
(5) (a) estaba   (b) era

(6) (a) estaba   (b) era
(7) (a) estaba   (b) era
(8) (a) estaba   (b) era
(9) (a) Estaba   (b) Era
(10) (a) estaba   (b) era

Colón desembarcó en el Nuevo Mundo el 12 de octubre de 1492, en una isla de las Antillas, a la que dio el nombre de San Salvador.   Besó el suelo y, dando gracias a Dios, tomó posesión de la isla en nombre de los Reyes Católicos, Fernando e Isabel.   Hoy día la isla lleva el nombre de Watlings Island.

13. PASSIVE VOICE

In the active voice, the subject generally performs some action. In the passive voice, the subject is acted upon.

ACTIVE: *El hombre compró el libro.* The man bought the book.

PASSIVE: *El libro fue comprado por el hombre.* The book was bought by the man.

1. If the agent (doer) is mentioned or implied, the passive voice is formed by a word-for-word translation: subject + **ser** + past participle + **por** + doer.

Esas carreteras *fueron construidas por* el gobierno.
<small>doer</small>
Those highways were built by the government.

Todos mis amigos *han sido invitados por* Carlos.
<small>doer</small>
All my friends have been invited by Charles.

La fiesta *será celebrada por* los habitantes.
<small>doer</small>
The festival will be celebrated by the inhabitants.

Colón salió de España el 3 de agosto; el 12 de octubre América *fue descubierta.* (doer, Columbus, implied)
Columbus left Spain on August 3; on October 12 America was discovered.

Note

A. In forming the passive voice, the past participle is used as an adjective and must agree with the subject in gender and number.

B. *By* is usually translated by **por**. If the past participle expresses feeling or emotion, rather than action, *by* is translated by **de**.

Es **amado (respetado, admirado)** *de* todos.
He is loved (respected, admired) by all.

Era **temido (odiado, envidiado)** *de* la gente.
He was feared (hated, envied) by the people.

2. If the agent (doer) is not mentioned or implied, and the subject is a *thing*, the reflexive construction is used. In such instances, the subject usually follows the verb.

Aquí *se habla* español. Aquí (singular) (singular) *se hablan* español y francés. (plural) (plural)	Spanish is spoken here. Spanish and French are spoken here.
¿A qué hora *se cierran* las tiendas? (plural) (plural)	At what time are the stores closed?
Se publicó el libro. (singular) (singular)	The book was published.
Se perdieron los documentos. (plural) (plural)	The documents were lost.
Desde aquí *se pueden ver* los (plural) monumentos. (plural)	From here the monuments can be seen.

3. *a.* The pronoun se is also used as an indefinite subject. In such instances, it is not reflexive and is used only with the third person singular of the verb.

se dice: it is said, one says, people say, they say, you say
se cree: it is believed, one believes, people believe, they believe, you believe
se sabe: it is known, one knows, people know, they know, you know

Instead of the above, **dicen** (they say), **creen** (they believe), and **saben** (they know) are often used with indefinite subjects.

Se dice ⎫ *Dicen* ⎭	que es muy rico.	It is said ⎫ They say ⎭	that he is very rich.

b. The indefinite se is used to express the passive when (1) the doer is indefinite (not mentioned or implied), and (2) a *person* is acted upon.

Se mató al hombre.	The man was killed. [Someone (indefinite) killed the man.]
Se *le* **mató.**	He was killed. [Someone (indefinite) killed him.]
Se mató a los hombres.	The men were killed. [Someone (indefinite) killed the men.]
Se *les* **mató.**	They were killed. [Someone (indefinite) killed them.]

Se castigará a la niña.	The child will be punished. [Someone (indefinite) will punish the child.]
Se *la* **castigará.**	She will be punished. [Someone (indefinite) will punish her.]
Se castigará a las niñas.	The children will be punished. [Someone (indefinite) will punish the children.]
Se *las* **castigará.**	They will be punished. [Someone (indefinite) will punish them.]

Note

Although the person acted upon is a direct object, the form **les** is used (instead of **los**) for the masculine plural.

c. Instead of the indefinite **se** construction, the active voice third person plural is often used.

Mataron al hombre (a los hombres).	They killed the man (the men). (indefinite)
Le (Los) ***mataron.***	They killed him (them). (indefinite)
Castigarán a la niña (a las niñas).	They will punish the child (the (indefinite) children). (indefinite)
La (Las) ***castigarán.***	They will punish her (them). (indefinite)

SUMMARY

	DOER (AGENT) EXPRESSED	DOER (AGENT) NOT EXPRESSED	
THING	I. *Word-for-Word Trans- lation* Las camisas **serán ven- didas por** el depen- diente.	II. *Reflexive* **Se venderán** camisas.	THING
PERSON	El alcalde *fue elegido por* el pueblo.	III. *Indefinite* **Se eligió** al alcalde. (Se le eligió.) **Eligieron** al alcalde. (Le eligieron.)	PERSON

EJERCICIOS

A. En cada frase, escríbase la forma pasiva, empleando cada uno de los sujetos entre paréntesis.

1. Las casas *fueron destruidas* por el fuego.   (Ambos edificios, La fábrica, El hotel, Los muebles)
2. La ciudad *sería atacada* por el enemigo.   (Nuestro ejército, Las fortalezas, Los soldados, El castillo)
3. El café *será servido* por el camarero.   (Los refrescos, La comida, Las bebidas, Los postres)
4. Los escritores *fueron alabados* por los críticos.   (La nueva revista, El dramaturgo, Las poetisas, El ensayo)
5. Los vasos *fueron rotos* por los niños.   (La bicicleta, El palo, Las plumas, Los papeles)
6. El contrato *ha sido firmado* por el señor Torres.   (Los documentos, La carta, Las tarjetas, El cheque)
7. El accidente *había sido anunciado* por las autoridades.   (Las elecciones, Los juegos, La noticia, El descubrimiento)
8. Los proyectos *serán discutidos* por los socios.   (El asunto, Las reglas, La constitución, Los impuestos)
9. La señora *era respetada* de todos.   (El director, Los profesores, Las jóvenes, La emperatriz)
10. Los dictadores *son temidos* de la gente.   (Las tropas, El tirano, La policía, Su influencia)

B. Cámbiese cada frase a la forma pasiva según el ejemplo.

EJEMPLO: Este artista pintó el cuadro.
El cuadro fue pintado por este artista.

1. La criada limpió la casa.
2. La gente elige al presidente.
3. La cocinera preparará el pollo.
4. El perro mordió al cartero.
5. Los oficiales observaron el vuelo del avión.
6. Esta compañía emplea a muchas personas.
7. El juez condenó a los criminales.
8. Teresa ha engañado a los muchachos.
9. Todos admiraban a Pepe.
10. Los novios anunciarán el día de la boda.
11. Un arquitecto famoso construyó esta casa.
12. Los españoles habían fundado muchas misiones.
13. Los vecinos aman a los chicos.
14. El autor publicará sus obras.
15. El policía persiguió al ladrón.

C. Cámbiese cada frase del singular al plural o viceversa según el ejemplo.

EJEMPLO: Se abre la tienda a las nueve.
Se abren las tiendas a las nueve.

1. Se cierra el restaurante a las ocho.
2. Aquí se sacan los pasaportes.
3. Se vendió la casa.
4. Se celebraron las fiestas.
5. Se han publicado sus novelas.
6. ¿Dónde se encuentra su cuarto?
7. Se perdieron las llaves.
8. ¿A qué hora se servirá la comida?
9. Se podía ver la montaña a lo lejos.
10. Se deben discutir los problemas.

D. Tradúzcanse de dos maneras las expresiones en inglés.

EJEMPLO: *It is known* que el mundo es redondo.

Se sabe, Saben

1. En este tranvía, *you pay* al entrar.
2. *It is not believed* que la luna sea de queso verde.
3. *They say* que el ruso es una lengua muy difícil de aprender.
4. *One can see* que esta moneda es falsa.
5. *People cross* el río por medio del puente.
6. Aquí *they eat* a las nueve.
7. *One learns* estudiando.
8. En este mercado *people buy y sell*.
9. *One enters* por la puerta, no por la ventana.
10. *You go up* por la escalera.

E. Cámbiense los verbos según los ejemplos.

EJEMPLOS: *Nombraron* ministro al Sr. Gómez.

Se nombró ministro al Sr. Gómez.

Le eligieron alcalde.

Se le eligió alcalde.

1. *Aconsejaron* bien a los discípulos aplicados.
   ---------- bien a los discípulos aplicados.
2. *Aplaudieron* al cantante y al compositor célebres.
   ---------- al cantante y al compositor célebres.
3. *Nos ayudarán.*
   ----------.
4. *Cogieron* al hombre que robó la plata.
   ---------- al hombre que robó la plata.
5. *Escuchan* al abuelo con atención.
   ---------- al abuelo con atención.
6. Durante la batalla *hirieron* al conde.
   Durante la batalla ---------- al conde.
7. *Invitaron* al filósofo a dar una conferencia.
   ---------- al filósofo a dar una conferencia.
8. *Le acusaron* del crimen.
   ---------- del crimen.
9. *Mataron* al tirano.
   ---------- al tirano.
10. *Pegarán* a los niños malos.
    ---------- a los niños malos.
11. En ese país *querían* al príncipe bondadoso.
    En ese país ---------- al príncipe bondadoso.
12. *Encerraron* al escudero en la torre del castillo.
    ---------- al escudero en la torre del castillo.
13. *Estiman* mucho a las enfermeras hábiles.
    ---------- mucho a las enfermeras hábiles.

14. *Quitarán* al carretero su caballo.

_____ al carretero su caballo.

15. En el pueblo *respetaban* mucho al sacerdote amable.

En el pueblo _____ mucho al sacerdote amable.

F. Contéstense en español en frases completas.

1. ¿Cómo se dice "railroad" en español?
2. ¿A qué hora se cena en su casa?
3. ¿Se venden guantes en una panadería?
4. ¿Qué se lee en un periódico?
5. ¿Por quiénes fue construido el acueducto de Segovia?   (romanos)
6. ¿En dónde se compran medicinas?
7. ¿Se cree hoy día que el mundo sea llano?
8. ¿Se debe respetar a los padres?
9. ¿A quiénes se cura en un hospital?
10. ¿A dónde se va para comprar zapatos?
11. ¿Se debe castigar a los niños de vez en cuando?
12. ¿En dónde se encierra a los criminales?
13. ¿Se organizarán bailes en la escuela este semestre?
14. ¿En qué país se habla griego?
15. ¿Por quién fue descubierto el Nuevo Mundo?

G. Tradúzcanse al español.

1. The country was conquered by our forces.
2. He is respected by all.
3. The examination has been corrected by the teacher.
4. The book will be read by many people.
5. Spanish is spoken here.
6. People say that he is very generous.
7. It has been said that he is very rich.
8. The American continent was explored by the Spaniards.
9. She is admired by everyone.
10. The lessons have been explained by the teacher.
11. People believe that war can be avoided.
12. The nation was governed by a dictator.
13. He was hated by the public.
14. Smoking is prohibited in the school.
15. An accident was avoided.
16. They say that nothing is impossible.
17. The judges were appointed by the President.
18. They were imitated by other nations.
19. Many articles have been written by the class.
20. She will be greeted by her friends.
21. Flowers are sold in this store.
22. It is not known if he will return.
23. The error had been discovered by a student.
24. Many interesting monuments can be seen in Mexico.
25. It was believed that he was very ill.

14. FORMATION OF THE SUBJUNCTIVE

FORMATION OF THE PRESENT SUBJUNCTIVE

Regular Verbs

1. The present subjunctive of most verbs is formed by dropping the ending -o of the first person singular (**yo** form) of the present indicative and adding the following endings:

-**ar** verbs: *-e, -es, -e, -emos, -éis, -en*

-**er**
-**ir** }verbs: *-a, -as, -a, -amos, -áis, -an*

Infinitive	Present Indicative *Yo* Form	Present Subjunctive
tomar	tomo	tome, tomes, tome, tomemos, toméis, tomen
comer	como	coma, comas, coma, comamos, comáis, coman
escribir	escribo	escriba, escribas, escriba, escribamos, escribáis, escriban

caber	quepo	quepa, -as, -a, etc.
coger	cojo	coja, -as, -a, etc.
conocer	conozco	conozca, -as, -a, etc.
destruir	destruyo	destruya, -as, -a, etc.
distinguir	distingo	distinga, -as, -a, etc.
salir	salgo	salga, -as, -a, etc.

Spelling Changes in the Present Subjunctive

2. In the present subjunctive of verbs ending in -**car**, -**gar**, and -**zar**, c changes to **qu**, g to **gu**, and z to **c**. These spelling changes are the same as those that occur in the **yo** form of the preterite. (See pages 15–16.)

Infinitive	Preterite *Yo* Form	Present Subjunctive
buscar	busqué	*busque, -es, -e,* etc.
pagar	pagué	*pague, -es, -e,* etc.
alzar	alcé	*alce, -es, -e,* etc.

Note

In the verb **averiguar,** the u changes to ü before an **e: averigüé**—preterite; **averigüe**—present subjunctive. This is done to keep the sound of the **u,** which otherwise would be silent.

Stem-Changing Verbs in the Present Subjunctive

3. *a.* Stem-changing **-ar** and **-er** verbs have the same stem changes in the present subjunctive as in the present indicative **(e to ie, o to ue).**

    cerrar: c*ie*rre, c*ie*rres, c*ie*rre, cerremos, cerréis, c*ie*rren

    volver: v*ue*lva, v*ue*lvas, v*ue*lva, volvamos, volváis, v*ue*lvan

b. Stem-changing **-ir** verbs have the same stem changes in the present subjunctive as in the present indicative **(e to ie, o to ue, e to i).** In the **nosotros** and **vosotros** forms, the stem vowel **e** changes to **i** and the stem vowel **o** changes to **u.**

    sentir: s*ie*nta, s*ie*ntas, s*ie*nta, s*i*ntamos, s*i*ntáis, s*ie*ntan

    dormir: d*ue*rma, d*ue*rmas, d*ue*rma, d*u*rmamos, d*u*rmáis, d*ue*rman

    pedir: p*i*da, p*i*das, p*i*da, p*i*damos, p*i*dáis, p*i*dan

c. Some verbs ending in **-iar** or **-uar** stress the **i** or the **u** **(í, ú)** in all forms except those for **nosotros** and **vosotros.**

    enviar: env*í*e, env*í*es, env*í*e, enviemos, enviéis, env*í*en

    continuar: contin*ú*e, contin*ú*es, contin*ú*e, continuemos, continuéis, contin*ú*en

(See Note C, page 9, for additional verbs like **enviar** and **continuar.**)

Present Subjunctive of Irregular Verbs

4. The following verbs have irregular forms in the present subjunctive:

    dar: *dé,* des, *dé,* demos, deis, den

    estar: *esté, estés, esté,* estemos, estéis, *estén*

    haber: *haya, hayas, haya, hayamos, hayáis, hayan*

    ir: *vaya, vayas, vaya, vayamos, vayáis, vayan*

    saber: *sepa, sepas, sepa, sepamos, sepáis, sepan*

    ser: *sea, seas, sea, seamos, seáis, sean*

FORMATION OF THE IMPERFECT SUBJUNCTIVE

The imperfect subjunctive of *all* verbs is formed by dropping the **-ron** ending of the third person plural of the preterite tense and adding either the **-ra** or **-se** endings.

-ra, -ras, -ra, '-ramos, -rais, -ran
or
-se, -ses, -se, '-semos, -seis, -sen

Infinitive	Preterite Third Plural	Imperfect Subjunctive
llegar	llega*ron*	llega*ra*, llega*ras*, llega*ra*, llegá*ramos*, llega*rais*, llega*ran* *or* llega*se*, llega*ses*, llega*se*, llegá*semos*, llega*seis*, llega*sen*
vender	vendie*ron*	vendie*ra*, vendie*ras*, vendie*ra*, vendié*ramos*, vendie*rais*, vendie*ran* *or* vendie*se*, vendie*ses*, vendie*se*, vendié*semos*, vendie*seis*, vendie*sen*
dormir	durmie*ron*	durmie*ra*, durmie*ras*, etc. *or* durmie*se*, durmie*ses*, etc.
pedir	pidie*ron*	pidie*ra*, etc., *or* pidie*se*, etc.
decir	dije*ron*	dije*ra*, etc., *or* dije*se*, etc.
ir, ser	fue*ron*	fue*ra*, etc., *or* fue*se*, etc.
creer	creye*ron*	creye*ra*, etc., *or* creye*se*, etc.

Note

The **nosotros** form of the imperfect subjunctive is the only form that has an accent mark (on the vowel immediately *before* the ending).

FORMATION OF THE PERFECT AND PLUPERFECT SUBJUNCTIVE

The perfect subjunctive is formed by the present subjunctive of **haber** followed by a past participle.

haya ⎤
hayas ⎬entrado
haya ⎦

hayamos ⎤
hayáis ⎬entrado
hayan ⎦

The pluperfect subjunctive is formed by the imperfect subjunctive of **haber** followed by a past participle.

hubiera (hubiese) ⎤
hubieras (hubieses) ⎬dicho
hubiera (hubiese) ⎦

hubiéramos (hubiésemos) ⎤
hubierais (hubieseis) ⎬dicho
hubieran (hubiesen) ⎦

EJERCICIOS

A. Escríbanse los verbos en el presente de subjuntivo empleando los sujetos *yo, nosotros, ellos.*

EJEMPLO: hablar—yo hable, nosotros hablemos, ellos hablen

1. buscar	6. conocer	11. oír	16. ir	21. caber
2. trabajar	7. ser	12. distinguir	17. poner	22. construir
3. odiar	8. hacer	13. averiguar	18. estar	23. acercarse
4. llegar	9. dar	14. leer	19. alcanzar	24. saber
5. traer	10. escoger	15. emplear	20. salir	25. venir

B. Escríbanse los verbos en el presente de subjuntivo empleando los sujetos *yo, nosotros, ellos.*

EJEMPLO: contar—yo cuente, nosotros contemos, ellos cuenten

1. encontrar	6. sonreír	11. sentarse	16. huir	21. seguir
2. pensar	7. preferir	12. vestirse	17. acostarse	22. divertirse
3. volver	8. dormir	13. soler	18. despedirse	23. jugar
4. continuar	9. conseguir	14. enviar	19. atravesar	24. empezar
5. perder	10. sentir	15. negar	20. actuar	25. repetir

C. Escríbanse los verbos en la tercera persona plural del pretérito y en la primera persona singular del imperfecto de subjuntivo (2 formas).

EJEMPLO: entrar—entraron, entrara, entrase

1. visitar	7. decir	13. dormir	19. haber	25. sorprender
2. andar	8. sentir	14. ir	20. conducir	26. ser
3. querer	9. estar	15. sentarse	21. averiguar	27. destruir
4. abrir	10. tener	16. lucir	22. dar	28. poder
5. caer	11. hacer	17. extender	23. envolver	29. satisfacer
6. morir	12. traer	18. venir	24. saber	30. recoger

D. Cámbiese cada verbo del presente de subjuntivo a la forma correspondiente del imperfecto de subjuntivo (2 formas).

EJEMPLO: viva—viviera, viviese

1. escriba	5. averigüen	9. agreguéis	13. rodeemos	17. protejamos
2. se deslicen	6. quiera	10. pongamos	14. parezca	18. ruegue
3. luzcan	7. demostremos	11. vaya	15. signifiquen	19. almuerces
4. digas	8. duerman	12. sean	16. continúe	20. envíen

E. Cámbiese cada verbo del imperfecto de subjuntivo a la forma correspondiente del presente de subjuntivo.

1. deseásemos	6. destruyerais	11. hiciera	16. creyésemos
2. trajesen	7. pensasen	12. estuvieras	17. sintieran
3. dieran	8. murieseis	13. amenazase	18. riera
4. prefiriese	9. hubiese	14. adquirieras	19. volviesen
5. estudiasen	10. condujésemos	15. perdiera	20. detuviera

F. Cámbiese cada verbo a la forma indicada del perfecto y del pluscuamperfecto de subjuntivo. (In 1–10, use the **-ra** form of the pluperfect subjunctive; in 11–20 use the **-se** form.)

1. (yo) vender	8. (él) volver	15. (tú) bajar
2. (él y yo) escribir	9. (yo) añadir	16. (ella) decir
3. (tú) leer	10. (vosotros) arrojar	17. (tú) oír
4. (Vd.) ver	11. (nosotros) cubrir	18. (yo) descubrir
5. (tú) abrir	12. (ellas) romper	19. (nosotros) describir
6. (nosotros) hacer	13. (nosotros) creer	20. (Rosa) morir
7. (yo) poner	14. (yo) mostrar	

G. Cámbiese cada forma del indicativo a la forma correspondiente del subjuntivo.

	INDICATIVO	FORMA CORRESPONDIENTE DEL SUBJUNTIVO
EJEMPLOS: PRESENTE:	hablan	*hablen*
IMPERFECTO:	comíamos	*comiéramos (comiésemos)*
PERFECTO:	he mostrado	*haya mostrado*
PLUSCUAMPERFECTO:	habías vendido	*hubieras (hubieses) vendido*

1. oyen	8. sacan	15. habíamos dicho	22. vengo
2. queríamos	9. tomaba	16. poníamos	23. éramos
3. he cerrado	10. han creído	17. pagan	24. producía
4. sigo	11. vemos	18. está	25. sé
5. había hecho	12. iba	19. servís	
6. conoce	13. tenemos	20. hemos comido	
7. escribo	14. dais	21. nos divertimos	

15. USES OF THE SUBJUNCTIVE (PART I)

I. Noun Clause: Dependent clause used as the object of the sentence.

1. The subjunctive is used in noun clauses when the verb of the main clause expresses a *wish*, real or implied, such as advice, command, desire, hope, permission, preference, request.

---

aconsejar, to advise
decir, to tell (to order)
dejar, to let, to allow
desear, to wish, to want
esperar, to hope
exigir, to require, to demand
hacer, to make, to cause
insistir (en), to insist (on)
mandar, to command, to order

¡Ojalá que . . . ! May God grant that . . . ! Would to God that . . . ! If only . . . !
pedir, to request, to ask
permitir, to permit, to allow
preferir, to prefer
prohibir, to forbid, to prohibit
querer, to wish, to want
rogar, to beg, to request
suplicar, to beg, to plead

Le **aconsejaron** que *saliera* en
   (advice)   (subjunctive)
seguida.

They advised him to leave (that he leave) at once.

Les **digo** que *entren.*
(command) (subjunctive)

I tell them to enter (that they should enter).

Quieren que *lleguemos* temprano.
  (desire)   (subjunctive)

They want us to arrive (wish that we arrive) early.

¡Ojalá que Vds. no se *enfermen!*
(desire)   (subjunctive)

God grant (Would to God) that you don't become ill!

Espero que *se queden* aquí.
(hope)   (subjunctive)

I hope that they remain here.

El profesor no **permite** que los
         (permission)
alumnos *hablen* en la clase.
  (subjunctive)

The teacher does not permit the pupils to speak (that the pupils speak) in class.

Mis padres **prefieren** que yo no
    (preference)
mire ese programa de televisión.
(subjunctive)

My parents prefer that I do not watch that television program.

Te **ruego** que *vengas*.
(request)   (subjunctive)

I beg you to come (that you come).

2. The subjunctive is used in noun clauses when the verb of the main clause expresses an *emotion*, such as fear, joy, sorrow, regret, surprise.

---

alegrarse (de), to be glad (of)
sentir, to be sorry, to regret
sorprenderse (de), to be
  surprised

temer, to fear
tener miedo (de), to fear, to be
  afraid of

Temían que no *volviera*.
(fear)   (subjunctive)

They were afraid that he would not return.

Me alegro de que Vds. lo *hayan visto*.
(joy)   (subjunctive)

I am glad that you have seen it.

Sentimos que ellos no *puedan* hacer el
(regret, sorrow)   (subjunctive)
viaje con nosotros.

We regret (We are sorry) that they cannot make the trip with us.

¿Se sorprenden Vds. de que *haya* ex-
(surprise)   (subjunctive)
amen hoy?

Are you surprised that there is an examination today?

3. The subjunctive is used in noun clauses when the verb in the main clause expresses *doubt, disbelief, denial*.

---

dudar, to doubt   **no creer,** not to believe   **negar,** to deny

---

Dudamos que lo *sepan*.
(doubt)   (subjunctive)

We doubt that they know it.

No creo que Pedro lo *halle*.
(disbelief)   (subjunctive)

I don't believe that Peter will find it.

Niegan que esto *sea* importante.   They deny that this is important.
(denial)   (subjunctive)

   but

Creo (No dudo) que Pedro lo   I believe (I *don't* doubt) that Peter
(belief)   will find it.
hallará.
(indicative)

Note

Because of the uncertainty indicated, the verbs **dudar** and **creer,** when used interrogatively, are usually followed by the subjunctive.

¿Cree Vd. que *vengan?*   Do you believe that they will
(uncertainty)   (subjunctive)   come?

4. The subjunctive is used in noun clauses when the main clause contains an impersonal expression, unless the impersonal expression indicates certainty.

es dudoso, it is doubtful	**es menester** ⎫
es importante, it is important	**es necesario** ⎬ it is necessary
es imposible, it is impossible	**es preciso** ⎭
es lástima, it is a pity	**es posible,** it is possible
es mejor ⎫ it is better	**es probable,** it is probable
más vale ⎭	**importa,** it is important

Es preciso que yo lo *compre.*   It is necessary that I buy (for me to buy) it.

Era importante que lo *viéramos.*   It was important that we should see (for us to see) it.

Es probable que *vayan.*   It is probable that they will go.

   but

Es cierto que **irán.**   It is certain that they will go.
(certainty)   (indicative)

Es evidente que él no lo **sabe.**   It is evident that he does not
(certainty)   (indicative)   know it.

Es verdad que Juan **está** enfermo.   It is true that John is sick.
(certainty)   (indicative)

Note

A. In all of the previous examples, the verb in the main clause and the verb in the dependent clause have *different* subjects. If in English the subjects are the same, **que** is omitted in Spanish, and the *infinitive* is used instead of the subjunctive.

<u>Ellos</u> quieren **ir** a la fiesta.
(They)   (they)

They wish to go (that *they* may go) to the party.

<u>Me</u> alegro de **estar** aquí.
(I)   (I)

I am glad that *I* am here (to be here).

B. The verbs **dejar, hacer, mandar, permitir,** and **prohibir** may be followed by either the subjunctive or the infinitive.

Me manda que *salga.*
Me manda **salir.**

He orders me to leave.

Déjele que *hable.*
Déjele **hablar.**

Let him speak.

SEQUENCE OF TENSES

The tense of the subjunctive depends on the form of the main verb.

VERB IN MAIN CLAUSE	VERB IN DEPENDENT CLAUSE
Present Indicative Present Perfect Future Command	Present Subjunctive *or* Perfect Subjunctive
Preterite Pluperfect Imperfect Conditional	Imperfect Subjunctive *or* Pluperfect Subjunctive

$$No \begin{cases} \textbf{permite} \\ \text{(present)} \\ \textbf{permitirá} \\ \text{(future)} \\ \textbf{ha permitido} \\ \text{(present perfect)} \\ \textbf{permita Vd.} \\ \text{(command)} \end{cases} que\ los\ niños\ \textit{entren.} \\ \text{(present} \\ \text{subjunctive)}$$

$$\left.\begin{array}{l} \text{He does not permit} \\ \text{He will not permit} \\ \text{He has not permitted} \\ \text{Do not permit} \end{array}\right\} \begin{array}{l} \text{the children to enter} \\ \text{(that the children enter).} \end{array}$$

$$No \begin{cases} \textbf{permitió} \\ \text{(preterite)} \\ \textbf{había permitido} \\ \text{(pluperfect)} \\ \textbf{permitía} \\ \text{(imperfect)} \\ \textbf{permitiría} \\ \text{(conditional)} \end{cases} que\ los\ niños\ \textit{entraran\ (entrasen).} \\ \text{(imperfect subjunctive)}$$

$$\left.\begin{array}{l} \text{He did not permit} \\ \text{He had not permitted} \\ \text{He did not permit} \\ \text{He would not permit} \end{array}\right\} \begin{array}{l} \text{the children to enter} \\ \text{(that the children enter).} \end{array}$$

Dudo que lo *hayan visto.*   I doubt that they have
(present)   (perfect subjunctive)   seen it.

Dudaba que lo *hubieran (hubiesen) visto.*   I doubted that they had
(imperfect)   (pluperfect subjunctive)   seen it.

EJERCICIOS

A. En cada frase escójase la forma correcta del verbo entre paréntesis.

1. No permitió que yo (vaya, fuera) en busca del doctor.
2. Yo creo que él (consiga, conseguirá) hacerse médico.
3. Siento que Vds. lo (hayan, hubiesen) cortado.
4. ¡Ojalá que el niño no se (caiga, cayera) del árbol!
5. Sabemos que algo maravilloso (ha, haya) ocurrido.
6. No es cierto que él (está, esté) enfermo.
7. Dígale que se (levanta, levante).
8. El maestro prohibe que nosotros (escribamos, escribimos) con lápiz.
9. Es probable que ella lo (tiene, tenga).
10. El gobierno exige que nosotros (pagamos, paguemos) los impuestos.

11. Me pidió que le (ayudaría, ayudase).
12. Espero que vosotros (podéis, podáis) quedaros aquí.
13. Permitió que yo le (acompañara, acompañaba).
14. Te suplicamos que (obedecer, obedezcas) la ley.
15. Es verdad que mañana no (sea, es) día de fiesta.
16. Nos alegramos de que él (ha, haya) vuelto.
17. Es imposible que Vd. lo (hiciera, haga).
18. Nos han pedido que (vamos, vayamos) a la botica.
19. Sentían que él (hubiera, había) salido.
20. ¡Ojalá que el enemigo no (atacará, ataque) mañana.

B. Cámbiese el infinitivo al subjuntivo, empleando el sujeto entre paréntesis.

EJEMPLO: Es posible *encontrar* un buen empleo. (Vd.)
Es posible que Vd. encuentre un buen empleo.

1. Es importante *salir* bien en los exámenes. (Vds.)
2. Desean *poner* la mesa. (ella)
3. Sería mejor *apartarse* de los combates. (Vds.)
4. Querían *quedarse* en casa. (yo)
5. Se alegran de *haber visto* a sus abuelos. (Juan)
6. Insistió en *guardar* cama todo el día. (el niño)
7. Espero *volver* pronto. (mi tío)
8. Prefieren *pasar* las vacaciones en el campo. (nosotros)
9. Es preciso *referirse* a las autoridades. (Vds.)
10. Tenían miedo de *venir*. (tú)
11. Sería imposible *asistir* a la conferencia. (él)
12. Es importante *nombrar* un presidente. (el club)
13. Temían *viajar* por avión. (su hijo)
14. Sentía *haber molestado* a los vecinos. (Vd.)
15. Más vale *adornar* el salón hoy. (los miembros)

C. Complétense las frases usando la forma correcta del subjuntivo.

EJEMPLO: Es probable que él lo tenga.
Era probable que él lo *tuviera*.

1. Exige que Vds. se lo concedan.
Exigió que Vds. se lo _____.
2. Temían que su hijo no aspirase a hacerse abogado.
Temen que su hijo no _____ a hacerse abogado.
3. Es lástima que la acera no sea más ancha.
Era lástima que la acera no _____ más ancha.
4. Dígales que lo corten.
Les dijo que lo _____.
5. No había querido que el policía pusiese en libertad al ladrón.
No ha querido que el policía _____ en libertad al ladrón.
6. Desean que yo llegue temprano.
Deseaban que yo _____ temprano.
7. Sentí que Vds. no conviniesen en ello.
Siento que Vds. no _____ en ello.
8. Se alegran de que Vd. haya ganado el premio.
Se alegraban de que Vd. _____ el premio.
9. Pidieron que nosotros fuéramos a la botica.
Pedirán que nosotros _____ a la botica.

10. Fue necesario que el carpintero lo construyera.
    Será necesario que el carpintero lo _____.
11. Te aconsejaría que no perdieras el alfiler.
    Te aconsejo que no _____ el alfiler.
12. Le rogué que me lo enseñase.
    Le ruego que me lo _____.
13. Niego que Carlos haya usado la máquina.
    Negaba que Carlos _____ la máquina.
14. No es posible que ocurra tal desastre.
    No fue posible que _____ tal desastre.
15. No creía que ellos hubieran declarado su intención.
    No cree que ellos _____ su intención.

D. Escríbase la forma correcta del verbo en letra cursiva.

1. Será preciso que ellos *elegir* un alcalde.
2. No creemos que esto *ser* de algodón.
3. El pordiosero esperaba que yo le *dar* una limosna.
4. Estoy seguro de que el burro *comer* el trigo.
5. Era necesario *estudiar* para el examen.
6. Temíamos que ellos *aumentar* el precio de los billetes.
7. Es cierto que la bandera *tener* cincuenta estrellas.
8. Se alegró de *encontrar* su bolsa.
9. Pidió que nosotros *llenar* el baúl.
10. Es lástima que ella no *haber* mantenido su entusiasmo.
11. ¿Es posible que la botella *estar* vacía?
12. Me prohiben *iniciar* mis proyectos.
13. Dudo que *haber* mucho peligro.
14. Colón negó que el mundo *ser* llano.
15. Deseo que tú *principiar* a estudiar la geografía.
16. Es probable que *cesar* de llover pronto.
17. Es imposible que yo lo *completar* este mes.
18. Insisten en que Tomás *venir* en seguida.
19. Mi papá exigió que yo le *imitar*.
20. No creían que Vd. *omitir* aquel párrafo.
21. Me dicen que yo *quedarse* con ellos.
22. ¡Ojalá que no *ocurrir* una catástrofe!
23. Mandé que ellos *traer* la cuenta.
24. Tenemos miedo de que él no *proceder* con cuidado.
25. Dígales que no *matar* el insecto.

E. Tradúzcanse al español los verbos en letra cursiva.

1. Dudábamos que ellos *would know* la respuesta.
2. Fue lástima que nosotros no *could* estar allí.
3. Te suplico que *you do not leave* con tanta prisa.
4. ¿Duda Vd. que él se *has broken* la pierna?
5. Siento que Vds. lo *have cut.*
6. Importa que vosotros no *become tired* con el trabajo.
7. Más vale que ellos *buy* el coche gris.
8. ¿Creen Vds. que el casamiento *will take place* el lunes?
9. Nos rogó que *we put* sellos en los sobres.
10. Su padre se empeña en que Juan *draw apart* de tales compañeros.
11. ¿Es posible que aquella señora *has* un marido tan feo?

12. Me aconsejó que *I use* el subjuntivo en ese caso.
13. Yo no dudo que él *is* valiente.
14. Es evidente que esto *will last* mucho tiempo.
15. Quería *them to visit* el monumento.
16. Le pidieron al sabio que *he should give* su opinión.
17. Desearía que Vd. *would write* a menudo.
18. Desean *to eat* las peras.
19. Querían *to divide* la cantidad en tres partes iguales.
20. Prefirieron *to keep* el secreto.

    F. Contéstense en español en frases completas.

1. ¿Desea Vd. salir bien en los exámenes?
2. ¿Es necesario que Vd. se acueste temprano?
3. ¿Cree Vd. que esta lección sea fácil?
4. ¿Permite el maestro que Vds. conversen en la clase?
5. ¿Le prohiben sus padres que fume?
6. ¿Es preciso que Vd. cuide a su hermanito(-a) de vez en cuando?
7. ¿Exige el maestro que Vds. estudien mucho?
8. ¿Es cierto que Vd. ha cumplido diez y seis años?
9. ¿Duda Vd. que llueva hoy?
10. ¿Es importante que una persona descanse después de trabajar?
11. ¿Prefiere Vd. que se cierre la escuela mañana?
12. ¿Desea Vd. que se forme un club español en la escuela?
13. ¿Le mandan sus padres que haga cosas difíciles?
14. ¿Niega Vd. que el mundo sea redondo?
15. ¿Es verdad que Vd. tiene un hermano menor?

    G. Tradúzcanse al español.

1. He wants me to attend the university.
2. I hope to see that region some day.
3. It is a pity that you (tú) are not here every day.
4. I doubt that they have found it.
5. I do not doubt that Peter will find it.
6. He ordered me to serve the soup.
7. It is evident that you have not seen it.
8. It is important to choose good friends.
9. The teacher forbids us to write in (con) pencil.
10. We wanted them to read the article.
11. I am glad to see you.
12. It is doubtful that they will convince him.
13. He advised us to forbid it.
14. I am sure that the bottle is full.
15. He did not believe that she had done it.

16. USES OF THE SUBJUNCTIVE (PART II)

II. ADVERB CLAUSE: Dependent clause used as an adverb. An adverb clause answers the questions *when? where? how? why?* etc.

1. The subjunctive is used in adverb clauses if *uncertainty, doubt, anticipation,* or *indefiniteness* is expressed. Adverb clauses are usually introduced by the following conjunctions:

a fin de que ⎫ in order that, so that **para que** ⎭ **a menos que,** unless **antes (de) que,** before	**con tal que,** provided that **en caso de que,** in case (that) **sin que,** without

Terminaré el trabajo **antes de que** ellos *vuelvan.* — I shall finish the work before they return. (whenever that may be)

Leyó el artículo despacio **para que** *pudiéramos* entenderlo. — He read the article slowly so that we could understand it. (We may or may not have understood it.)

Salió **sin que** yo lo *supiera.* — He left without my knowing it. (in such a way that I would not know it)

2. The following conjunctions require the subjunctive if uncertainty, doubt, anticipation, or indefiniteness is implied. Otherwise, the indicative is used.

aunque, although, even though, even if **cuando,** when **de manera que** ⎫ with the result that, 　　　　　　　　 ⎬ so that, in such a **de modo que** ⎭ way that **después (de) que,** after	**en cuanto** ⎫ **luego que** ⎪ **tan pronto como** ⎬ as soon as **así que** ⎭ **hasta que,** until **mientras,** while

Subjunctive	Indicative
Aunque *cueste* mucho dinero, lo compraré.	Aunque costó mucho dinero, lo compré.
Although it may cost a lot of money, I'll buy it. (I don't know how much it costs.)	Although it cost a lot of money, I bought it. (It did cost a lot of money.)
Espere Vd. **hasta que** ellos *vengan*.	Esperó **hasta que** ellos **vinieron**.
Wait until they come. (whenever that may be)	He waited until they came. (They did arrive.)
Te llamaré **cuando** *llegue* a casa.	Siempre me llama **cuando llega** a casa.
I will call you when I arrive home. (whenever that may be)	He always calls me when he arrives home. (his normal custom)
Leyó despacio, **de modo que** ellos *pudieran* entender.	Leyó despacio, **de modo que** ellos **pudieron** entender.
He read slowly, so that they would be able to understand. (not known if they understood)	He read slowly, so that they were able to understand. (They understood.)
Dijo que lo haría **así que** le *pagáramos*.	Lo hizo **así que** le **pagamos**.
He said he would do it as soon as we paid him.	He did it as soon as we paid him.

Note

If in English the subjects of the main and the dependent clauses are the *same*, **que** is usually omitted in Spanish, and the *infinitive* is used.

Terminaré el trabajo *antes de volver*. (I) (I)	I shall finish the work before I return (before returning).
Espere Vd. *hasta volver* a casa. (you) (you)	Wait until you return home (until returning home).
Leyó el artículo despacio *para entender*lo. (he) (he)	He read the article slowly to understand it.
Salió *sin decir* adiós. (he) (he)	He left without saying goodbye.

3. The subjunctive is used after compounds of **-quiera** and similar indefinite expressions.

---

dondequiera, wherever	**cuandoquiera,** whenever
cualquier(a) (*pl.* **cualesquiera**), whatever, any	**por** + adj. or adv. + **que,** however, no matter how
quienquiera (*pl.* **quienesquiera**), whoever	

No se lo daré, **quienquiera** que *sea.*

I will not give it to him, whoever he may be.

Aceptaré **cualquier** puesto que Vd. me *ofrezca.*

I shall accept any job you offer me.

Por difícil que *sea,* lo haré.

However (No matter how) difficult it may be, I shall do it.

III. ADJECTIVE CLAUSE: Dependent clause used as an adjective (modifying a noun or pronoun).

The subjunctive is used in adjective clauses if the antecedent (the noun or pronoun in the main clause) is *indefinite* or *negative*.

SUBJUNCTIVE	INDICATIVE
Busca **un esposo** que *sea* alto y guapo.	Tiene un esposo que **es** alto y guapo.
She is looking for a husband who is tall and handsome. (She may never find one.)	She has a husband who is tall and handsome. (She has one.)
¿Conoce Vd. a **alguien** que *quiera* trabajar?	Conoce a alguien que **quiere** trabajar.
Do you know anyone who wants to work? (indefinite)	He knows someone who wants to work. (definite person meant)
No puedo encontrar a **nadie** que *pueda* ayudarme.	Encontré a un hombre que **puede** ayudarme.
I can't find anyone who can help me. (negative)	I found a man who can help me. (There is such a person.)

Note

In adverb and adjective clauses, the tense of the subjunctive depends on the tense of the main verb, as in noun clauses.

IV. CONTRARY-TO-FACT CONDITIONS

1. The imperfect and pluperfect subjunctives are used in contrary-to-fact conditions, as follows:

	"IF" CLAUSE	"RESULT" CLAUSE
PRESENT TIME	Imperfect Subjunctive, -se *or* -ra form	Conditional *or* Imperfect Subjunctive, -ra form only
PAST TIME	Pluperfect Subjunctive, -se *or* -ra form	Conditional Perfect *or* Pluperfect Subjunctive, -ra form only

Si yo *estudiase* (*estudiara*) más, *recibiría* (*recibiera*) buenas notas.

If I studied more, I would receive good grades. (I don't receive good grades.)

Si yo *hubiese* (*hubiera*) *estudiado* más, *habría* (*hubiera*) *recibido* buenas notas.

If I had studied more, I would have received good grades. (I didn't receive good grades.)

but

Si **estudio** más, **recibiré** buenas notas.

If I study more, I will receive good grades. (I may receive good grades.)

2. The imperfect and pluperfect subjunctives are also used after **como si** (as if).

Vd. le trata **como si** *fuera* un niño.

You treat him as if he were a child. (but he isn't)

Me miró **como si** yo *hubiera cometido* un crimen.

He looked at me as if I had committed a crime. (but I hadn't)

Note

The present subjunctive is never used in "if" clauses.

3. The **-ra** forms of the imperfect subjunctive of **querer, poder,** and **deber** are often used instead of the conditional of these verbs to express a polite request or statement.

Quisiera comprarlo.	I would like to buy it.
¿Pudiera Vd. hacerlo hoy?	Could you do it today?
Debiéramos verlo.	We should (ought to) see it.

EJERCICIOS

A. Contéstense las preguntas según los ejemplos. (See #1, page 75.)

EJEMPLO: ¿Va Vd. a comer?
No comeré a menos que Vd. coma también.

1. ¿Va Vd. a esperar?
2. ¿Va Vd. a trabajar?
3. ¿Va Vd. a regresar?
4. ¿Va Vd. a almorzar?
5. ¿Va Vd. a entrar?

EJEMPLO: ¿Desea Vd. ir a la fiesta?
Iré a la fiesta con tal que Vd. vaya también.

6. ¿Desea Vd. jugar al tenis?
7. ¿Desea Vd. volver a casa?
8. ¿Desea Vd. asistir a la reunión?
9. ¿Desea Vd. cantar una canción?
10. ¿Desea Vd. desayunarse ahora?

EJEMPLO: ¿Vio Vd. a Tomás?
No, él se fue sin que yo le viera.

11. ¿Habló Vd. a Carlos?
12. ¿Dio Vd. el dinero a Jaime?
13. ¿Mostró Vd. la foto a Pedro?
14. ¿Leyó Vd. la carta a Alfonso?
15. ¿Informó Vd. al guardia?

EJEMPLO: ¿Llegan mañana?
Te llamaré antes (de) que lleguen.

16. ¿Vienen mañana?
17. ¿Vuelven hoy?
18. ¿Se van esta tarde?
19. ¿Se marchan esta mañana?
20. ¿Se verificará hoy?

EJEMPLO: ¿Va a nevar?
¿Qué haremos en caso de que nieve?

21. ¿Va a llover?
22. ¿Va a hacer frío?
23. ¿Va a costar mucho?
24. ¿Va a ser difícil?
25. ¿Va a llegar tarde?

EJEMPLO: ¿Tomó el tren?
Su padre le dio dinero para que tomara el tren.

26. ¿Fue al cine?
27. ¿Asistió a la función?
28. ¿Viajó por barco?
29. ¿Vio el partido de fútbol?
30. ¿Compró una bicicleta?

B. Cámbiense las frases según los ejemplos.

EJEMPLOS: Descansará antes de volver.
Descansará antes de que ellos _vuelvan_.

Descansó antes de volver.
Descansó antes de que ellos _volviesen_.

1. Llamaré antes de salir.
Llamaré antes de que Vd. _____.
2. Va al parque para ver a sus amigos.
Va al parque para que sus amigos le _____.
3. Lo hizo sin saberlo.
Lo hizo sin que nosotros lo _____.
4. Compró tres entradas para ver el partido de fútbol.
Compró tres entradas para que él y sus amigos _____ el partido de fútbol.
5. Cenaremos antes de marcharnos.
Cenaremos antes de que Vds. _____.
6. Tomó las cerezas sin hablar al dueño.
Tomó las cerezas sin que el dueño le _____.
7. Compró un aparato de televisión a fin de mirar los programas.
Compró un aparato de televisión a fin de que sus hijos _____ los programas.
8. Devolvió el diario sin leerlo.
Devolvió el diario sin que yo lo _____.
9. Compró papel para escribir una carta.
Compró papel para que su hermana _____ una carta.
10. Voy a descansar antes de comer.
Voy a descansar antes de que nosotros _____.

C. Cámbiense los verbos al subjuntivo según el ejemplo.   (See #2, pages 75–76.)

EJEMPLO: Esperó hasta que yo vine.

Esperará hasta que yo _venga_.

or

Prometieron esperar hasta que yo _viniese_.

1. No se lo entregué hasta que me pagó.
No se lo entregaré hasta que me _____.
2. Me avisaron cuando estaban listos.
Prometieron avisarme cuando _____ listos.
3. Siempre le envío el cheque tan pronto como recibo las mercancías.
Le enviaré el cheque tan pronto como _____ las mercancías.
4. No escribí el ensayo aunque tenía el tiempo.
No voy a escribir el ensayo aunque _____ el tiempo.

5. Les gustó el apartamiento luego que lo vieron.
Sabían que les gustaría el apartamiento luego que lo _____.
6. Fueron a visitarle después que llegó.
Iremos a visitarle después que _____.
7. Arregló los asientos de modo que todo el público podía ver la función.
Arreglará los asientos de modo que todo el público _____ ver la función.
8. Todos se callaban mientras discurría el político.
Todos se callarán mientras _____ el político.
9. Me quité el sombrero así que entré en la casa.
Me quitaré el sombrero así que _____ en la casa.
10. Vivió en aquella ciudad hasta que murió.
Vivirá en aquella ciudad hasta que _____.
11. Cuando vamos a España, siempre visitamos la Alhambra.
Cuando _____ a España, visitaremos la Alhambra.
12. Separaron a los prisioneros de manera que cada uno se quedaba solo.
Van a separar a los prisioneros de manera que cada uno _____ solo.
13. En cuanto Juan se unió al grupo, todos se pusieron en marcha.
En cuanto Juan _____ al grupo, todos se pondrán en marcha.
14. Compré la alhaja, aunque subieron el precio.
Voy a comprar la alhaja, aunque _____ el precio.
15. Tan pronto como el cartero nos vio, nos dio unas cartas.
Tan pronto como el cartero nos _____, nos dará unas cartas.

D. Contéstense las preguntas según los ejemplos.   (See #3, page 77.)

EJEMPLOS: ¿Cuándo irá?
Cuandoquiera que __*vaya*__, no importa.

¿Quién será?
Quienquiera que __*sea*__, podrá entrar.

¿Es interesante?
Por interesante que __*sea*__, no lo leeré.

1. ¿Quién lo hará?
Quienquiera que lo _____, lo hará bien.
2. ¿Dónde está?
Dondequiera que _____, tendrá que moverse.
3. ¿Es bravo el toro?
Por bravo que _____, no tengo miedo.
4. ¿Cuándo vendrá?
Cuandoquiera que _____, no nos quejaremos.
5. ¿Qué libro escogerá?
Cualquier libro que _____, le interesará.
6. ¿Dónde viajará?
Dondequiera que él _____, encontrará cosas nuevas.
7. ¿Es difícil la lección?
Por difícil que _____, la aprenderemos.
8. ¿Quién lo verá?
Quienquiera que lo _____, se asombrará.
9. ¿Cuándo llegaremos?
Cuandoquiera que _____, nos darán de comer.
10. ¿Pronuncia bien el alumno?
Por bien que _____, siempre podrá mejorarse.

E. Cámbiense los verbos al subjuntivo según el ejemplo. (See III, Adjective Clause, page 77.)

> EJEMPLO: Tengo una revista que es interesante.
>
> Busco una revista que __*sea*__ interesante.

1. Yo poseo una gramática que tiene muchos ejercicios.
   Busco una gramática que _____ muchos ejercicios.
2. Compraron una casa que tenía un patio grande.
   Querían comprar una casa que _____ un patio grande.
3. Conozco a un hombre que puede ayudarme.
   ¡Ojalá que encuentre un hombre que _____ ayudarme!
4. Tenía un coche que funcionaba bien.
   Necesitaba un coche que _____ bien.
5. Conozco a una mujer que pesa doscientas libras.
   No hay ninguna mujer aquí que _____ doscientas libras.
6. Veo a una persona que sabe la dirección.
   ¿Hay alguien que _____ la dirección?
7. Ve un traje que le gusta.
   Busca un traje que le _____.
8. Yo he hablado con alguien que ha visto una corrida de toros.
   No he hablado con nadie que _____ visto una corrida de toros.
9. Vive en un apartamiento que está cerca del parque.
   Quiere vivir en un apartamiento que _____ cerca del parque.
10. Juan siempre me dice algo que me interesa.
    Juan nunca me dice nada que me _____.
11. Encontró a un cochero que sabía conducir bien.
    No pudo encontrar ningún cochero que _____ conducir bien.
12. Todos los soldados del rey eran valientes.
    El rey buscaba soldados que _____ valientes.
13. Juanito es un alumno que estudia mucho.
    No hay nadie que _____ mucho.
14. Encontramos un restaurante donde sirven buenas comidas.
    Deseamos encontrar un restaurante donde _____ buenas comidas.
15. El Sr. Mendoza es un guía que conoce bien la ciudad.
    Busco un guía que _____ bien la ciudad.

F. Cámbiense las frases según los ejemplos. (See IV, Contrary-to-Fact Conditions, pages 78–79.)

> EJEMPLO: Si tengo el tiempo, los visitaré.
>
>   *a.* Si tuviese (tuviera) el tiempo, los visitaría (visitara).
>
>   *b.* Si hubiese (hubiera) tenido el tiempo, los habría (hubiera) visitado.

1. Si necesita dinero, se lo pedirá a su padre.
2. Si nos levantamos tarde, no llegaremos a tiempo.
3. Si aprendo el español, haré un viaje a España.
4. Si me ofrece un puesto, lo aceptaré.
5. Si trabajas allí, ganarás mucho dinero.
6. Si recibo el dinero, lo compraré.
7. Si van a la playa, se divertirán.
8. Si vienes tarde, no te esperaré.
9. Si hace mal tiempo, nos quedaremos en casa.
10. Si veo a Tomás, se lo contaré.

EJEMPLOS: Le tratan como a un niño; no es un niño.

Le tratan *como si fuera un niño*.

No sabemos si vendrá.

No sabíamos *si vendría*.

11. Lo dice en broma; no es una broma.
Lo dice _____.

12. El maestro no sabe si los alumnos estudiarán.
El maestro no sabía _____.

13. Baila como un bailarín profesional; no es un bailarín profesional.
Baila _____.

14. No dice si vendrá el lunes.
No dijo _____.

15. Habla como cubano; no es cubano.
Habla _____.

G. Cámbiense los verbos según los ejemplos. (See #3, page 79.)

EJEMPLOS: ¿*Puede Vd.* venir a mi casa?   ¿*Pudiera Vd.* venir a mi casa?

Debes hacerlo.   *Debieras* hacerlo.

Queremos ver esta película.   *Quisiéramos* ver esta película.

1. ¿*Puedes* prestarme diez dólares?   ¿_____ prestarme diez dólares?
2. ¿*Pueden Vds.* acompañarnos?   ¿_____ acompañarnos?
3. ¿*Puede Vd.* decirme dónde está la casa?   ¿_____ decirme dónde está la casa?
4. *Debes* ser más cortés.   _____ ser más cortés.
5. *Debemos* visitar a nuestros primos.   _____ visitar a nuestros primos.
6. *Debo* estudiar más.   _____ estudiar más.
7. *Quiero* invitarle a una fiesta.   _____ invitarle a una fiesta.
8. *Quieren* hacer un viaje a México.   _____ hacer un viaje a México.
9. ¿*Quieren Vds.* tomar una taza de café?   ¿_____ tomar una taza de café?
10. *Queremos* ir a la playa.   _____ ir a la playa.

H. Escójase la forma correcta del verbo entre paréntesis.

1. Yo pienso volver antes que el niño _____. (despertarse, se despierta, se despierte, se despertase)
2. Cayó al río sin que nadie le _____. (empujar, empujaba, empuje, empujara)
3. Prometieron volver a casa en cuanto _____. (poder, podían, puedan, pudiesen)
4. Busco una taquígrafa que _____ una máquina de escribir. (tener, tiene, tenga, tuviera)
5. Tuvo que correr para _____. (alcanzarnos, nos alcanzó, nos alcance, nos alcanzase)
6. Vamos a hacer un viaje tan pronto como _____ dinero. (recibir, recibimos, recibamos, recibiéramos)
7. En caso de que _____ calor, quítese Vd. la americana. (hacer, hace, haga, hiciera)
8. Cuando _____ el tiempo, iré a visitarle. (tener, tendré, tenga, tuviera)
9. Se tiró al agua a fin de _____ a la hermosa princesa. (salvar, salvó, salve, salvara)
10. El profesor trabaja mucho a fin de que los alumnos _____ en sus estudios. (adelantar, adelantan, adelanten, adelantasen)
11. No hay nada que _____ difícil para él. (ser, es, sea, fuera)
12. Cuandoquiera que nosotros le _____, no estará en casa. (visitar, visitamos, visitemos, visitásemos)

13. Si él _____ eso, vendría en seguida.   (saber, sabría, sepa, supiera)
14. Habla como si _____ mucha confianza.   (tener, tiene, tenga, tuviese)
15. La carta no cabe en el sobre, a menos que Vd. la _____.   (doblar, dobla, doble, doblara)
16. No alumbrarán las calles hasta que _____.   (anochecer, anochecerá, anochezca, anocheciera)
17. Se graduó cuando _____ diez y siete años.   (tener, tenía, tenga, tuviera)
18. Iré a la fiesta con tal que Vd. _____ también.   (ir, irá, vaya, fuese)
19. Cualquier libro que Vd. _____, aprenderá algo.   (leer, leerá, lea, leyese)
20. El detective salió sin _____ la casa.   (registrar, registró, registre, registrara)
21. El presidente dio un breve discurso antes de _____ la noticia.   (leer, leyó, lea, leyera)
22. No le creerán aunque _____ la verdad.   (decir, dirá, diga, dijera)
23. No le creyeron aunque _____ la verdad.   (decir, dijo, diga, dijese)
24. Intentó mudar de casa de manera que nadie le _____.   (hallar, halló, halle, hallase)
25. Por rico que _____, no querrá prestarnos dinero.   (ser, será, sea, fuese)

I. Tradúzcanse al español las palabras en inglés.

1. Ella no lo haría a menos que *it were* necesario.
2. Te prestaré el dinero con tal que *you promise* devolvérmelo.
3. Llevó el libro a casa para que su esposa lo *might read*.
4. No había nadie que lo *saw*.
5. Dondequiera que él *goes*, le podrán hallar.
6. Por difícil que *it seems*, yo lo haré.
7. Si nosotros *were able*, iríamos al baile.
8. Si nosotros *had been able*, habríamos ido al baile.
9. El director nos habla como si *we were* tontos.
10. Nunca podréis leer a menos que *you learn* el alfabeto.
11. Antes que los conquistadores *arrived*, los indios ya habían desarrollado una civilización.
12. Escribí la traducción tan pronto como *I arrived* a casa.
13. Entré en el salón sin que *his seeing me*.
14. En caso de que ella *needs* una pluma, préstele la mía.
15. Quienquiera que *calls*, no abras la puerta.

J. Tradúzcanse al español.

1. We will make the trip with you, provided that it does not snow.
2. I will buy you whatever gift you want.
3. If I did that, I would not deny it.
4. His father gave him money in order that he could travel by boat.
5. We tried to explain the problem so that no doubt would remain.
6. There is no one who knows the answer.
7. If he had known that, he would have come the next day.
8. Call me before they leave.
9. You will not learn much unless you study.
10. He spoke for an hour without my interrupting him.
11. Every morning when I see him I greet him.
12. Wait for me until I return.
13. They waited for me until I returned.
14. Although he did not know how to swim, he enjoyed himself in the water.
15. That man gives me advice as though he were my father.

17. FORMAL AND FAMILIAR COMMANDS

FORMAL COMMANDS

Formal commands with **Vd.** and **Vds.** are always expressed by the present subjunctive. (See Verb Lesson 14, page 62.)

tomar:	tom*e* Vd.	tom*e*n Vds., take
volver:	vuelv*a* Vd.	vuelv*a*n Vds., return
venir:	*venga* Vd.	*vengan* Vds., come
ir:	*vaya* Vd.	*vayan* Vds., go
dar:	*dé* Vd.	*den* Vds., give

INDIRECT COMMANDS

Indirect commands introduced in English by *let, may,* or *have* are also expressed by the present subjunctive.

Que *hable* él (ella).	Let him (her) speak.
Que *oigan* la verdad.	Let them hear the truth.
Que *sean* felices.	May they be happy.
Que lo *haga* Juana.	Let (Have) Jane do it.

Note

Indirect commands are usually introduced by **que.**

LET US (LET'S)

1. *Let us* is expressed by the first person plural of the present subjunctive.

Esperemos un momento.	Let us wait a moment.
Salgamos ahora.	Let us leave now.

2. *Let us go* is expressed by the special form **vamos,** unless the sentence is negative. Negatively, the regular subjunctive form **vayamos** is used.

Vamos al teatro hoy.	Let us go to the theater today.
No vayamos al teatro hoy.	Let us not go to the theater today.

3. **Vamos a** + infinitive may also be used to express *let us.*

Vamos a cantar. (*or* **Cantemos.**)	Let us sing.
Vamos a aprender (*or* **Aprendamos**) la lección para mañana.	Let us learn the lesson for to-morrow.

FAMILIAR COMMANDS

Regular Verbs

1. The singular **(tú)** form of the familiar affirmative command is the same as the third person singular of the present indicative.

2. The plural **(vosotros)** form of the familiar affirmative command is formed by changing the **-r** ending of the infinitive to **-d.**

3. The negative forms are all expressed by the present subjunctive.

	AFFIRMATIVE	NEGATIVE
mirar:	mira tú	no mir*es* tú
	mira*d* vosotros	no mir*éis* vosotros
correr:	corre tú	no corr*as* tú
	corre*d* vosotros	no corr*áis* vosotros
dormir:	duerme tú	no duerm*as* tú
	dormi*d* vosotros	no durm*áis* vosotros

Note

The familiar plural forms **(vosotros, -as)** are rarely used in Latin America. The polite form **(ustedes)** is used for the familiar plural as well as for the polite plural.

Irregular Verbs

The only irregular commands occur in the affirmative singular. All other familiar commands are regular.

decir:	*di* tú	decid vosotros	no digas tú	no digáis vosotros
hacer:	*haz* tú	haced vosotros	no hagas tú	no hagáis vosotros
ir:	*ve* tú	id vosotros	no vayas tú	no vayáis vosotros
poner:	*pon* tú	poned vosotros	no pongas tú	no pongáis vosotros
salir:	*sal* tú	salid vosotros	no salgas tú	no salgáis vosotros
ser:	*sé* tú	sed vosotros	no seas tú	no seáis vosotros
tener:	*ten* tú	tened vosotros	no tengas tú	no tengáis vosotros
valer:	*val* tú	valed vosotros	no valgas tú	no valgáis vosotros
venir:	*ven* tú	venid vosotros	no vengas tú	no vengáis vosotros

OBJECT PRONOUNS WITH COMMANDS

1. Object pronouns (including reflexive pronouns) are attached to affirmative commands. In negative commands, object pronouns precede the verb.

a. Ayúde*le* Vd.	No *le* ayude Vd.
b. Tráigan*lo* Vds.	No *lo* traigan Vds.
c. Hagámos*lo.*	No *lo* hagamos.
d. Leván ta*te* tú.	No *te* levantes tú.
e. Aprended*lo* vosotros.	No *lo* aprendáis vosotros.
f. Di*les* el secreto.	No *les* digas el secreto.

Note

When an object pronoun is attached to an affirmative command, a written accent mark is usually required in order to keep the original stress. (See sentences *a, b, c, d* above.) If not required for stress, the accent mark is omitted. (See sentences *e* and *f* above.)

2. With indirect commands introduced by **que,** the object pronoun always precedes the verb.

Que *lo* haga Juana.	Que no *lo* haga Juana.
Que *se* vayan en seguida.	Que no *se* vayan en seguida.

3. In expressing the affirmative *let us* with reflexive verbs, the final **-s** of the verb ending is dropped before adding the reflexive pronoun **nos.**

Sentémonos (= *Sentemos* + *nos*).	Let's sit down.
Vámonos (= *Vamos* + *nos*).	Let's go (away).

4. In the **vosotros** form affirmative of reflexive verbs, the final **-d** is dropped before adding the reflexive pronoun **os.**

Sentaos (= *Sentad* + *os*).	Sit down.
Divertíos (= *Divertid* + *os*).	Enjoy yourselves.

EJERCICIOS

A. Cámbiense las frases según los ejemplos.

EJEMPLO: No deseo repetir el cuento.
Repítalo Vd. No lo repita Vd.

1. No deseo abandonar este sitio.
2. No deseo castigar a mi sobrino.
3. No deseo empujar el coche.
4. No deseo ofender a Rosa.

EJEMPLO: No voy a hacer el trabajo.   Que _*lo haga*_ Conchita.

5. No voy a comprar el tabaco.   Que _____ su amigo.
6. No voy a poner la mesa.   Que _____ Teresa.
7. No voy a conducir el coche.   Que _____ Enrique.
8. No voy a pagar al vendedor.   Que _____ él.

EJEMPLO: No queremos volver.   Que _*vuelvan*_ ellos.

9. No queremos trabajar.   Que _____ ellos.
10. No queremos ir.   Que _____ ellas.
11. No queremos salir.   Que _____ los hombres.
12. No queremos almorzar.   Que _____ los niños.

EJEMPLO: Ellos toman café.   *Tomemos* café también.

13. Ellos viajan en avión.   _____ en avión también.
14. Ellos rezan a Dios.   _____ a Dios también.
15. Ellos vuelven a la catedral.   _____ a la catedral también.
16. Ellos dan un paseo.   _____ un paseo también.

EJEMPLO: Juan se lava cada día.

     Lavémonos cada día también.   *No nos lavemos.*

17. Ellos se acuestan a las diez.   _____ a las diez también.   _____
18. Mi tío se va mañana.   _____ mañana también.   _____
19. María se sienta allí.   _____ allí también.   _____
20. Ellas se visten rápidamente.   _____ rápidamente también.   _____

B. Escríbase el imperativo formal de cada uno de los verbos entre paréntesis.

1. *Entre* Vd. en seguida.   (volver, salir, empezar, sentarse)
2. *Compremos* el maíz.   (repartir, exportar, vender, buscar)
3. *Hagan* Vds. el contrato.   (acabar, concluir, entregar, escribir)
4. No *lleguen* Vds. tarde.   (ir, trabajar, venir, salir)
5. No *escriba* Vd. las frases.   (leer, repetir, traducir, pronunciar)
6. Que *compilen* ellos la lista.   (aprender, enviar, mostrar, repetir)
7. *Tome* Vd. el libro.   (abrir, devolver, buscar, estudiar)
8. *Vea* Vd. las flores.   (comprar, oler, recoger, mirar)
9. *Cortemos* la mala hierba.   (arrancar, destruir, quemar, cubrir)
10. *Escúchele* Vd.   (oír, invitar, creer, saludar)
11. Que *se ocupen* ellos de mover los muebles.   (asustarse, cansarse, encargarse, quejarse)
12. No le *visite* Vd.   (responder, esperar, seguir, amenazar)
13. *Levántense* Vds.   (despertarse, perderse, vestirse, figurarse)
14. *Celebremos* el doce de octubre.   (salir, madrugar, observar, esperar)
15. No *se asuste* Vd.   (enojarse, acostarse, irse, aburrirse)

C. Cámbiese cada frase según los ejemplos.

EJEMPLO: José no lee su libro.

     José, __*lee*__ tu libro; no __*leas*__ la revista.

1. Rosa no obedece a su madre.
   Rosa, _____ a tu madre; no _____ a tu amiga.
2. Pedro no cierra la boca.
   Pedro, _____ la boca; no _____ el libro.

3. Alfredo no busca su gato.
   Alfredo, _____ tu gato; no _____ el perro.
4. Carolina no vuelve a su asiento.
   Carolina, _____ a tu asiento; no _____ a la pizarra.
5. Alberto no trae su cámara.
   Alberto, _____ tu cámara; no _____ tu tocadiscos.

> EJEMPLO: Carlos no se sienta a la mesa.
> Carlos, *siéntate* a la mesa; no *te sientes* al escritorio.

6. Inés no se lava la cara.
   Inés, _____ la cara; no _____ el pelo.
7. Jorge no se despierta temprano.
   Jorge, _____ temprano; no _____ al mediodía.
8. Juan no se acerca a los claveles.
   Juan, _____ a los claveles; no _____ a las rosas.
9. Pablo no se viste en seguida.
   Pablo, _____ en seguida; no _____ tan despacio.
10. Alicia no se pasea cuando hace sol.
    Alicia, _____ cuando hace sol; no _____ cuando llueve.

> EJEMPLO: Rosa no viene a la cocina ahora.
> Rosa, *ven* a la cocina ahora; no *vengas* más tarde.

11. León no tiene paciencia.
    León, _____ paciencia; no _____ inquietud.
12. Miguel no sale del rincón.
    Miguel, _____ del rincón; pero no _____ de casa.
13. Mercedes no hace el viaje por avión.
    Mercedes, _____ el viaje por avión; no lo _____ por buque.
14. Ramón no dice la verdad.
    Ramón, _____ la verdad; no _____ mentiras.
15. Bárbara no va a la sastrería.
    Bárbara, _____ a la sastrería; no _____ a la carnicería.

> EJEMPLO: Los niños no hablan español en la clase.
> Niños, *hablad* español en la clase; no *habléis* inglés.

16. Las chicas no dan un beso a su padre.
    Chicas, _____ un beso a vuestro padre; no _____ a vuestro primo.
17. Los niños no terminan las legumbres.
    Niños, _____ las legumbres; no _____ el jamón.
18. Los alumnos no continúan la lectura.
    Alumnos, _____ la lectura; no _____ la conversación.
19. María y José no beben chocolate.
    María y José, _____ chocolate; no _____ café.
20. Los camareros no sirven el pescado.
    Camareros, _____ el pescado; no _____ el pavo.

> EJEMPLO: Juanito y Pedro no se acuestan temprano.
> Juanito y Pedro, *acostaos* temprano; no *os acostéis* tarde.

21. Los jóvenes no se dedican a la caridad.
    Jóvenes, _____ a la caridad; no _____ a los placeres.
22. Mis amigos no se van a la madrugada.
    Amigos, _____ a la madrugada; no _____ al anochecer.

23. Las muchachas no se reúnen en el salón.

Muchachas, _____ en el salón; no _____ en el jardín.

24. Sus hijos no se ríen de tonterías.

Hijos, _____ de tonterías; no _____ de la verdad.

25. Diego y Berta nunca se ponen serios.

Diego y Berta, _____ serios, pero no _____ tristes.

EJEMPLO: El vestíbulo está sin iluminar (no está iluminado).

Iluminadlo de noche; no *lo iluminéis* de día.

26. Los libros están sin arreglar.

_____ en este estante; no _____ en aquél.

27. Estas manzanas son para comer.

_____ más tarde; no _____ ahora.

28. Esta casa está sin pintar.

_____ si os gusta; no _____ si no os gusta.

29. Este drama todavía está sin representar.

_____ en el Teatro Español; no _____ en el Teatro Alba.

30. El camino no está bien marcado en el mapa.

_____ claramente; no _____ mal.

D. Tradúzcanse al español las expresiones en inglés.

1. *Do not hand* Vd. la copa al huésped.
2. Lucía, si tienes hambre, *make yourself* una tortilla.
3. Chicos, Arturo está arriba; *go up* al quinto piso.
4. Perdió la joya; *have her look for it* en la arena.
5. *Let's spend* la primavera en las Provincias Vascongadas.　(two ways)
6. *Don't lose* tú el collar de perlas.
7. *Believe me*, muchachos; la vida militar es diferente de la vida civil.
8. *Let's not wait for* los resultados de las pruebas.
9. María, *tell me* la verdad.
10. La alfombra es nueva; *step on it* Vds. con cuidado.
11. Juanito, *don't eat* los dulces; *put them* en el plato.
12. *Let's not go away* en marzo; hace mucho fresco entonces.
13. Hijos, *cover yourselves* con la frazada; hace frío.
14. Berta, *don't look at yourself* en el espejo todo el día.
15. *Wash* tú el cuello y las orejas; aquí tienes jabón.

E. Tradúzcanse al español.

1. Rosita, tell me what happened.
2. Let's sleep till 9 A.M.　(two ways)
3. Don't have her serve the coffee now.
4. James, bring me a pencil.
5. Have them enter the house.
6. Help each other (Vds.) always.
7. Fred, enjoy yourself at (en) the theater.
8. Don't become angry, young lady.
9. Peter and Vincent, behave well at (en) the party.
10. Children, play with the neighbors' son.
11. Don't have them go to the park.
12. Let's go to bed late tonight.
13. Richard, come here at 8 o'clock tonight.
14. Paul, don't sit in that chair; it is dirty.
15. Children, don't say such things.
16. Don't be deceived, sir; this one is better.
17. Madam, count the money before leaving.
18. Have him explain the lesson.
19. I know that it's difficult, but do it (Vds.) now.
20. Let's not get up early tomorrow.

18. MASTERY EXERCISES

(LESSONS 13–17)

A. Tradúzcanse al español las expresiones en inglés.   (See Verb Lesson 13, page 56.)

1. Los traidores *were condemned* a muerte por el rey.
2. *They say* que la Alhambra es una maravilla.
3. La propiedad *was sold* por el dueño.
4. Por falta de armas, *was lost* la guerra.
5. En un banquete *the hero was honored*.
6. Las deudas *will be paid* por el comerciante.
7. Aquí *are spoken* español y francés.
8. En la Segunda Guerra Mundial *the Germans were defeated*.
9. Su hermosura *is admired* de todo el mundo.
10. En aquella tienda *are sold* comestibles.
11. *He was invited* a tomar café.
12. El libertador *was respected* de toda la república.
13. En este autobús *you pay* al entrar.
14. La condesa *has been invited* al palacio por la reina.
15. *It was believed* que nuestro equipo era excelente.
16. Finalmente *have been published* las obras del poeta.
17. El segundo capítulo *was written* por un periodista inteligente.
18. Mirando el calendario, *one can see* que marzo es el tercer mes.
19. La batalla fue violenta, y *was shed* mucha sangre.
20. *It is said* que la experiencia es el mejor maestro.

B. Escríbanse los verbos en el presente de subjuntivo empleando los sujetos *yo, nosotros, ellos.* (See Verb Lesson 14, page 62.)

1. acercarse	7. conocer	13. dormir	19. ir	25. rodear
2. alzar	8. continuar	14. enviar	20. mostrar	26. saber
3. averiguar	9. dar	15. escribir	21. oír	27. ser
4. caber	10. destruir	16. estar	22. pagar	28. traducir
5. cerrar	11. distinguir	17. haber	23. pedir	29. traer
6. coger	12. divertirse	18. hacer	24. querer	30. venir

C. Escríbanse los verbos en el imperfecto de subjuntivo empleando los sujetos *yo, nosotros, ellos.* (In 1–10, use the *-ra* form; in 11–20 the *-se* form.) (See Formation of the Imperfect Subjunctive, page 64.)

EJEMPLOS: aprender—aprendiera, aprendiéramos, aprendieran
aprendiese, aprendiésemos, aprendiesen

1. andar	5. dar	9. haber	13. poder	17. sentir
2. caber	6. decir	10. hacer	14. poner	18. tener
3. caer	7. destruir	11. ir	15. querer	19. traer
4. conducir	8. estar	12. morir	16. saber	20. volver

D. Escríbase en español la forma correcta de las expresiones en inglés. (See Verb Lesson 15, page 67.)

1. Prohibieron que el prisionero *protest* contra el castigo.
2. Dudamos que la espada *is* de acero fino.
3. No es probable que el contador *has made* un error.
4. Esperaban que la nieve *would cover* los montes con una manta blanca.
5. Juana no desea *to put* servilletas sucias en la mesa.
6. Colón temía que sus naves *would be lost* entre las olas.
7. Será preciso *for her to buy* mantequilla de primera calidad.
8. Me aconsejaron que *I study* lenguas extranjeras.
9. Su padre le ruega *to spend* quince días con la familia en la costa.
10. No creían que la peluquería *would be* abierta aquel día.
11. Más vale que Vds. *make* el viaje en mayo que en junio.
12. Es importante *to study* las ciencias exactas.
13. Mi padre quería *me to take part* en los deportes.
14. Se empeña en *returning* al país hispanoamericano donde nació.
15. El alumno tiene miedo de *receiving* un cero.
16. Es mejor que los peluqueros *do not work* los domingos.
17. Fue necesario *to find* en seguida un remedio para el veneno.
18. Mi madre insistía en que yo *hang up* el sobretodo y el sombrero.
19. Era cierto que *he would acquire* mucha riqueza en el comercio.
20. ¡Ojalá que tú *show* interés por la aritmética!
21. Me sorprendo de que las gallinas *lay* (poner) tantos huevos.
22. Es dudoso que el lechero *will bring* la leche hoy.
23. No nos permiten *to show* nuestras habilidades.
24. Se sorprendió de *hearing* el acento curioso del oficial.
25. ¿Es posible que el pescador *will return* sin pescado?
26. Mi madre me pide *to get dressed* inmediatamente.
27. Siento que *there is* lodo en la calle.
28. Nos dicen *not to delay in* poner un telegrama a nuestros amigos mexicanos.
29. Nos alegramos de que el curso *is* tan interesante.
30. Importaba mucho que la contestación *be* clara y completa.
31. Me mandan *to comb* el cabello.
32. No creo que la caída *has caused him* daño.
33. Insisto en que tú *hand over* las nueces que tienes en el bolsillo.
34. Todo el pueblo se alegró de que el campesino *had found* su burro.
35. Es verdad que la fe *is* un gran consuelo.
36. El profesor exige que *they compile* una lista de nombres españoles.
37. Dudaban que esa región *had* un clima seco.
38. Es lástima que la cosecha *has not been* abundante este año.
39. Prefiero que mis hijos *preserve* sus ilusiones agradables.
40. Los padres no quieren *to see* lágrimas en los ojos de la niña.

E. Escríbase en español la forma correcta de las expresiones en inglés. (See Verb Lesson 16, page 75.)

1. El muchacho hizo los cambios necesarios antes que el maestro *arrived*.
2. Aunque la puesta del sol *may be* hermosa en la montaña, no quiero ir allá.
3. Cuandoquiera que *we receive* su carta, saldremos de aquí.
4. *I would like* comprar una docena de huevos.
5. Cuando *I am thirsty*, beberé agua.
6. Si yo tuviera mil dólares, *I would take* un viaje al oeste.
7. Gasta mucho dinero a fin de que sus hijas *may receive* buena instrucción.

8. No hagamos nada hasta que ellos *solve* el problema.
9. Antes de *entering* en la casa, echó una mirada al reloj.
10. Si viajan por el desierto, *they won't find* plantas.
11. En caso de que las medias *are* demasiado largas, devuélvalas.
12. Después que todos *arrived*, se cerró la puerta.
13. No hay mal que *lasts* cien años.
14. ¿*Could you* pasarme la sal?
15. Caminó hasta *reaching* la orilla del río.
16. En casa tengo un libro que *costs* cinco dólares.
17. El trabajador tomará la sopa con tal que *he has* apetito.
18. Tan pronto como Juan *earns* la cantidad necesaria, comprará un anillo para su novia.
19. Buscamos una máquina que *doesn't have* defectos.
20. Si *we go* a Barcelona, visitaremos el monasterio de Montserrat.
21. Mientras *there is* paz, todos viviremos felices.
22. Adondequiera que *you go*, aquí esperaré tu vuelta.
23. *They should* arreglar los números en columnas para evitar confusión.
24. Luego que *I read* esta página, la discutiremos.
25. Mientras *he walked*, el sudor le corría por el rostro.
26. Si no hiciese mal tiempo, *I would wear* ropa ligera.
27. Envolvió el paquete de manera que el carretero *would be able* llevarlo fácilmente.
28. Deseaba encontrar un empleado que *wrote* correctamente.
29. Su llanto era amargo, sin que las lágrimas le *ran down* por las mejillas.
30. Ayer vi un manzano que ya *had* mucha fruta.
31. Así que *I see him*, le daré la noticia.
32. No lleve Vd. capa a menos que *it is cold*.
33. Por rápidamente que el tren *runs*, llegará tarde.
34. En cuanto *he received* el golpe, se cayó.
35. Cuando *I heard* el canto de los pájaros, me sentí dichoso.
36. Yo puedo llenar el tintero sin *spilling* la tinta.
37. Trataron de animar a la pobre viuda para que ella *might not lose* la esperanza.
38. Si las fresas hubieran sido maduras, las *I would have eaten*.
39. No conozco a nadie que *needs* ayuda.
40. Si *you have* buena memoria, podrás aprender el proverbio.

F. Escríbase en español la forma correcta de las expresiones en inglés. (See Verb Lesson 17, page 85.)

1. *Let them hear* la explicación del maestro.
2. *Leave* tú de la casa por la puerta de atrás.
3. *Come* conmigo la víspera de Año Nuevo; os divertiréis mucho.
4. Aquí tiene Vd. el recibo; *don't destroy it;* es importante.
5. *Don't be* soberbio, hijo; es mejor que seas modesto.
6. *Learn* Vds. algo de la importancia histórica de España.
7. *Let's sit down* a la orilla del lago para descansar un rato.   (two ways)
8. Sr. Gómez, *speak to us* acerca de la vida europea.
9. *Let's serve* el arroz con pollo ahora, mientras está caliente.   (two ways)
10. *Don't go* hacia el norte, Juan; hace frío allí.
11. Aquí tienes los platos; *put them* en la mesa.
12. Si deseas ver trajes bonitos y pintorescos, *come* a México conmigo.
13. Si compraste un vestido de última moda, *show it to me*.
14. *Let us trust* de la justicia y de Dios.   (two ways)
15. *Join* a los buenos, amiguito, no a los malos.
16. *Take out* Vd. el azúcar del saco y *mix it* con el agua.
17. Chico, *don't play* música popular; no me gusta.

18. *Let's not invite* a esa pareja a la fiesta.
19. *Let him tell me* en qué renglón debo firmar.
20. Todavía le debes quinientos dólares; *pay them to him.*
21. *Have* la seguridad de que el resultado será favorable para ti.
22. *Prepare yourselves* para la defensa de vuestra patria.
23. *Don't tell* tu pensamiento a todo el mundo.
24. *Give me* Vds. una cuchara para comer la sopa.
25. *Be* bueno, hijo, y te daré un peso.

G. Tradúzcanse al español.

1. As soon as we reach the inn, we'll be able to rest.
2. Cover yourselves well, my children; it is cool.
3. The ladies will be protected.
4. The pupil is glad to enter the classroom.
5. After my father finishes breakfast, the family will take a ride in the automobile.
6. I would like to learn Portuguese and Spanish.
7. Don't approach the bear's cage; it is dangerous.
8. It is evident that in the desert there are neither plants nor water.
9. However modest he may be, he can be proud of his many merits.
10. Let's not take a walk this afternoon; it's going to rain.
11. It is known that John is in love with Helen.
12. It was impossible for don Quijote to remain in the inn.
13. Whoever does it will do it well.
14. Honor (tú) your father and your mother, says the Bible.
15. I will give you the receipt in order that you may sign it.
16. If the pupil had had imagination, he would have understood the lesson.
17. The city of Lima was founded by Pizarro.
18. The army was glad that the conquest had been easy.
19. There is no place where we can find rest.
20. The lazy pupil will be punished by the teacher.
21. We will have to wait an hour before the train arrives.
22. Have the pupils correct their mistakes.
23. God grant that the boy will not imitate bad models!
24. If I had a sweetheart, I would present her (with) a gold chain.
25. The criminal will be punished.
26. As soon as the teacher entered the room, everyone became quiet.
27. Foreign languages are not learned easily.
28. We went up to the top of the pyramid to admire the view.
29. I order you to leave immediately.
30. May they live a hundred years!
31. The barber shops will open at 9 o'clock.
32. Let's leave instantly.
33. Enjoy yourself (Vd.) wherever you go.
34. He waited at the inn until his friends arrived.
35. Don't construct (Vds.) the house of bricks, but of stucco.
36. If you (tú) know the truth, tell it to her.
37. He denied that the sunset was pretty.
38. Don't step on (tú) the rug with your dirty shoes.
39. He dreams of great deeds, provided that there is no danger.
40. It will be necessary for him to learn German.

H. Each of the following passages contains infinitives numbered 1–10. For each infinitive, you will find a choice of two verb forms. Select the correct verb form in each pair.

I. Quería (1) *encontrar* un regalo especial que le (2) *gustar* a su esposa. Pasó días buscándolo en las tiendas. Por fin vio un alfiler precioso con cadena de oro. Era muy caro. —Por mucho que (3) *costar*, lo compraré—dijo. —Ahora es necesario que lo (4) *esconder*, para que ella no lo (5) *ver*, porque no quiero que (6) *saber* nada de esto antes de la Navidad.

Entró en casa con cara risueña, y buscó un lugar aparte que (7) *ser* seguro, pero sin éxito. Su esposa le miraba con expresión extraña.

—¿Por qué me miras como si (8) *ser* un criminal?—gritó él, con enojo.

(9) —*Querer* que no me (10) *gritar*—contestó ella.

(1) (a) encontrar   (b) encontrase   (6) (a) sabe   (b) sepa
(2) (a) gustaba   (b) gustara   (7) (a) era   (b) fuese
(3) (a) cueste   (b) cuesta   (8) (a) fuera   (b) soy
(4) (a) escondo   (b) esconda   (9) (a) Quería   (b) Quisiera
(5) (a) vea   (b) verá   (10) (a) gritas   (b) gritaras

II. El médico le aconsejó que (1) *guardar* cama porque tenía un catarro. No quería (2) *pasar* todo el día en casa; no obstante, su madre insistió en que lo (3) *hacer*. Pasó un día desagradable. Sintió no (4) *poder* ver a sus amigos. A la mañana siguiente, apenas se despertó, le dijo a su madre que (5) *estar* bien y que tenía el propósito fijo de salir. Pero ella le prohibió que (6) *salir* hasta que (7) *llegar* el médico.

—¡Ojalá que (8) *venir* pronto! Porque si no (9) *venir*, saldré aún sin su permiso—dijo.

—No creo que (10) *hacer* eso—le contestó su madre con calma, pero en tono firme.

(1) (a) guardaba   (b) guardara   (6) (a) salía   (b) saliera
(2) (a) pasar   (b) pasase   (7) (a) llegaba   (b) llegara
(3) (a) hacía   (b) hiciera   (8) (a) vendrá   (b) venga
(4) (a) poder   (b) pudiera   (9) (a) viene   (b) viniese
(5) (a) estaba   (b) estuviese   (10) (a) harás   (b) hagas

III. Colón negaba que el mundo (1) *ser* llano, y pidió a su majestad la reina Isabel que le (2) *ayudar* a probar lo contrario.

—Si yo (3) *tener* unas naves, (4) *poder* encontrar una nueva ruta occidental que me (5) *conducir* a las Indias.

Además de las naves, buscó unos navegantes que no (6) *tener* miedo de (7) *salir* al mar infinito. Pero no había nadie que (8) *atreverse* a confiarse a la furia y violencia de los elementos. Sin embargo, Colón no se resignó al fracaso total de su proyecto. Tenía el espíritu firme.

—Aunque (9) *tener* que buscarlos en las cárceles, los encontraré—se dijo;—y cuando los (10) *encontrar*, podremos embarcarnos.

(1) (a) fuese   (b) era   (6) (a) tenían   (b) tuviesen
(2) (a) ayude   (b) ayudara   (7) (a) salir   (b) saliese
(3) (a) tendría   (b) tuviera   (8) (a) se atrevía   (b) se atreviera
(4) (a) pudiera   (b) podré   (9) (a) tenga   (b) tendré
(5) (a) conducirá   (b) condujera   (10) (a) encuentre   (b) encuentro

IV. Si (1) *aprender* el español, iré a España. Quienquiera que (2) *haber* hecho tal viaje me dice que es un país encantador. No dudo que (3) *tener* razón. Es probable que (4) *ir* en la primavera. Espero (5) *hacer* un viaje directo, en avión, con tal que (6) *tener* bastante dinero. Así que (7) *llegar* allí, trataré de ver todas las diversas cosas que tiene la España actual. Después de unos días en Madrid, recorreré el país de un extremo a otro sin descanso. Adondequiera que (8) *ir*, estoy seguro de (9) *poder* sacar muchas fotos para mostrárselas más tarde a mis amigos íntimos. Es lástima que ellos no (10) *poder* acompañarme.

(1) (*a*) aprendo (*b*) aprendiera	(6) (*a*) tendré (*b*) tenga
(2) (*a*) ha (*b*) haya	(7) (*a*) llegaré (*b*) llegue
(3) (*a*) tienen (*b*) tengan	(8) (*a*) iré (*b*) vaya
(4) (*a*) iré (*b*) vaya	(9) (*a*) poder (*b*) pueda
(5) (*a*) hacer (*b*) haga	(10) (*a*) podrán (*b*) puedan

V. Antes que (1) *salir* el sol, ya corrían a través de los campos. Importaba que (2) *llegar* a su destino, un pueblo cercano, a una distancia de diez millas de allí, de modo que (3) *poder* reunirse con los otros.

—Luego que (4) *llegar*, podremos descansar—pensaba el jefe.

—Por rápidamente que (5) *correr* nuestros caballos—dijo un soldado con amargura— es imposible que (6) *estar* allí a tiempo.

—En todo caso—dijo el jefe con ira—es necesario (7) *creer* en un milagro, hacer esfuerzos como si (8) *ser* posible. Hay que andar sin tardanza, sin que el enemigo (9) *darse* cuenta.

Cuando (10) *llegar*, vieron con emoción a sus compañeros esperando debajo de los árboles.

(1) (*a*) salir (*b*) saliera	(6) (*a*) estaremos (*b*) estemos
(2) (*a*) llegarían (*b*) llegasen	(7) (*a*) creer (*b*) creamos
(3) (*a*) pudieran (*b*) podrían	(8) (*a*) fuera (*b*) era
(4) (*a*) llegamos (*b*) lleguemos	(9) (*a*) se da (*b*) se dé
(5) (*a*) corran (*b*) corren	(10) (*a*) llegaron (*b*) llegasen

MASTERY VERB DRILL CHART

This chart is designed to test your mastery of the forms and uses of verbs. Write Spanish sentences like those below, using other verbs in place of *cantar*.

to sing	*cantar*
1. He wants *to sing*.	Desea *cantar*.
2. I *am singing*.	Yo *canto*.
3. *Do* they *sing?*	¿*Cantan* ellos?
4. John and Mary *used to sing*.	Juan y María *cantaban*.
5. We *were singing*.	Nosotros *cantábamos*.
6. She *didn't sing* yesterday.	Ella *no cantó* ayer.
7. We *will sing*.	Nosotros *cantaremos*.
8. *Would* they *sing?*	¿*Cantarían* ellas?
9. We *have not sung*.	*No hemos cantado*.
10. He *had sung*.	Él *había cantado*.
11. They *are singing*.	*Están cantando*.
12. I *would have sung*.	Yo *habría cantado*.
13. They *will have sung*.	Ellos *habrán cantado*.
14. Hardly *had* they *sung*, . . .	Apenas *hubieron cantado*, . . .

15. *Sing!* (polite)	¡*Cante* Vd.! (¡*Canten* Vds.!)
16. *Sing!* (fam. sing.)	¡*Canta* tú!
17. *Sing!* (fam. pl.)	¡*Cantad* vosotros!
18. *Do not sing!* (fam. sing.)	¡No *cantes* tú!
19. *Do not sing!* (fam. pl.)	¡No *cantéis* vosotros!
20. *Let's sing!*	¡*Cantemos* nosotros! (¡Vamos a *cantar!*)
21. *Let's not sing!*	¡No *cantemos* nosotros!
22. *Let* them *sing!*	¡Que *canten* ellos!
23. We *have been singing* for a long time.	Hace mucho tiempo que nosotros *cantamos*.
24. I *had been singing* for a long time.	Hacía mucho tiempo que yo *cantaba*.
25. I *sang* it two days ago.	Lo *canté* hace dos días.
26. How long *have* you *been singing?*	¿Desde cuándo *canta* Vd.?
27. Before *singing,* . . .	Antes de *cantar,* . . .
28. They want me *to sing.*	Desean que yo *cante.*
29. They wanted me *to sing.*	Deseaban que yo *cantara* (*cantase*).
30. They ask us *to sing.*	Nos piden que *cantemos.*
31. They asked us *to sing.*	Nos pidieron que *cantáramos* (*cantásemos*).
32. I am glad that they *sing.*	Me alegro de que ellos *canten.*
33. I am glad *to sing.*	Me alegro de *cantar.*
34. I doubt that they *will sing.*	Dudo que ellos *canten.*
35. She didn't believe that I *would sing.*	Ella no creía que yo *cantara* (*cantase*).
36. He denied that his brother *was singing.*	Negó que su hermano *cantara* (*cantase*).
37. We are sorry that he *is singing.*	Sentimos que él *cante.*
38. They were sorry that we *were singing.*	Sentían que nosotros *cantáramos* (*cantásemos*).
39. I am afraid that they *will not sing.*	Temo que ellos *no canten.*
40. It is necessary that she *sing.*	Es necesario que ella *cante.*
41. It was doubtful that I *would sing.*	Era dudoso que yo *cantara* (*cantase*).
42. It is certain that he *is singing.*	Es cierto que él *canta.*
43. I hope to find a man who *sings.*	Espero encontrar un hombre que *cante.*
44. There is no one who *sings.*	No hay nadie que *cante.*
45. Whoever *sings* it, will do it well.	Quienquiera que lo *cante*, lo hará bien.
46. We will do it when you *sing.*	Lo haremos cuando Vd. *cante.*
47. They will go out before he *sings.*	Ellos saldrán antes que él *cante.*
48. If they *sing,* I'll be there this afternoon.	Si ellos *cantan*, estaré allí esta tarde.
49. If I *sang* it, it would please you.	Si yo lo *cantase* (*cantara*), le gustaría a Vd.
50. If she *had sung,* I would have known it.	Si ella *hubiese* (*hubiera*) *cantado*, yo lo habría sabido.

Part II—*Grammatical Structures*

1. NOUNS AND ARTICLES

GENDER OF NOUNS

All nouns in Spanish are either masculine or feminine.

1. *a.* Nouns that refer to male beings or that end in -o are usually masculine. Nouns that refer to female beings or that end in -a are usually feminine.

MASCULINE	FEMININE
el tipo, the type	la distancia, the distance
el hombre, the man	la mujer, the woman, the wife
el hijo, the son	la hija, the daughter

b. Some nouns that end in -a are masculine.

el clima, the climate	el poeta, the poet
el día, the day	el problema, the problem
el drama, the drama	el programa, the program
el idioma, the language	el telegrama, the telegram
el mapa, the map	el tranvía, the trolley car

c. A few nouns ending in -o are feminine.

la mano, the hand   la radio, the radio

2. Nouns ending in -dad, -tad, -tud, -ión, -umbre, or -ie are generally feminine.

la ciudad, the city	la unión, the union
la dificultad, the difficulty	*Exception:* el avión, the airplane
la juventud, youth	la certidumbre, the certainty
	la especie, the species, the kind

98

3. Masculine nouns that refer to people and end in -or, -és, or -n add a to form the feminine.

MASCULINE	FEMININE
el escultor, the sculptor	la escultora, the sculptress
el francés, the Frenchman	la francesa, the Frenchwoman
el alemán, the German	la alemana, the German
Exceptions:	
el emperador, the emperor	la emperatriz, the empress
el actor, the actor	la actriz, the actress

Note

If a masculine noun of this type bears a written accent on the last syllable, the accent is dropped when a is added to form the feminine: francés—francesa; alemán—alemana.

4. *a.* Some nouns are either masculine or feminine, depending on their meaning.

MASCULINE	FEMININE
el capital, the capital (money)	la capital, the capital (city)
el cura, the priest	la cura, the cure
el guía, the guide (male)	la guía, the guidebook, the guide (female)
el policía, the policeman	la policía, the police

b. Some nouns referring to people do not change their form but distinguish their gender only by the article.

el (la) artista, the artist
el (la) azteca, the Aztec
el (la) joven, the youth
el (la) testigo, the witness

5. Days of the week, months of the year, and names of rivers are masculine.

el lunes, Monday
(el) septiembre, September
el Amazonas, the Amazon (river)

6. The gender of other nouns must be learned individually.

7. Some masculine-feminine contrasts are:

varón y hembra, male and female
marido y mujer, man and wife
poeta y poetisa, poet and poetess
príncipe y princesa, prince and princess

PLURAL OF NOUNS

1. Nouns ending in a vowel form the plural by adding **s**.

el líquido, the liquid	**los líquidos,** the liquids
la conquista, the conquest	**las conquistas,** the conquests
el hombre, the man	**los hombres,** the men

2. Nouns ending in a consonant (including **-y**) form the plural by adding **es**.

el papel, the paper	**los papeles,** the papers
el rey, the king	**los reyes,** the kings, the rulers

Note

A. Nouns ending in **-z** change the **-z** to **-c** before adding **es: lápiz, lápices.**

B. Sometimes it is necessary to add or drop a written accent in order to keep the original stress: **joven—jóvenes; examen—exámenes; francés—franceses; reunión—reuniones.**

C. Except for nouns ending in **-és,** nouns ending in **-s** do not change in the plural: **el (los) lunes; el (los) paréntesis.**

3. When a mixed group (masculine and feminine) is meant, the masculine plural form of the noun is used.

los hijos = el hijo y la hija (los hijos y las hijas)
los amigos = el amigo y la amiga (los amigos y las amigas)
los abuelos = el abuelo y la abuela
los señores Gómez = Mr. & Mrs. Gómez

FORMS OF THE ARTICLES

1. There are four definite articles in Spanish that represent the English article *the*.

	SINGULAR	PLURAL
MASCULINE	el	los
FEMININE	la	las

Note

A. Feminine nouns that begin with the *stressed* sound of **a (a-** or **ha-)** take the article **el** in the singular. In the plural, the article is **las.**

el *a*lma, the soul	las almas, the souls
el *ha*cha, the ax	las hachas, the axes

but

la amiga ⎱
la alumna ⎰ initial **a-** is not stressed

B. The masculine article **el** combines with the prepositions **de** and **a** to form **del** and **al.**

C. There is also a neuter article **lo,** used with adjectives, which does not vary in form.

lo bueno, the good (that which is good)

2. There are two indefinite articles in Spanish that represent the English article *a (an).*

MASCULINE: **un**   FEMININE: **una**

Note

The forms **unos** and **unas** mean *some, several, a few,* etc.

SPECIAL USES OF THE ARTICLES

The definite article is used in Spanish, but omitted in English, as follows:

1. Before the names of languages, except after **hablar, en,** or **de.**

El **español** es importante hoy día.	Spanish is important nowadays.
but	
Mi amigo **habla francés.**	My friend speaks French.
Todo el libro está escrito **en alemán.**	The whole book is written in German.
La clase **de español** es interesante.	The Spanish class is interesting.

Note

If an adverb occurs between **hablar** and a name of a language, the article is used with the language.

Habla **bien** *el* español.	He speaks Spanish well.

2. Before titles, except when addressing the person.

El señor Gómez salió ayer.   Mr. Gómez left yesterday.
  but
¿Cómo está Vd., **señora** Álvarez?   How are you, Mrs. Álvarez?

Note

The article is omitted before **don (doña), Santo (San, Santa)**.

3. Instead of the possessive adjective, with parts of the body or personal possessions (clothing, etc.).

Ella tiene **el pelo** rubio.   She has blond hair. (Her hair is blond.)

Se puso **el sombrero**.   He put on his hat.

4. With the time of day (**la, las** = hour, hours).

Es **la una**.   It is one o'clock.

Me acuesto a **las diez**.   I go to bed at ten o'clock.

5. Before nouns used in a general or abstract sense.

El hombre es mortal.   Man is mortal.
La libertad es preciosa.   Liberty is precious.
Los diamantes son caros.   Diamonds are expensive.

6. Before infinitives used as nouns. Such nouns are always masculine.

El mentir es un vicio.   Lying is a vice.

7. With the names of seasons.

Me gusta **la primavera (el verano,**   I like spring (summer, autumn,
  el otoño, el invierno).   winter).

8. With the days of the week, except after the verb **ser**.

Iré al teatro **el sábado**.   I will go to the theater (on) Saturday.

Los viernes hay pruebas.   (On) Fridays there are tests.
  but
Hoy **es jueves**.   Today is Thursday.

9. Before certain geographic names.

los **Andes,** the Andes
la **Argentina,** Argentina
el **Brasil,** Brazil
el **Canadá,** Canada
el **Ecuador,** Ecuador
los **Estados Unidos,** the United States

la **Florida,** Florida
la **Habana,** Havana
el **Orinoco,** the Orinoco (river)
el **Paraguay,** Paraguay
el **Perú,** Peru
el **Uruguay,** Uruguay

Note

Even with geographic names that ordinarily are not used with the article, the article is used if the name is modified.

América tiene muchas riquezas.
La América del Sur tiene muchas riquezas.

España está en Europa.
La España del siglo XVI me interesa.

10. To express *a (an)* with weights or measures.

un dólar *la libra*   a dollar a pound

diez centavos *la docena*   ten cents a dozen

NEUTER ARTICLE *LO*

1. The neuter article **lo** precedes an adjective used as a noun to express a quality or an abstract idea.

Lo pintoresco me atrae.   The picturesque (That which is picturesque) attracts me.

Pienso *lo mismo* que Vd.   I think the same as you.

2. **Lo** + adjective (or adverb) + **que** = *how.*

Ya veo *lo bueno (buena) que* es.   I see how good he (she) is.

Me sorprende *lo rápidamente que* corre.   I am surprised at how quickly he runs.

Note

Since the article **lo** is neuter, it has no plural form. Therefore, **lo** is used whether the adjective is masculine or feminine, singular or plural.

OMISSION OF THE ARTICLES

1. The articles are omitted:

a. Before nouns in apposition.

Madrid, capital de España, está en el centro del país.	Madrid, the capital of Spain, is in the center of the country.
Lope de Vega, dramaturgo español, escribió muchas comedias.	Lope de Vega, a Spanish dramatist, wrote many plays.

b. Before numerals expressing the numerical order of rulers.

Carlos Quinto	Charles the Fifth
Isabel Segunda	Isabel the Second

2. The indefinite article is omitted:

a. Before predicate nouns denoting a class or group (social class, occupation, nationality, religion, etc.).

Es peluquero.	He is a barber.
Soy americano.	I am (an) American.
Quiero hacerme médico.	I want to become a doctor.

Note

If the predicate noun is modified, the indefinite article is expressed.

Era *un* peluquero *hábil.*	He was a skillful barber.
Quiero ser *un* médico *bueno.*	I want to be a good doctor.

b. Before or after certain words that in English ordinarily have the article: **otro** (another), **cierto** (a certain), **ciento** (a hundred), **mil** (a thousand), **tal** . . . (such a . . .), ¡**qué** . . . ! (what a . . . !).

otra carta	another letter
cierto día	a certain day
cien dólares	one (a) hundred dollars
mil soldados	one (a) thousand soldiers
tal hombre	such a man
¡*Qué* memoria!	What a memory!

EJERCICIOS

A. Para cada uno de los sustantivos (nouns) siguientes, escríbanse (1) su artículo definido, (2) la forma plural del artículo definido, y (3) la forma plural del sustantivo:

EJEMPLO: pluma   *la pluma; las plumas*

1. mujer	7. aguja	13. alma	19. nariz	25. ave
2. aula	8. drama	14. ciudad	20. deber	26. clima
3. muchedumbre	9. viernes	15. especie	21. ala	27. luz
4. idioma	10. hacha	16. almohada	22. ley	28. problema
5. papel	11. telegrama	17. hazaña	23. mano	29. serie
6. rey	12. tranvía	18. base	24. amistad	30. domingo

B. Escríbase la forma plural de los sustantivos que siguen:

1. avión	7. águila	13. líquido	19. línea	25. taxímetro
2. unión	8. posesión	14. francés	20. maldición	26. sábana
3. lápiz	9. colchón	15. fósforo	21. mérito	27. portugués
4. ademán	10. sábado	16. género	22. volcán	28. pirámide
5. joven	11. catalán	17. kilómetro	23. varón	29. plátano
6. paréntesis	12. corazón	18. límite	24. obligación	30. razón

C. Escríbase la forma femenina que corresponde a cada uno de los sustantivos que siguen.

EJEMPLO: el caballero—la dama

1. el hombre	6. el marido	11. el poeta	16. el padre	21. el toro
2. el gallo	7. el artista	12. el escultor	17. el abuelo	22. el hijo
3. don	8. el emperador	13. el príncipe	18. el ladrón	23. el conde
4. el alemán	9. el varón	14. el rey	19. el policía	24. el esposo
5. el actor	10. el bailarín	15. el ruso	20. el francés	25. el joven

D. Tradúzcanse al español las expresiones en inglés.

1. A Vd. le gusta *the picturesque*, y a mí *the same*.
2. *Sadness* y *melancholy* son sensaciones semejantes.
3. *On Saturdays* y *on Sundays* me desayuno tarde.
4. *The Andes* marcan la frontera entre *Chile and Argentina*.
5. *The beautiful* y *the sad* atraen a los poetas.
6. Carlos *the Third* siguió a Felipe *the Fifth* en el trono de España.
7. Es imposible trabajar en *such a* fábrica; voy a buscar *another* empleo.
8. En gran parte de *South America* se habla *Spanish*.
9. *Brazil* y *Colombia* exportan mucho café a *the United States*.
10. *The possible* se ejecuta en seguida; *the impossible* exige más tiempo.
11. La niña es muy guapa; tiene *blond hair* y *blue eyes*.
12. En *winter*, se hielan los lagos; en *spring*, *nature* parece renovarse.
13. Es *a good plumber*, pero desea ser *a carpenter*.
14. La señora se puso *her hat* y *her gloves*, y se marchó.
15. *¡What an* idea!   ¿Cómo se puede realizar *such a* proyecto?
16. ¡Mire Vd. *how easily* escribe Juanito!
17. *Mr. & Mrs.* Rivera construyen una casa magnífica en Los Ángeles.
18. *Buying* y *selling* son la base *of commerce*.

19. *The Amazon* es el río más grande de *South America*.
20. *The civil* debe ser superior a *the military*.
21. *General* Álvarez y *Captain* Guzmán quieren a la linda hija de *Mrs.* Hernández.
22. El cartero viene a *nine o'clock* y a *one o'clock*.
23. *Eggs* se venden a setenta centavos *a* docena.
24. Vds. no pueden figurarse *how easy* es aprender a nadar.
25. *Spanish* y *French* son idiomas que deben estudiarse.
26. *Gold* y *silver* son preciosos para *men*.
27. *Spain* es pintoresca hoy, pero me interesa más *Spain* del Siglo de Oro.
28. Según el calendario, *summer* principia en junio, y *autumn* en septiembre.
29. Hoy es *Tuesday*, y mañana será *Wednesday*.
30. Me encanta oírlos; saben conversar en *Portuguese* e *Italian*.

E. Contéstense en español en frases completas.

1. ¿Cuál es el río más grande de la América del Sur?
2. ¿A qué hora se levanta Vd. los jueves?
3. Al entrar en la clase, ¿cómo saluda Vd. al maestro?
4. ¿Qué día de la semana asiste Vd. al cine?
5. ¿Qué se lleva en los pies?   ¿en las manos?   ¿en la cabeza?
6. ¿Qué quiere Vd. ser?
7. ¿Qué país hispanoamericano quiere Vd. visitar?
8. ¿En qué estación tiene Vd. sus vacaciones?
9. ¿En qué estación caen las hojas de los árboles?
10. ¿Qué idioma se habla en el Uruguay?

F. Tradúzcanse al español.

1. Upon going out, he was surprised at how dark the night was.
2. Saint Theresa was a religious writer of the sixteenth century.
3. What a memory he has!   He remembers all the historical dates.
4. We ought to struggle for liberty and independence.
5. Lima, the capital of Peru, has a long history.
6. The witness said that she had seen the accident.
7. At eleven o'clock I am going to the Spanish class.
8. He sold the apples at twenty cents a pound.
9. Saint Isidro, the patron (saint) of Madrid, was a peasant.
10. My friend Joseph married a pretty German girl.
11. I am accustomed to brush my teeth twice a day.
12. Mr. Zorrilla is a Spaniard; his wife is a Russian.
13. Fishing and swimming are prohibited in this lake.
14. Isabel the Second was the daughter of Ferdinand the Seventh.
15. Dr. Suárez accompanied Miss Alonso to the dance.
16. Peru and Bolivia are neighboring countries.
17. The bank closes at three o'clock on Fridays.
18. Instead of getting lost in the capital, I prefer to buy a guidebook.
19. Love, friendship, and beauty are the soul of poetry.
20. Because of the vacation, I like summer more than the other seasons.
21. The good (part) of the matter is that the police know the criminal.
22. The human race is divided into male and female.
23. On Thursdays I take my piano lesson.
24. Why don't you consult Dr. Menéndez?   He is a good doctor.
25. The king's son is called a prince; and his daughter, a princess.

2. POSSESSION

1. Possession is expressed in Spanish by **de** + the possessor. This corresponds to *'s* or *s'* in English.

la cabra *del árabe*	the Arab's goat
la fama *de don Quijote*	Don Quixote's fame
la pluma *de Luis*	Louis' pen

2. To avoid repetition in a sentence, the noun representing the thing possessed is replaced by its definite article plus **de**.

Mi libro y *el* (= el libro) *de Jorge* son nuevos.	My book and George's (= that of George) are new.
Su impresión es diferente de *la* (= la impresión) *de su tío.*	His impression is different from his uncle's (= that of his uncle).

POSSESSIVE ADJECTIVES

	Short Form	Long Form
my	mi, mis	mío, -a, -os, -as
your (*fam. sing.*)	tu, tus	tuyo, -a, -os, -as
your, his, her, its, their	su, sus	suyo, -a, -os, -as
our	nuestro, -a, -os, -as	
your (*fam. pl.*)	vuestro, -a, -os, -as	

1. The short form always precedes the noun; the long form always follows the noun. Both forms agree in gender and number with the person or thing possessed, *not* with the possessor.

nuestro país	our country
sus alhajas	his (your, her, its, their) jewels
¡Dios mío!	My God!
una prima tuya	a cousin of yours

Note

The specific meanings of **su (sus)** and **suyo (-a, -os, -as)** may be made clear by replacing these forms with the article and adding **de Vd. (Vds.), de él (ella),** or **de ellos (ellas)** after the noun.

las alhajas *de él*	his jewels
una prima *de ellos*	a cousin of theirs

2. The definite article usually replaces the possessive adjective when referring to parts of the body or personal possessions (clothing, etc.).

Juan se quitó *los zapatos.*	John took off his shoes.
El alumno levantó *la mano.*	The pupil raised his hand.
Pablo abrió *el paraguas.*	Paul opened his umbrella.

POSSESSIVE PRONOUNS

mine	el mío, la mía, los míos, las mías
yours (*fam. sing.*)	el tuyo, la tuya, los tuyos, las tuyas
yours, his, hers, its, theirs	el suyo, la suya, los suyos, las suyas
ours	el nuestro, la nuestra, los nuestros, las nuestras
yours (*fam. pl.*)	el vuestro, la vuestra, los vuestros, las vuestras

1. Possessive pronouns are formed by the definite article + the long form of the possessive adjective.

2. The possessive pronoun agrees in number and gender with the noun it replaces, *not* with the possessor.

Mi automóvil es más hermoso que *el* (= el automóvil) *suyo.*	My automobile is more beautiful than yours.
Esos libros y *los* (= los libros) *míos* son novelas.	Those books and mine are novels.

Note

A. The specific meanings of **el suyo (la suya, los suyos, las suyas)** may be made clear by dropping **suyo (-a, -os, -as)** and adding **de Vd. (Vds.), de él (ella),** or **de ellos (ellas)** after the article.

sus plumas y *las de Vd.*	his pens and yours

B. After the verb **ser,** the article preceding the possessive pronoun is generally omitted.

Estas corbatas *son mías.*	These neckties are mine.
Aquella corbata *es suya.*	That necktie is his.

WHOSE

1. *Whose?* (interrogative pronoun) is expressed in Spanish by **¿De quién es (son)** . . . **?** or **¿De quiénes es (son)** . . . **?**

¿De quién es el cuaderno? Es del maestro.	Whose notebook is it? (Whose is the notebook?) It is the teacher's.
¿De quiénes es el coche? ¿De los Sres. Molina?	Whose auto is it? (Whose is the auto?) Mr. and Mrs. Molina's?
¿De quién son estos libros? Son de Jorge.	Whose books are these? (Whose are these books?) They are George's.

Note

If the English *whose?* is not followed by the verb *to be*, the English sentence must be reworded to fit the Spanish pattern.

¿De quién es el cumpleaños que
Of whom   is the   birthday   that

cae el tres de abril?
falls   on April 3?

Whose birthday falls on April 3?

2. *Whose* (relative adjective) is expressed in Spanish by **cuyo (-a, -os, -as).** It agrees in gender and number with the person or thing possessed and not with the possessor.

El hombre *cuya casa* compré vive ahora en Toledo.	The man whose house I bought now lives in Toledo.

EJERCICIOS

A. Escríbase la forma correcta del adjetivo y del pronombre posesivos según el ejemplo.

EJEMPLO: (my) ___*mi*___ libro; (mine) ___*el mío*___

1. (his) _____ alegría; (his) _____
2. (our) _____ amor; (ours) _____
3. (your, *fam. sing.*) _____ dedos; (yours) _____
4. (their) _____ cortesía; (theirs) _____
5. (his) _____ criadas; (his) _____
6. (your, *fam. pl.*) _____ hermana; (yours) _____
7. (her) _____ ovejas; (hers) _____
8. (their) _____ cariño; (theirs) _____

9. (your, *fam. sing.*) _____ vicios; (yours) _____
10. (our) _____ sobrinas; (ours) _____

B. Escríbanse (1) el pronombre posesivo **(el suyo, la suya, los suyos, las suyas)**, y (2) la forma posesiva que haga más claro el significado. (See Note A, page 108.)

EJEMPLOS: pluma   (his) *la suya* or *la de él*

         libro   (yours, *pl.*) *el suyo* or *el de Vds.*

1. comercio   (theirs) _____ or _____
2. compañía   (his) _____ or _____
3. consejos   (hers) _____ or _____
4. impresiones   (theirs) _____ or _____
5. deudas   (his) _____ or _____
6. ideas   (yours, *sing.*) _____ or _____
7. jefe   (his) _____ or _____
8. edad   (yours, *sing.*) _____ or _____
9. interés   (hers) _____ or _____
10. hombros   (yours, *pl.*) _____ or _____

C. Complétense las frases según los ejemplos. (See *Whose*, page 109.)

EJEMPLOS: Whose book are you reading?   ¿*De quién es* el libro que Vd. lee?

        Whose (*pl.*) book did they take?   ¿*De quiénes es* el libro que tomaron?

1. Whose jacket are you wearing?   ¿_____ la chaqueta que Vd. lleva?
2. Whose paintings did you see?   ¿_____ las pinturas que Vd. vio?
3. Whose magazine are you reading?   ¿_____ la revista que Vd. lee?
4. Whose money did they spend?   ¿_____ el dinero que gastaron?
5. Whose monument is that?   ¿_____ ese monumento?
6. Whose (*pl.*) automobile did they wash? ¿_____ el automóvil que lavaron?
7. Whose poetry do you like?   ¿_____ la poesía que le gusta a Vd.?
8. Whose property will you buy?   ¿_____ la propiedad que Vds. comprarán?
9. Whose (*sing.*) letters did he mail?   ¿_____ las cartas que echó al correo?
10. Whose secretary is absent today?   ¿_____ la secretaria que está ausente hoy?

D. Tradúzcanse al español las expresiones en inglés.

1. *My* abrigo está en el baúl. ¿Dónde están *yours?* *Ours* están en el armario.
2. *Her* alhajas cuestan mucho. *Barbara's* son más caras. *Ours* no valen nada.
3. ¿*Whose* es aquel monumento? Es *Columbus'.* Es famoso por *his* descubrimientos.
4. *His* cumpleaños cae en abril. ¿Cuándo cae *Alice's?* *Hers* cae en julio.
5. El ladrón ha robado *my* dinero. ¿Os robó *yours* también? No, nosotros tenemos *ours* en el cajón.
6. Vi a Juana fuera de *my* casa. ¿Le devolviste *her* juguetes? No, pero le presté *mine.*
7. Estas joyas no son *mine.* ¿Son *Lucy's?* No, son *Joseph's sister's.*
8. Anteayer perdí *my* paraguas. ¿Era azul *yours?* No, *mine* era negro.
9. La pluma verde es *his.* ¿*Whose* es la pluma amarilla? Es *Anna's.*
10. He gastado todo *my* capital. ¿Qué has hecho con *yours?* *Mine* está en el banco.
11. El empleado acaba de cobrar *his* sueldo. ¿Habéis recibido *yours?* Sí, pero es menos que *the boss'.*
12. La muchacha *whose* nombre es Luisa es hermosa. No es tan bella como *my* novia. Pero es más hermosa que *yours.*
13. Pablo se puso *his* sombrero. Alicia se quitó *hers.* La señora se quitó *her* guantes.
14. ¿*Whose* es esta pelota? No sé *whose* es. Solamente sé que no es *mine.*
15. *Our* bandera es roja, blanca, y azul. *England's* también. ¿De qué colores es *Mexico's?*

E. Contéstense en español en frases completas.

1. ¿Acompaña Vd. a sus padres cuando van al cine?
2. ¿Cuándo cae su cumpleaños? ¿Cuándo cae el de su primo?
3. ¿Se quita o se pone Vd. los zapatos al salir de casa?
4. ¿Escribe Vd. cartas a sus condiscípulos?
5. ¿Cuál es su clase favorita?
6. ¿De quién es la linda corbata que Vd. lleva hoy?
7. ¿Le gusta a Vd. sacar fotos de sus amigos?
8. ¿De quién es la bandera que está en la clase?
9. ¿Oyen y comprenden Vds. bien mis palabras?
10. ¿De quién son los libros que están en su cuarto?
11. ¿Hasta qué hora de la noche estudia Vd. sus lecciones?
12. ¿Son mejores las notas de los otros estudiantes que las de Vd.?
13. ¿Contestan Vds. pronto cuando les habla su profesor?
14. ¿Conserva Vd. recuerdos de sus vacaciones?
15. ¿Prefiere Vd. cenar en su propia casa o en la de su amigo?
16. ¿Cómo saluda Vd. a su maestro?
17. ¿De quiénes es la costumbre de asistir a la corrida de toros?
18. ¿Es Vd. más gordo(-a) que sus hermanos?
19. ¿Se lava Vd. las manos antes de comer?
20. ¿De quién es el dinero que Vd. lleva en el bolsillo?

F. Tradúzcanse al español.

1. The dictator declared that his army would defeat that of the enemy.
2. Your (*fam. sing.*) plans and mine are good.
3. The woman whose son was married yesterday is my aunt.
4. The ship's captain observed the city's strange customs.
5. Her family and her uncle's live near the city's limits.
6. Whose dictionary did you consult? My father's.
7. None of the employees knows the boss' address.
8. Today's newspaper relates the news of their misfortune.
9. It is a lake whose waters are clear and cool.
10. His daughter and that of his friend danced almost all night.
11. In whose chair are you seated? In Mr. Zuleta's?
12. The boy had to carry his father's suitcase and his brother's.
13. Whose is the blue hat? It is Elizabeth's.
14. Whose garden is this? It is more beautiful than mine.
15. Our president has more problems than England's king has.
16. Spain's literature has a longer history than Brazil's.
17. I like the poet whose verses I read last night.
18. Henry's vacation will take place in the same month as his sister's.
19. Her beauty shines more than the sun's rays.
20. Whose class is this? It is Miss Rivera's Spanish class.

3. DEMONSTRATIVES

DEMONSTRATIVE ADJECTIVES

	MASCULINE	FEMININE
this	este	esta
these	estos	estas
that	ese	esa
those	esos	esas
that	aquel	aquella
those	aquellos	aquellas

Demonstrative adjectives precede the nouns they modify and agree with them in number and gender.

este libro   this book

esas plumas   those pens

Note

Este (**estos,** etc.), *this* (*these*), refers to what is near or directly concerns *me, the speaker*. **Ese** (**esos,** etc.), *that* (*those*), refers to what is near or directly concerns *you, the person addressed*. **Aquel** (**aquellos,** etc.), *that* (*those*), refers to what is remote from both the speaker and the person addressed, or does not directly concern either of us. Thus, **este, ese,** and **aquel** correspond to the 1st, 2nd, and 3rd persons.

Este lápiz que tengo es rojo.	*This* pencil that *I* have is red.
Juan, déme Vd. *ese* libro que tiene en la mano.	John, give me *that* book *you* have in your hand.
Juan, déme Vd. **aquel** libro que tiene María.	John, give me *that* book that *Mary* has.

DEMONSTRATIVE PRONOUNS

	MASCULINE	FEMININE	NEUTER
this (one) these	éste éstos	ésta éstas	esto
that (one) those	ése ésos	ésa ésas	eso
that (one) those	aquél aquéllos	aquélla aquéllas	aquello

1. Demonstrative pronouns agree in number and gender with the nouns they replace.

    este libro y *aquél* (= aquel libro)   this book and that (one)

2. The neuter forms **(esto, eso, aquello)** do not refer to specific nouns but to statements, ideas, understood nouns, etc. Therefore, they do not vary in number and gender. In questions such as **¿Qué es esto?**, the neuter form is used because the noun is not known. After the noun has been mentioned (in the response), its gender and number must be indicated by using the corresponding form of the adjective or pronoun **(estas, éstas; aquel, aquél).**

Pablo siempre llegaba tarde, y *eso* no le gustaba al maestro.	Paul always came late, and the teacher did not like that.
Su padre está enfermo, y *esto* le hace triste.	His father is ill, and this makes him sad.
¿Qué es *esto?* Es una flor.	What is this? It is a flower.
¿Es bonita *esta* flor? Sí.	Is this flower pretty? Yes.

Note

A. The demonstrative pronouns are distinguished from the demonstrative adjectives by a written accent mark. The neuter forms of the pronouns have no such accent mark, since there is no corresponding neuter adjective.

B. The English translations of the singular forms of the demonstrative pronouns often add the word *one: this (one), that (one).*

    este muchacho y *aquél*   this boy and that (one)

3. The pronoun **éste (-a, -os, -as)** is used to translate *the latter* (the latest, the most recently mentioned); and **aquél (-la, -los, -las)** translates *the former* (the most remotely mentioned).

Juan es mayor que Pablo; *éste* tiene
the latter
seis años, *aquél* tiene nueve.
the former

John is older than Paul; *the former* is nine years old, *the latter* is six.

Note

In English, we usually say "the former and the latter." In Spanish, the order is reversed; **éste** (the latter) is expressed first.

4. The definite article **(el, la, los, las)** followed by **de** or **que** is often translated as a pronoun.

el (la) de **María,** that of (the one of) Mary
los (las) de **María,** those of (the ones of) Mary

el (la) que **está aquí,** the one that is here
los (las) que **están aquí,** the ones that are here

mi corbata y *la* (= la corbata) *de* **mi hermano**

my necktie and that of my brother (my brother's)

El vestido de María es distinto *del de* **Juana;** es muy parecido *al que* **lleva Isabel.**

Mary's dress is different from Joan's; it is very similar to the one Elizabeth is wearing.

EJERCICIOS

A. Cámbiense las formas demostrativas al plural o al singular, y háganse todos los otros cambios necesarios.

1. Esa librería está abierta todo el día.
_____ todo el día.
2. Creo que aquellos abogados son inteligentes.
Creo que _____.
3. Tengo confianza absoluta en este médico.
Tengo confianza absoluta en _____.
4. Esta almohada es demasiado dura.
_____ demasiado _____.
5. Esas miradas tuyas me encantan.
_____ me _____.
6. Aquel actor no sabe actuar.
_____ no _____ actuar.

7. ¿Son de oro estos anillos?

¿--------- de oro ---------?

8. Ese oso es muy feroz.

--------- muy ---------.

9. Aquel pajarito es muy bonito, ¿verdad?

--------- muy ---------, ¿verdad?

10. Aquellos sucesos ocurrieron en noviembre.

--------- en noviembre.

11. Es imposible atravesar este río.

Es imposible atravesar ---------.

12. Aquel aparato no es muy sencillo.

--------- no --------- muy ---------.

13. Esa panadería se cierra los domingos.

--------- los domingos.

14. Aquel viejo tendrá unos ochenta años.

--------- unos ochenta años.

15. Esos autobuses van hacia el centro.

--------- hacia el centro.

Miguel de Unamuno (1864–1936), de la "Generación del '98," fue filósofo, ensayista, poeta, y novelista. Su obra más característica es *Del sentimiento trágico de la vida.*

B. En cada una de las frases que siguen, escójase la forma demostrativa correcta.

1. Esta mujer es linda; *that one* es fea.

(*a*) esa   (*b*) aquélla   (*c*) eso

2. No se permite entrar por esa puerta, sino por *this one.*

(*a*) esto   (*b*) éste   (*c*) ésta

3. *This* país es mi patria.

(*a*) Esto   (*b*) Este   (*c*) Esta

4. Alfredo y Carlota son hermanos; *the latter* es menor que aquél.

(*a*) ésta   (*b*) éste   (*c*) aquélla

5. Este calendario marca las fiestas; *that one*, no.

(*a*) ese   (*b*) ése   (*c*) aquello

6. Esta cosecha es más abundante que *those* de los años pasados.

(*a*) las   (*b*) el   (*c*) esos

7. ¿Cuál de las dos escoge Vd., *this one* o aquélla?

(*a*) éste   (*b*) ésta   (*c*) esa

8. ¿Qué es *this?*

(*a*) esto   (*b*) éste   (*c*) ésta

9. Coloque Vd. la maleta en *this* armario, no en aquél.

(*a*) esto   (*b*) ésta   (*c*) este

10. No me gusta *that.*

(*a*) esto   (*b*) eso   (*c*) aquél

11. En esta cafetería cobran menos que en *that one.*

(*a*) eso   (*b*) aquella   (*c*) aquélla

12. Esa capa es más barata que *that* de Isabel.

    (*a*) ésa   (*b*) aquélla   (*c*) la

13. En la lucha entre moros y cristianos, éstos vencieron a *the former.*

    (*a*) ésos   (*b*) aquél   (*c*) aquéllos

14. *Those* ejercicios son más difíciles que éstos.

    (*a*) Aquello   (*b*) Ése   (*c*) Esos

15. Este paquete es más pesado que *that one.*

    (*a*) éste   (*b*) ése   (*c*) ese

C. Escríbase el pronombre demostrativo, empleando la forma correcta del artículo (el, la, los, las).

1. La vida de Luis XIV fue más alegre que *that* de Felipe II.
2. Pude resolver mi propio problema, pero no *Richard's.*
3. La gente de México y *that* de la Argentina hablan español.
4. Nuestro ejército y *that* del enemigo lucharon en el campo de batalla.
5. ¿Será posible llevar a cabo mis planes y *those* que Vd. ha propuesto?
6. El nuevo empleado es tan perezoso como *the one* que se marchó.
7. Los impuestos de este año son más que *those* del año anterior.
8. El clima andaluz no es semejante *to that* de otras partes de Europa.
9. Hizo una declaración en nombre de su propia hija y *that* de su vecino.
10. Los montes del norte son enormes; *those* del sur son más pequeños.

D. Escríbase la forma correcta de *that* o *those.*   (See Note, page 112.)

1. *That* vista a lo lejos es magnífica.
2. ¿Hallaste *those* cinco centavos que tienes?
3. Soy feliz a causa de *that* favor que me hiciste.
4. Vamos a *that* restaurante que tú recomendaste; el dueño es muy simpático.
5. En *that* ciudad donde vives hace frío casi todo el año.
6. En junio voy a visitar *that* parque.
7. *That* tarde charlaron treinta minutos.
8. Venga Vd. conmigo; voy a comprar *those* juguetes que los huérfanos desean.
9. Alicia, pareces encantadora en *that* vestido.
10. Tienes la cara muy linda con *those* anteojos.

E. Tradúzcanse las frases según el ejemplo.   (See #3, page 114.)

    EJEMPLO: Juan y María; *the former is fat, the latter is slim.*

        Juan y María;   *ésta*   es delgada,   *aquél*   es gordo.

1. El general y el capitán; *the former is old, the latter is young.*
    El general y el capitán; _____ es joven, _____ es viejo.
2. Mis guantes y los tuyos; *the former are white, the latter are black.*
    Mis guantes y los tuyos; _____ son negros, _____ son blancos.
3. Elena y Pablo; *the former is diligent, the latter is lazy.*
    Elena y Pablo; _____ es perezoso, _____ es aplicada.
4. Don Quijote y Sancho; *the former was an idealist, the latter was a realist.*
    Don Quijote y Sancho; _____ fue realista, _____ fue idealista.
5. El almuerzo y la cena; *the former is eaten by day, the latter is eaten at night.*
    El almuerzo y la cena; _____ se come de noche, _____ se come de día.

F. Contéstense en español, en frases completas, empleando en las respuestas un pronombre demostrativo, si es posible.

1. ¿Sacó Vd. ese libro de la biblioteca?
2. ¿Qué es esto que tengo en la mano?
3. La plata es más preciosa que el cobre; ¿cuál prefiere Vd., éste o aquélla?
4. ¿Va Vd. a dar un paseo hoy?
5. Durante el año hace calor y frío; ¿le gusta más éste o aquél?
6. ¿Cuándo compró Vd. esa corbata?
7. ¿Cambiaría Vd. esa pluma por la de Ana?
8. ¿Exige mucho trabajo este maestro?
9. ¿Quiere Vd. borrar la pizarra con este borrador?
10. ¿Sabe Vd. contestar bien a estas preguntas?

G. Tradúzcanse al español.

1. This is impossible; I cannot accept this gift.
2. This medicine is bitter; I prefer that one.
3. That book is more interesting than this one.
4. This dress is green; that one is blue.
5. This is my problem: that girl does not love me.
6. Helen and Richard are pupils; the former is studious, the latter is lazy. (Reverse the order.)
7. Johnny, take off that shirt and put on this one.
8. What is that? This is a leaf.
9. These pictures don't interest me; I like those.
10. Follow that man; he stole this woman's purse.
11. Blasco Ibáñez and Campoamor were writers; the former was a novelist, the latter was a poet. (Reverse the order.)
12. This lesson is easier than last week's.
13. Lima and Quito are cities; the former is in Peru, the latter is in Ecuador. (Reverse the order.)
14. Those flowers are not as pretty as those you brought last week.
15. I do not know those girls, but these are my cousins.
16. Don't lose this money; that would be a pity.
17. These gloves are (of) the same color as those you bought last month.
18. Bring us other plates; these are dirty.
19. Do you prefer these apples to those?
20. That tall man is captain of this ship.
21. This book describes the capitals of all those countries.
22. These Mexican songs are similar to those of Spain.
23. This chain is of gold; that one is of copper.
24. Michael and Louis are brothers; the former is tall, the latter is short. (Reverse the order.)
25. This farmer raises chickens and cows; the former are small, the latter are large. (Reverse the order.)

4. ADJECTIVES AND ADVERBS

ADJECTIVES

I. FORMS OF ADJECTIVES

1. *a.* Adjectives that end in -o in the masculine, and most adjectives expressing nationality, form the feminine by changing o to a or by adding a.

> **seco, seca,** dry
> **español, española,** Spanish

b. Other adjectives have the same form for both the masculine and feminine.

> **popular, popular,** popular
> **agradable, agradable,** pleasant
> **agrícola, agrícola,** agricultural

c. The following adjectives, which end in a consonant, add **a** for the feminine even though they do not indicate nationality.

> **encantador, encantadora,** charming
> **hablador, habladora,** talkative
> **trabajador, trabajadora,** hard-working
> **traidor, traidora,** treacherous

2. The plural is formed by:

adding **s** to adjectives whose singular form ends in a vowel: **secos, españolas, agradables.**

adding **es** to adjectives whose singular form ends in a consonant: **españoles, populares.**

Note

A. Adjectives whose singular form ends in -z change z to c in the plural: **feliz, felices.**

B. Sometimes it is necessary to add or to drop a written accent mark in order to keep the original stress, or because the accent is no longer needed to indicate stress.

> **joven, jóvenes,** young
> **francés, francesa, franceses, francesas,** French
> **inglés, inglesa, ingleses, inglesas,** English
> **alemán, alemana, alemanes, alemanas,** German
> **cortés, corteses,** courteous, polite

II. POSITION OF ADJECTIVES

1. *a.* Descriptive adjectives usually follow the nouns they modify.

un **libro** *interesante*   an interesting book

la **casa** *blanca*   the white house

b. Descriptive adjectives are sometimes placed before the noun. In such cases,

(1) they lose their literal meaning.

Wáshington fue un ***gran* hombre.**   Washington was a great man.
(figurative meaning)

but

Mi tío es un **hombre** *grande*, casi   My uncle is a big man, almost a

un gigante. (literal meaning)   giant.

(2) they describe a quality of the noun that we generally take for granted.

Admiré los árboles, con sus ***verdes*   I admired the trees, with their
hojas.**   green leaves. (We generally
     think of leaves as being green.)

but

En el otoño, hay pocas **hojas**   In the autumn, there are few green
verdes en los árboles.   leaves on the trees. (We dis-
     tinguish green leaves, the normal
     color, from yellow, red, or brown
     leaves in autumn.)

Common adjectives that change in meaning with a change in position are:

	WHEN USED AFTER THE NOUN	WHEN USED BEFORE THE NOUN
antiguo, -a	old (ancient)	old (former), old-time
cierto, -a	sure, reliable	a certain
grande	large, big	great
mismo, -a	him (her, it)-self	same
nuevo, -a	new	another, different
pobre	poor	unfortunate
simple	silly, simpleminded	simple, mere

c. Some adjectives are used either before or after the noun, without any significant difference in meaning.

un **día** *bueno (malo)*⎫
un *buen (mal)* **día** ⎬a good (bad) day
⎭

2. Limiting adjectives (numbers, articles, possessive and demonstrative adjectives, adjectives of quantity) usually precede the noun.

dos plumas	two pens
los héroes	the heroes
mis primos	my cousins
aquel hombre	that man
tal cosa	such a thing
menos dinero	less money

Common adjectives of quantity are:

algunos (-as), some
cada, each, every
cuanto (-a, -os, -as), as much
más, more
menos, less
mucho (-a, -os, -as), much, many
ningunos (-as), no, not any

numerosos (-as), numerous
poco (-a, -os, -as), little, few
tanto (-a, -os, -as), so much, so many
todo (-a, -os, -as), all, every
unos (-as), some, a few
varios (-as), several

III. AGREEMENT OF ADJECTIVES

1. Adjectives agree in gender and number with the nouns they modify.

Juana es aplicad*a*.   Jane is studious.
Mis **hijos** son perezos*os*.   My children are lazy.

2. An adjective that modifies two or more nouns of different gender is in the masculine plural.

La pluma y **el lápiz** son roj*os*.   The pen and the pencil are red.

IV. SHORTENING OF ADJECTIVES

1. The following adjectives drop the final **-o** when used before a masculine singular noun:

uno, one, a, an   *un* libro, one (a) book

bueno, good   *un* **buen** caballo, a good horse
malo, bad   *un* **mal** año, a bad year

primero, first	el *primer* día, the first day
tercero, third	el *tercer* piso, the third floor
alguno, some	*algún* día, some day
ninguno, no, not any	*ningún* dinero, no money

Note

If a preposition comes between these adjectives and the noun, the full form of the adjective is used.

uno **de** los tres	one of the three
el *tercero* **del** grupo	the third (one) of the group

2. **Santo** becomes **San** before the masculine name of a saint, except with names beginning with **To-** or **Do-**.

San Juan	Saint John
San Francisco	Saint Francis
but	
Santo Tomás	Saint Thomas
Santo Domingo	Saint Dominic
Santa Teresa	Saint Theresa

3. **Grande** becomes **gran** when used before a singular noun of either gender.

un *gran* hombre	a great man
una *gran* poetisa	a great poetess
but	
un edificio **grande**	a large building
una casa **grande**	a large house

4. **Ciento** becomes **cien** before a noun of either gender, and before the numbers **mil** and **millones**. This does not occur with multiples of **ciento** (**doscientos, trescientos,** etc.), or in combination with any other number (**ciento diez**).

cien libros (muchachas)	one (a) hundred books (girls)
cien mil años	one (a) hundred thousand years
cien millones de dólares	one (a) hundred million dollars
but	
cuatrocientos coches (**cuatrocientas** personas)	four hundred cars (four hundred people)
ciento veinte y siete sillas	one (a) hundred twenty-seven chairs

ADVERBS

1. Adverbs are regularly formed from adjectives by adding **-mente** to the feminine singular form of the adjective.

un hombre **rico**	a rich man
un hombre **ricamente** vestido	a richly dressed man
Es un trabajador **hábil.**	He is a skillful worker.
Lo fabricó **hábilmente.**	He made it skillfully.

Note

In a series of two or more "**-mente**" type adverbs, **-mente** is used only with the last.

Paco escribió **clara, rápida,** y **fácilmente.** (Note the feminine forms.)	Frank wrote clearly, rapidly, and easily.

2. Adverbial phrases may be formed by the use of **con** plus a noun.

La joven cantaba **con alegría** (alegremente).	The young girl sang with happiness (happily).
Saludó a la dama **con cortesía** (cortésmente).	He greeted the lady with courtesy (courteously).

3. The words **más, menos, poco, mucho, mejor, peor,** and **demasiado** may be used either as adjectives or adverbs.

Pablo es **más** pobre que yo; tiene (adverb) **menos** dinero. (adjective)	Paul is poorer than I; he has less money.
La Sra. Álvarez es **demasiado** rica; (adverb) tiene **demasiadas** joyas. (adjective)	Mrs. Álvarez is too rich; she has too many jewels.
María canta **peor** que su hermana; (adverb) ésta tiene **mejor** voz. (adjective)	Mary sings worse than her sister; the latter has a better voice.

Note

As adjectives, **mucho, poco,** and **demasiado** vary in gender and number; as adverbs, they do not change.

4. Some adverbs have forms distinct from the adjective forms.

<table>
<tr><td>bueno, good</td><td>bien, well</td></tr>
<tr><td>malo, bad</td><td>mal, badly, ill</td></tr>
</table>

Arturo es un *buen* músico y toca
       (adjective)
bien el piano.
 (adverb)

Arthur is a good musician and plays the piano well.

Juanito es un muchacho *malo;*
           (adjective)
trata *mal* a su hermana.
 (adverb)

Johnny is a bad boy; he treats his sister badly.

EJERCICIOS

A. Escríbanse las formas femenina singular y masculina plural de los siguientes adjetivos:

1. brillante	7. fácil	13. común	19. célebre	25. doble
2. joven	8. encantador	14. árabe	20. mundial	26. útil
3. militar	9. peor	15. oriental	21. feroz	27. general
4. castellano	10. capaz	16. agrícola	22. hábil	28. hablador
5. horrible	11. moral	17. conforme	23. central	29. corriente
6. feliz	12. ardiente	18. americano	24. madrileño	30. cortés

B. Tradúzcanse al español las palabras en inglés.

1. No puedo ofrecerte *any* (negative) consejos.
2. *No* castigo es suficiente para ese criminal.
3. *Saint* Jorge es el santo patrón de Inglaterra.
4. El *third* libro desapareció del estante.
5. El *first* viaje de Colón se verificó en 1492.
6. Lea Vd. la *first* página.
7. *Saint* Bárbara vivió hace muchos siglos.
8. Siempre consultaba *a* diccionario.
9. Hay más de *one hundred* clases de insectos.
10. El grupo se reúne el *first* martes del mes.
11. *Some* día seré rico.
12. Ese muchacho tiene *bad* costumbres.
13. Velázquez fue un *great* pintor.
14. Éste no es un *good* piano.
15. Cervantes y Lope de Vega fueron *great* escritores.
16. El ejército consistía en menos de *one hundred* mil tropas.
17. Colón descubrió la isla de *Saint* Domingo.
18. Anunció la *good* noticia.
19. Es necesario que me compres *some* corbatas.
20. *That* poeta compone *bad* versos.
21. Le afligía *an* enfermedad.
22. Ayer fue un *bad* día.
23. Ésta es la *third* vez que te aconsejo.
24. *Some* ciudadanos no saben sus derechos.
25. *One hundred seventy-six* alumnos sufrieron la prueba.

C. Tradúzcanse al español las expresiones en inglés.

1. *That actor* muestra *little talent.*
2. *Poor man!* Se cayó y se hizo daño.
3. No quiso poner su capital en una *dangerous enterprise.*
4. *No song* suena tan dulce como ésa.
5. El labrador fue un *poor man.*
6. En el armario había *six hats.*
7. En los rincones se veían *several images.*
8. El *boss himself* puso el sello en el sobre.
9. *Each nation* tiene su *own government.*
10. Tengo un *new job.*
11. *Our liberty* es preciosa.
12. Quiero presentarle a mi *old friend.*
13. *The white snow* cubrió *all the land.*
14. A lo lejos se elevaban las *high mountains.*
15. El diario de hoy llevará *reliable news.*
16. *Some members* llegaron a la reunión a las siete.
17. Los *two cats* comieron del *same plate.*
18. *The whole town* contribuyó dinero para el hospital.
19. No se mezcle Vd. en *such matters.*
20. Al amanecer, vieron una *desert island.*
21. Falta un *mere detail.*
22. *A certain inventor* carecía de fondos.
23. No bebas *so much coffee;* no podrás dormir.
24. Los *brilliant rays* del sol alumbraron el día.
25. *This* viejo es un *simpleminded man.*
26. El empleado envolvió *each package* en papel.
27. ¿*How many pencils* hay en el escritorio?
28. *That newspaper* publica *interesting articles.*
29. El peluquero tenía una *pretty granddaughter.*
30. La *new magazine* acaba de publicarse.

D. Fórmense adverbios de los adjetivos, y tradúzcase al inglés cada adverbio.

EJEMPLO: ricos—ricamente, richly

1. felices	3. constantes	5. afortunadas	7. ciertos	9. curioso
2. valiente	4. popular	6. actuales	8. impaciente	10. excelentes

E. Escríbase una expresión adverbial (con + sustantivo) que corresponda a los adverbios.

EJEMPLO: cortésmente—con cortesía

1. claramente
2. seguramente
3. dulcemente
4. amargamente
5. violentamente
6. frecuentemente
7. alegremente
8. orgullosamente
9. curiosamente
10. tristemente

F. Contéstense en español en frases completas.

1. ¿Es grande o pequeño el automóvil de su familia?
2. ¿Es España un país agrícola o comercial?

3. ¿Pertenece Vd. al club español de la escuela?
4. ¿Fue fácil la conquista de México?
5. ¿Son más cariñosos sus padres o sus tías?
6. ¿Quién es la muchacha rubia (morena) de la tercera fila?
7. ¿Tiene Vd. pocos o muchos amigos?
8. ¿Le gusta a Vd. una toronja fresca por la mañana?
9. ¿Tiene Vd. admiración para alguna persona de esta clase?
10. ¿Confiaría Vd. sus secretos íntimos a personas discretas?
11. ¿Toma Vd. baños fríos o calientes?
12. ¿Saluda Vd. cortésmente (con cortesía) a sus conocidos?
13. ¿Es demasiado difícil el español?
14. ¿Es Vd. más o menos perezoso(-a) que sus condiscípulos?
15. ¿Le gusta a Vd. la compañía de gente culta?
16. ¿Hace Vd. ejercicios físicos todos los días?
17. ¿Cuál es el baile típico de México?
18. ¿Tiene nuestro presidente fama mundial?
19. ¿Prefiere Vd. una almohada blanda o dura?
20. ¿Viajó Colón hacia el este o el oeste para descubrir el Nuevo Mundo?
21. ¿Está Vd. orgulloso(-a) de sus notas en esta clase?
22. ¿Es más profundo un lago o el mar?
23. ¿Es seguro el techo de su casa?
24. ¿Son simpáticos sus condiscípulos?
25. ¿Escucha Vd. atentamente (con atención) en esta clase?

G. Tradúzcanse al español.

1. The electrical apparatus does not work (funcionar) in this dry climate.
2. Upon entering the dark house, he felt a vague terror.
3. All his neighbors made useless efforts to extinguish the fire.
4. Some treat their enemies severely and cruelly.
5. The old grandmother will send a post-card to her beloved grandson.
6. The pen is more powerful than the sword.
7. Gabriela Mistral and Rubén Darío were famous poets of Spanish America.
8. My mother cooks well, but my aunt cooks badly.
9. The supreme authority in this village is the new mayor.
10. In our modern civilization, such a war should not occur.
11. For political reasons the governor lowered the taxes.
12. In the large hall there were more than 200 chairs.
13. The wounded soldier felt a sharp pain.
14. On the opposite side of the street, he saw a great cathedral.
15. Mr. Hernández has a large library; it contains approximately a thousand books.
16. Poor man! In spite of his hundred million dollars, he is unfortunate.
17. The French lady spoke with a foreign accent.
18. The poor slave would not complain of his bad treatment.
19. They found themselves in a square room with gray walls.
20. Each bus is capable of carrying many passengers.

5. COMPARISONS

COMPARISONS OF INEQUALITY

1. Adjectives are compared as follows:

POSITIVE	bello(-a, -os, -as)	beautiful
COMPARATIVE	más (menos) bello(-a, -os, -as)	more (less) beautiful
SUPERLATIVE	el (la, los, las) . . . más (menos) bello(-a, -os, -as)	the most (least) beautiful

Este monumento es *bello.*
This monument is beautiful.

Ése es más (menos) bello que éste.
That one is more (less) beautiful than this one.

Aquél es *el* monumento *más (menos) bello del país.*
That one is the most (least) beautiful monument in the country.

Aquella flor es *la más (menos) bella del jardín.*
That flower is the most (least) beautiful (one) in the garden.

Es *la mejor (peor)* actriz *del mundo.*
She is the best (worst) actress in the world.

Note

A. In the superlative, if a noun is expressed, it is placed between the article (el, la, los, las) and the adjective.

B. After the superlative, *in* is expressed by de.

2. The comparative forms of bueno, malo, grande, and pequeño are irregular.

POSITIVE	COMPARATIVE	SUPERLATIVE
bueno(-a, -os, -as), good	mejor(-es), better	el (la) mejor los (las) mejores } the best
malo(-a, -os, -as), bad	peor(-es), worse	el (la) peor los (las) peores } the worst

grande(-s), great, big	mayor(-es), greater, older	el (la) mayor } the greatest, los (las) mayores } the oldest
	más grande(-s), larger	el (la) más grande } the largest los (las) más grandes }
	menos grande(-s), less large	el (la) menos grande } the least los (las) menos grandes } large
pequeño(-a, -os, -as), small	menor(-es), minor, lesser, younger	el (la) menor } the least, los (las) menores } the youngest
	más pequeño(-a, -os, -as), smaller	el (la) más pequeño(-a) } the los (las) más pequeños(-as) } small- est
	menos pequeño(-a, -os, -as), less small	el (la) menos pequeño(-a) } the least los (las) menos pequeños(-as) } small

Note

A. **Mejor** and **peor** generally precede the noun. **Mayor** and **menor** generally follow the noun.

| mi *mejor* amigo | my best friend |
| la **hermana** *mayor* | the older (oldest) sister |

B. The regular and irregular comparative forms of **grande** and **pequeño** have different meanings. **Más grande** and **más pequeño** compare differences in size or height (physical meaning); **mayor** and **menor** compare differences in age or status (figurative meaning).

| mi hermano *más pequeño* | my smaller (smallest) brother |
| mi hermano *menor* | my younger (youngest) brother |

3. Adverbs are compared as follows:

| rápidamente, quickly | más (menos) rápidamente, more (less) quickly | lo más (menos) rápidamente, the most (least) rapidly |

Este tren corre *rápidamente*.	This train runs rapidly.
Ése corre *menos rápidamente*.	That one runs less rapidly.
Aquél corre *lo menos rápidamente de todos*.	That one runs the least rapidly of all.

Note

A. Since adverbs do not modify nouns, the article used with the superlative form is **lo** (neuter).

B. As with adjectives, the superlative form of the adverb is followed by **de**.

4. The English word *than* is most often translated by **que**.

Es más alta *que* yo.	She is taller than I.
Tienen menos dinero *que* yo.	They have less money than I.

Before a number, *than* is translated by **de** if the sentence is affirmative. If the sentence is negative, **que** is used.

Ganó más (menos) *de* ocho dólares.	He earned more (less) than eight dollars.
but	
No ganó más **que** ocho dólares.	He earned only eight dollars. (He didn't earn more than eight dollars.)

If the second part of the comparison has a different verb, **de** is used, together with some form of **el (la, los, las, lo) que.**

Gasta más dinero *del que* gana su padre.	He spends more money than his father earns.
Leyó menos libros *de los que* le recomendó el maestro.	He read fewer books than the teacher recommended.

Note

In each of the above sentences, the nouns **dinero** and **libros** are the objects of both verbs: **gasta—dinero, gana—dinero (understood); leyó—libros, recomendó—libros (understood).** If the noun is not the object of both verbs, or if the thing compared is an adjective or adverb, **de lo que** is used.

Gasta más dinero *de lo que* crees.	He spends more money than you think.
Habla más rápidamente *de lo que* escribe.	He speaks more rapidly than he writes.

In the first sentence above, the word **dinero** is not the object of both verbs (**gasta—dinero,** but **crees—que gasta dinero**). In the second sentence, the point of comparison is **rápidamente,** an adverb.

COMPARISONS OF EQUALITY

tan + adjective or adverb + **como,** as . . . as

Ella no es *tan pobre como* él.	She is not as poor as he.
Mi coche corre *tan rápidamente como* el suyo.	My car runs as fast as hers.

tanto(-a, -os, -as) + noun + como, as much (as many) . . . as

| Esta vaca da *tanta leche como* aquélla. | This cow gives as much milk as that one. |
| Recibió *tantos juguetes como* pidió. | He received as many toys as he asked for. |

tanto(-a, -os, -as) (pronoun) + como, as much (as many) . . . as

| Leímos *tanto como* ellos. | We read as much as they. |

Some expressions of comparison are:

lo más pronto posible
tan pronto como posible ⎱ as soon as possible

| Venga a verme *lo más pronto posible.* | Come to see me as soon as possible. |

cuanto(-a, -os, -as) más (menos) . . . ,
 tanto(-a, -os, -as) más (menos) . . . ⎱ the more (less) . . . ,
cuanto(-a, -os, -as) más (menos) . . . , ⎰ the more (less) . . .
 más (menos) . . .

| *Cuanto más* habla, *(tanto) menos* escucho. | The more he talks, the less I listen. |

Note

Tanto may be omitted in the above expression.

ABSOLUTE SUPERLATIVE (NO COMPARISON)

1. To express a very high degree of an adjective, when no comparison is involved, -ísimo(-a, -os, -as) is often added to the adjective. The meaning is the same as **muy** plus the adjective.

muy barato
baratísimo ⎱ very cheap

Note

A. *Very much* is expressed by **muchísimo,** never by "muy mucho."

B. Adjectives ending in a vowel drop the final vowel before adding -ísimo.

C. Adjectives ending in **-co, -go,** or **-z** change **c** to **qu, g** to **gu,** and **z** to **c** before adding **-ísimo.**

fres**co**—fres**qu**ísimo   lar**go**—lar**gu**ísimo   fero**z**—fero**c**ísimo

2. To form adverbs from adjectives that end in **-ísimo,** add **-mente** to the feminine form of the adjective: **riquísimamente, lentísimamente.**

EJERCICIOS

A. Escríbanse las formas superlativas de los adjetivos según el ejemplo.

EJEMPLO: bonito—las estrellas; más bonitas—bonitísimas

1.	atento	los dependientes	9. rápido	las corrientes
2.	difícil	la cura	10. amargo	el destino
3.	feliz	el carnicero	11. rico	las señoras
4.	generoso	el amo	12. tonto	el sastre
5.	breve	las ceremonias	13. dulce	los besos
6.	profundo	la herida	14. barato	el arroz
7.	popular	los juegos	15. triste	las consecuencias
8.	cansado	el cochero		

B. Escójase la forma correcta entre paréntesis.

1. En la tertulia hubo más (que, de los que, de) treinta invitados.
2. Mi tía es mayor (de, de la que, que) mi mamá.
3. Hay más gitanos en Francia (que, de, de los que) en Inglaterra.
4. Este queso no pesa más (que, de, del que) un kilogramo.
5. Aquel chico es menos inocente (de lo que, que, del que) sus padres creen.
6. El pueblo tenía menos (que, de los que, de) mil habitantes.
7. En esta aldea hay más guardias (que, de los que, de) necesitan.
8. Puso en el plato más carne (de lo que, que, de la que) podría comer.
9. No voy a comprar más tarjetas (que, de lo que, de las que) puedo usar.
10. Se graduará más pronto (del que, que, de lo que) Vds. pueden imaginarse.
11. Aquel joven es más loco (que, de lo que, del que) Vds. pueden figurarse.
12. En la orquesta había más (que, de lo que, de) cien músicos.
13. ¡Ojalá tuviera más dinero (que, del que, de) encuentro en el bolsillo!
14. En el invierno hay más nieve (de la que, que, de lo que) en el otoño.
15. Luisa parece menos linda hoy (de lo que, de la que, que) ayer.

C. Tradúzcanse al español las expresiones en inglés.

1. Mi fortuna no es *smaller than* la de mi socio.
2. Los españoles no eran *as numerous as* los indios.
3. En su habitación había casi *as much heat as* en la mía.
4. La princesa es *smaller than* el príncipe.
5. La princesa es *younger than* el príncipe.
6. Esta secretaria es *worse than* la anterior.
7. Pablo estaba *very busy*.   (one word)
8. Septiembre es *better than* enero.
9. Probablemente hay *as many roses as* claveles en el jardín.
10. Paco es mi hermano *youngest*.
11. Su esposo no le permite hacer *as many purchases as* desea.
12. La zapatería es *larger than* la peluquería.

13. Cervantes no escribió *as many dramas as* Lope de Vega.
14. Mi sacrificio puede considerarse *greater than* el tuyo.
15. El cielo es *as blue as* el mar.
16. La sábana es *less large than* la cama.
17. Los sobres deben ser *larger than* las cartas.
18. Trabaja *as diligently as* cualquiera por el bien de la humanidad.
19. Ese comerciante es *very miserly.* (one word)
20. La avenida en que yo vivo es *very wide.* (one word)

D. Contéstense en español en frases completas.

1. ¿Fue ayer un día más claro que hoy?
2. ¿Trabaja Vd. menos de lo que aconseja el maestro?
3. ¿Abandonaría Vd. a su mejor amigo?
4. ¿Es Vd. tan fuerte como su hermano(-a)?
5. ¿Le dan sus padres más dinero del que Vd. puede gastar?
6. ¿Es Vd. el (la) estudiante más aplicado(-a) de esta clase?
7. ¿Es mejor la radio que la televisión?
8. ¿Escucha Vd. atentísimamente en la clase?
9. ¿Está Vd. acostumbrado(-a) a comer más de lo que necesita?
10. ¿Está Vd. más cómodo(-a) en casa que en un hotel?
11. ¿Es larguísima la distancia desde su casa a la escuela?
12. ¿Hay tanta lluvia en agosto como en abril?
13. ¿Hace tanto calor en la primavera como en el verano?
14. ¿Es tan feroz el león como el oso?
15. ¿Hay tantos insectos en diciembre como en julio?
16. ¿Estudió Vd. muchísimo anoche?
17. ¿Lleva Vd. a la escuela menos libros de los que necesita?
18. ¿Está Vd. cansadísimo(-a) después de un día de trabajo?
19. ¿Es más bella la primavera que el invierno?
20. ¿Hay más páginas en el libro de gramática de las que Vd. puede estudiar?

E. Tradúzcanse al español.

1. There are more museums in Germany than I can visit.
2. The Amazon is longer than the Orinoco.
3. The more he eats, the more he wants.
4. The banker was the most respected man in the group.
5. That soldier fought the least heroically of the whole army.
6. "Cerebro" has as many letters as "céntimo."
7. Grandmothers are more indulgent than mothers.
8. The Romans were not as barbarous as the Aztecs.
9. The baker makes more bread than he can sell.
10. This magazine describes the capitals of more than forty states.
11. The cook threw as much salt into the soup as into the salad.
12. There was more fruit (*pl.*) in the orchard than they could eat.
13. The bull was fiercer than the bullfighter had imagined.
14. This author speaks as wittily as he writes.
15. It was the most glorious victory of the campaign.
16. Has that scientist much genius? He has as much as any other.
17. The more it rains, the less it snows.
18. Cortés' conquest was more glorious than that of Pizarro.
19. The small knife is not as sharp as the big one.
20. The donkey walks more slowly than the horse.

6. MASTERY EXERCISES

(LESSONS 1–5)

A. Escríbase la forma del género (gender) opuesto de las palabras que siguen: (See Grammar Lesson 1, page 98.)

EJEMPLOS: la alemana—el alemán
el amigo—la amiga

1. la enemiga	**6.** el esposo	**11.** el varón	**16.** la artista
2. la princesa	**7.** la poetisa	**12.** el joven	**17.** la condesa
3. el marido	**8.** el italiano	**13.** la portuguesa	**18.** el francés
4. la gallina	**9.** doña	**14.** la mamá	**19.** la azteca
5. el emperador	**10.** la escultora	**15.** el rey	**20.** el testigo

B. Escríbase el artículo definido delante de cada uno de los sustantivos. (See Grammar Lesson 1, page 98.)

1. _____ naciones	**6.** _____ unión	**11.** _____ hacha
2. _____ ciudad	**7.** _____ mapa	**12.** _____ clima
3. _____ almas	**8.** _____ avión	**13.** _____ mano
4. _____ alumnos	**9.** _____ idioma	**14.** _____ tranvía
5. _____ especie	**10.** _____ muchedumbre	**15.** _____ drama

C. Escríbanse las formas posesivas que correspondan a los sustantivos. (See Grammar Lesson 2, page 107.)

EJEMPLO: (their) ___*su*___ hermano; (theirs) _*el suyo*_

1. (their) _____ víctima; (theirs) _____
2. (our) _____ victorias; (ours) _____
3. (your, *fam. sing.*) _____ sacrificio; (yours) _____
4. (her) _____ reloj; (hers) _____
5. (his) _____ amor; (his) _____
6. (my) _____ salud; (mine) _____
7. (your, *pol. pl.*) _____ obra; (yours) _____
8. (your, *fam. pl.*) _____ proyectos; (yours) _____
9. (its) _____ aspecto; (its) _____
10. (his) _____ virtudes; (his) _____
11. (our) _____ tierra; (ours) _____
12. (my) _____ sistema; (mine) _____
13. (his) _____ propiedades; (his) _____
14. (her) _____ voto; (hers) _____
15. (my) _____ sentimientos; (mine) _____

D. Escríbanse las formas demostrativas que correspondan a los sustantivos. (See Grammar Lesson 3, page 112.)

EJEMPLO: (this) ___*este*___ hermano; (this one) ___*éste*___

1. (these) _____ orquestas; (these) _____
2. (that, *near*) _____ castillo; (that one) _____

3. (this) _____ flor; (this one) _____
4. (those, *remote*) _____ botellas; (those) _____
5. (those, *remote*) _____ pasajeros; (those) _____
6. (this) _____ respuesta; (this one) _____
7. (these) _____ uvas; (these) _____
8. (those, *near*) _____ salidas; (those) _____
9. (that, *remote*) _____ pico; (that one) _____
10. (these) _____ peligros; (these) _____

E. Escríbase la forma correcta del adjetivo, poniéndolo en la posición correcta. (See Grammar Lesson 4, page 118.)

EJEMPLOS: absoluto _____ autoridad _*absoluta*_

un _*una*_ pluma _____

1. ideal _____ belleza _____
2. varios _____ docenas _____
3. abundante _____ cosecha _____
4. hablador _____ abuela _____
5. soberbio _____ emperatrices _____
6. agrícola _____ país _____
7. extranjero _____ acento _____
8. cada _____ actor _____
9. amargo _____ medicina _____
10. cariñoso _____ abuelos _____
11. alguno _____ hotel _____
12. duro _____ colchón _____
13. ajeno _____ posesión _____
14. ciento _____ automóviles _____
15. capaz _____ administradores _____

F. Tradúzcanse al español las expresiones en inglés.

1. El general notó *how heroically* que peleaban sus fuerzas.
2. Las vacas y las cabras comían *the green grass*.
3. Experimentó *the deepest love in* su vida.
4. Carlota es *younger than* su novio.
5. ¡Ay, *Captain* Álvarez! Las tropas enemigas avanzan.
6. *Those* libros son *Raymond's; ours* están por ahí.
7. *Poor beast!* Se ha roto *its* pierna izquierda.
8. Con gesto impaciente, firmó *the important checks and letters*.
9. *The prettiest girl in* la clase consintió en salir conmigo.
10. *Spanish* es la lengua oficial de *Argentina*.
11. Desde el balcón *a friend of mine* observó el vuelo de los pájaros.
12. *Commerce* es la base de *our wealth*.
13. ¡*What a* memoria tiene Vd., señor maestro!
14. Roberto ganó *one hundred seventeen* dólares el mes pasado.
15. En toda la ciudad no había *more than a hundred* guardias.
16. *The more* se posee, *the more* se desea.
17. Fabrican calcetines y los venden a veinte centavos *a pair*.
18. La isla de *Saint* Domingo fue descubierta por Colón.
19. Los aviones vuelan *very rapidly*. (one word)
20. Alfonso *XIII* fue el último rey de España.

21. *His* pensamientos eran semejantes a *those* de Sócrates.

22. Sólo tengo dudas; ¡ojalá tuviera *reliable news!*

23. Imitó a su héroe *more faithfully than* yo hubiera creído.

24. *Mr.* Gómez se asustó al encontrarse solo en el bosque.

25. Con el dedo, indicó *the third* estante.

26. La vida civil es *less dangerous than* la vida militar.

27. *The picturesque* me hace una *deep impression.*

28. Yo cuidaré *my* propiedad, y tú cuidarás *yours.*

29. En la capilla se encontraban *as many images as* en la catedral.

30. El caballero bajó *his head* con ademán triste.

31. *This* planta es del Perú; *that one* de Chile.

32. El banquero era *very rich.* (one word)

33. ¿*Whose* es el tocadiscos que está en el escritorio?

34. Hoy es *Monday; on Tuesday* me marcho de aquí.

35. Alberto y Bárbara son hermanos; *the former is twelve years old, the latter fourteen.*

G. Tradúzcanse las frases al español.

1. Peace is better than war.

2. To take leave of someone, in Spanish one says "adiós".

3. Giving is a virtue; stealing is a vice.

4. This apparatus is not cheap, but it is the worst in the factory.

5. Several Arabs appeared, mounted on horseback.

6. "What is this?" asked the teacher, lifting an object.

7. The farmer and the merchant work hard; the former in the country, the latter in an office.

8. The lawyer knows how to speak Portuguese and English.

9. The hen lays fewer eggs than I need.

10. No father has as much patience as ours.

11. He doesn't write as well as Louise.

12. Six hundred ladies attended the function.

13. He contributed more money than my uncle for the orphans.

14. France is smaller than the United States.

15. The teacher doesn't want to correct my essay, but he corrected Mary's.

16. Upon hearing the bells of the church, the boy put on his hat and left the house.

17. My uncle has four daughters; the youngest is called Martha.

18. Saint Theresa wrote religious essays.

19. The next day they undertook their great adventure.

20. That day seemed very long. (one word)

21. Her eyes are blue and her hair is black.

22. Charles V was the father of Philip II.

23. Columbus himself wouldn't be able to navigate in such darkness.

24. At breakfast, he had fresh bread and milk.

25. Whose serape is in the closet? It isn't mine.

26. You have been absent more times than any other pupil.

27. He is a skillful shoemaker, but he wants to be a barber.

28. She composed the verses easily and quickly.

29. In the garden there were a hundred species of plants.

30. He did the work very easily. (one word)

31. His project resulted (in) a failure because he had forgotten a mere detail.

32. Get up immediately; you have an appointment at nine o'clock.

33. The inspector had little intelligence and much authority.

34. Cervantes wrote in the Golden Age, the glorious era of Castilian literature.

35. December marks the beginning of winter; March, the beginning of spring.

7. PERSONAL PRONOUNS

SUBJECT PRONOUNS

Singular	Plural
yo, I	nosotros, -as, we
tú, you (*fam.*)	vosotros, -as, you (*fam.*)
usted (Vd.), you	ustedes (Vds.), you
él, he	ellos, they (*masc.*)
ella, she	ellas, they (*fem.*)

Subject pronouns are not used in Spanish as often as in English. In most cases, the verb ending indicates the subject. Spanish subject pronouns are used for clarity, emphasis, and politeness.

Él leía mientras *yo* cantaba.	He was reading while I was singing.
No hagas eso; *yo* debo hacerlo.	Don't do that; *I* must do it.
Pase *Vd.;* tome *Vd.* asiento.	Enter; take a seat.

Note

The English word *it* is not expressed as a subject in Spanish.

¿Dónde está? Está en el cajón.   Where is it?   It is in the drawer.

PREPOSITIONAL PRONOUNS

Singular	Plural
mí, me	nosotros, -as, us
ti, you (*fam.*)	vosotros, -as, you (*fam.*)
usted (Vd.), you	ustedes (Vds.), you
él, him, it	ellos, them (*masc.*)
ella, her, it	ellas, them (*fem.*)
sí, yourself, himself, herself, itself	sí, yourselves, themselves

1. The prepositional pronoun is used as the object of a preposition and always follows the preposition.

No es **para** *mí;* es **para** *ellos.*   It's not for me; it's for them.

2. The pronouns **mí, ti,** and **sí** combine with the preposition **con** as follows:

conmigo   with me

contigo   with you (*fam.*)

consigo   with you (yourself), with him (self), with her (self), with them (selves)

Note

A. The prepositional pronouns are identical with the subject pronouns, except for the forms **mí, ti,** and **sí.**

B. The forms **conmigo, contigo,** and **consigo** do not change in gender and number.

C. The familiar plural form **vosotros, -as** is used in Spain, but is rarely used in Spanish America, where the form **ustedes** is preferred.

SOME COMMON PREPOSITIONS

a, to, at
acerca de, about
además de, besides
alrededor de, around
ante, before, in the presence of
antes de, before
cerca de, near
con, with
contra, against
de, of, from
debajo de, beneath, under
delante de, in front of
dentro de, within
desde, from, since
después de, after
detrás de, behind

durante, during
en, in, on
encima de, above, on top of
enfrente de, in front of, opposite
entre, between, among
frente a, in front of
fuera de, outside of
hacia, toward
hasta, until
lejos de, far from
para, for, in order to
por, for, by, through
según, according to
sin, without
sobre, over, above
tras, after

OBJECT PRONOUNS

INDIRECT	DIRECT
SINGULAR	SINGULAR
me, (to) me **te,** (to) you (*fam.*) **le,** (to) you, (to) him, (to) her, (to) it	**me,** me **te,** you (*fam.*) **le,** you (*masc.*), him **lo,** him, it (*masc.*) **la,** you (*fem.*), her, it (*fem.*)
PLURAL	PLURAL
nos, (to) us **os,** (to) you (*fam.*) **les,** (to) you, (to) them	**nos,** us **os,** you (*fam.*) **los,** you, them (*masc.*) **las,** you, them (*fem.*)

Note

A. The forms **me, te, nos,** and **os** are both direct and indirect object pronouns. They are also reflexive pronouns.   (See #1, page 48.)

B. Before an indirect object pronoun, the prepositions *to, for,* or *from* are understood, never stated.

Me dio el dinero.   He gave me the money.
(to) me

Me compró el libro.   He bought me the book.
(for) me

Me cobró el dinero.   He collected the money from me.
(from) me

POSITION OF OBJECT PRONOUNS

The object pronouns, direct or indirect, normally precede the verb.   However, when used with an infinitive, a gerund (present participle), or an affirmative command, they are attached to the verb.

NORMAL POSITION

Juan *me* ve.	John sees me.
El maestro *les* ha hablado.	The teacher has spoken to them.

EXCEPTIONS

INFINITIVE	Deseo enviar*lo*. *or* *Lo* deseo enviar. }	I want to send it.
GERUND (PRESENT PARTICIPLE)	Estoy enviándo*lo*. *or* *Lo* estoy enviando. }	I am sending it.
AFFIRMATIVE COMMAND	Enví<u>e*lo* Vd.</u> (affirmative) *but* No <u>*lo* envíe</u> Vd. (negative)	Send it. Don't send it.

Note

A. The object pronouns may either be attached to the infinitive or the gerund, or precede the "conjugated" form of the verb.

B. When the object pronoun is attached to the gerund or the affirmative command, a written accent mark is required on the stressed vowel of the verb in order to keep the original stress.

DOUBLE OBJECT PRONOUNS

1. When a verb has two object pronouns, the indirect object pronoun (usually a person) precedes the direct object pronoun (usually a thing).

Juan *me* lo da.	John gives it to me.
Juan *te* la da.	John gives it to you (*fam.*).
Juan *se* los da.	John gives them to you (him, her, them).
Juan *nos* las da.	John gives them to us.

Note

A. **Le** and **les** change to **se** before **lo, la, los, las.**

Juan **le** da el libro. John gives the book to you (him, her).

Juan **se** lo da. John gives it to you (him, her).

B. The various meanings of **se** may be clarified by adding **a Vd. (Vds.), a él (ella), a ellos (ellas).**

Su madre **se** lo da *a ella (a ellos).* Her mother gives it to her (to them).

2. With regard to the verb, the position of double object pronouns is the same as outlined for single object pronouns.

NORMAL POSITION

Me lo da. He gives it to me.

EXCEPTIONS

INFINITIVE	Desea dár*melo.* *or* *Me lo* desea dar.	He wants to give it to me.
GERUND (PRESENT PARTICIPLE)	Está dándo*melo.* *or* *Me lo* está dando.	He is giving it to me.
AFFIRMATIVE COMMAND	Dé*melo* Vd. _(affirmative) *but* No *me lo* dé Vd. _(negative)	Give it to me. Don't give it to me.

Note

A. Double object pronouns are kept together, never separated.

B. When both object pronouns are attached to the verb, a written accent mark must be used in order to keep the original stress.

EJERCICIOS

A. Cámbiense a pronombres las palabras en letra cursiva.

1. En la batalla de Lepanto, los cristianos vencieron a *los turcos.*   a _ _ _ _ _ _ _ _ _ _ _ _ _ _ _ _
2. Hay que tener paciencia con *los ciegos y los sordos.*   con _ _ _ _ _ _ _ _ _ _ _ _ _ _
3. La zapatería está cerca de *la sastrería.*   cerca de _ _ _ _ _ _ _ _ _ _
4. Durante *la conferencia* el público se mostraba impaciente.   Durante _ _ _ _ _ _ _ _ _ _
5. Enfrente de *la reja* el amante declaró su amor.   Enfrente ·de _ _ _ _ _ _ _ _ _
6. Entre *las expresiones de satisfacción general* se oían unas quejas.   Entre _ _ _ _ _ _ _ _ _ _ _ _
7. El testigo hizo su declaración ante *el juez.*   ante _ _ _ _ _ _ _ _ _ _ _ _ _
8. Quien no ha visto a *Sevilla,* no ha visto maravilla.   a _ _ _ _ _ _ _ _ _ _ _ _ _ _ _ _
9. Desde aquí hasta *el museo* hay tres millas.   hasta _ _ _ _ _ _ _ _ _ _ _ _ _
10. Contra *su voluntad* tuvo que presenciar la escena.   Contra _ _ _ _ _ _ _ _ _ _ _ _
11. Todos los viajeros deben bajar en *la próxima estación.*   en _ _ _ _ _ _ _ _ _ _ _ _ _ _ _
12. España goza de *buen clima,* principalmente en el sur.   de _ _ _ _ _ _ _ _ _ _ _ _ _ _ _
13. Después de *la función* iremos a tomar un refresco.   Después de _ _ _ _ _ _ _ _ _
14. Fuera de *su sueldo,* no tiene recursos.   Fuera de _ _ _ _ _ _ _ _ _ _ _
15. Encima de *la montaña,* los exploradores pusieron la bandera de su patria.   Encima de _ _ _ _ _ _ _ _ _

B. Tradúzcanse al español las palabras en inglés.

1. Según _ _ _ _ _ _ _ _ _ (*her*), vieron un baúl, y dentro de _ _ _ _ _ _ _ _ _ (*it*) había ropa vieja.
2. Las cuatro entradas que has comprado no bastan. Para _ _ _ _ _ _ _ _ _ (*you*) y para _ _ _ _ _ _ _ _ _ (*me*), necesitamos dos; y para _ _ _ _ _ _ _ _ _ (*them*), tres más.
3. El artista se asomó al balcón, y desde _ _ _ _ _ _ _ _ _ (*it*) miraba la muchedumbre que pasaba delante de _ _ _ _ _ _ _ _ _ (*him*).
4. No muy lejos de _ _ _ _ _ _ _ _ _ (*us*), se veía una casa, y detrás de _ _ _ _ _ _ _ _ _ (*it*), algunos montes.
5. Escuchadme bien: cerca de _ _ _ _ _ _ _ _ _ (*you*) hay un árbol, y debajo de _ _ _ _ _ _ _ _ _ (*it*), encontraréis un tesoro.
6. Esta muñeca es para _ _ _ _ _ _ _ _ _ (*you*); diviértete con _ _ _ _ _ _ _ _ _ (*it*).
7. Me acuerdo de _ _ _ _ _ _ _ _ _ (*them*), pero _ _ _ _ _ _ _ _ _ (*they*) nunca se acuerdan de _ _ _ _ _ _ _ _ _ (*me*).
8. Con su bicicleta recorrió toda la ciudad, montada en _ _ _ _ _ _ _ _ _ (*it*) y llevando con _ _ _ _ _ _ _ _ _ [*her(self)*)] una guía.
9. Entraron en la casa; dentro de _ _ _ _ _ _ _ _ _ (*it*) estaba la familia: los padres, y además de _ _ _ _ _ _ _ _ _ (*them*), los tres hijos.
10. _ _ _ _ _ _ _ _ _ (*With you*) es imposible ir de compras; siempre encuentras a un conocido, y con _ _ _ _ _ _ _ _ _ (*him*) te pones a charlar.
11. Recibió la cuenta del camarero, se levantó de la mesa, y dejó sobre _ _ _ _ _ _ _ _ _ (*it*) una propina para _ _ _ _ _ _ _ _ _ (*him*).
12. Él quiere ir _ _ _ _ _ _ _ _ _ (*with me*), pero yo prefiero ir sin _ _ _ _ _ _ _ _ _ (*him*).
13. Con un "adiós" triste, se alejó de _ _ _ _ _ _ _ _ _ (*us*) y fue hacia _ _ _ _ _ _ _ _ _ (*her*).
14. La avenida era ancha; caminando por _ _ _ _ _ _ _ _ _ (*it*), vieron que estaba llena de chicas, y con _ _ _ _ _ _ _ _ _ (*them*), sus novios.
15. Compró un cuaderno para _ _ _ _ _ _ _ _ _ (*himself*), y se puso a escribir en _ _ _ _ _ _ _ _ _ (*it*).

C. Cámbiense las frases según los ejemplos.

EJEMPLOS: Va a colgar *el vestido*. *a.* Va a __colgarlo__.

b. __Lo va a__ colgar.

Está colgando *el vestido*. *a.* Está __colgándolo__.

b. __Lo está__ colgando.

1. Continúa cosiendo *la manga*.
   a. Continúa _____.
   b. _____ cosiendo.
2. Desea abrir *la caja*.
   a. Desea _____.
   b. _____ abrir.
3. El cura comienza a leer *a los niños*.
   a. El cura comienza a _____.
   b. El cura _____ leer.
4. Siguió guardando *silencio*.
   a. Siguió _____.
   b. _____ guardando.
5. Intenta interrumpir *al patrón*.
   a. Intenta _____.
   b. _____ interrumpir.
6. Desean hablar *al maestro*.
   a. Desean _____.
   b. _____ hablar.
7. ¿Quiere Vd. examinar *mis documentos?*
   a. ¿Quiere Vd. _____?
   b. ¿_____ Vd. examinar?
8. ¿Qué piensas decir *a la actriz?*
   a. ¿Qué piensas _____?
   b. ¿Qué _____ decir?
9. Debe cruzar *el puente*.
   a. Debe _____.
   b. _____ cruzar.
10. Trataron de averiguar *la verdad*.
    a. Trataron de _____.
    b. _____ averiguar.
11. Estaba pintando *retratos*.
    a. Estaba _____.
    b. _____ pintando.
12. Está escribiendo *a Antonio y Catalina*.
    a. Está _____.
    b. _____ escribiendo.
13. Van a cargar *el burro*.
    a. Van a _____.
    b. _____ cargar.
14. Necesita ganar *novecientos dólares*.
    a. Necesita _____.
    b. _____ ganar.
15. ¿Quiere Vd. dar algo *a los huerfanitos?*
    a. ¿Quiere Vd. _____ algo?
    b. ¿_____ Vd. dar algo?

D. Cámbiense las frases según los ejemplos.

EJEMPLOS: Hable Vd. *al profesor*. Háblele Vd.

No hable Vd. *al profesor*. No le hable Vd.

1. Haga Vd. *los arreglos*.
2. No atraviesen Vds. *el río*.
3. Hablen Vds. *al autor*.
4. No cantes tú *esa canción*.
5. Compila tú *la lista*.
6. No esconda Vd. *el diamante*.
7. Arregle Vd. *las camas*.
8. Consideren Vds. *el caso*.
9. Confiese Vd. *su crimen*.
10. Convence tú *a tu adversario*.
11. Enseñe Vd. bien *a la clase*.
12. Noten Vds. *los detalles*.
13. No escribáis *a Diego y Carlota*.
14. Prosiga Vd. *su camino*.
15. Suelte Vd. *ese gato*.

E. Cámbiense las palabras en letra cursiva, empleando pronombres según los ejemplos.

EJEMPLOS: El mozo *sirvió el almuerzo a las señoras.*   Se lo sirvió.

Los alumnos *van a entregar sus informes al profesor.*   Van a entregárselos.

1. El presidente *va a declarar su intención a los periodistas.*
2. *Envíen Vds. el paquete a doña Francisca.*
3. El alcalde *distribuirá regalos a los enfermos* en el hospital.
4. *No digas mentiras a tus padres.*
5. *Viene a pedir ayuda a la policía.*
6. *Prepare Vd. la cena para su marido.*
7. La pobre mujer *echó la culpa a su esposo.*
8. *Robó la plata a Alfredo.*
9. La tribu vencida *cedió mucho terreno al conquistador.*
10. En el mapa *nos indicó las fronteras.*
11. *Piensa anunciar el resultado a su hermana Marta.*
12. Otra vez *está repitiendo el cuento a sus sobrinos.*
13. *No entregue Vd. la llave al administrador.*
14. Colón *ofreció a la reina el Nuevo Mundo.*
15. *Intentaron robar las alhajas a la dama.*

F. Escríbanse en español las frases siguientes, cambiando a pronombres las palabras en letra cursiva:

1. El criado aplicó *el oído,* y de dentro oyó *voces.*
   El criado _____, y de dentro _____.
2. El ensayista siguió leyendo *el artículo* en *la revista.*
   El ensayista siguió _____ en _____.
3. El emperador dirigió *palabras severas al avaro.*
   El emperador _____.
4. El explorador no va a recomendar *al marinero* para *otro empleo.*
   El explorador no va a _____ para _____.
5. No expliques tú *cosas inútiles a tu nieta.*
   No _____ tú.
6. Fijándose en *el cielo,* vieron *las nubes grises.*
   Fijándose en _____, _____.
7. Cortés distribuyó *regalos* entre *los aztecas.*
   Cortés _____ entre _____.
8. El trabajador metió *las naranjas* en *la cesta.*
   El trabajador _____ en _____.
9. La actriz no quiere demostrar *su talento a los huéspedes.*
   La actriz no quiere _____.
10. Juró *venganza* ante *la imagen.*
    _____ ante _____.
11. La emperatriz regaló *una pulsera a la condesa.*
    La emperatriz _____.
12. El abuelo espera encargar *el negocio a su nieto.*
    El abuelo espera _____.
13. El prisionero se huyó de *la cárcel* y se dirigió hacia *el bosque.*
    El prisionero se huyó de _____ y se dirigió hacia _____.
14. Los griegos enseñaron *su civilización a los romanos.*
    Los griegos _____.
15. Proteja Vd. *a sus hijos* contra *los peligros.*
    _____ Vd. contra _____.

G. Contéstense en español, empleando pronombres en lugar de las expresiones en letra cursiva.

> EJEMPLO: ¿Tiene Vd. *admiración* por *su padre?*
>
> Sí, la tengo por él.

1. ¿Le gusta a Vd. comer *pan?*
2. ¿Llevaría Vd. *un sombrero de paja* en *un día de frío?*
3. ¿Tiene un coche *cuatro ruedas?*
4. ¿Riñe Vd. a menudo con *sus hermanos(-as)?*
5. ¿Sabe Vd. coser con *aguja e hilo?*
6. ¿Pone Vd. *un punto* al fin de *cada frase?*
7. Al salir, ¿lleva Vd. consigo *un pañuelo?*
8. ¿Mueve Vd. *los labios* para hacer *sonidos?*
9. ¿Grita Vd. *a una persona* para despertarla?
10. ¿Ha mascado Vd. *chicle* alguna vez?
11. ¿Pisaría Vd. *una alfombra nueva* con *zapatos sucios?*
12. ¿Siente Vd. *dolor* en *el brazo izquierdo?*
13. Cuando hace frío, ¿lleva Vd. *ropa de lana?*
14. ¿Comprende Vd. *el uso del subjuntivo?*
15. ¿Da Vd. *saludos a sus conocidos?*
16. ¿Condenaría Vd. *a alguien* por *una leve falta?*
17. ¿Mira Vd. *la televisión* después *del trabajo?*
18. ¿Tiene su coche *llantas de caucho* en *las ruedas?*
19. ¿Lleva Vd. *zapatos* en *la cabeza?*
20. ¿Solicitaría Vd. *fondos* para *los pobres?*
21. ¿Hay *una luz eléctrica* en *la esquina de su calle?*
22. ¿Está Vd. dispuesto(-a) a correr *riesgos* para ganar *dinero?*
23. ¿Ha visto Vd. *elefantes* en *el circo?*
24. ¿Escoge Vd. *el paño* para *sus vestidos?*
25. ¿Prestaría Vd. *dinero a sus amigos,* si pudiera?

H. Tradúzcanse al español.

1. Return (vosotros) it to them. (the money to John and Joseph)
2. I will continue selling them to them. (newspapers to the passengers)
3. Does she prefer to come with me or with him?
4. We cannot tell it to you now. (the truth to you, *fam. plur.*)
5. He will tell it to him. (the case to the judge)
6. Send (tú) it to her immediately. (the package to Louise)
7. He promised it to her. (eternal love to Juliet)
8. We are going to write it to him. (a letter to the teacher)
9. This check is for you (*fam.*), and the other one is for her.
10. They were proposing it to them. (a new plan to their friends)
11. The employees have not given it to him. (a gift to the boss)
12. Will he explain them to us today? (Spanish verbs)
13. Good morning, my dear Mr. Gómez. Enter; take off your coat.
14. I hope to show it to them tomorrow. (the necklace to the ladies)
15. He had devoted it to her. (much time to his mother)
16. She took a trip, and took her daughter with her.
17. Bring me coffee; I can't begin the day without it.
18. He paid it to him. (the debt to the baker)
19. Distribute (Vd.) them to them. (candies to the children)
20. He doesn't want to indicate it to them. (the road to the travelers)

8. INTERROGATIVES, EXCLAMATIONS, AND RELATIVE PRONOUNS

INTERROGATIVES

The most common interrogative expressions are:

Pronouns	Adverbs
¿quién(-es)?, who?	**¿cómo?**, how?
¿prep. + quién(-es)?, . . . whom?	**¿para qué?**, why? (for what purpose?)
¿qué?, what?	**¿por qué?**, why? (because of what?)
¿cuál(-es)?, what? which?	**¿dónde?**, where?
¿cuánto(-a)?, how much?	**¿cuándo?**, when?
¿cuántos(-as)?, how many?	

Adjectives
¿qué?, what? which?
¿cuánto(-a)?, how much?
¿cuántos(-as)?, how many?

A. ¿Qué?—¿Cuál?

As pronouns, **¿qué?** is used when asking for a *description, definition*, or *explanation*; and **¿cuál(-es)?** is used when asking for a *choice* or *selection*.

¿Qué es esto?	What is this?
¿Cuál de los dos desea Vd.?	Which of the two do you want?
¿Cuáles son los meses del año?	What are the months of the year?

As an adjective, **¿qué?** is generally used instead of **¿cuál(-es)?**

¿Qué libro desea Vd.?	Which book do you want?

B. ¿Por qué?—¿Para qué?

Both expressions may be translated in English as *Why?* **¿Por qué?** is used when asking *because of what?* **¿Para qué?** is used when asking *for what purpose?*

¿Por qué no viene Vd. con nosotros? Porque no quiero.	Why don't you come with us? Because I don't want to.
¿Para qué desea Vd. consultar ese libro? Para ver las fotos.	Why do you want to consult that book? To see the photos.

Note

A. **¿Por qué?** is logically used in a question if the reply begins with **porque** (because); **¿para qué?** is used if the reply begins with **para.**

B. Interrogative words, whether in direct or indirect questions, have written accent marks. Indirect questions, however, do not have question marks.

¿Quién es? No sé quién es.	Who is he? I don't know who he is.

EXCLAMATIONS

Exclamatory words, like interrogative words, have written accent marks. The most common exclamatory words are:

> ¡Qué . . . !, What . . . ! What a . . . ! How . . !
> ¡Cuánto(-a) . . . !, How much . . . !
> ¡Cuántos(-as) . . . !, How many . . . !
> ¡Cuán . . . !, How . . . !

¡Qué día!	What a day!
¡Qué grande es!	How large it is!
¡Cuánto dinero tiene!	How much money he has!

Note

A. Exclamatory sentences have an inverted exclamation mark (¡) at the beginning and a normal one (!) at the end.

B. If the noun is modified, the exclamation is made more intense by placing **tan** or **más** before the adjective.

¡Qué día *tan (más)* hermoso!	What a beautiful day!

C. Before an adjective or adverb, **¡qué . . . !** (how . . . !) may be replaced by **¡cuán . . . !** **Cuán** occurs mainly in literary style.

¡Qué fácilmente lo hace! ⎫ *¡Cuán* fácilmente lo hace! ⎭	How easily he does it!

RELATIVE PRONOUNS

> **que,** that, which, who
> **quien(-es),** who
> **el (la, los, las) cual(-es),** which, who
> **lo cual,** which
> **el (la) que,** (the one) which, (the one) who, he (she) who
> **los (las) que,** (the ones) which, (the ones) who, those who
> **lo que,** what, which
> **cuyo (-a, -os, -as),** whose (relative adjective)

1. The most frequently used relative pronoun is **que**; it refers to both persons and things.　After a preposition, however, **que** refers only to things; **quien(-es)** refers to persons.

	No Preposition	Preposition
Persons	el hombre *que* habló	la mujer *con quien* hablé
Things	el libro *que* leo	la pluma *con que* escribo

2. **Quien(-es)** is also used as subject to express *he* (*she, those, the one, the ones*) *who*. An alternate form is **el (la, los, las) que.**

Quien estudia siempre aprenderá.　　He (She) who studies will always learn.

Los que estudian siempre aprenderán.　　Those who study will always learn.

3. If there are two possible antecedents, **quien(-es)** or **que** is used to indicate the nearer of the two.　The more distant antecedent is indicated by a form of **el (la, los, las) cual(-es)** or **el (la, los, las) que.**　This use helps (through gender and number) to clarify the antecedent.

La madre de Felipe, *quien (que)*　　The mother of Philip, who is ill,
(antecedent)　　cares for him lovingly.
está enfermo, le cuida con cariño.

(*Philip* is ill.)

La madre de Felipe, *la cual (la*
(antecedent)

que) está enferma, no saldrá

hoy. (*The mother* is ill.)

Philip's mother, who is ill, will not
go out today.

4. The relative pronouns el (la, los, las) cual(-es) and el (la, los, las) que
are also used after prepositions other than a, con, de, en, regardless of the
location of the antecedent.

Subió a la cumbre, *desde la cual*
(antecedent)

(desde la que) vio el valle.

He climbed to the mountain top,
from which he saw the valley.

La casa *delante de la cual (delante*
(antecedent)

de la que) estamos es la antigua

residencia del gobernador.

The house in front of which we are
standing is the old residence of
the governor.

5. *a.* **Lo que** (= that which) is always used to express *what* as a relative
pronoun (not interrogative).

Le di *lo que* me pidió.

I gave him what he asked me for.

b. The neuter forms **lo que** and **lo cual** are used to express *which* if the
antecedent is a clause or an idea.

Pepe llegó tarde, *lo que (lo cual)*
no le gustó al maestro.

Joe arrived late, which did not
please the teacher.

6. **Cuyo(-a, -os, -as),** meaning *whose*, refers to both persons and things. It
is a relative adjective and agrees with the thing (or person) possessed, not
with the possessor.

El muchacho *cuya corbata* llevo es
mi primo.

The boy whose tie I am wearing is
my cousin.

EJERCICIOS

A. Fórmense preguntas según los ejemplos. (See Interrogatives, pages 144–145.)

EJEMPLO: *¿Qué es la vida?* La vida es un misterio.

1. _____ El acero es un metal.
2. _____ El béisbol es un deporte.
3. _____ La cabra es un animal.
4. _____ Un discípulo es un alumno.
5. _____ Un ensayista es un escritor.

EJEMPLO: *¿Qué libro desea Vd.?*   Deseo este libro.

6. _____ Me gusta más el mes de agosto.
7. _____ Prefiero la blusa roja.
8. _____ El quinto capítulo es el más interesante.
9. _____ Asistiremos a la función de esta noche.
10. _____ Nuestro equipo ganará.

EJEMPLO: *¿Cuál es la fecha de hoy?*   Hoy es el veinte de marzo.

11. _____ La comida de mediodía es el almuerzo.
12. _____ Este señor es el habitante más viejo.
13. _____ Carlota es la alumna más aplicada.
14. _____ Buenos Aires es la capital de la Argentina.
15. _____ Mi intención es salir.

EJEMPLO: *¿Cuál es el maestro más caro?*   La experiencia es el maestro más caro.

16. _____ Nuestra estación es la próxima.
17. _____ Aquéllos son los turistas americanos.
18. _____ Esta lámpara es la más brillante.
19. _____ El centavo es la moneda de menos valor.
20. _____ Andar a pie es la manera más barata de viajar.

B. Escójase el pronombre interrogativo correcto.   (See Interrogatives, pages 144–145.)

1. ¿(Por qué, Para qué) le afligen tanto sus recuerdos?   Porque ha sido un mal hombre.
2. No sé (dónde, donde) está el Escorial.
3. Me indicó (cuántos, cómo) podría penetrar en el vestíbulo.
4. ¿(Cuál, Dónde) es el pueblo más cercano?
5. ¿(Por qué, Para qué) han construido el acueducto?   Para llevar agua.
6. ¿(Qué, Quién) es más inteligente, León o Manuel?
7. ¿(Cuándo, Quién) se abre la zapatería?
8. ¿(Cuánto, Cómo) adquirió sus riquezas?
9. ¿De (quién, cuál) es esta moneda de cobre?
10. ¿(Por qué, Para qué) compró el brazalete?   Para regalárselo a su esposa.
11. Acaso me digas (porque, cuándo) llegarás.
12. Le pregunté en (qué, lo que) mes había más hielo.
13. Le pregunté (por qué, para qué) no tenía apetito.   Confesó que ya había comido.
14. Quiero averiguar (cuáles, qué) son los puntos de interés.
15. ¿(Cuántos, Dónde) están las Provincias Vascongadas?
16. ¿(Cuántos, Qué) pies tiene el gato?
17. Dígame (cómo, cuántos) días hay en septiembre.
18. ¿(Cuál, Qué) es la oscuridad?   La falta de claridad.
19. ¿A (cuál, qué) hora comienza la corrida?
20. ¿(Qué, Cuál) de esos países conquistó Pizarro?

C. Escójase la forma exclamativa correcta.   (See Exclamations, page 145.)

1. ¡_____ desgracia!   Salí mal en la prueba de ayer.   (Qué, Cuánta)
2. ¡_____ idioma tan difícil!   (Cuál, Qué)
3. ¡_____ memoria!   Sabe todas las fechas históricas.   (Cuán, Qué)
4. ¡_____ lentamente anda el burro!   (Qué, Cómo)
5. ¡_____ entusiasmo muestra por la música!   (Qué, Lo que)

6. ¡_____ alhajas le compró su esposo! (Cuántas, Cómo)
7. ¡_____ historia más larga! (Qué, Lo que)
8. ¡_____ mujer tan habladora! (Cuán, Qué)
9. ¡_____ hábilmente maneja el auto! (Cómo, Cuán)
10. ¡_____ hechos tan heroicos! (Cuáles, Qué)
11. ¡_____ agudo es el cuchillo! (Cuánto, Cuán)
12. ¡_____ cruelmente trata a sus parientes! (Qué, Cómo)
13. ¡_____ gracia tiene la niña! (Cuán, Qué)
14. ¡_____ aficionados asistieron al partido de fútbol! (Cuántos, Cuán)
15. ¡_____ aplicado se muestra tu nieto! (Cómo, Qué)

D. Escójase la expresión correcta. (See Relative Pronouns, pages 146–147.)

1. El bosque era oscuro, (lo cual, quien) les inspiró terror.
2. La enfermera de (quien, la cual) hablo trabaja en ese hospital.
3. A pesar de todo, hay que pagar los impuestos del gobierno, (el cual, los cuales) son muy altos.
4. Las leyendas de los moros, (quienes, cuyas) reinaron muchos siglos en España, son interesantes.
5. En la sala vio una cortina, detrás de (que, la cual) se escondió.
6. (Lo cual, Lo que) él dice no importa.
7. (Lo que, El que) imita buenos modelos será bueno.
8. Debemos mucho al sol, (de quienes, cuyos) rayos nos calientan.
9. Mencionó las razones en (que, los que) se apoyaba.
10. Conozco a varios madrileños, para (que, los cuales) siento verdadero afecto.
11. (Lo que, Quien) reconoce sus faltas, las debe corregir.
12. El inspector sacó un cuaderno en (que, lo que) escribió el nombre del testigo.
13. (Los cuales, Las que) aborrecen el mal vivirán felices.
14. Se acercaron a la catedral, delante de (que, la cual) quedaron asombrados.
15. No pudo realizar los sueños (quienes, que) tenía.
16. No puede figurarse (cual, lo que) piensa su amante.
17. La admiración (que, la cual) tengo por él es inmensa.
18. Aquel señor, (cuyo, cuya) nieta es mi amiga, es ingeniero.
19. Marta, a (que, quien) di las violetas, me sonrió con dulzura.
20. La actriz (que, la cual) fue aplaudida por el público no lo merecía.

E. Tradúzcanse al español las palabras inglesas.

1. ¿*Why* salió Vd. de compras tan tarde? No quería salir temprano.
2. El guía *who* nos acompañó era griego.
3. El galán reparó en la señorita, *which* le molestó a ella.
4. Fue un día glorioso en *which* nuestras fuerzas triunfaron.
5. ¿*Why* busca Vd. un contador? Para arreglar las cuentas.
6. La bicicleta de Miguel, *which* es nueva, funciona bien.
7. ¡*How* rápidamente vuelan los aviones!
8. Con aire misterioso abrió la maleta, dentro de *which* guardaba los documentos importantes.
9. ¿*What* es un comedor?
10. Los pescadores, entre *whom* se encontraban varios policías, gritaban y luchaban.
11. Recomendó de nuevo *what* había recomendado antes.
12. ¡*How many* fortunas se perdieron aquel día!
13. ¿*Whose* es este anillo de platino?
14. *He who* limita sus gastos siempre tendrá dinero.

15. *¡How much* me alegro de estar con Vds.!
16. *¿What* cambios harán en la casa?
17. *¿Who* se acordó de traer el tocadiscos?
18. El papá de Berta, *who* es marinero, ha salido al mar.
19. El comerciante *whose* suerte era mala perdió mucho.
20. *¿Which* de estas camisas prefiere Vd., las amarillas o las pardas?
21. *¿By whom* fueron comprados los billetes?
22. El ilustre compositor con *whom* estudié me enseñó mucho.
23. *¡What a* desastre! Cinco personas murieron en el accidente.
24. Las fondas *which* están en el camino son buenas.
25. *Those who* conocen las joyas estiman los diamantes.

F. Contéstense en español en frases completas.

1. ¿Cómo se informa Vd. de los sucesos del día?
2. ¿Ha estado Vd. alguna vez en un pico desde el cual se podía contemplar mucho terreno?
3. ¿Por qué le gusta a Vd. el otoño?
4. ¿Sabe Vd. lo que es un desierto?
5. ¿Dónde guarda Vd. la navaja con que se afeita?
6. ¿Cuáles son las flores que le gustan más?
7. ¿Dónde vivían los aztecas a quienes venció Cortés?
8. ¿Con quién estudia Vd. generalmente?
9. ¿Qué significa el proverbio "Quien más tiene, más quiere"?
10. ¿Quién fue el escudero con quien viajó don Quijote?
11. ¿Qué país hispanoamericano produce mucho azúcar?
12. ¿Cuál es el insecto que más le molesta a Vd.?
13. ¿Por quién fue hecha la primera bandera americana?
14. ¿Cuántos condiscípulos tiene Vd. en esta clase?
15. ¿Para qué se usa un vaso?

G. Tradúzcanse al español.

1. The explorer did not know where or when he would come upon ferocious animals.
2. He wanted to see the palace, near which was a museum.
3. The beach, whose sand was gray, was very popular.
4. How many continents are there, and what are they?
5. The Indians with whom he lived treated him with kindness.
6. What a day! How much rain has fallen!
7. The child's doll, which is very large, says "Mama".
8. He hung the suit in the closet, which was (estar) very dark.
9. What a ship! How slowly it goes!
10. Who is that man? He is Mr. Gómez. What is he? He is a banker.
11. For whom did you buy that machine, and how much did you pay?
12. The artist understands what is picturesque.
13. Those who make fun of the unfortunate are very cruel.
14. Why did the carpenter buy so much wood? In order to build a house.
15. Which are the eyeglasses that you use for reading?
16. Why didn't you wash your hands with soap?
17. He who has much can spend much.
18. The harvest was abundant, which pleased the farmers.
19. The piano that is in the living room is the one I play.
20. The current of the river, which was very swift, carried her downstream.

9. NEGATIVES; *PERO—SINO*

NEGATIVES

The principal negative words and their affirmative opposites are:

Negative	Affirmative
no, no, not	**sí,** yes
nadie, no one, nobody, not anyone	**alguien,** someone, somebody
nada, nothing, not anything	**algo,** something
nunca ⎫ never, not ever **jamás** ⎭	**siempre,** always
tampoco, neither, not either	**también,** also
ninguno(-a), no, none, not any	**alguno(-a),** some, any
ni . . . ni, neither . . . nor; not . . . nor	**o . . . o,** either . . . or
sin, without	**con,** with

The most common negative word is **no.** It always precedes the verb.

Vd. *no sabe* la lección.	You don't know the lesson.
¿*No sabe* Vd. la lección?	Don't you know the lesson?

If an object pronoun precedes the verb, the negative word precedes the object pronoun.

Vd. *no* la *sabe.*	You don't know it.

Spanish sentences may have two or more negative words. If one of the negative words is **no,** it must precede the verb. If **no** is omitted, the other negative must precede the verb.

No veo *a nadie.* ⎫ *A nadie* veo. ⎭	I see no one. (I don't see anyone.)
No lo leyó *tampoco.* ⎫ *Tampoco* lo leyó. ⎭	He didn't read it either. (Neither did he read it.)
No usó *ni* papel *ni* lápiz. ⎫ *Ni* papel *ni* lápiz usó. ⎭	He used neither paper nor pencil. (He didn't use either paper or pencil.)

Note

If the negative word is preceded by a preposition, it retains that preposition when placed before the verb: **A nadie veo.**

Any, anyone, anything, and *ever* are translated by **ninguno, nadie, nada,** and **nunca (jamás)** (*a*) to express a comparison, and (*b*) when a negative thought is implied.

Sabe la historia mejor que *nadie.*	She knows history better than anyone.
La niña desea una muñeca más que *nada.*	The child wants a doll more than anything.
Ahora lo cree más que *nunca.*	Now he believes it more than ever.
¿Ha estado Vd. *jamás* en Venezuela?	Have you ever been in Venezuela?
¿Tiene Vd. dinero? No tengo *ninguno.*	Have you any money? I don't have any.
Salió sin decir *nada.*	He left without saying anything.

Ninguno, used as an adjective, may be replaced by **alguno.** When so used, **alguno** follows the noun, and the negative is more emphatic.

No tengo *ninguna* amiga. } No tengo amiga *alguna.* }	I have no friend. (I don't have any friend.)

NEGATIVE EXPRESSIONS

Él no lo ve. *Ni* yo *tampoco.*	He doesn't see it. Neither do I. (Nor I either.)
Ya no tengo mis millones.	I no longer have my millions.
No me quedan *más que* diez centavos. } *No* me quedan *sino* diez centavos. }	I have no more than ten cents left. (I have only ten cents left.)
¿Estás listo? *Todavía no.*	Are you ready? Not yet.
¿Puede Vd. pagarme? *Ahora no.*	Can you pay me? Not now.
Ni siquiera visita a su madre.	He does not even visit his mother.
¿Cómo van las cosas? *Sin novedad.*	How are things going? Nothing new. (The same as usual.)

PERO—SINO

Both **pero** and **sino** are translated *but*. However, their use differs. **Sino** is used only if the first clause of the sentence is negative and the second clause is in direct contrast to the first.

No habla portugués, *sino* español.	He doesn't speak Portuguese, but Spanish.
No llevaba camisa blanca, *sino* azul.	He wasn't wearing a white shirt, but a blue one.
No me gusta estudiar, *sino* ir al cine.	I don't like to study, but to go to the movies.

Note

A. In the above examples, the second part of the sentence is in direct contrast to the first: Portuguese is not Spanish, blue is not white, etc.

B. The comparison is always between two equivalent parts of speech (noun—noun, adjective—adjective, infinitive—infinitive).

If the two contrasting verbs are not infinitives, **sino que** is used instead of **sino**.

No cerró la puerta, *sino que* la dejó abierta.	He didn't close the door, but left it open.

In all other cases, **pero** is used.

No llueve, **pero** va a llover más tarde.	It's not raining, but it's going to rain later.
Tiene dinero, **pero** no es feliz.	He has money, but he is not happy.

Note

Pero means *but nevertheless;* **sino** means *but on the contrary.*

EJERCICIOS

A. Escríbanse las frases siguientes, empleando solamente *una* expresión negativa:

EJEMPLO: No leyó ningún libro.
          Ningún libro leyó.

1. No se preocupó de nada.
   _____ se preocupó.
2. Hoy día no afirma nadie que el mundo es llano.
   Hoy día _____ afirma que el mundo es llano.

3. El valor de una obra maestra no se mide ni en dólares ni en pesetas.
   El valor de una obra maestra _____ se mide.
4. No dudaba jamás de la calidad de las mercancías.
   _____ dudaba de la calidad de las mercancías.
5. No le faltaba nada a la emperatriz.
   _____ le faltaba a la emperatriz.
6. No se atrevió nadie a dar un grito.
   _____ se atrevió a dar un grito.
7. No vio nada alrededor de sí.
   _____ vio alrededor de sí.
8. Yo no me he desayunado tampoco.
   Yo _____ me he desayunado.
9. No encerraron a nadie en la cárcel.
   _____ encerraron en la cárcel.
10. Fernando no comió ni carne ni pan.
    Fernando _____ comió.
11. Ese empleo no me conviene tampoco.
    Ese empleo _____ me conviene.
12. Ese hombre no paga jamás sus deudas.
    Ese hombre _____ paga sus deudas.
13. No hay ningún alimento tan bueno como la leche.
    _____ hay tan bueno como la leche.
14. No tiene habilidad para nada.
    _____ tiene habilidad.
15. No como nunca en esa cafetería.
    _____ como en esa cafetería.

B. Escríbanse las frases siguientes, empleando *dos* expresiones negativas:

  EJEMPLO: Nada tiene.   _No_ tiene _nada_.

1. Nunca sacrificaba su dignidad.
   _____ sacrificaba _____ su dignidad.
2. El pobre agricultor ni burro ni caballo tenía.
   El pobre agricultor _____ tenía _____.
3. Ningunos discos hay en el cajón.
   _____ hay _____ en el cajón.
4. El dictador ni alma ni corazón tenía.
   El dictador _____ tenía _____.
5. El cartero nunca me trae el correo.
   El cartero _____ me trae _____ el correo.
6. Nada quieren meter en la bolsa.
   _____ quieren meter _____ en la bolsa.
7. A mí tampoco me gustan los impuestos.
   A mí _____ me gustan _____ los impuestos.
8. Ninguna estación me gusta tanto como el verano.
   _____ me gusta _____ tanto como el verano.
9. Nada sabe de la aritmética.
   _____ sabe _____ de la aritmética.
10. A ninguna conozco tan guapa como ella.
    _____ conozco _____ tan guapa como ella.
11. Nadie se equivocó.
    _____ se equivocó _____.

Lo que nosotros llamamos "Panama hats" no vienen de Panamá sino del Ecuador, donde se llaman sombreros de jipijapa. Se llaman así porque se tejen (are woven) de una paja obtenida cerca del pueblo de Jipijapa.

12. A nadie se le ocurrió asistir a la feria.

_____ se le ocurrió _____ asistir a la feria.

13. Ningunos dientes le quedan en la boca.

_____ le quedan _____ en la boca.

14. Tampoco me gustan las cerezas.

_____ me gustan _____ las cerezas.

15. Actualmente, nadie tiene el espíritu generoso.

Actualmente, _____ tiene _____ el espíritu generoso.

C. Cámbiense las frases a la forma negativa según los ejemplos.

EJEMPLO: Alguien rompió la estatua.

Nadie rompió la estatua.

1. Yo también voy a Europa.

Yo _____ voy a Europa.

2. Siempre perdía la esperanza.

_____ perdía la esperanza.

3. Alguien salió a coger la gallina.

_____ salió a coger la gallina.

4. O al teatro o al circo voy el lunes.

_____ al teatro _____ al circo voy el lunes.

5. Deseaba aprender algún idioma extranjero.

_____ idioma extranjero deseaba aprender.

EJEMPLO: En el combate alguien fue herido.

En el combate ____no___ fue herido __nadie__.

6. Sus palabras significan algo.

Sus palabras _____ significan _____.

7. Siempre me echan la culpa.

_____ me echan _____ la culpa.

8. De noche algunos gatos solían maullar detrás de la casa.

De noche _____ solían maullar _____ gatos detrás de la casa.

9. Siempre cuento con mis amigos.

_____ cuento _____ con mis amigos.

10. Vio algo en la arena.

_____ vio _____ en la arena.

Contéstense en sentido negativo según el ejemplo.

EJEMPLO: ¿Han hecho todos los arreglos?

_No_ han hecho arreglo _alguno_.

11. ¿Tiene ella un novio?

Ella _____ tiene novio _____.

12. ¿Hay muchas fondas en el pueblo?

_____ hay fonda _____ en el pueblo.

13. ¿Tiene influencia con los políticos?

_____ tiene influencia _____ con los políticos.

14. ¿Quedan muchas hojas en los árboles?

_____ queda hoja _____ en los árboles.

15. ¿Derramó ella muchas lágrimas?

Ella _____ derramó lágrima _____.

Contéstense en sentido negativo, cambiando los sustantivos a pronombres según los ejemplos.

EJEMPLOS: ¿Siempre limita Vd. sus gastos? _Nunca los_ limito.

¿Comió Vd. las naranjas? _No las_ comí.

16. ¿Toma Vd. el autobús para ir al centro?
_____ tomo para ir al centro.
17. ¿Sacaron muchas fotografías?
_____ sacaron.
18. ¿Matarán muchos insectos?
_____ matarán.
19. ¿Visitó Vd. a su primo?
_____ visité.
20. ¿Siempre dan limosna a los pordioseros?
_____ dan a los pordioseros.

D. Úsese la forma correcta escogiendo *pero, sino,* o *sino que.*

1. No quería quedarse allí, _____ marcharse.
2. Le invitaron a la fiesta, _____ no fue.
3. El clima de allí no es húmedo, _____ seco.
4. No le gusta jugar al tenis, _____ al fútbol.
5. Mi hermanito no desea ser abogado, _____ médico.
6. No puso el dinero en el bolsillo, _____ lo gastó.
7. España no es un país industrial, _____ agrícola.
8. Tiene fiebre, _____ estará bien mañana.
9. No se huyó, _____ luchó heroicamente.
10. La ley es severa, _____ debemos obedecerla.

E. Contéstense, expresando en sentido negativo todas las palabras posibles.

1. ¿Le ha dado el maestro mucho trabajo?
2. ¿Sabe Vd. hablar diversas lenguas?
3. ¿Duerme Vd. la siesta algunas tardes?
4. ¿Siempre se moja Vd. cuando hay lluvia?
5. ¿Cuál prefiere Vd. beber, vino o vinagre?
6. ¿Tiene Vd. necesidad de algo?
7. ¿Compró Vd. algo en la botica anteayer?
8. ¿Cuál prefiere Vd., abril o enero?
9. ¿Ha ido Vd. jamás adonde no le han invitado?
10. ¿Prestó Vd. a alguien su cámara?
11. ¿Hay algo que le moleste a Vd.?
12. ¿Ha experimentado Vd. algo desagradable en su vida?
13. ¿Conoce Vd. a alguien que odie la libertad?
14. ¿Siempre trata Vd. a sus amigos igualmente?
15. ¿Siempre obliga Vd. a sus conocidos a hacerle favores?

F. Tradúzcanse al español las expresiones en inglés.

1. *There is no* música tan animada como la música española.
2. Desgraciadamente, no demostró talento *either* para las ciencias *or* las artes.
3. ¿Han mudado de casa ya, con todos los muebles? *Not yet.*
4. ¿Cómo van las cosas? *Nothing new.*

5. Yo no soy capaz de subir ese monte; ni Vd. *either*.
6. Nuestro maestro explica la lección más claramente que *anyone*.
7. No he visto *ever* un monasterio tan magnífico como el Escorial.
8. ¿Le quedan muchos huevos?   *Not even* una docena.
9. No encontró *anything* con qué decorar su nueva falda.
10. El rey no tenía confianza en *any* de los ciudadanos.
11. Papá, cómprame una muñeca.   *Not now*.
12. ¿Ha visto Vd. *ever* una espada de acero tan fino?
13. No llevaba *not even* la americana.
14. Comenzó a agitar el pañuelo con más fuerza que *ever*.
15. Siendo viejo y débil, él *no longer* puede subir a las alturas.
16. A *no one* dijimos que hoy es la víspera de la fiesta.
17. ¿Cómo está Vd. de salud?   *Same as usual*.
18. Ella no posee *any* diamantes.   *Neither does her mother*.
19. *No* acción tuya puede influir en mi juicio.
20. La moral no permite *either* el vicio *or* la mentira.

G. Tradúzcanse al español.

1. Is the water boiling?   Not yet.
2. She raised her eyes and looked toward the west, but saw nothing.
3. The traveler didn't carry either passport or documents.
4. The sciences no longer attract me.
5. Nowadays, experience is more important than ever.
6. He doesn't want to stay in bed, but to get dressed and go out.
7. Last Wednesday no one approached the governor's palace.
8. Do you want a cup of tea?   Not now.
9. I don't like butter, nor cheese either.
10. The pupil didn't have to translate the paragraph, but to read it.
11. He spent a month in the south without buying anything.
12. She is a good person and never speaks about her neighbors.
13. There was no illness like that of (the) Princess Jane.
14. The unfortunate man doesn't even have a blanket with which to cover himself.
15. How are you?   Same as usual.
16. The ground wasn't flat, but mountainous.
17. Have you ever strolled on (por) the avenue at nightfall?
18. He didn't want to sacrifice himself for anyone.
19. This automobile is small, but it is very comfortable.
20. The pies were very expensive, so (conque) he didn't buy any.
21. There were only fifty people on the beach.
22. No one fought against the Moors as heroically as El Cid.
23. I no longer go to the bullfights.
24. I never eat pears, nor grapefruit either.
25. They won't get married in April, but in June.

10. NUMBERS; TIME; DATES

CARDINAL NUMBERS

0	cero	31	treinta y uno,-a, un
1	uno,-a, un	40	cuarenta
2	dos	41	cuarenta y uno,-a, un
3	tres	50	cincuenta
4	cuatro	51	cincuenta y uno,-a, un
5	cinco	60	sesenta
6	seis	61	sesenta y uno,-a, un
7	siete	70	setenta
8	ocho	71	setenta y uno,-a, un
9	nueve	80	ochenta
10	diez	81	ochenta y uno,-a, un
11	once	90	noventa
12	doce	91	noventa y uno,-a, un
13	trece	99	noventa y nueve
14	catorce	100	ciento (cien)
15	quince	101	ciento uno,-a, un
16	diez y seis (dieciséis)	115	ciento quince
17	diez y siete (diecisiete)	116	ciento diez y seis
18	diez y ocho (dieciocho)	200	doscientos,-as
19	diez y nueve (diecinueve)	300	trescientos,-as
20	veinte	400	cuatrocientos,-as
21	veinte y uno,-a, un (veintiuno,-a, veintiún)	500	*quinientos,-as*
		600	seiscientos,-as
22	veinte y dos (veintidós)	700	*setecientos,-as*
23	veinte y tres (veintitrés)	800	ochocientos,-as
24	veinte y cuatro (veinticuatro)	900	*novecientos,-as*
25	veinte y cinco (veinticinco)	1,000	mil
26	veinte y seis (veintiséis)	2,000	dos mil
27	veinte y siete (veintisiete)	100,000	cien mil
28	veinte y ocho (veintiocho)	1,000,000	un millón (de)
29	veinte y nueve (veintinueve)	2,000,000	dos millones (de)
30	treinta	100,000,000	cien millones (de)

Note

A. The numbers 16 to 19 and 21 to 29 may also be written as one word. In such cases, the numbers 16, 22, 23, and 26 have a written accent mark on the last syllable.

B. The only numerals that vary with gender are **uno (una, un)** and the compounds of **ciento (doscientos,-as, trescientos,-as, etc.).**

un libro; *una* pluma	a (one) book; a (one) pen
trescient*os* **hombres**	three hundred men
cuatrocient*as* **mujeres**	four hundred women
veinte y *un* **lápices**	twenty-one pencils
cincuenta y *una* tarjetas	fifty-one cards

C. The conjunction **y** is used only between *tens* and *units*, that is, in numbers 16 to 99.

33   treinta y tres

but

109   ciento nueve

Ciento becomes **cien** before nouns and before the numbers **mil** and **millones.** In all other numbers, the full form **ciento** is used.

cien pesetas   *cien mil* soldados

cien buenos **libros**   *cien millones* de habitantes

but

ciento veinte y cinco dólares

Un is not used before **ciento** or **mil.** It is used before the noun **millón.** If another noun follows, **de** is placed between **millón** and the other noun.

ciento dos alumnos

mil doscientos años

un millón *de* dólares

ARITHMETIC EXPRESSIONS

y, plus (+)

menos, minus (−)

por, (multiplied) by, "times" (×)

dividido por, divided by (÷)

son, equal (=)

ORDINAL NUMBERS

1st	primero,-a (primer)		6th	sexto,-a
2nd	segundo,-a		7th	séptimo,-a
3rd	tercero,-a (tercer)		8th	octavo,-a
4th	cuarto,-a		9th	noveno,-a
5th	quinto,-a		10th	décimo,-a

Ordinal numbers are used only through *tenth;* beyond that, the cardinal numbers are used.

la *tercera* fila	the third row
la *Quinta* Avenida	Fifth Avenue
Carlos *Quinto* (*quinto*)	Charles V
but	
el siglo diez y nueve	the 19th century
la página (número) cuarenta y uno	page 41

Note

A. When a cardinal number is used in place of an ordinal, it is always considered masculine, since **número** is understood.

B. The numerals **primero** and **tercero** drop the final -o before a masculine singular noun.

el *primer día*

el *tercer edificio*

but

la **primera** visita

el **siglo tercero**

TIME

¿Qué hora es?	What time is it?
Es la una.	It is one o'clock.
Son las dos (tres, cuatro, etc.).	It is two (three, four, etc.) o'clock.
Son las diez y veinte.	It is 10:20 (twenty after ten).
Son las ocho y cuarto (quince).	It is 8:15 (a quarter past eight).
Son las seis y media (treinta).	It is 6:30 (half past six).
Son las doce menos veinte (dos, cuarto, etc.).	It is 11:40 (11:58, 11:45, etc.).
¿A qué hora salió Vd.?	At what time did you leave?
a(l) mediodía	at noon

a (la) medianoche	at midnight
a eso de las siete	at about seven o'clock
Dio la una (Dieron las dos).	It struck one (It struck two).

Note

A. *It is* is expressed by **es** for one o'clock, and by **son** for the plural hours. *At* is expressed by **a.**

B. The article **la** (for **la hora**) is always used with one o'clock; **las** (for **las horas**) is used with the plural hours.

C. *After* or *past* is expressed by **y**; *to* or *of* by **menos.** After half past, time is expressed by the following hour minus **(menos)** the minutes.

Son las tres *y* veinte y cinco.	It is 3:25.
Es la una *menos* diez.	It is 12:50 (ten minutes to one).

D. **Media** is an adjective and agrees with **hora; cuarto** is a noun and does not vary.

The expressions **de la madrugada** and **de la mañana** correspond to the English *A.M.* (morning). The former refers to the hours before daylight, the latter to the daylight hours. **De la tarde** (afternoon) and **de la noche** (evening) correspond to *P.M.* **En punto** means *sharp.*

a las tres *de la madrugada*	at 3 A.M.
a las ocho y media *de la mañana*	at 8:30 A.M.
a las cuatro *de la tarde*	at 4 P.M.
Eran las nueve *en punto* de la noche.	It was 9 P.M. sharp.

DATES

¿Cuál es la fecha de hoy? ⎫ **¿A cuántos estamos hoy?** ⎭	What is today's date?
Es el primero de enero. ⎫ **Estamos a primero de enero.** ⎭	It is January 1.
Es el dos (tres, cuatro) de febrero.	It is February 2 (3, 4).
Es el diez de marzo de mil novecientos sesenta y tres.	It is March 10, 1963.
Salió el tres de agosto.	He left on August 3.

Note

A. Cardinal numbers are used for all dates except **primero** (first).

B. The names of the months are written with small letters in Spanish.

C. The years are expressed in *thousands* and *hundreds*, not in *hundreds* alone, as in English. (1400 = **mil cuatrocientos**)

D. With dates, *on* is expressed by **el**.

EJERCICIOS

A. Léase lo siguiente en español.

1. 414 − 363 = 51
2. 336 × 12 = 4032
3. 254 + 587 = 841
4. 911 − 276 = 635
5. 31,217 ÷ 31 = 1007
6. 419 + 716 = 1135
7. 1818 ÷ 18 = 101

8. 345 + 577 = 922
9. 864 ÷ 16 = 54
10. 785 − 246 = 539
11. 990 ÷ 9 = 110
12. 93 × 71 = 6603
13. 119 × 17 = 2023
14. 63 × 74 = 4662

15. 13 × 14 = 182
16. 1,322,828 ÷ 52 = 25,439
17. 810 + 597 = 1407
18. 756,336 ÷ 48 = 15,757
19. 613 + 715 = 1328
20. 458 + 211 = 669

B. Escríbanse en español las palabras en letra cursiva.

1. la *fifth* columna
2. la Avenida *Eighth*
3. el *ninth* día
4. Alfonso *XII*
5. el *fourth* párrafo
6. el siglo *XX*
7. la *third* fila
8. la *seventh* serie
9. la página *261*
10. el *tenth* aniversario

11. el *second* edificio
12. el *third* capítulo
13. el número *99*
14. el tranvía *43*
15. el *second* semestre
16. la *first* calidad
17. Carlos *V*
18. el *First* Congreso Panamericano
19. el *sixth* renglón
20. el *third* grado

C. Escríbanse en palabras españolas.

1. at 10:32 P.M.
2. It is 5:10 P.M.
3. It struck 10 o'clock.
4. at 6 P.M. sharp
5. It is midnight.
6. at 4:45 P.M.
7. It is 1:14 P.M.
8. at 1:18 P.M.
9. at 8:52 A.M.
10. It is 8:25 P.M.

11. at 12:55 P.M.
12. It is noon.
13. at about 1 o'clock
14. at 3:30 P.M.
15. at 1:40 P.M.
16. It is 2:15 A.M.
17. at about 4 P.M.
18. It is 7:15 A.M.
19. It is 10 A.M. sharp.
20. It is striking 3 o'clock.

D. Escríbanse en palabras españolas.

1. May 2, 1808
2. December 20, 1910
3. June 15, 1963
4. October 12, 1492
5. December 7, 1941
6. July 4, 1776
7. January 1, 1952
8. March 31, 1519

9. December 31, 1900
10. August 9, 1913
11. February 22, 1732
12. April 1, 1649
13. November 1, 1396
14. September 16, 1810
15. April 12, 1823

E. Contéstense en frases completas en español.

1. ¿Cuánto tiempo dedica Vd. cada día a los estudios?
2. ¿Cuántos estados componen los Estados Unidos?
3. ¿En qué año nació Vd.?
4. ¿Cuántos pies tiene un caballo?
5. ¿A qué hora toma Vd. la cena?
6. ¿Cuántos alumnos hay en esta escuela aproximadamente?
7. ¿En qué año entraron los moros en España?   (711)
8. ¿Cuántas alas tiene el águila?
9. ¿En qué año fundó Pizarro la ciudad de Lima?   (1535)
10. ¿En qué año conquistaron los españoles el reino moro de Granada?   (1492)
11. ¿Hay siete u ocho palabras en esta frase?
12. ¿Cuántos ceros hay en el número "un millón"?
13. ¿Cuántos lados tiene un cuadrado?
14. ¿A cuántos estamos hoy?
15. ¿Cuándo cae el Día de Año Nuevo?
16. ¿Cuántas letras hay en el alfabeto inglés?
17. ¿A qué hora anochece en el invierno?
18. ¿Cuánto dinero tiene Vd. en el bolsillo?
19. ¿En qué año terminó la Segunda Guerra Mundial?   (1945)
20. ¿A qué hora apagó Vd. la luz en su cuarto anoche?
21. ¿Cuántos reales hay en una peseta?   (4)
22. ¿Cuántas ruedas tiene el coche de su familia?
23. ¿Qué número es el doble de nueve?
24. De pies a cabeza, ¿cuántos pies de alto tiene Vd.?
25. ¿Cuántas personas hay en un equipo de fútbol?
26. ¿Cuántos años tiene Vd.?
27. ¿En qué fecha se firmó nuestra Declaración de Independencia?   (1776)
28. ¿Cuántos centavos hay en un dólar?
29. ¿Cuántos huevos hay en una docena?
30. ¿Cuántos habitantes tiene nuestro país?

F. Escríbanse en español los números y las expresiones en inglés.

1. Dedicó *thirty-one* años a la enseñanza.
2. Alfonso *X*, hijo de Fernando *III*, vivió en el siglo *XIII*.
3. Colón salió hacia el oeste *on August 3, 1492*.
4. La lámpara de vidrio se rompió en *a hundred* pedazos.
5. El pueblo consistía en *3,500* seres humanos.
6. La única fecha que no ocurre todos los años es *February 29*.
7. En el campo había espacio para más de *seven hundred* vacas.
8. No tengo nada que hacer desde *noon* hasta *5:45 P.M.*
9. Todas las mercancías, de un valor de *one hundred thousand* dólares, fueron destruidas por el fuego.
10. Volvió sano y salvo a España en *1493*.
11. Fue necesario armar las tropas, un ejército de *two million* soldados.
12. Para llegar al fondo de la mina, tuvo que bajar *1371* pies.
13. Sus armas no bastaban; les quedaban solamente *twenty-one* balas con que defenderse de los bárbaros.
14. *At 3:20 A.M.* sintió un dolor en el pecho.
15. Juan pesa más de *two hundred fifty-one* libras.
16. No se aprende el uso del subjuntivo hasta el *third* año.
17. Si se divide *144 by 2*, el resultado es *72*.

18. Al sentir la *third* gota, se dio cuenta de que llovía.
19. Su sueño fue interrumpido *at 9 o'clock sharp.*
20. Mostró su disgusto al saber que las tiendas se cerrarían *at noon on July 4.*

G. Tradúzcanse al español.

1. The sun is (at) ninety-three million miles from the earth.
2. January 1 is the first day of the year.
3. At midnight on December 24 they heard the church bells.
4. It is now 8:30; we have an hour and a half left.
5. In the bookcase there was room for (caber) three hundred magazines.
6. Peace was declared on November 11, 1918.
7. The 16th and 17th centuries were the Golden Age of Spanish literature.
8. The hospital employs thirty-one nurses and twenty-one doctors.
9. In the 15th century many people believed that the earth was flat.
10. The moon will appear at 8:43 P.M.
11. The expedition left at noon on December 31, 1865.
12. The most important historical date for us is July 4, 1776.
13. He waited forty-one minutes, but at 2 o'clock sharp he went away.
14. The first girl did not answer well; the second answered correctly.
15. The stenographer can write a hundred words per minute.
16. The contract was signed at 3:37 A.M.
17. Philip II, son of Charles V, was the most powerful monarch in (de) Europe.
18. $14 + 76 \div 10 \times 21 = 189.$
19. His action resulted in a loss of more than a hundred thousand dollars.
20. The bookkeeper discovered an error of a hundred twenty-one dollars.

El Escorial es un gran monasterio cerca de Madrid. Fue comisionado por Felipe II y construido por el gran arquitecto español, Juan de Herrera. Durante gran parte de su reinado Felipe II vivió allí, y de allí dirigió el gobierno de España. Contiene un palacio, una biblioteca, un museo, una iglesia, y un Panteón (burial place) de Reyes.

11. PREPOSITIONS

Prepositions are used to relate two elements of a sentence, such as noun to noun, verb to noun, verb to infinitive, etc.

1. When a noun is modified by a preposition + noun, the prepositional phrase is equivalent to an adjective.

un anillo *de* oro	a gold ring (a ring of gold)
un vaso *de* agua	a glass of water
un vaso *para* agua	a water glass (a glass for water)

2. When a verb is modified by a preposition + noun, the prepositional phrase is equivalent to an adverb.

Sale *con* frecuencia.	He goes out frequently (with frequency).

3. The second element may be a pronoun or an infinitive.

Entra *en* él.	He enters it.
Comienza *a* leer.	He begins to read.

For a list of common prepositions, see page 136.

PREPOSITIONS BEFORE INFINITIVES

In Spanish, the only verb form that may follow a preposition is the infinitive, regardless of the English translation of the verb.

Cesó *de llover*.	It stopped raining.
Acaba *de entrar*.	He has just entered.
Se desayunó *después de vestirse*.	He ate breakfast after getting dressed.

I. Verbs Requiring *a* Before an Infinitive

Verbs expressing *beginning, motion, teaching,* or *learning,* and a number of other verbs, require the preposition *a* before an infinitive.

comenzar a ⎫	aprender a, to learn to
empezar a ⎬ to begin to	acertar a, to happen to (by chance)
ponerse a ⎪	acostumbrarse a, to become ac-
principiar a ⎭	customed to
apresurarse a, to hasten (hurry) to ⎫	aspirar a, to aspire to
	atreverse a, to dare to
ir a, to go to ⎪	convidar a, to invite to
regresar a, to return to (to . . . again) ⎬ motion	decidirse a, to decide to
	dedicarse a, to devote oneself to
salir a, to go out to ⎪	disponerse a, to get ready to
venir a, to come to ⎪	invitar a, to invite to
volver a, to return to (to . . . again) ⎭	negarse a, to refuse to
	obligar a, to obligate, to compel to
enseñar a, to teach to	resignarse a, to resign oneself to

Comenzó a trabajar.	He began to work.
Saldré a saludarle.	I will go out to greet him.
El maestro les *enseñó a* hablar.	The teacher taught them to speak.
Los alumnos *aprenden a* leer.	The pupils learn to read.
Acertó a pasar por allí.	He happened to pass by there.
Me *obligó a* pagarle.	He compelled me to pay him.

II. Verbs Requiring *de* Before an Infinitive

acabar de, to have just	dejar de, to fail to, to stop
acordarse de, to remember to	encargarse de, to take charge of
alegrarse de, to be glad to	olvidarse de, to forget to
cesar de, to stop	tratar de, to try to

Acabamos de estudiar.	We have just studied.
Se alegran de estar aquí.	They are glad to be here.
A las tres *cesó de* llover.	At three o'clock it stopped raining.
Juanito *dejó de* preparar la lección.	Johnny failed to prepare the lesson.

III. VERBS REQUIRING *en* BEFORE AN INFINITIVE

consentir en, to consent to   empeñarse en ⎱
consistir en, to consist of   insistir en ⎰ to insist on
convenir en, to agree to   tardar en, to delay in, to be long in

Consintió en ir al baile.   She consented to go to the dance.
El verdadero estudio *consiste en*   True study consists of reading and
leer y repasar.   reviewing.
Se empeñó en vender la casa.   He insisted on selling the house.
El tren no *tardará en* llegar.   The train won't be long in coming.

IV. VERBS REQUIRING *con* BEFORE AN INFINITIVE

amenazar con, to threaten to
casarse con, to marry
contar con, to count on, to rely on
dar con, to meet
soñar con, to dream of
tropezar con, to meet, to come upon

Le *amenazó con* pegarle.   He threatened to spank him.
Cuento con ganar el premio.   I count on winning the prize.
Sueña con ir a España.   He dreams of going to Spain.

V. PREPOSITIONS COMMONLY USED BEFORE INFINITIVES

a, to, at   en, in, on, of
al + inf., upon   en lugar de ⎱
antes de, before   en vez de ⎰ instead of
con, with (sometimes *to* or *of*)   hasta, until
de, of, to   sin, without
después de, after

Al entrar, vio a su hija.	Upon entering, he saw his daughter.
Antes de salir, prepárese.	Before going out, prepare yourself.
Después de descansar un rato, se levantó.	After resting a while, he got up.
Se acostó *en vez de estudiar.*	He went to bed instead of studying.
Salió *sin decir* nada.	He left without saying anything.

Note

A. Other uses of prepositions will be found in the section on idioms, pages 205–209.

B. Whenever prepositions are followed by the infinitive, the subject of both verbs (main verb and infinitive) is unchanged. If the subjects are different, **que** is required and a "conjugated" verb form is used instead of the infinitive.

Me alegro de **estar** aquí.	I am glad to be here.
Me alegro de *que Vd. esté* aquí.	I am glad that you are here.
Insiste en **vender** la casa.	She insists on selling the house.
Insiste en *que su marido venda* la casa.	She insists on her husband's selling the house.
Se desayunó después de **preparar** el café.	He ate breakfast after preparing the coffee.
Se desayunó después (de) *que su madre preparó* el café.	He ate breakfast after his mother prepared the coffee.

VI. Verbs That Do Not Require a Preposition Before an Infinitive

deber, ought to, must
dejar, to let, to allow
desear, to wish, to desire
esperar, to hope, to expect
hacer, to make, to have (something done)
lograr, to succeed in
necesitar, to need
oír, to hear
pensar, to intend

poder, to be able, can
preferir, to prefer
pretender, to attempt
prometer, to promise
querer, to want, to wish
saber, to know (how)
soler, to be accustomed to, usually
ver, to see

Debo ir a la escuela hoy.	I ought to go to school today.
No me *dejan salir*.	They don't let me go out.
Hizo construir una casa.	He had a house built.
Pienso comenzar mañana.	I intend to begin tomorrow.
Suele volver a las doce.	He usually returns at twelve o'clock.

PERSONAL *A*

The personal **a** is used before the direct object of a verb if the direct object is a noun denoting a definite person or anything personified.

1. *Definite person*

Visita *a su amigo* (*a sus padres, a Roberto,* etc.).	He visits his friend (his parents, Robert, etc.).

2. *Domestic animals* (*pets, etc.*)

Quiere *a su perrito* (*a Fido, a su gato,* etc.).	She loves her little dog (Fido, her cat, etc.).

3. *Geographic names* (*unless preceded by the definite article*)

Desea ver *a España* (*a México, a Nueva York,* etc.).	He wants to see Spain (Mexico, New York, etc.).

but

Desea ver **la Argentina (los Estados Unidos, el Perú,** etc.).	He wants to see Argentina (the United States, Peru, etc.).

4. *Pronouns referring to persons, even though used in a negative sense*

Veo *a alguien*.	I see someone.
No veo *a nadie*.	I see no one.

Note

A. The personal **a** is not translated into English.

B. The personal **a** is not used with the verb **tener**.

Tengo un amigo.	I have a friend.

PARA—POR

I. THE USES OF *para*

1. **Para** means *for* in the sense of purpose, use, destination, for (by) a time in the future, considering that (in spite of the fact that). It is also translated *in order to, to, by*.

Estudia *para* aprender. (purpose)	He studies in order to learn.
Es una caja *para* dulces. (use)	It is a candy box (a box *for* candy).

but

Compré una caja **de** dulces.	I bought a box *of* candy.
Ayer salió *para* España. (destination)	Yesterday he left for Spain.
Para el viernes estará completo. (future time)	For (By) Friday it will be complete.
Para extranjero, habla bien el (in spite of being) inglés.	For a foreigner, he speaks English well.

2. **Para** also means **para ser**.

Estudia *para* médico.	He is studying to be a doctor.

II. THE USES OF *por*

1. **Por** means *for* in the sense of in exchange for, period or extent of time, for the sake of.

Pagó un dólar *por* el cuchillo. (exchange)	He paid a dollar for the knife.
Fue al campo *por* dos meses. (period)	He went to the country for two months.
Todo lo hago *por* ti. (sake)	I do it all for you.

2. **Por** also means *for* after the verbs **ir, enviar, luchar, llamar, preguntar.**

Fue (Envió, Llamó, Preguntó) *por* el médico.	He went (sent, called, asked) for the doctor.

3. **Por** also means *during* and is often translated by *in*.

Por la tarde juego al tenis.	In the afternoon I play tennis.

4. **Por** expresses the idea of rate and is equivalent to *per*.

Gana cincuenta dólares *por* semana.	He earns fifty dollars per (a) week.

5. **Por** also means *by, through, along*.

Fueron atacados *por* sus enemigos.	They were attacked by their enemies.
El viajar *por* avión es más rápido.	Traveling by plane is faster.
Entraron *por* la ventana.	They entered through (by) the window.
Pasaré *por* esa calle.	I'll pass along (through) that street.

The following verbs are not followed by **por** or **para,** since the word *for* is part of the meaning of the verb.

buscar, to look for (to seek)

esperar, to wait for (to await)

pedir, to ask for (to request)

Buscaron un asiento.	They looked for a seat.
Quiero *pedir*le un favor.	I want to ask a favor of,you. (I want to ask you for a favor.)
Esperó dos horas a su amiga.	He waited two hours for his girl friend.

EJERCICIOS

A. Complétense las expresiones siguientes:

EJEMPLO: a steel knife—un cuchillo _de acero_

1.	a wooden cross	una cruz _____
2.	a cotton skirt	una falda _____
3.	the German class	la clase _____
4.	a silk cape	una capa _____
5.	woolen socks	calcetines _____
6.	family secrets	secretos _____
7.	a straw mattress	un colchón _____
8.	a stone house	una casa _____
9.	silver bracelets	brazaletes _____
10.	a gold chain	una cadena _____

EJEMPLO: a medical school—una escuela *para médicos*

11. a hair brush	un cepillo _____
12. a young ladies' school	una escuela _____
13. a book case	un estante _____
14. letter paper	papel _____
15. ladies' handkerchiefs	pañuelos _____
16. a fever remedy	un remedio _____
17. cigar tobacco	tabaco _____
18. wine grapes	uvas _____
19. window glass	vidrio _____
20. a candy box	una caja _____

B. Llénense los espacios con la preposición correcta, *si hace falta*. Si no hace falta una preposición, escríbase una raya (—).

1. No se atrevió _____ replicar.   He didn't dare to reply.
2. Asistió a un partido _____ béisbol.   He attended a baseball game.
3. Leyó el telegrama _____ entenderlo.   He read the telegram without understanding it.
4. El rey consintió _____ renovar el castillo.   The king consented to remodel the castle.
5. Le ataron con una cadena _____ hierro.   They tied him with an iron chain.
6. Me enseñó _____ escribir.   He taught me to write.
7. Bebió un vaso _____ agua.   He drank a glass of water.
8. El detective piensa _____ registrar la casa.   The detective intends to search the house.
9. No pudo _____ dominar su furia.   He could not overcome his fury.
10. Se decidieron _____ confesar.   They decided to confess.
11. Era pobre _____ realizar sus sueños.   He was poor before realizing his dreams.
12. _____ partir, dio un abrazo a su madre.   Upon leaving, he gave his mother a hug.
13. Acertó _____ pasar por allí.   He happened to be passing there.
14. En tales casos suele _____ consultar a sus amigos.   In such cases he usually consults his friends.
15. Se marchó _____ distribuir los premios.   He left after distributing the prizes.
16. No me encargaré _____ gobernar el país.   I will not take charge of governing the country.
17. Cesó _____ llover a las tres.   It stopped raining at three o'clock.
18. Les amenazó _____ quemar su casa.   He threatened to burn their house.
19. El prisionero quiere _____ escaparse.   The prisoner wants to escape.
20. Las tropas tardaron _____ avanzar.   The troops delayed in advancing.

C. Escójase la palabra o raya entre paréntesis que complete correctamente la frase.

1. El zapatero tropezó (con, en) el carnicero.
2. Desde el balcón miró (—, a) una escena alegre.
3. Querían ver (—, a) Francia.
4. El maestro no alabó (a, —) nadie.
5. La madre bañó (el, al) pequeño Diego.
6. Pizarro fundó (a, —) Lima.
7. Guardó (a, —) algo en el bolsillo.

8. Cincuenta estados forman (a, —) los Estados Unidos.
9. El dictador mató (—, a) sus adversarios.
10. Aguardaba (a, —) alguien en la esquina.
11. El agricultor buscó (a, —) su hijo Alfonso.
12. El dependiente buscó (a, —) otro empleo.
13. Se casó (a, con) la bonita rubia.
14. Vio (a, —) un animal en el bosque.
15. El rey condenó (el, al) traidor.
16. La niña abrazó (a, —) su querido perro Fido.
17. En la calle dio (con, a) un grupo de turistas.
18. Fueron a visitar (a, —) la Argentina.
19. El lobo nos espantó (—, a) todos.
20. La actriz conmovió (al, el) público.

D. Complétense estas frases con *para* o *por*.

1. Las naranjas son buenas _____ la salud.
2. Se porta muy mal _____ reina.
3. _____ sus movimientos se notaba su inquietud.
4. Permaneció fuera de la ciudad _____ dos años.
5. Encendió la luz _____ iluminar la sala.
6. En la tienda vio unas preciosas tazas _____ café.
7. Mi nieta siempre tiene una sonrisa _____ mí.
8. El prisionero ganó la libertad _____ engaño.
9. Al amanecer, salió _____ el mercado.
10. Siguió el curso de estudios _____ ingeniero.
11. Es necesario usar veneno _____ los insectos.
12. _____ la semana que viene, estaremos en camino.
13. _____ músico profesional, toca muy mal.
14. Se arrojó al agua _____ buscar el tesoro.
15. Estudia _____ médico.
16. _____ persona culta, no es muy cortés.
17. Armó un ejército _____ conquistar el país vecino.
18. La operación fue hecha _____ un médico hábil.
19. La zapatería quedó cerrada _____ cinco días.
20. Busca varios estantes _____ libros.
21. No voy a pagar tanto _____ las perlas.
22. Ese pintor no sirve _____ director de museo.
23. ¡Cuánto daría yo _____ una copa de vino!
24. En la batalla fue herido en la espalda _____ una mano misteriosa.
25. Sabían _____ el ruido que el cuarto estaba lleno de niños.
26. Aquí se entra _____ la puerta, no _____ la ventana.
27. Pasó _____ la plaza pública con paso rápido.
28. Llamó _____ un médico.
29. El trece de febrero salgo _____ Europa.
30. _____ el viernes estará terminado su chaleco.

E. Contéstense en español en frases completas.

1. ¿Ha visto Vd. alguna vez una explosión de dinamita?
2. ¿Deja Vd. a su perrito correr por las calles?
3. ¿Ha comprado Vd. alguna vez una caja de dulces para su mamá?
4. ¿Se alegra Vd. de poder contestar perfectamente a estas preguntas?
5. ¿Le gustaría a Vd. ayudar a las personas pobres?

6. ¿Adónde va Vd. por la tarde?
7. ¿Sueña Vd. con visitar a España?
8. ¿Cuánto pagaría Vd. por un automóvil?
9. ¿Piensa Vd. ir al Perú algún día?
10. ¿Aprendió Vd. a ser justo(-a) en sus opiniones?
11. Para pedir perdón, ¿prefiere Vd. decir "perdóneme" o "dispénseme"?
12. ¿Tiene Vd. ocasión de visitar a menudo a sus parientes?
13. ¿Suele Vd. burlarse de sus amigos?
14. ¿Tarda Vd. generalmente en hacer lo que le piden sus padres?
15. ¿Logró Vd. comprender la diferencia entre "ser" y "estar"?
16. Para saludar a sus amigos, ¿prefiere Vd. decir "hola, amigo" o "buenos días, señor"?
17. ¿Ha viajado Vd. por avión?
18. ¿Para qué se usa una bolsa?
19. ¿Qué diferencia hay entre "taza de té" y "taza para té"?
20. ¿Se empeñan sus padres en que Vd. estudie mucho?

F. Tradúzcanse al español las expresiones en inglés.

1. Mamá *delayed in* dividir el pastel entre nosotros.
2. *They know how to* contar hasta novecientos.
3. El viajero no vio *anyone* en la iglesia.
4. Llamó a la puerta y *asked for* su amigo.
5. Empujó la puerta, vio la sala desierta, y *entered it.*
6. *He wasn't able to* limitar sus gastos.
7. *To visit Argentina*, es necesario viajar muchas millas.
8. El sastre me prometió que *by Saturday* los pantalones estarían hechos.
9. Los contratos serán examinados *by* el juez.
10. *In the morning*, brillaba un sol ardiente.
11. *Upon* hundirse el vapor, no se salvó nadie.
12. Todos los amigos alabaron *Richard*.
13. *He succeeded in* satisfacer todas sus necesidades.
14. Marco Polo salió *for* el Extremo Oriente.
15. Salió corriendo *for* el médico.
16. Me hace falta media docena de *dessert dishes*.
17. La novia *insisted on* fijar pronto el día de la boda.
18. Llevaba un impermeable *in order to* protegerse de la lluvia.
19. El niño *tried to* salir *without washing*.
20. *For a singer*, tiene la voz muy débil.
21. Pasaron *through* el pueblo a ochenta kilómetros *per* hora.
22. Bolívar *dreamed of* ganar la independencia de las colonias.
23. La semana que viene salgo *for* España *for* dos meses.
24. Sorprendió *the thieves* en el acto.
25. *Don't fail to* avisarme en cuanto se concluya el combate.
26. *He forgot to* llevar el tocadiscos a la reunión.
27. El muchacho tiene *a mother* muy buena y amable.
28. *He looked for* un palo grande *to* defenderse de sus enemigos.
29. Los patriotas hispanoamericanos odiaban *Spain*.
30. Pagué ocho pesos *for* las dos entradas.

G. Tradúzcanse al español.

1. For his wife he bought a beautiful pearl necklace as (an) anniversary gift.
2. They agreed to meet in a week to discuss the matter.
3. The farmer's son loved his favorite cow, Lupe.
4. His pride did not permit him to ask for a favor.
5. Let's leave it all for tomorrow.

6. For a sidewalk, it is very narrow.
7. The child looked at the nurse curiously.
8. During the ceremony an honor guard (guard of honor) surrounded the famous hero.
9. His father threatened to spank him.
10. I don't know whether he is studying to be a doctor or an architect.
11. The poetess had her poems printed.
12. Ferdinand VII followed Joseph I on (en) the throne of Spain.
13. This medicine is good for colds.
14. Some day I want to visit Spain and Argentina.
15. I am glad that the child shows so much talent.
16. He waited for the secret signal for three days.
17. The sculptor has just created a masterpiece.
18. He is quite rich; he earns $15,000 a year.
19. He began to cut the meat with a steel knife.
20. Yesterday in the store I bought a pound of bird food.
21. He wanted ninety céntimos for the basket of cherries.
22. Upon getting up, he washed, dressed, and sat down to have breakfast.
23. He refused to pay a dollar for a phonograph needle.
24. He cast a pitying glance (glance of pity) at the wounded soldier, and, with a sigh, went away.
25. The philosopher inspired all his disciples.

A la vuelta de Colón a España, después de su primer viaje, los reyes Fernando e Isabel le recibieron con honores, nombrándole Almirante. Colón no sólo describió lo que había visto en el Nuevo Mundo, sino que pudo mostrar ejemplos de las aves, las plantas, y el oro que había encontrado allí. También había llevado unos indios, que los reyes miraron con gran curiosidad.

12. MASTERY EXERCISES

(LESSONS 7–11)

A. Tradúzcanse al español las palabras en inglés.   (See Grammar Lesson 7, page 135.)

1. Sabía los detalles, pero tardó en *telling them to us.*
2. ¿Compró Vd. las violetas? *Do not send them to her* ahora; *do it* mañana.
3. ¿Tienes un cuento para tu sobrinito? *Tell it to him* ahora.
4. Hacía falta a la sopa un poco de sal. La cocinera *added it to it.*
5. Sacó los diamantes y estaba *showing them to him* cuando entró el detective.
6. Al ver a los ciegos, el doctor bondadoso sacó una limosna y se apresuró a *give it to them.*
7. Ésta es la propina para el camarero; no te olvides de *give it to him.*
8. Estos claveles son para mi novia; ahora estoy dispuesto a *present them to her.*
9. Aquella muñeca es encantadora; *buy it for me,* papá.
10. El torero pidió la espada, y su criado *gave it to him.*
11. La reina admira la estatua; el escultor *will present it to her.*
12. El administrador desea ver el recibo, pero *don't show it to him.*
13. Antes de matar el toro, volvió a los aficionados y *dedicated it to them.*
14. Las niñas querían aprender el alfabeto, y la maestra estaba *teaching it to them.*
15. A los huéspedes no les gusta el vino; *don't serve it to them.*

B. Tradúzcanse al español las expresiones en inglés.   (See Grammar Lesson 7, page 135, and Grammar Lesson 11, page 165.)

1. En la isla desierta, los exploradores descubrieron *many stone images.*
2. El viajar *by plane* es muy rápido.
3. Mamá *called us* y dividió el pastel *among us.*
4. *Upon entering* la sala, le sorprendió el silencio que reinaba.
5. De rodillas, *they asked for* justicia.
6. Se hizo construir una magnífica *brick house.*
7. Tengo *a friend* que es periodista.
8. Salió al balcón, y *from it* vio la plaza y la gente que se paseaba *through it.*
9. *She tried to* alcanzar la fruta en el árbol.
10. *He entered* la tienda y *asked for* el propietario.
11. *For an armchair,* no es muy cómodo.
12. Abrió el baúl y metió *inside of it* el chaleco y las camisas.
13. *By Friday,* habrá olvidado la lección.
14. Compró un anillo *for his wife.*
15. Mientras *he* guardaba silencio *she* se puso a hablar de nuevo.
16. *He waited for* una ocasión favorable.
17. El maestro hizo esfuerzos *to teach* bien.
18. El dueño *insisted on* que el servicio fuese perfecto.
19. *It stopped* llover, y la noche siguió serena.
20. Luego que entró, vio *all his relatives.*
21. *In the morning* envolvió los paquetes, y *in the afternoon* los llevó al correo.
22. Se aplicó a la tarea *enthusiastically.*   (two words)
23. Te has portado muy mal *with me;* por consiguiente no iré *with you* al concierto esta noche.
24. *It is* necesario seguir adelante; ya *it is* mediodía.
25. Pagó catorce pesetas *for* un ejemplar reciente de la revista.

C. Tradúzcanse al español las expresiones en inglés. (See Grammar Lesson 8, page 144.)

1. No puedo imaginarme *why* Ricardo no quiere escucharme.
2. La contestación del maestro, *which* era clara, fue escrita en la pizarra.
3. *¿What* es la carrera que Vd. piensa seguir?
4. *He who* habla lenguas extranjeras tiene el mundo por su país.
5. *¿What* es un diccionario?
6. No sabe *who* le envió el collar de perlas.
7. *What* su sobrina le dijo no le preocupó.
8. La poesía *which* leyó es *the one which* escribió recientemente.
9. *¿How many* escenas y *how many* actos tiene esa comedia?
10. *¡How* sabio es! Sabe tanto como un filósofo.
11. Hablando con sus amigos, *¿how* expresa Vd. la palabra "you"?
12. Rápidamente abrió la caja, *inside of which* encontró el tesoro.
13. *¿Where* se venden comestibles?
14. *¿For whom* son las nueces que están en la mesa?
15. El cura habló con la pobre viuda, *whose* aspecto inspiraba lástima.
16. El maestro no llegó a la clase, *which* les gustó a los alumnos.
17. *¿Why* estudia Vd. este idioma? Para poder hablarlo.
18. El artista americano *whom* vieron era el hombre *with whom* habían hablado antes.
19. No me dijo *what* palabras escribió en los documentos.
20. *¡What a* lástima! No tiene conocidos en este pueblo.

D. Tradúzcanse al español las expresiones en inglés. (See Grammar Lesson 9, page 151.)

1. *No one has* el poder de saber el porvenir.
2. No quiere trabajar, *but* descansar.
3. No probó el desayuno, *nor lunch either.*
4. No encontraron *either lions or wolves* en el bosque.
5. El hierro es más duro *than anything.*
6. ¿Cómo van los negocios? Pues, *nothing new.*
7. Sonó la campana de la iglesia, pero *no one did anything.*
8. *No life* puede existir en la luna.
9. Juan quería acompañarnos, *but* tenía que quedarse en casa.
10. Quizás el maestro se marche *without giving any examination.*
11. *Upon seeing her,* quedó más enamorado *than ever.*
12. *¿Have you ever traveled* a un país lejano?
13. No escuchó más, *but* se marchó.
14. *Neither fortune nor happiness* logró en su vida.
15. ¿Tiene experiencia en actuar? *She has none.*
16. Defendió la ley *passionately (with passion)* pero *without anger.*
17. No va a cenar a las seis, *but* a las siete.
18. ¿Tienes ganas de dar un paseo? *Not now.*
19. ¿Todavía tienes ese resfriado? *No longer.*
20. *He not even* hace esfuerzos para buscar un puesto.
21. Ellos *not yet* han empleado un nuevo contador.
22. En el combate se mostró más heroico *than anyone.*
23. Don Quijote *never could stop* el movimiento de los molinos de viento.
24. Tu amiga no es bonita, *but* fea.
25. *¿Does the banker have left* muchas propiedades? *He has none.*

E. Escríbanse en palabras españolas las palabras en inglés y los números. (See Grammar Lesson 10, page 158.)

1. Isabel *II*
2. *21* pinturas
3. la Calle *42*
4. Fernando *VII*
5. *100* ovejas
6. *my first* obligación
7. *1,000,000* abejas
8. el siglo *14*
9. *the third* párrafo
10. *It is 11:28 A.M.*
11. *91* zapateros
12. *1,000* consejos
13. *600* vacas
14. *107* tarjetas
15. *at 3:45 P.M.*
16. *the fourth* letra
17. el piso *5*
18. *the first* ministro
19. Alfonso *XII*
20. *at 2:15 A.M.*
21. *July 4, 1776*
22. *February 21, 1487*
23. *May 18, 1962*
24. *October 1, 1543*
25. *November 10, 1338*

F. Tradúzcanse al español.

1. Which is the favorite sport in the United States? It is baseball.
2. The sleeve of the jacket was too short, which did not please him.
3. The first semester starts the third week of September.
4. He waited for his fiancée an hour, but saw no one.
5. He doesn't read well, but badly.
6. He who believes in civilization will combat injustice.
7. He didn't have a coat, nor an umbrella either.
8. He consented to speak to the curious journalist.
9. It is very hot, and I want a cool drink; serve it to me quickly, please.
10. The dictator's enemies, who were patriots, defeated his army.
11. The room was empty; there wasn't even one piece of furniture.
12. For an intelligent pupil, he is not very studious.
13. Why (For what reason) does she wear that platinum bracelet? To show her wealth.
14. Without teeth, the poor old man couldn't eat anything.
15. He began with 121 dollars; with good luck, he created a fortune of 2,000,000 dollars.
16. Which of those two painters is more skillful?
17. She bought her granddaughter a doll, which was what the child wanted.
18. Ferdinand VII and Isabel II reigned in the 19th century.
19. For Christmas, his father bought a bicycle and gave it to him.
20. I am saving a souvenir of Spain, whose capital I have visited.
21. The room was dark, but they didn't turn on the light.
22. Why does she wear a woolen cape? Because it is cold.
23. The continent of Asia is larger than any other.
24. It isn't going to rain, but snow.
25. The author's style, which is simple, attracts many readers.
26. Upon advancing a few steps, he saw his friend.
27. What a pretty skirt! Is it (of) cotton or wool?
28. It struck one o'clock, and the musicians started to play.
29. What a wedding! How happy everyone is! How many people there are here!
30. He began to walk when it stopped raining.
31. Those who lack money will not be able to see the circus.
32. He didn't dare to go out in the afternoon.
33. The number of tourists was small, and he didn't see anyone he knew.
34. What is a needle? A needle is an instrument for sewing.
35. The architect constructed a large office building (building for offices).

36. They signed the contract on December 1, 1914.
37. There are no longer any stars in the sky.
38. The purse he found belonged to the girl with whom he had just spoken.
39. Why is he mistaken? I don't know why he's mistaken.
40. He was at the top of the peak, from which he could see the valleys and rivers.
41. I have only cheese and bread left.
42. He visited Spain last year, but now he wants to see Peru.
43. Which was the most glorious period of Spanish literature?
44. Around John was the jungle and, in it, ferocious and cruel animals.
45. I hate you (*fam. sing.*); I don't want to speak to (con) you again.
46. At about 5 o'clock they served tea with cherry pie.
47. In the market he saw neither merchandise nor vendors.
48. They agreed to depart at 3:30 A.M. sharp.
49. She was born to be an actress.
50. He earns 10,000 dollars a year.

El Cristo de los Andes es una estatua construida en 1904 por los gobiernos de Chile y la Argentina en la frontera misma de estos dos países. Conmemora el arreglo de una disputa internacional por medio del arbitraje. Este símbolo de la paz entre los dos países lleva la inscripción siguiente: "Se desplomarán primero estas montañas antes que argentinos y chilenos rompan la paz jurada a los pies del Cristo Redentor." (Sooner shall these mountains crumble before Argentines and Chileans break the peace sworn at the feet of Christ the Redeemer.)

MASTERY STRUCTURE DRILLS

MULTIPLE-CHOICE QUESTIONS

Each of the incomplete statements is followed by four suggested answers numbered 1 through 4. Select the answer that best completes each.

A

1. Si . . . . en España, veríamos muchas cosas interesantes.
   1 fuésemos 2 éramos 3 estuviéramos 4 estuvimos
2. No envíen Vds. el paquete a las muchachas; . . . .

1 no se las envíen Vds.	3 no envíenselo Vds.
2 no se lo envíen Vds.	4 no las lo envíen Vds.

3. Hace dos horas que . . . .
   1 ha jugado 2 ha estado jugando 3 jugaba 4 juega
4. Si le . . . ., se lo diré.
   1 viera 2 vería 3 veré 4 veo
5. . . . . mucho comen, gordas serán.
   1 Cuyas 2 Ellas que 3 Los cuales 4 Quienes
6. Prohibió que . . . . en la tienda.
   1 fumásemos 2 fumemos 3 fumamos 4 fumaríamos
7. Es un lago . . . . aguas son claras.
   1 cuyos 2 del cual 3 cuyas 4 de que
8. Asistió a la clase el lunes, ... el martes.
   1 sino no 2 sino que no 3 sino 4 pero no
9. Le vi cuando . . . .
   1 le visité 2 le visite 3 le visito 4 le visitara
10. Compró más sellos . . . . necesitaba.
    1 de que 2 que 3 de los que 4 de

B

1. Se lo diré cuando . . . .
   1 volverá 2 vuelvo 3 vuelva 4 vuelve
2. Entró y preguntó:—¿ . . . . es este paraguas?
   1 De las cuáles 2 De cuyo 3 De quién 4 Cuyo
3. El alcalde . . . . por la gente.
   1 se le elegía 2 estaba elegido 3 se eligió 4 fue elegido
4. . . . . ahora.
   1 No lo hagamos 2 No hagámoslo 3 No hágalo nosotros 4 No lo hayamos
5. No llevaba . . . . la chaqueta.
   1 ni siquiera 2 ni tampoco 3 todavía no 4 también

6. No encontró a nadie que . . . . la respuesta.
   1 sabía   2 supo   3 sabría   4 supiera
7. Volvió a recomendar . . . . había recomendado antes.
   1 qué   2 lo que   3 lo cual   4 cuál
8. José y Pablo beben . . . . su hermana.
   1 tanta leche que   2 tanta leche como   3 tan leche como   4 tan leche que
9. . . . . charlar con los amigos.
   1 Gustamos   2 Nosotros gusta   3 Nos gustan   4 Nos gusta
10. ¿ . . . . de estas camisas prefiere Vd.?
   1 Cuál   2 Quién   3 Qué   4 Cuyas

C

1. No iba al cine los sábados, ... los domingos.
   1 sin que   2 sino que   3 pero   4 sino
2. Alfredo y Rosa son hermanos; . . . . es menor que aquél.
   1 aquélla   2 éste   3 ése   4 ésta
3. Tengo miedo de . . . . sola de noche.
   1 saliendo   2 salir   3 saliera   4 salga
4. La noche era oscura, ... les inspiró terror.
   1 la cual   2 el que   3 que   4 lo cual
5. Por mucho que . . . ., nunca será rico.
   1 trabajara   2 puede trabajar   3 trabaje   4 trabaja
6. Hacía un mes que . . . . allí.
   1 vivía   2 había estado viviendo   3 había vivido   4 vivió
7. El camarero no sirvió la comida a los clientes; el camarero . . . .
   1 no se la sirvió   2 no los la sirvió   3 no les sirvió ella   4 no sirviósela
8. Vds. no pueden figurarse . . . . son estas cerezas.
   1 las buenas que   2 cuán buenas   3 cómo buenas   4 cuántas buenas
9. Era cierto que la medicina . . . .
   1 le ayudaría   2 le ayudará   3 le ayudase   4 le hubiera ayudado
10. . . . . los actores.
   1 Se aplaudieron   2 Se aplaudió   3 Se aplaudió a   4 Estaban aplaudidos

D

1. Sabe la historia mejor que . . . .
   1 cualquiera   2 alguna   3 nadie   4 alguien
2. . . . . viaja, tanto más desea viajar.
   1 Cuanto más   2 Tanto más   3 Lo más   4 Más
3. Los aztecas trataban a sus víctimas . . . . y cruelmente.
   1 severamente   2 severas   3 severa   4 severos
4. No pierda Vd. la pluma; . . . . sería una lástima.
   1 ésa   2 eso   3 aquél   4 ésta

5. Los alumnos son menos serios . . . . el maestro cree.

    1 de los que 2 de lo que 3 del que 4 que

6. No creía que el criminal . . . . presentarse.

    1 se atreviera a 2 se atrevería a 3 se atrevía a 4 se atrevió a

7. Las bibliotecas . . . . a las seis.

    1 son cerrado 2 están cerrado 3 cierran 4 se cierran

8. Prefiere una máquina que . . . . bien.

    1 funcionará 2 funciona 3 funcionaría 4 funcione

9. Es posible que . . . . su maleta.

    1 él me prestará 2 él me preste 3 él me prestaría 4 él prestarme

10. . . . . no hacer nada malo, hijos.

    1 Prometáisme 2 Prometedme 3 Prométame 4 Me prometáis

E

1. Prefieren . . . . de otro modo.

    1 los niños divertirse   3 que los niños se divierten

    2 que los niños se divertir   4 que los niños se diviertan

2. En caso de que . . . . más, ven a verme.

    1 necesitas 2 necesitaras 3 necesites 4 necesitarás

3. Te dije mil veces:—. . . . con tu hermana.

    1 No riña Vd. 2 No riñe 3 No reñís 4 No riñas

4. . . . . busca aventuras, las encontrará.

    1 Quienes 2 El que 3 El quién 4 Él que

5. El maestro habló despacio para que todos . . . .

    1 comprendían 2 comprendan 3 comprenderían 4 comprendiesen

6. En mi casa hay un estante que . . . . doscientos libros.

    1 tiene 2 ha 3 tenga 4 tengo

7. La bicicleta de Jorge, ... es nueva, corre bien.

    1 la cual 2 quien 3 que 4 el que

8. . . . . las alhajas y las flores.

    1 Las señoras gustan   3 Las señoras las gustan

    2 A las señoras les gustan   4 A las señoras ellas gustan

9. Si él . . . . más temprano, habría llegado a tiempo.

    1 saldría 2 saliera 3 hubiese salido 4 hubo salido

10. Recogió su baúl y . . . . su hija.

    1 eso de 2 el de 3 ése de 4 que de

JOINING SENTENCES

Rewrite the two sentences in each question as a single sentence in accordance with the instructions, making changes and omissions, and reversing the order of sentences, as necessary. Do *not* begin the sentence with the word or words in italics unless you are specifically told to do so.

SAMPLE QUESTION:
    Join by using *si:*   Juan irá a casa. No lloverá.
ANSWER:
    Juan irá a casa si no llueve.

A

1. Join with *sin:* — Pablo entró. No tocó el timbre.
2. Begin with *Cuando:* — Vd. llegará a Monterrey. Vd. tendrá que visitar a mi primo.
3. Begin with *Los incas:* — Alguien conquistó a los incas. Fue Pizarro.
4. Join with *para:* — María canta. Ella se divierte.
5. Join with *que:* — Vd. lo hará en seguida. Será mejor.
6. Join with *cuyo:* — Allí está Juanito López. Su madre es actriz.
7. Join with *sino:* — No tengo cuatro dólares. Tengo tres.
8. Begin with *Al:* — Corrió a saludarme. Escuchó mi voz.
9. Join with *con tal que:* — Les pagaré bien. Vds. terminarán el trabajo pronto.
10. Begin with *Los que:* — Ellos estudian. Aprenderán mucho.

B

1. Begin with *Aunque:* — Daremos una vuelta por el parque. Lloverá esta tarde.
2. Join with *a menos que:* — No ayudaré a Diego. Él aceptará mi ayuda de buena gana.
3. Join with *para que:* — Papá le dará el dinero. Podrá comprar los libros.
4. Join with *sino:* — No voy a comprar una maleta. Voy a comprar un baúl.
5. Join with *antes de que:* — La Sra. Cárdenas limpió la casa. Su suegra la visitó.
6. Begin with *Aquellos cuadros:* — Alguien pintó aquellos cuadros. Fue Velázquez.
7. Begin with *Si:* — Quieres dinero. Tienes que ganarlo.
8. Join with *hasta que:* — Siguió estudiando. Aprendió bien sus lecciones.
9. Join with *que:* — Lea Vd. correctamente. Lo deseo.
10. Join with *sin que:* — Él entró en la sala. Yo no lo sabía.

C

1. Join with *si:*   Habló como abogado. No era abogado.
2. Join with *que:*   Lo haremos con cuidado. Ella nos lo pide.
3. Begin with *Para:*   Voy a la fiesta. Necesito un automóvil.
4. Join with *quienquiera:*   Alguien llamará. No abra Vd. la puerta.
5. Join with *hasta que:*   Estaré en esa esquina. Vendrá el ómnibus.
6. Join with *de:*   Estoy de vacaciones. Me alegro mucho.
7. Join with *a menos que:*   Mi novia irá al baile. Yo no asistiré.
8. Join with *sino:*   No voy al teatro. Voy al museo.
9. Join with *con tal que:*   Tendremos mucho dinero. Ganaremos el premio gordo.
10. Join with *para que:*   El padre trabaja. La familia podrá comer.

D

1. Join with *cuando:*   Vds. dirán la verdad. Yo escucharé.
2. Join with *si:*   Ganaría más dinero. Podría gastar más.
3. Join with *sin:*   Fue al parque ayer. No se divirtió.
4. Join with *como si:*   Ellos respondieron. No sabían las respuestas.
5. Join with *a menos que:*   Cumpliremos con nuestros deberes. No nos permitirán ir al parque.
6. Join with *hasta que:*   Caminaré mucho. Me cansaré.
7. Begin with *Aunque:*   Tenía mucho dinero. No hizo el viaje.
8. Join with *que:*   Vendrá temprano. Me dijo eso.
9. Join with *ni . . . ni:*   No iremos al concierto. No iremos al teatro.
10. Join with *que:*   Ellos volverían inmediatamente. Sería preciso.

E

1. Join with *antes de que:*   Estudie Vd. sus lecciones. Su madre volverá.
2. Begin with *Si:*   Saldremos bien en el examen. Estudiaremos mucho.
3. Begin with the Spanish form of *What:*   Es un vaso de agua. Lo quiero.
4. Join with *que:*   Yo sabía el camino. Ellos lo dudaban.
5. Join with *si:*   Habríamos visto esa película. Nos habríamos divertido mucho.
6. Join with the Spanish form of *than:*   Ganaba poco dinero. Gastaba más.
7. Join with *para:*   Es muy alto. Es un niño.
8. Join with *sin:*   Lo hizo. No dijo nada.
9. Join with *después de:*   Terminaré el trabajo. Volveré del teatro.
10. Join with *a fin de que:*   El presidente pronunció un discurso importante. El público sabría la situación.

Part III—*Idioms*

1. IDIOMS WITH *DAR*, *HABER*, *HACER*, AND *TENER*

IDIOMS WITH *DAR*

1. **dar a,** to face, to look out upon

   Las ventanas **dan a** la avenida. — The windows face the avenue.

2. **dar con,** to come upon, to find

   Dimos con Juan en el cine anoche. — We came upon John at the movies last night.

3. **dar cuerda (a),** to wind

   Cada mañana **doy cuerda a** mi reloj. — Each morning I wind my watch.

4. **dar de beber (comer) a,** to give a drink to (to feed)

   Pedro **dio de beber a** su perro. — Peter gave his dog a drink.

5. **dar en,** to strike against, to hit

   Se cayó y **dio en** el suelo. — He fell and hit the floor.

6. **dar gritos (voces),** to shout

   Los niños **dieron gritos** de alegría. — The children shouted with joy.
   Dio voces, pidiendo ayuda. — He shouted, asking for help.

7. **dar la hora (las siete),** to strike the hour (seven)

   El reloj **dio la una.** — The clock struck one.

8. **darse la mano,** to shake hands

   Al encontrarse, **se dieron la mano.** — Upon meeting, they shook hands.

9. **dar las gracias (a),** to thank

   Dio las gracias a sus padres por el regalo. — He thanked his parents for the gift.

10. **dar por** + past participle, to consider

    El profesor **dio por terminada** la lección. — The teacher considered the lesson ended.

11. **darse por** + past participle, to consider oneself

Al fin el ejército *se dio por vencido.* Finally, the army considered itself defeated.

12. **dar recuerdos (a),** to give regards to

Dé mis *recuerdos a* sus padres. Give my regards to your parents.

13. **darse cuenta de,** to realize

No *se dio cuenta de* su error. He did not realize his error.

14. **darse prisa,** to hurry

¡Dense prisa! Ya son las ocho. Hurry! It is already eight o'clock.

15. **dar un abrazo,** to embrace

Antes de salir, *dio un abrazo* a su madre. Before leaving, he embraced his mother.

16. **dar un paseo,** to take a walk
dar un paseo en coche, to take a ride (in a car)

Daba un paseo cuando vio el accidente. He was taking a walk when he saw the accident.

17. **dar una vuelta,** to take a stroll

Por la tarde *doy una vuelta* por el parque. In the afternoon I take a stroll through the park.

IDIOMS WITH *HABER*

1. **hay,** there is, there are
había ⎫
hubo ⎬ there was, there were
habrá, there will be
habría, there would be
ha habido, there has (have) been

Había muchos clientes en la tienda. There were many customers in the store.

2. **haber de** + infinitive, to be (supposed) to, to have to

He de salir a las nueve. I am to leave at nine o'clock.

3. **haber sol,** to be sunny

No *hubo sol* ayer, y llovió. It wasn't sunny yesterday, and it rained.

4. **haber (mucho) polvo,** to be (very) dusty

   Había mucho polvo en el camino.   It was very dusty on the road.

5. **haber (mucho) lodo,** to be (very) muddy

   Después de la lluvia *había lodo.*   After the rain it was muddy.

6. **haber neblina,** to be foggy, misty

   Ayer fue un día claro; no *hubo*   Yesterday was a clear day; it was
   neblina.   not foggy.

7. **hay luna,** there is moonlight

   Habrá luna esta noche.   There will be moonlight tonight.

8. **hay que** + infinitive, one must, it is necessary

   Habrá que salir temprano.   It will be necessary to leave early.

9. **hay** + noun + **que** + infinitive, there is (are) + noun + infinitive

   Siempre *habrá problemas que re-*   There will always be problems to
   solver.   solve.

IDIOMS WITH *HACER*

1. **hace** + time expression + **que** + preterite, ago

   Hace una semana que vino a verme.   He came to see me a week ago.

   Note. Without **que,** the expression is reversed:

   Vino a verme *hace una semana.*

2. **hace poco,** a little while ago

   El tren salió *hace poco.*   The train left a little while ago.

3. **hacer buen (mal) tiempo,** to be good (bad) weather

   Ayer *hacía buen tiempo,* pero hoy   Yesterday the weather was good,
   llueve.   but today it is raining.

4. **hacer (mucho) frío (calor),** to be (very) cold (warm)

   En el invierno *hace frío.*   It is cold in winter.

5. **hacer (mucho) viento,** to be (very) windy

   Aquel día no salí porque *hacía*   I didn't go out that day because
   viento.   it was windy.

6. **hacer caso de,** to pay attention to, to heed, to notice

Ese muchacho no *hizo caso de* mis consejos.

That boy didn't heed my advice.

7. **hacer de,** to work as, to act as

En el juego, Diego *hacía de* capitán.

In the game, James acted as captain.

8. **hacer el papel de,** to play the role of

La actriz se negó a *hacer el papel de* condesa.

The actress refused to play the role of countess.

9. **hacer pedazos,** to break to pieces, to tear (to shreds), to smash

El muchacho *hizo pedazos* el papel.

The boy tore the paper to shreds.

10. **hacer una pregunta,** to ask a question

Me *hizo una pregunta,* pero yo no contesté.

He asked me a question, but I did not answer.

11. **hacer una visita,** to pay a visit

Anoche *hice una visita* a mi amigo.

Last night I paid a visit to my friend.

12. **hacer un viaje,** to take (make) a trip

Hizo un viaje a México el año pasado.

He took (made) a trip to Mexico last year.

13. **hacerse,** to become (through effort)

Para *hacerse* médico, es necesario estudiar.

In order to become a doctor, it is necessary to study.

14. **hacerse tarde,** to become (grow) late

Se hacía muy *tarde,* y tenían que marcharse.

It was becoming very late, and they had to leave.

15. **hacer daño (a),** to harm, to damage

El frío *hizo daño a* los árboles.

The cold damaged the trees.

16. **hacerse daño,** to hurt oneself

Se cayó y *se hizo daño* en la cabeza.

He fell and hurt his head.

IDIOMS WITH *TENER*

1. **tener (mucho) calor (frío),** to be (very) warm (cold)

   Tenía calor y se quitó el sobretodo.

   He was warm and took off his overcoat.

2. **tener cuidado,** to be careful

   Tengan Vds. *cuidado* al cruzar la calle.

   Be careful when crossing the street.

3. **tener dolor de cabeza (de estómago,** etc.**),** to have a headache (stomach ache, etc.)

   Ayer *tuve dolor de estómago,* pero hoy estoy bien.

   Yesterday I had a stomach ache, but today I feel well.

4. **tener éxito,** to be successful

   Él *tiene éxito* en todo lo que hace.

   He is successful in everything he does.

5. **tener ganas de,** to feel like

   A veces *tengo ganas de* bailar.

   At times I feel like dancing.

6. **tener (mucha) hambre (sed),** to be (very) hungry (thirsty)

   Tenemos mucha sed en el verano.

   We are very thirsty in the summer.

7. **tener la culpa (de),** to be to blame (for)

   El muchacho *tiene la culpa de* haber roto la ventana.

   The boy is to blame for having broken the window.

8. **tener lugar,** to take place

   ¿Cuándo *tendrá lugar* la fiesta?

   When will the party take place?

9. **tener miedo de,** to be afraid of

   El niño *tiene miedo de* la oscuridad.

   The child is afraid of the dark.

10. **tener por** + adjective, to consider

    Tenía por hecho el trabajo, y se fue.

    He considered the work done, and left.

11. **tener prisa,** to be in a hurry

    Tenía prisa y no podía detenerse a hablar.

    He was in a hurry and could not stop to talk.

12. **tener que ver con,** to have to do with

No *tenía* nada *que ver con* el robo.　　He had nothing to do with the robbery.

13. **tener razón (no tener razón),** to be right (to be wrong)

¿Tiene razón? No, *no tiene razón.*　　Is he right? No, he's wrong.

14. **tener (mucho) sueño,** to be (very) sleepy

María *tenía sueño* y se acostó.　　Mary was sleepy and went to bed.

15. **tener (mucha) suerte,** to be (very) lucky

No *tenía suerte,* y perdió el dinero.　　He wasn't lucky, and he lost the money.

16. **tener vergüenza (de),** to be ashamed (of)

El muchacho *tenía vergüenza de* sus acciones.　　The boy was ashamed of his actions.

EJERCICIOS

A. Escójase de la lista una expresión *sinónima* de cada una de las expresiones en letra cursiva, y escríbase en la forma correcta.

dar con	hacer pedazos
dar las gracias	hay que
darse por	tener ganas de
darse prisa	tener lugar
dar una vuelta	tener miedo de

1. Mientras *daba un paseo* por la ciudad, se fijaba en la gente.
2. En el vestíbulo *se encontró con* el cartero, quien repartía las cartas.
3. La fiesta *se verificó* la víspera de su cumpleaños.
4. Al ver al detective, el traidor *se consideró* perdido.
5. *Deseaba* entrar en la capilla para rezar.
6. El dramaturgo *se apresuró* a terminar la comedia a tiempo.
7. La niña *temía* la oscuridad de medianoche.
8. Fernando e Isabel *agradecieron* a Colón.
9. Para conocer el mundo *es necesario* estudiar la geografía.
10. De un golpe, *rompió* el instrumento.

B. Contéstense en español en frases completas.

1. ¿Sabe Vd. responder cuando el maestro hace una pregunta?
2. ¿Qué toma Vd. cuando tiene sed?
3. ¿Cuántas veces al día da Vd. de comer a su perro?
4. ¿Tiene Vd. ambición de hacerse abogado?
5. ¿Qué hace Vd. cuando tiene sueño?
6. ¿Hay polvo o lodo en la calle cuando la tierra está seca?
7. Cuando hay ruido en la clase, ¿tiene Vd. la culpa?

8. ¿Hay sol o luna de noche?
9. Cuando Vd. tiene prisa, ¿se sienta Vd. a descansar?
10. ¿Hace Vd. visitas los domingos?   ¿A quiénes?
11. ¿En qué estación del año hace mal tiempo?
12. ¿Tiene Vd. éxito en los exámenes?
13. ¿Tiene Vd. cuidado al pronunciar las palabras?
14. ¿Hace Vd. caso de las enseñanzas de la experiencia?
15. ¿Puede hacer daño el fuerte sol de mediodía?
16. ¿Tiene Vd. razón siempre?
17. ¿Se da Vd. cuenta de la bondad y del cariño de sus padres?
18. ¿Qué hace Vd. cuando tiene dolor de dientes?
19. ¿Qué hace Vd. cuando hace viento?
20. ¿Cuántas veces al día da la hora un reloj?

C. Tradúzcanse al español las expresiones en inglés.

1. No te olvides de *give my regards* a tu hermana.
2. El muchacho más inteligente *will act as* guía.
3. El museo *faces* la plaza.
4. *They are to* estar allí a las ocho en punto.
5. Después de la lucha, los dos niños *shook hands*.
6. Mientras jugaban, *they shouted* de alegría.
7. Al caer, Ramón *hurt himself* en la pierna.
8. Lucía *embraced* a su madre.
9. La bondad *has nothing to do with* la riqueza.
10. Celebraron su aniversario *a little while ago*.
11. *It is very foggy* y no se puede ver nada.
12. Siempre *there will be illnesses to* curar.
13. Mamá *was ashamed of* lo que hizo Paco.
14. *We considered* acabada la tarea.
15. Siempre me olvido de *to wind* mi reloj.
16. *It's getting late* y tengo que volver a mi despacho.
17. En el invierno *it is cold*, y el agua se hiela.
18. La pelota se le escapó de las manos y *struck* la pared.
19. Sabe mucho; yo le *consider* sabio.
20. *He is very lucky;* reunió una gran fortuna en tres años.

D. Tradúzcanse al español.

1. Although he was hungry, he was afraid to enter a restaurant.
2. It is sunny, but it is still muddy in the streets.
3. Be careful. Don't eat too much at the banquet.
4. She was sleepy and cold, and scarcely noticed the beauty of the night.
5. I strolled through the museum, looking at the marble statues.
6. It was warm, but it was foggy, and they hurried to reach home.
7. He knows when all the historic battles took place.
8. Cortés smashed the stone figures of the Aztec gods.
9. The manager considered the account settled.
10. His granddaughter played the role of princess in the play.
11. After the explosion, there were many victims to save.
12. I don't feel like attending the circus this afternoon.
13. The map indicates where we can find all the interesting buildings.
14. Upon leaving the bath, he fell and hurt himself.
15. The clock is striking five, and it is getting late.

2. MISCELLANEOUS VERBAL IDIOMS (PART I)

1. **acabar de** + infinitive, to have just

   Acabo de volver de la escuela.   I have just returned from school.
   Acababa de volver de la escuela.   I had just returned from school.

2. **acabar por** + infinitive, to end by, to finally . . .

   Cayó enfermo y *acabó por morir.*   He fell ill and finally died.

3. **acercarse a,** to approach

   Nos acercamos a la casa.   We approached the house.

4. **acordarse de,** to remember

   Se acordó de sus antiguos amigos.   He remembered his old friends.

5. **alegrarse de,** to be glad of (to)

   Se alegró de ganar el premio.   He was glad to win the prize.

6. **alejarse de,** to go away from

   El tren *se alejó de* la estación.   The train drew away from the station.

7. **apoderarse de,** to take possession of

   El ejército *se apoderó de* la fortaleza.   The army took possession of the fortress.

8. **apoyarse en,** to lean against (on)

   El viejo *se apoyó en* la pared.   The old man leaned against the wall.

9. **apresurarse a** + infinitive, to hurry to

   Se apresuró a escribir la carta.   She hurried to write the letter.

10. **arrepentirse de,** to repent

    Se arrepintió de su crimen.   He repented his crime.

11. **asomarse a,** to look out of, to appear at (a window)

    Al oír la música, *me asomé a* la ventana.   On hearing the music, I looked out of the window.

12. **atreverse a** + infinitive, to dare to

    Llovía y no *se atrevieron a salir.*   It was raining, and they did not dare to leave.

13. **burlarse de,** to make fun of

    No *se burlen* Vds. *de* los débiles.   Don't make fun of the weak.

14. **carecer de,** to lack

    Carece de sentido común.   He lacks common sense.

15. **casarse (con),** to marry, to get married (to)

    Se casó con Roberto.   She got married to Robert.

16. **consentir en,** to consent to

    Consienten en que salga hoy.   They consent to my going out today.

17. **consistir en,** to consist of

    El libro *consiste en* trescientas páginas.   The book consists of three hundred pages.

18. **contar con,** to rely on, to count on

    Los niños siempre *cuentan con* su madre.   Children always rely on their mothers.

19. **convenir en,** to agree on (to)

    Convinieron en reunirse al día siguiente.   They agreed to meet on the following day.

20. **cuidar a,** to take care of (a person)
    cuidar de, to take care of (a thing)

    No *cuidó de* su bicicleta y la perdió.   He didn't take care of his bicycle and lost it.

21. **cumplir con,** to fulfill, to keep (a promise, one's word)

    Siempre *cumplo con* mi palabra.   I always keep my word.

22. **dejar caer,** to drop

    Juanito *dejó caer* el vaso de leche.   Johnny dropped the glass of milk.

23. **dejar de** + infinitive, to fail to, to stop, to neglect to

    Dejó de estudiar y cerró el libro.   He stopped studying and closed the book.

24. **dirigirse a,** to address, to make one's way to

El policía *se dirigió a* casa del ladrón.

The policeman made his way to the thief's home.

25. **disponerse a** + infinitive, to get ready to

Cuando *nos dispusimos a salir,* comenzó a llover.

When we got ready to leave, it started to rain.

26. **echarse a** + infinitive, to start to, to begin to

Al ver el toro, el torero *se echó a correr.*

On seeing the bull, the bullfighter began to run.

27. **echar al correo,** to mail

Escribí la carta y la *eché al correo.*

I wrote the letter and mailed it.

28. **echar de menos,** to miss

Los niños *echaron de menos* a su vecino.

The children missed their neighbor.

29. **echar la culpa (a),** to blame

Echó la culpa a su hermana.

He blamed his sister.

30. **empeñarse en** + infinitive, to insist on, to persist in

El muchacho *se empeñó en arrancar* las flores.

The boy insisted on pulling out the flowers.

31. **enamorarse de,** to fall in love with

Al verla, *se enamoró de* ella locamente.

On seeing her, he fell madly in love with her.

32. **encogerse de hombros,** to shrug one's shoulders

Al saber la noticia, *se encogió de hombros.*

On learning the news, he shrugged his shoulders.

33. **enterarse de,** to become aware of, to find out about

Nunca *se enteró de* lo que había pasado.

He never found out what had happened.

34. **estar a punto de** + infinitive, to be about to

Espérame, *estoy a punto de terminar* el trabajo.

Wait for me, I'm about to finish the work.

35. **estar conforme (con)** } to be in agreement (with)
36. **estar de acuerdo (con)** }

No *estoy conforme con* su opinión. } I'm not in agreement with your
No *estoy de acuerdo con* su } opinion.
opinión.

37. **estar de vuelta,** to be back

Estaré de vuelta el miércoles.   I'll be back on Wednesday.

38. **estar para** + infinitive, to be about to

Estoy para salir ahora.   I'm about to leave now.

39. **estar por,** to be in favor of

Yo *estoy por* ir al campo este   I'm in favor of going to the country
verano.   this summer.

40. **fiarse de,** to trust

Dice tantas mentiras que no *me*   He tells so many lies that I don't
fío de él.   trust him.

41. **fijarse en,** to stare at, to notice

Al entrar, *me fijé en* las obras de   On entering, I noticed the works
arte.   of art.

42. **gozar de,** to enjoy

En las montañas *gozó del* aire   In the mountains he enjoyed the
fresco.   fresh air.

43. **guardar cama,** to stay in bed

Tenía fiebre y *guardó cama* todo   He had a fever and stayed in bed
el día.   all day.

44. **insistir en,** to insist on

Insistió en dedicarse al arte.   He insisted on devoting himself to
art.

45. **llegar a ser,** to become, to get to be

Después de años de estudio, *llegó*   After years of study, he became
a ser médico.   a doctor.

46. llevar a cabo, to carry out

El capitán *llevó a cabo* las órdenes del general.

The captain carried out the general's orders.

47. negarse a + infinitive, to refuse to

El niño *se negó a comer* el cereal.

The child refused to eat the cereal.

48. oír hablar de, to hear about

En clase *oí hablar del* gran héroe, Bolívar.

In class I heard about the great hero, Bolívar.

49. oler a, to smell of, to smell like

Esta flor *huele a* clavel.

This flower smells like a carnation.

50. olvidarse de, to forget

Nunca *me olvidaré de* ella.

I will never forget her.

EJERCICIOS

A. Escójase de la lista una expresión *sinónima* de cada una de las expresiones en letra cursiva, y escríbase en la forma correcta.

acordarse de	asomarse a	echarse a
alejarse de	casarse con	estar conforme con
apoderarse de	consentir en	llegar a ser
apresurarse a	disponerse a	llevar a cabo

1. Tenía esperanzas de *hacerse* jefe de la empresa.
2. Bajó del autobús y *comenzó a* correr a pie.
3. No tenía ganas de *ejecutar* los proyectos del amo.
4. No *estoy de acuerdo con* sus ideas sobre la enseñanza.
5. El viejo *recordó* la época de su juventud.
6. El capitán *permitió* que los marineros visitasen la isla desierta.
7. Se lavó, se vistió, y *se preparó para* salir.
8. *Se apartó del* lado de su nieto y se sentó en el banco.
9. Los patriotas *tomaron posesión de* la fortaleza.
10. *Se dio prisa a* cobrar su sueldo porque necesitaba dinero.

B. Escójase de la lista una expresión *antónima* de cada una de las expresiones en letra cursiva, y escríbase en la forma correcta.

acercarse a	atreverse a	dejar caer
acordarse de	carecer de	dejar de
alegrarse de	consentir en	estar de vuelta
asomarse a	convenir en	estar por

1. *Tiene miedo de* encontrar aventuras peligrosas.
2. *Se arrepintió de* haber dedicado tanto tiempo a los deportes.
3. Desde el andén vio que el tren *se alejaba de* la estación.
4. *No deseo* ir a la función esta noche.

5. Mamá *prohibe* que juguemos con los fósforos.
6. A las dos *se echó a* trabajar.
7. *Tengo* mucho dinero y recursos.
8. *Se marchará de* aquí el catorce de mayo.
9. La cocinera *se olvidó de* echar sal en la sopa.
10. Mientras pasaba de la cocina al comedor, *levantó* la botella de vino.

C. Contéstense en español en frases completas.

1. ¿Cumple Vd. con todas sus obligaciones?
2. ¿Está Vd. por un examen mañana?
3. ¿Carece Vd. de fondos a veces?
4. Durante el invierno, ¿echa Vd. de menos los placeres de las vacaciones?
5. ¿Se empeña el maestro en que Vd. hable en voz alta?
6. ¿Cuenta Vd. con la buena suerte para salir bien en los exámenes?
7. ¿Se encoge Vd. de hombros al oír hablar de una catástrofe?
8. ¿Se burla Vd. de sus amigos?
9. Al entrar en casa, ¿deja Vd. caer sus libros en el suelo?
10. ¿Echa Vd. las cartas al correo antes de escribirlas?
11. ¿Cuida Vd. a su hermanito(-a) cuando sus padres salen de noche?
12. ¿Goza Vd. de buena salud?
13. ¿Está Vd. a punto de graduarse de la escuela?
14. Cuando Vd. hace algo malo, ¿echa Vd. la culpa a otro?
15. ¿Se niega Vd. a ir al dentista cuando tiene dolor de dientes?
16. Cuando Vd. se dirige al profesor, ¿habla Vd. en tono cortés?
17. En sus estudios, ¿se fija Vd. en los pequeños detalles?
18. ¿Deja Vd. de cumplir con sus deberes a menudo?
19. ¿Guarda Vd. cama cuando tiene fiebre?
20. ¿Se atreve Vd. a hablar en la clase sin permiso?

D. Tradúzcanse al español las expresiones en inglés.

1. Los trabajadores *agreed to* volver al trabajo.
2. *They approached* la máquina para ver por qué no funcionaba.
3. El muchacho que *took care of* las ovejas había visto un lobo.
4. Subiendo la escalera, *he leaned against* la pared varias veces para descansar.
5. Es bueno tener fieles amigos y poder *to trust* ellos.
6. Los otros alumnos *made fun of* mi modo de vestir.
7. *He ended by* asegurarme que yo tenía razón.
8. Mi padre *insisted on* establecer nuestra casa en una calle estrecha.
9. *I kept* mi promesa, y compré una muñeca para mi sobrina.
10. Esa novela es larga; *it consists of* sesenta capítulos.
11. *He hurried to* llegar a casa antes de la medianoche.
12. En vez de abrir la puerta, *she appeared at* la ventana para averiguar quién llamaba.
13. Según la ley el gobierno *will take possession of* las propiedades del traidor.
14. Hechos los arreglos para la ceremonia, *she married* el príncipe.
15. El médico *relied on* una operación para curar al enfermo.
16. El padre *was about to* castigar al niño cuando entró el abuelo.
17. *We had just* entrar en la casa cuando sonó el teléfono.
18. Mi padre *makes his way to* su despacho todos los días.
19. *Don't fail to* llamar al plomero; no hay agua.
20. En el pueblo lejano, *she missed* a sus queridas amigas y parientes.
21. *On finding out* que el contador no estaba en casa, la policía *got ready to* buscarle.
22. Algunos navegantes *repented* haberse embarcado con Colón.
23. La conoció en el banquete y *fell in love with her* en seguida.

24. En la primavera los jardines *smell of* flores.
25. Los hispanoamericanos *were glad of* haber ganado la independencia.

   E. Tradúzcanse al español.

1. When they saw the broken eyeglasses, they blamed James.
2. She fell in love with a clerk in her father's store.
3. I have heard of the dignity and pride of the Spaniards.
4. When the miser found out about the loss of his treasure, he fainted.
5. Upon hearing the cries (gritos) of his victims, the tyrant shrugged his shoulders.
6. The wounded soldier leaned on the arm of his companion.
7. He told me that he would be back in a few minutes.
8. He persisted in singing in the bath, although he had a bad voice.
9. He stared at the spectacle that was unfolding before his eyes.
10. Mary carried out her plan to make a trip to Peru.
11. This soap smells like roses and violets.
12. My mother forgot to decorate the parlor for the party.
13. I am not in agreement with the attitude of my parents.
14. The child refused to take a bath after falling in the mud.
15. Instead of going out to look for a job, he stayed in bed all day.
16. With a firm hand he wrote the letter, put it in an envelope, and mailed it.
17. I have just seen the postman, and he gave me a letter for you.
18. It is useless to trust false friends.
19. He became a bullfighter and spent many years fighting bulls.
20. She was a Spanish dancer who enjoyed world fame.

La corrida de toros es un espectáculo vistoso que ha atraído a los españoles a través de los siglos, desde sus comienzos en el siglo XII. Lo que más interesa a los españoles es el toro, fuerte, feroz, de cuernos (horns) grandes y puntiagudos (sharp-pointed), y el torero, valiente y diestro (skillful), que arriesga la vida luchando contra su adversario.

3. MISCELLANEOUS VERBAL IDIOMS (PART II); *GUSTAR*

1. **parecerse a,** to resemble

   La niña *se parece a* su tía.   The child resembles her aunt.

2. **pensar** + infinitive, to intend

   ¿Qué *piensa* Vd. *hacer* este verano?   What do you intend to do this summer?

3. **pensar de,** to think of (have an opinion about)

   ¿Qué *piensa* Vd. *del* nuevo maestro?   What do you think of the new teacher?

4. **pensar en,** to think of (direct one's thoughts to)

   Siempre *piensa en* las vacaciones.   He is always thinking about the vacation.

5. **perder cuidado,** not to worry

   Pierda Vd. *cuidado;* todo saldrá bien.   Don't worry; everything will turn out well.

6. **perder de vista,** to lose sight of

   Le siguieron, pero pronto le *perdieron de vista*.   They followed him, but they soon lost sight of him.

7. **ponerse** + adjective, to become (involuntarily)

   Al oír la noticia, el niño *se puso pálido*.   On hearing the news, the child became pale.

8. **ponerse a** + infinitive, to begin to

   La alumna *se puso a llorar*.   The pupil began to cry.

9. **ponerse de acuerdo,** to come to an agreement

   Por fin, *se pusieron de acuerdo*.   Finally, they came to an agreement.

10. **quedarse con,** to keep

    Me quedaré con este lápiz.   I'll keep this pencil.

11. **quejarse de,** to complain of (about)

    El joven *se quejaba de* un dolor.   The young man complained of a pain.

12. **querer decir,** to mean

¿Qué *quiere decir* esta palabra?   What does this word mean?

13. **reírse de,** to laugh at, to make fun of

Todos *se rieron del* chiste.   Everybody laughed at the joke.
Todos *se rieron del* inventor.   They all made fun of the inventor.

14. **reparar en,** to look at, to observe, to notice

Al entrar, *reparó en* la muchacha rubia.   On entering, he noticed the blond girl.

15. **(saber) de memoria,** (to know) by heart

Sé de memoria la poesía.   I know the poem by heart.

16. **sacar una fotografía,** to take a picture

Me gusta *sacar fotografías*.   I like to take pictures.

17. **ser aficionado(-a) a,** to be fond of

Juan *es aficionado a* las corridas de toros.   John is fond of bullfights.

18. **servir de,** to serve as

El Sr. Vásquez *sirvió de* intérprete.   Mr. Vásquez served as an interpreter.

19. **servir para,** to be useful for, to be good for

Los pies *sirven para* andar.   The feet are used for walking.

20. **soñar con,** to dream of

Soñó con hacerse rico.   He dreamed of becoming rich.

21. **tardar en** + infinitive, to be late in, to delay in

El tren *tardó en llegar*.   The train was late in arriving.

22. **tratar de** + infinitive, to try to

Trate Vd. *de mover* esa piedra.   Try to move that stone.

23. **tratarse de,** to be a question of, to be concerned with

Se trata de un asunto serio.   It concerns (is concerned with) a serious matter.

24. **tropezar con,** to come upon, to meet (unexpectedly)

Anoche *tropecé con* ella en el teatro.   Last night I met her in the theater.

25. **valer la pena,** to be worthwhile

    Siempre *vale la pena* escuchar.   It is always worthwhile to listen.

26. **volver a** + infinitive, to . . . again

    El cantor *volvió a cantar.*   The singer sang again.

27. **volver en sí,** to regain consciousness, to come to

    El herido nunca *volvió en sí.*   The wounded man never regained consciousness.

GUSTAR

The verb **gustar** (to be pleasing) also expresses the meaning of the English verb *to like.* "They like the book" must be rephrased in Spanish: "The book is pleasing to them" **(Les gusta el libro).**

The thing *liked* in English becomes the subject in Spanish; the *one who likes* becomes the indirect object.

The verb **gustar** agrees with the Spanish subject. Note that the subject generally follows **gustar.**

1. *Me gusta* el libro.   I like the book. (The book is pleasing to me.)

2. *Me gustan* los libros.   I like the books. (The books are pleasing to me.)

3. *Le gusta* la flor.   You (He, She) like(s) the flower. [The flower is pleasing to you (him, her).]

4. *Le gustan* las flores.   You (He, She) like(s) the flowers. [The flowers are pleasing to you (him, her).]

5. *Nos gustó* la novela.   We liked the novel. (The novel was pleasing to us.)

6. *Nos gustaron* las novelas.   We liked the novels. (The novels were pleasing to us.)

7. *Les gusta* cantar.   They like to sing. (To sing is pleasing to them.)

8. *Les gustan* cantar y bailar.   They like to sing and dance. (To sing and dance are pleasing to them.)

9. **A María** no *le gusta* leer.

Mary doesn't like to read. (To read is not pleasing to Mary.)

10. **A los niños** *les gusta* ir a la escuela.

The children like to go to school. (To go to school is pleasing to the children.)

11. **A ellos** *les gusta* el nuevo profesor.

They like the new teacher. (The new teacher is pleasing to them.)

Note

If the thing liked is not a noun but an "action" (expressed by a verb or clause), **gustar** is used in the third person singular.

VERBS USED LIKE *GUSTAR*

1. **agradar,** to be pleasing (to be pleased with)

   Les agrada mi regalo.

   They are pleased with my gift. (My gift is pleasing to them.)

2. **bastar,** to be enough, to suffice

   Me bastan tres dólares.

   Three dollars are enough for me.

3. **doler,** to be painful, to cause sorrow

   Me duele el pie izquierdo.

   My left foot hurts (is painful to) me.

4. **faltar**
5. **hacer falta** } to be lacking (to need)

   Le faltan cincuenta centavos.

   He needs fifty cents. (Fifty cents are lacking to him.)

   Le hace falta dinero.

   He needs money. (Money is lacking to him.)

6. **parecer,** to seem

   Me parece imposible.

   It seems impossible to me.

7. **placer,** to be pleasing (to like)

   Me place ver el sol.

   I am pleased to see the sun. (To see the sun is pleasing to me.)

8. **quedarle (a uno),** to remain (to someone), to have left

   Nos queda un día.

   We have one day left. (One day remains to us.)

9. **sobrar,** to be left over, to have too much

Me sobran tres.　　　　　　　　I have three too many. [Three are left over (to me).]

10. **tocarle (a uno),** to be one's turn

A mí me toca lavar los platos.　　It is my turn to wash the dishes.

EJERCICIOS

A. Escójase de la lista una expresión *sinónima* de cada una de las expresiones en letra cursiva, y escríbase en la forma correcta.

burlarse de	fijarse en	significar
carecer de	guardar	soñar con
dar con	gustar	tardar en
echarse a	hacer de	tener dolor en

1. Al entrar, el atrevido galán *reparó en* las señoritas rubias.
2. Todos *se rieron de* su aspecto ridículo.
3. Un viejo *servía de* guía para los turistas.
4. *Me duele* la pierna derecha.
5. *Le hace falta* sentido común.
6. El alumno no sabe lo que *quiere decir* el párrafo.
7. Andando por la selva, *tropezó con* muchos mosquitos y abejas.
8. *Se puso a* leer con mucho interés.
9. Me *place* saber que he ganado el premio.
10. Decidió *quedarse con* la camisa más barata.

B. Escójase la expresión que complete correctamente cada frase.

1. _____ saber que Vds. se han hecho periodistas.　(Plazco, Me place)
2. _____ los meses de mayo y junio.　(Le gustan, Les gusta)
3. A los burros _____ una hora de descanso.　(le bastan, les basta)
4. _____ el silencio y la paz del campo.　(Me agrada, Me agradan)
5. _____ las llaves para abrir los cajones.　(Nos faltan, Nosotros faltamos)
6. ¿_____ que las armas son peligrosas?　(No te parece, No te parecen)
7. _____ dar unos centavos al pordiosero.　(Te toca, Te tocan)
8. A ellas _____ la miseria de sus amigos.　(les duelen, les duele)
9. De todo el tesoro que le pertenecía, _____ dos pesos.　(le queda, le quedan)
10. _____ discos; lo que necesitamos es un tocadiscos.　(Nos sobra, Nos sobran)

C. Contéstense en español en frases completas.

1. ¿Sacó Vd. muchas fotografías durante las vacaciones pasadas?
2. ¿Se queja Vd. del trabajo que le da el profesor?
3. ¿Le duele a Vd. hoy la cabeza?
4. ¿Qué piensa Vd. de la última película que vio?
5. ¿De qué se trata en esta lección?
6. ¿Qué dice Vd. cuando tropieza con un conocido?
7. ¿Piensa Vd. hacer un viaje a la América Hispana algún día?
8. ¿Vale la pena llevar un paraguas en un día de lluvia?
9. Después de una noche de fiesta y baile, ¿le queda a Vd. mucho dinero?
10. ¿Aprende Vd. de memoria las reglas de gramática?
11. ¿Sueña Vd. con una carrera profesional?
12. ¿Piensa Vd. algunas veces en el porvenir?

13. ¿Repara Vd. en los pequeños detalles cuando estudia?
14. ¿Se pone Vd. pálido(-a) al oír hablar de una catástrofe?
15. ¿Le gusta leer cuentos de aventuras?
16. ¿Trata Vd. de cumplir con todas sus obligaciones?
17. ¿Se parece Vd. a sus hermanos(-as)?
18. ¿Presta Vd. dinero a sus amigos, si le sobra?
19. ¿Le toca a Vd. hablar mucho en esta clase?
20. ¿Se ríe Vd. de los chistes de sus amigos?
21. ¿Le parece a Vd. interesante esta clase?
22. Después de la cena, ¿se pone Vd. a lavar los platos?
23. ¿Tarda Vd. en contestar a las preguntas del maestro?
24. ¿Es Vd. aficionado(-a) al béisbol?
25. ¿Para qué sirve el jabón?

D. Tradúzcanse al español las expresiones en inglés.

1. Para comer, *suffice for me* pan y leche.
2. *It is a question of* deshacer el mal que hizo don Juan.
3. La noche era oscura, y le *I lost sight of* inmediatamente.
4. Vd. no sabe lo que *means* aquel proverbio.
5. Es buena y diligente, pero *she lacks* imaginación.
6. Se desmayó, pero dentro de poco *she regained consciousness*.
7. La taza está rota y *is not good for* nada.
8. *I'll keep* este vestido; es más bonito que el otro.
9. Después del almuerzo, el jefe *again examined* las cuentas.
10. *It is worthwhile* ser generoso con los pobres.
11. *He never thought of* el peligro que corría en la nueva empresa.
12. *"Don't worry,"* dijo Colón para asegurar a sus marineros.
13. El tren andaba lentamente y *delayed in* llegar.
14. De todas las legumbres, *I like* más el arroz y los guisantes.
15. Todos *observed* el gran actor que acababa de entrar.
16. El navegante no sabía qué *to think of* la nueva estrella.
17. El dependiente *tried to* satisfacer al público, pero sin éxito.
18. *I intend to* facturar las maletas antes de subir al tren.
19. Sabe *by heart* todas las provincias de España.
20. El conferenciante *was fond of* la arquitectura antigua.

E. Tradúzcanse al español.

1. The father was pleased with his son's progress.
2. On seeing the lion, the explorer began to tremble.
3. The soldier knew that it was his turn to spy on the enemy.
4. There are too many (sobrar) difficulties in this lesson.
5. He hurt himself and fainted, but later he came to.
6. The artist tried to win eternal glory with his work.
7. The dancer always complained of the attitude of the public.
8. "I have three tests left to correct," said the teacher.
9. In the dry desert he dreamed of a cool bath.
10. The lawyer laughed at his opponent's efforts.
11. In a nearby bookstore I came upon John, my fellow pupil.
12. Many Spaniards still think of the era of Spain's greatness.
13. We need a stenographer to copy the letters.
14. It seems to me that the Greek philosophers were very wise.
15. They came to an agreement, shook hands, and left.

4. IDIOMS WITH *A*, *DE*, AND *EN*

IDIOMS WITH *A*

1. **a causa de,** because of

   No salió *a causa del* frío.

   He didn't go out because of the cold.

2. **a eso de,** at about + time

   Nos reuniremos *a eso de las cinco.*

   We'll meet at about five o'clock.

3. **a fines de,** at the end of

   La primavera comienza *a fines de* marzo.

   Spring begins at the end of March.

4. **a fondo,** thoroughly

   Sabe *a fondo* la lección para hoy.

   He knows the lesson for today thoroughly.

5. **a fuerza de,** by dint of

   A fuerza de estudio, aprendió bien la historia.

   By dint of study, he learned history well.

6. **a la derecha,** to the right, at the right

   Para llegar al museo, hay que ir *a la derecha.*

   To get to the museum, it is necessary to go to the right.

7. **a la española,** in the Spanish style

   Sirvieron una comida *a la española.*

   They served a meal in the Spanish style.

8. **a la izquierda,** to the left, at the left

   El edificio está allí, *a la izquierda.*

   The building is there, on the left.

9. **a la vez,** at the same time

   Puede escribir y hablar *a la vez.*

   He can write and speak at the same time.

10. **a lo lejos,** in the distance

    A lo lejos se veían unas montañas muy altas.

    In the distance were seen some very high mountains.

11. **a lo (al) menos,** at least

    Esa señora tendrá *a lo menos* cuarenta años.　　That lady must be at least forty years old.

12. **a menudo,** often

    A menudo se encuentran en la calle.　　They often meet in the street.

13. **a mi (su, etc.) parecer,** in my (his, etc.) opinion

    A su parecer, la distancia es grande.　　In his opinion, the distance is great.

14. **a pesar de,** in spite of

    A pesar de estar enfermo, se levantó.　　In spite of being ill, he got up.

15. **a pie,** on foot

    Fueron de Madrid a Alcalá *a pie.*　　They went from Madrid to Alcalá on foot.

16. **a principios de,** at the beginning of, early in

    Pienso estar allí *a principios de* julio.　　I intend to be there at the beginning of July.

17. **a solas,** alone

    En la cárcel, se quedó *a solas* con su conciencia.　　In prison, he remained alone with his conscience.

18. **a tiempo,** on time

    Si quieres comer, vuelve *a tiempo.*　　If you want to eat, return on time.

19. **a (al) través de,** through, across

    Una barca los llevó *a través del* río.　　A ferryboat took them across the river.

20. **al aire libre,** in the open air

    En el campo, pasó mucho tiempo *al aire libre.*　　In the country, he spent much time in the open air.

21. **al amanecer,** at daybreak

    Se puso en marcha *al amanecer.*　　He got started at daybreak.

22. **al anochecer,** at nightfall

    Al anochecer volvió.　　At nightfall he returned.

23. **al cabo (de),** at the end (of), finally

Al cabo de dos meses lo había aprendido todo.	At the end of two months he had learned it all.

24. **al fin,** finally

Al fin, consintió en que su hijo saliera.	Finally, he consented to his son's going out.

25. **al parecer,** apparently

Al parecer, se siente mejor.	Apparently, he feels better.

IDIOMS WITH *DE*

1. **de buena gana,** willingly

Me lo prestó *de buena gana.*	He lent it to me willingly.

2. **de cuando en cuando,** from time to time

De cuando en cuando lo veo en la escuela.	From time to time I see him at school.

3. **de día (noche),** by day (at night)

De día trabajo, *de noche* duermo.	By day I work, at night I sleep.

4. **de esta (esa) manera** ⎫ in this (that) way
   de este (ese) modo ⎭

Le dije que lo hiciese *de ese modo.*	I told him to do it in that way.

5. **de hoy en adelante,** from now on, henceforth

De hoy en adelante, estudiaré cada día.	From now on, I'll study every day.

6. **de mala gana,** unwillingly

Devolvió el dinero *de mala gana.*	He returned the money unwillingly.

7. **de manera que** ⎫ so that
   de modo que ⎭

Habló claramente, *de modo que* todos oyeran.	He spoke clearly, so that everyone would hear.

8. **de ninguna manera** ⎫ by no means
   de ningún modo ⎭

No lo creo; *de ninguna manera.*	I don't believe it; by no means.

9. **de nuevo,** again

Al día siguiente, atacaron **de nuevo.**	On the following day, they again attacked.

10. **de otro modo,** otherwise

Pague Vd. ahora; **de otro modo** llamo a la policía.	Pay now; otherwise I'll call the police.

11. **(abrir) de par en par,** (to open) wide

Las puertas estaban **abiertas de par en par.**	The doors were wide open.

12. **de pie,** standing

El alumno se levantó y se quedó **de pie.**	The pupil stood up and remained standing.

13. **de pronto** } suddenly
    de repente

De repente oyeron un gran ruido.	Suddenly they heard a loud noise.

14. **de rodillas,** kneeling

De rodillas, pidió perdón.	Kneeling, he begged pardon.

15. **de veras,** really, truly

¿La quieres **de veras?**	Do you really love her?

16. **de vez en cuando,** from time to time

De vez en cuando abría los ojos y miraba afuera.	From time to time he opened his eyes and looked out.

IDIOMS WITH *EN*

1. **en cambio,** on the other hand

Juan es perezoso; su hermano, **en cambio,** es diligente.	John is lazy; his brother, on the other hand, is studious.

2. **en cuanto,** as soon as

Llámame **en cuanto** vuelvas.	Call me as soon as you return.

3. **en cuanto a,** in regard to, as for

En cuanto al robo, el ladrón lo negó todo.	As for the robbery, the thief denied everything.

4. **en efecto,** in fact, actually, as a matter of fact

En efecto, lo compré ayer.   In fact, I bought it yesterday.

5. **en lugar (vez) de,** instead of

En vez de estudiar, fue al cine.   Instead of studying, he went to the movies.

6. **en ninguna parte,** nowhere, not anywhere

No encontraron el dinero *en ninguna parte.*   They did not find the money anywhere.

7. **en seguida,** at once, immediately

Se puso el abrigo y se marchó *en seguida.*   He put on his coat and left at once.

8. **en todas partes,** everywhere

Hay buena gente *en todas partes.*   There are good people everywhere.

EJERCICIOS

A. Escójase de la lista una expresión *sinónima* de cada una de las expresiones en letra cursiva, y escríbase en la forma correcta.

al mismo tiempo	desde ahora	otra vez
así	en mi opinión	por lo visto
a veces	inmediatamente	si no
de repente	de vez en cuando	tan pronto como

1. *De hoy en adelante,* el enfermo debe evitar los pasteles y el azúcar.
2. *De nuevo* subió al manzano para coger las frutas.
3. *A mi parecer* la gramática es muy importante.
4. La pobre viuda lloraba y gemía *a la vez.*
5. Atacaron con fuerza, y *de esta manera* triunfaron.
6. *De pronto,* apareció una neblina que lo cubrió todo.
7. *Al parecer,* el color rojo enoja a los toros.
8. Hay que pagar antes; *de otro modo,* los músicos no tocarán.
9. *En cuanto* probó el té se quemó los labios.
10. Sin reparar en nadie, se marchó *en seguida,* a paso rápido.

B. Escójase de la lista una expresión *antónima* de cada una de las expresiones en letra cursiva, y escríbase en la forma correcta.

a causa de	de ninguna manera	nunca
a la izquierda	de pie	por la tarde
al anochecer	en ninguna parte	sin querer
con entusiasmo	muy cerca	tarde

1. *De mala gana* subió la escalera y llamó a la puerta.
2. *De rodillas,* rezaba por la salud de su hijo.
3. Aquella mañana el amo llegó *a tiempo.*

4. En vez de seguir adelante hay que torcer *a la derecha*.
5. *Al amanecer* se asomó al balcón para hablar con su galán.
6. Comió la ensalada *de buena gana*.
7. *A pesar de* los críticos, la poetisa ganó fama.
8. *En todas partes* se encuentran aventuras.
9. *A lo lejos* vimos los campos de maíz.
10. *A menudo* menciona el nombre de su novio.

C. Contéstense en español en frases completas.

1. ¿Qué fiesta ocurre a fines de diciembre?
2. Al recibir buenas notas, ¿experimenta Vd. satisfacción de veras?
3. ¿Se pone Vd. de pie para hablar en la clase?
4. ¿Le gusta a Vd. comer a la española?
5. A su parecer, ¿sería bueno formar un club español?
6. ¿Lleva Vd. paraguas a pesar del buen tiempo?
7. ¿Puede Vd. mirar la televisión y leer a la vez?
8. En una noche clara, ¿qué se ve a lo lejos en el cielo?
9. ¿Viaja Vd. a menudo por ferrocarril?
10. ¿Sabe Vd. a fondo la lección de hoy?
11. ¿De vez en cuando piensa Vd. en las vacaciones?
12. ¿Estudia Vd. de día o de noche?
13. ¿Le gusta a Vd. estudiar a solas o con un compañero?
14. ¿Prefiere Vd. subir la escalera a pie o usar el ascensor?
15. ¿Le gusta a Vd. dar un paseo al aire libre?
16. ¿Madrugaría Vd. de buena gana para ver salir el sol?
17. Al anochecer, ¿le gusta a Vd. estar en casa o fuera?
18. ¿Siempre llega Vd. a tiempo a una cita?
19. En cuanto terminan las clases, ¿a dónde va Vd.?
20. ¿Le gusta a Vd. recibir cosas en vez de regalarlas?

D. Tradúzcanse al español las expresiones en inglés.

1. *Finally*, el cartero le trajo la carta que esperaba.
2. *In regard to* la edad, las mujeres nunca la admiten.
3. El navegante tuvo que torcer *to the left* para evitar otro barco.
4. El avaro poseía una fortuna del valor de un millón, *at least*.
5. ¿Es severo el maestro? *By no means;* es justo.
6. En el restaurante les sirvieron una comida *in the French style*.
7. *By dint of* agitar las alas, el pajarito aprendió a volar.
8. La noche de la conferencia las puertas estaban abiertas *wide*.
9. Todos los días papá va a su trabajo *on foot*.
10. *At the end of* diez años su marido le compró un brazalete de platino.
11. ¡Qué inteligente es! Sabe *thoroughly* la lista de modismos.
12. *At the beginning of* las vacaciones los estudiantes no saben qué hacer.
13. Es mejor empezar el viaje *by day*.
14. *Through* las cortinas se veían los muebles de la sala.
15. *Because of* sus méritos le ascendieron a jefe de la compañía.
16. Era muy cortés; *in that way*, ganó la amistad de todos.
17. El primer acto comienza *at about* las ocho y media.
18. Tenía una verdadera pasión por hacer ejercicios *in the open air*.
19. Tienes que partir mañana; *otherwise*, no llegarás *on time*.
20. *At daybreak* los pescadores salieron a la mar.
21. Ponga Vd. su dinero en el banco; *in this way*, estará seguro.

22. *Unwillingly* se sentó a estudiar la lección de geografía.
23. *From time to time* daba una vuelta por las calles cercanas.
24. La Sra. Álvarez es delgada; su esposo, *on the other hand*, es gordo.
25. *As a matter of fact*, ejecutó fielmente las órdenes del capitán.

E. Tradúzcanse al español.

1. Suddenly a cry of terror interrupted our conversation.
2. Instead of an easy victory, the explorers had to fight all day.
3. At the beginning of winter the lakes freeze over.
4. The teacher is by no means severe; she is very kind.
5. Cotton is cheap; on the other hand, silk is expensive.
6. At the right he saw a large lake and was able to get his bearings.
7. From time to time he stopped and leaned against the wall to rest.
8. As for Columbus, he deserves the admiration of everybody.
9. It is a pity that he has to do the work alone.
10. At eight o'clock sharp, the doors were opened wide and everybody entered.
11. At the end of the summer the days become shorter.
12. At night many stars can be seen in the sky.
13. At about three o'clock his right leg began to hurt (him).
14. The inspector examined the documents again.
15. The artist painted at least a hundred portraits.
16. From now on I promise not to quarrel with my friends.
17. Cover your face with oil; in this way you will avoid the bees.
18. At nightfall he went to bed because he had to get up at 3 A.M.
19. Finally he had left neither his money nor his home.
20. Apparently, the sleeves of the jacket are short.
21. Mr. Gallo really has patience; he explained the lesson three times.
22. By dint of using their (la) intelligence, they made the machine work.
23. Kneeling, he succeeded in entering through the small door.
24. In fact, the catastrophe had serious results.
25. Everywhere one finds diligent and lazy students.

La Piedra del Sol es un famoso ejemplo de la escultura azteca. Las figuras representan los días, los elementos, etc. Los aztecas la usaban como calendario, y con ella podían marcar con gran exactitud los días y los años.

5. MISCELLANEOUS IDIOMS

1. **ahora mismo,** right now

   —Acuéstate *ahora mismo*—dijo mamá.

   "Go to bed right now," said Mother.

2. **billete de ida y vuelta,** round-trip ticket

   Antes de marcharse, compró un *billete de ida y vuelta.*

   Before leaving, he bought a round-trip ticket.

3. **cada vez más,** more and more

   El español se pone *cada vez más* difícil.

   Spanish is becoming more and more difficult.

4. **con tal que** + subjunctive, provided that

   Leeré el libro *con tal que sea* interesante.

   I'll read the book provided that it's interesting.

5. **conforme a,** according to, in accordance with

   Conforme a mis deseos, llegó temprano.

   In accordance with my wishes, he came early.

6. **cuanto antes,** as soon as possible, without delay

   Escríbale una carta *cuanto antes.*

   Write her a letter as soon as possible.

7. **dentro de poco,** in a little while

   Dentro de poco llegarán las vacaciones.

   In a little while vacation time will come.

8. **desde luego,** of course, at once

   Desde luego, la máquina costó mucho.

   Of course, the machine cost a great deal.

   Prometió hacerlo *desde luego.*

   He promised to do it at once.

9. **dicho y hecho,** no sooner said than done

   El general mandó que avanzasen. *Dicho y hecho.*

   The general ordered them to advance. No sooner said than done.

10. **fuera de sí,** beside oneself

Al verla, estuvo *fuera de sí* de alegría.	On seeing her, he was beside himself with joy.

11. **hoy día,** nowadays, today, at present

Hoy día los precios son muy altos	Nowadays, prices are very high.

12. **hoy mismo,** this very day

Tienes que entregarme los documentos *hoy mismo.*	You have to hand me the documents this very day.

13. **junto a,** next to, beside

Estaba sentado *junto a* su novia.	He was seated beside his sweetheart.

14. **lo más pronto posible,** as soon as possible

Trató de llegar *lo más pronto posible.*	He tried to arrive as soon as possible.

15. **mientras tanto,** meanwhile, in the meantime

Los niños jugaban; *mientras tanto,* su madre preparaba la cena.	The children played; meanwhile, their mother prepared supper.

16. **no cabe duda,** doubtless, there's no doubt

No cabe duda; la libertad es preciosa.	There's no doubt; liberty is precious.

17. **no hay remedio,** it can't be helped

Tenemos que esperar dos horas; *no hay remedio.*	We have to wait two hours; it can't be helped.

18. **no importa,** it doesn't matter

No importa el precio; quiero un reloj de oro.	The price doesn't matter; I want a gold watch.

19. **no obstante,** nevertheless, notwithstanding

No obstante mis esfuerzos, no pude llegar a tiempo.	Notwithstanding my efforts, I couldn't arrive on time.

20. **no poder menos de** + infinitive, not to be able to help

No pueden menos de admirar su belleza.	They can't help admiring her beauty.

21. **ocho días,** a week

    Se casarán en *ocho días.*   They'll get married in a week.

22. **otra vez,** again

    Dígalo Vd. *otra vez.*   Say it again.

23. **para sí,** to himself, to herself, to themselves

    Abrió el libro y comenzó a leer *para sí.*   She opened the book and began to read to herself.

24. **pasado mañana,** the day after tomorrow

    Pasado mañana es día de fiesta.   The day after tomorrow is a holiday.

25. **por consiguiente,** therefore, consequently

    Estaba hablando; *por consiguiente,* no oyó la voz del maestro.   He was speaking; consequently, he did not hear the teacher's voice.

26. **por desgracia,** unfortunately

    Por desgracia, la estatua estaba rota.   Unfortunately, the statue was broken.

27. **por escrito,** written, in writing

    Preparen Vds. los ejercicios *por escrito.*   Prepare the exercises in writing.

28. **por eso,** therefore

    Hace calor y sol; *por eso,* hay tantos insectos.   It is hot and sunny; therefore, there are so many insects.

29. **por lo común** } usually, generally
    por lo general

    Por lo común, las joyas cuestan mucho.   Generally, jewels cost a great deal.

30. **por lo visto,** apparently

    Por lo visto, todo está en orden.   Apparently, everything is in order.

31. **por supuesto,** of course

    Por supuesto, es necesario trabajar.   Of course, it's necessary to work.

32. **puesto que,** since

Puesto que has sido malo, tengo que castigarte.

Since you have been bad, I have to punish you.

33. **quince días,** two weeks, a fortnight

Prometió volver en *quince días*.

He promised to return in two weeks.

34. **raras veces,** seldom, rarely

Raras veces hay nieve en septiembre.

Seldom is there snow in September.

35. **sano y salvo,** safe and sound

El vapor llegó al puerto *sano y salvo*.

The ship reached port safe and sound.

36. **sin duda,** doubtless, without doubt

Sin duda el clima es mejor allí.

Doubtless the climate is better there.

37. **sin embargo,** nevertheless, however

Estaba enfermo; *sin embargo,* se levantó al día siguiente.

He was ill; nevertheless, he got up the next day.

38. **sin novedad,** as usual, nothing new

¿Qué hay de nuevo? *Sin novedad.*

What's new? Nothing new.

39. **tal vez,** perhaps

Tal vez el prisionero confesará.

Perhaps the prisoner will confess.

40. **tan pronto como,** as soon as

Tan pronto como recibió el dinero, lo gastó.

As soon as he received the money, he spent it.

41. **todo el mundo,** everybody

Todo el mundo necesita comer para vivir.

Everybody needs to eat in order to live.

42. **unos cuantos (unas cuantas),** a few

Buscó en su bolsillo y no encontró sino *unas cuantas* monedas.

He looked in his pocket and found only a few coins.

43. **¡Vaya un (una)** . . . **!**, What a . . . !

    ¡Vaya una memoria! Sabe todas   What a memory! He knows all
    las fechas.   the dates.

44. **¡Ya lo creo!**, Of course! I should say so!

    ¿Es verdad?   *¡Ya lo creo!*   Is it true? I should say so!

45. **ya no,** no longer

    Ya no asiste a la escuela.   He no longer attends school.

46. **ya que,** since

    Ya que eres tan fuerte, levanta ese   Since you are so strong, lift that
    baúl.   trunk.

EJERCICIOS

A. Escójase de la lista una expresión *sinónima* de cada una de las expresiones en letra cursiva, y escríbase en la forma correcta.

cada vez más	ocho días	unos cuantos
cuanto antes	por consiguiente	¡Vaya un . . .!
desde luego	por lo común	ya no
no cabe duda	tal vez	ya que

1. Nos han robado; hay que avisar a la policía *lo más pronto posible.*
2. En el cielo se veían *varias* estrellas.
3. *Por lo general* lleva una cámara adondequiera que vaya.
4. Quería aprender; *por eso,* siempre prestaba atención en la clase.
5. *Quizás* la campaña dure todo el verano.
6. *Puesto que* es modesto, nunca habla de sus hazañas.
7. En *una semana* su aspecto había cambiado horriblemente.
8. *¡Qué* diccionario! No contiene las palabras que busco.
9. *Por supuesto* el aire fresco es bueno para la salud.
10. *Sin duda,* el gobierno piensa apoderarse de los bienes del traidor.

B. Escójase de la lista una expresión *antónima* de cada una de las expresiones en letra cursiva, y escríbase en la forma correcta.

ahora mismo	para sí	todo el mundo
fuera de sí	por desgracia	unos cuantos
junto a	por lo común	¡Ya lo creo!
mientras tanto	sano y salvo	ya no

1. Después de su viaje tenía *muchas* fotografías y el bolsillo vacío.
2. Los críticos *raras veces* alaban la obra de aquel dramaturgo.
3. *Nadie* desea escuchar el discurso de aquel conferenciante.
4. *Lejos de* la carnicería estaba la botica del pueblo.
5. El ladrón tuvo que acompañar al guardia, echando maldiciones *en voz alta.*
6. *Más tarde* atacarán la fortaleza de los árabes.
7. Salió *herido* de la lucha.
8. Después de muchos años de miseria, *todavía* tiene fe en la humanidad.

9. —*¡De ningún modo!*—exclamó el propietario al oír el plan del empleado.
10. *Afortunadamente*, la provincia estaba lejos de la capital.

C. Contéstense en español en frases completas.

1. Viajando por ferrocarril, ¿le gusta sentarse junto a la ventana?
2. En esta clase, ¿sale bien en los exámenes todo el mundo?
3. ¿Va Vd. a graduarse dentro de poco?
4. ¿Cree Vd. que llueva pasado mañana?
5. ¿Tiene Vd. muchos amigos o solamente unos cuantos?
6. ¿Siempre se porta Vd. conforme a los deseos de sus padres?
7. ¿Tienen Vds. examen en esta clase cada ocho días o cada quince días?
8. ¿Le gustaría a Vd. estar fuera de la escuela ahora mismo?
9. Al hacer un viaje, ¿compra Vd. un billete de ida y vuelta?
10. Cuando comienza a tronar y llover, ¿vuelve Vd. a casa lo más pronto posible?
11. ¿Encuentra Vd. dificultad en preparar las traducciones por escrito?
12. ¿Sale Vd. solo(-a) a menudo o raras veces?
13. ¿Comienza Vd. a estudiar tan pronto como llega a casa?
14. ¿Hace Vd. cosas peligrosas, no obstante el riesgo?
15. Por lo general, ¿qué bebe Vd. cuando tiene sed?
16. ¿Vale mucho un centavo hoy día?
17. ¿Le gusta el campo cuando ya no hay hojas en los árboles?
18. Por lo común, ¿son diligentes los alumnos de esta clase?
19. ¿Piensa Vd. ir al cine hoy mismo?
20. ¿Necesita Vd. estudiar estos modismos otra vez?

D. Tradúzcanse al español las expresiones en inglés.

1. Sonaba la campana de la iglesia; *meanwhile*, la capilla se llenaba de gente.
2. *Unfortunately*, la enfermedad era grave, y el enfermo murió.
3. *Perhaps* la neblina no nos permita navegar con seguridad.
4. Estás lleno de sudor y lodo; báñate *without delay*.
5. Al oír el chiste, *we couldn't help* reír.
6. Se puede construir el edificio de madera; *nevertheless*, el mármol es más hermoso.
7. La bailarina prometió tomar parte en la función *provided that* la pagasen bien.
8. Abrió la carta, y la leyó *to himself*.
9. —*¡What a* respuesta ridícula!—exclamó el maestro.
10. Al encontrar en el cajón las joyas perdidas, *she was beside herself* de alegría.
11. Su madre derramó lágrimas de alegría al verle *safe and sound*.
12. *Of course*, beso a mi mamá todos los días al salir para la escuela.
13. *Since* don Quijote se imaginaba héroe, salió en busca de aventuras.
14. El libertador mandó quitar las cadenas al esclavo; *no sooner said than done*.
15. Aquel día, fue a su trabajo y volvió *as usual*.
16. *It doesn't matter* que la distancia sea grande.
17. El público se ponía *more and more* animado.
18. En el otoño no se ven sino *a few* hojas secas en los árboles.
19. *Doubtless*, se puede comprar este libro en cualquier librería.
20. ¿Es interesante el tercer párrafo? *I should say so!*
21. *There is no doubt* que a veces el castigo es necesario.
22. *Apparently* la herida es leve y puede curarse pronto.
23. *No longer* se preocupan por el porvenir.
24. Tenemos que escuchar la conferencia; *it can't be helped*.
25. Era muy rico; *therefore*, podía mostrarse generoso.

E. Tradúzcanse al español.

1. On reading the article, he was beside himself with anger.
2. The "fans" couldn't help admiring the skill of the bullfighter.
3. I greeted him and asked how he was; he answered, "As usual."
4. I'll tell you the truth, provided that you don't become angry.
5. I have to take care of my little sister this afternoon; it can't be helped.
6. Every two weeks she has to buy a new pair of stockings.
7. The army felt tired and advanced more and more slowly.
8. It doesn't matter that he is tired; there's work to do.
9. As soon as the shoemaker opened his shop, the people entered.
10. The general ordered them to hinder the progress of the enemy; no sooner said than done.
11. Omit the seventh exercise, but prepare the eighth in writing.
12. Every hour the nurse brought the medicine, in accordance with the doctor's orders.
13. The day after tomorrow neither you nor I will remember all the historical dates.
14. In a little while the group will assemble in the living room.
15. The danger had passed; nevertheless, the inhabitants were afraid to go out.
16. The teacher was speaking to the class; meanwhile, a pupil was erasing the blackboard.
17. He bought a round-trip ticket and went out to the platform to wait for the train.
18. After his operation, he no longer wears eyeglasses.
19. Usually, the first act begins at 8:40 P.M.
20. "Put on a white shirt right now," said my mother.
21. "This very day, victory will be ours," shouted Cortés to his soldiers.
22. Apparently he has lost his patience and will now proceed with a firm hand.
23. Nowadays, the telephone is one of the most important instruments we have.
24. Notwithstanding his fever, he got up the next day and left the house.
25. The tailor again measured the sleeve and saw that it was short.

La Dama de Elche es una estatua de mujer encontrada en 1897 en Elche, en España, en la provincia de Alicante. Se cree que es la representación de una antigua diosa o princesa ibérica.

6. MASTERY EXERCISES

A. Escríbase la letra de la expresión del grupo *B* que traduzca correctamente la expresión del grupo *A*.

	A	B
_____	1. en lugar de	*a.* to be sleepy
_____	2. conforme a	*b.* since
_____	3. darse cuenta de	*c.* suddenly
_____	4. hacer caso de	*d.* instead of
_____	5. dar por	*e.* to dream of
_____	6. tan pronto como	*f.* therefore
_____	7. en seguida	*g.* to feel like
_____	8. burlarse de	*h.* to mean
_____	9. por consiguiente	*i.* as soon as
_____	10. tener sueño	*j.* to be successful
_____	11. tener ganas de	*k.* immediately
_____	12. echar de menos	*l.* to enjoy
_____	13. soñar con	*m.* in accordance with
_____	14. volver en sí	*n.* to pay attention to
_____	15. de veras	*o.* to insist on
_____	16. tener éxito	*p.* to realize
_____	17. querer decir	*q.* to make fun of
_____	18. a través de	*r.* to miss
_____	19. de repente	*s.* through
_____	20. ya que	*t.* to consider
		u. to regain consciousness
		v. really

B. En cada grupo, escójase el modismo que signifique lo mismo que el modismo a la izquierda.

1. *fijarse en:* reparar en, empeñarse en, enterarse de
2. *no obstante:* tal vez, sin embargo, ya no
3. *dar gritos:* dar recuerdos, dar voces, dar cuerda
4. *dar con:* tropezar con, contar con, quedarse con
5. *hay que:* tiene por, ha de, es necesario
6. *apresurarse:* tener prisa, apoderarse, lo más pronto posible
7. *desde luego:* hace poco, puesto que, por supuesto
8. *hacer de:* haber de, hacerse, hacer el papel de
9. *por consiguiente:* en efecto, por eso, de pronto
10. *estar a punto de:* estar de vuelta, estar para, estar por
11. *conforme a:* de acuerdo con, a eso de, en cambio
12. *gustar:* agradecer, parecer, placer
13. *ponerse de acuerdo:* convenir en, dar cuerda, acordarse de
14. *echarse a:* dar a, ponerse a, ponerse
15. *de nuevo:* sin novedad, otra vez, a menudo
16. *dar las gracias:* agradecer, agradar, alegrarse de
17. *dar una vuelta:* dar un paseo, volver a, estar de vuelta
18. *por lo visto:* perder de vista, por supuesto, al parecer
19. *tener lugar:* llegar a ser, verificarse, en vez de
20. *hacer pedazos:* romper, echar al correo, hacer falta

C. Escójase el modismo que correctamente traduzca lo inglés.

1. *I am in favor of* ir en busca de un cochero que nos lleve a la fiesta.   (Estoy para, Estoy por)
2. *Since* la puerta estaba cerrada, no pudieron entrar en el templo.   (Ya no, Ya que)
3. El tintero cayó de sus manos y *hit* el suelo.   (dio en, dio a)
4. Los espectáculos *are good for* divertir al público.   (sirven de, sirven para)
5. El sol era fuerte, y andando por el camino, *he was warm*.   (tenía calor, hacía calor)
6. El ladrón *ended by* admitir su crimen.   (acabó por, acababa de)
7. Después de la lluvia, *there was mud* en las calles.   (había polvo, había lodo)
8. Cuando vieron el vidrio roto, *they blamed* Vicente.   (tuvieron la culpa de, echaron la culpa a)
9. A los cuatro meses el dramaturgo *considered* terminada su comedia.   (dio por, se dio por)
10. Durante años, Colón *thought of* el descubrimiento de las Indias.   (pensaba en, pensaba de)
11. Ponte el chaleco; *otherwise* es posible que te resfríes.   (de otro modo, de ningún modo)
12. *Nowadays* se estudia el castellano en casi todas las escuelas.   (Hoy mismo, Hoy día)
13. *Apparently*, la amistad de los dos políticos no va a durar mucho tiempo.   (Al parecer, A su parecer)
14. El conquistador *tried to* establecer un pueblo en la selva.   (trató de, se trató de)
15. *In regard to* la aritmética, la encuentro muy difícil.   (En cuanto, En cuanto a)
16. Siempre tenía curiosidad; *in that way* aprendió mucho.   (de esta manera, de ese modo)
17. El maestro *took care to* borrar la pizarra antes de salir.   (cuidó de, cuidó a)
18. *Willingly* emprendió la construcción de la casa.   (Tenía ganas de, De buena gana)
19. Al ver de cerca el león, *he became* pálido.   (se puso, se hizo)
20. *Be careful*, señor; esas uvas no son maduras.   (Pierda Vd. cuidado, Tenga Vd. cuidado)

D. En cada frase, escríbase una palabra o una expresión que correctamente complete la frase.

1. Si hoy es martes, _____ es jueves.
2. Estudió la poesía, y al día siguiente la sabía de _____.
3. Cuando llueve y hace frío decimos que hace _____ tiempo.
4. No sabía qué hacer; estaba _____ sí de alegría.
5. Me dijo algo que yo sabía, y le contesté,—¡Ya _____!
6. Mis amigos son fieles, y puedo _____ me de ellos.
7. Era valiente; no tenía _____ de los animales de la selva.
8. Cuando bebo agua es porque tengo mucha _____.
9. No puedo coser con esta aguja; compraré otra _____ poco.
10. Yo debía estar allí a las seis, y no llegué hasta las ocho; _____ mucho en llegar.
11. Si hay algo en la lección que no comprendo, hago _____ al profesor.
12. Los que tienen la vista débil por lo _____ llevan anteojos.
13. La escena le encantó y en seguida preparó la cámara para _____ una fotografía.
14. Si alguien me hace un favor, se lo doy las _____.
15. Juan tiene las mismas opiniones que yo; siempre está _____ conmigo.
16. Siempre llegaba tarde; nunca podía llegar a _____.
17. El peligro era grande, pero pude salir _____ y _____, sin heridas.
18. A _____ de cada mes esperamos el próximo mes.
19. Cuando me _____ el estómago, tengo dolor de estómago.
20. He gastado casi todo mi dinero; me _____ solamente once centavos.

E. Contéstense las preguntas siguientes empleando en cada respuesta una expresión que signifique *lo contrario* de la expresión en letra cursiva.

EJEMPLO: *¿Hay sol* de noche?   No, señor, hay luna de noche.

1. ¿Le gusta a Vd. mirar la puesta del sol *a pesar de* su belleza?
2. ¿Duerme Vd. *de día?*
3. *¿Hace calor* en el invierno?
4. ¿Deben andar los coches *a la izquierda* del camino?
5. *¿Se da Vd. prisa* a volver a casa después de las clases?
6. *¿Se olvida Vd.* de limpiarse los dientes por la mañana?
7. ¿Es libre el oro *en todas partes?*
8. Al ver a sus amigos, *¿se aleja Vd.* de ellos?
9. Cuando alguien dice la verdad, ¿contesta Vd. *"De ninguna manera"*?
10. ¿Ocurre la Navidad *a principios del* año?
11. Si alguien tuviera hambre, ¿le *daría Vd. de beber?*
12. ¿Escucha Vd. *de mala gana* las explicaciones del maestro?
13. ¿Habla Vd. *de rodillas* en la clase?
14. ¿Contesta Vd. correctamente *raras veces?*
15. ¿Desaparece el sol *al amanecer?*
16. En el invierno, ¿pasa Vd. mucho tiempo *al aire libre?*
17. *¿Le sobra* a Vd. dinero al fin de la semana?
18. ¿Llega Vd. a la escuela *a pie?*
19. *¿Hace buen tiempo* cuando llueve?
20. *¿Tiene Vd. frío* en el verano?

F. Tradúzcanse al español las expresiones en inglés.

1. *He approached the* teatro, y vio que las puertas estaban *wide open.*
2. Compramos *round-trip tickets,* y luego *we made our way to the* andén.
3. —*¡What a* cantor!—exclamaron todos *at the same time.*
4. En la acera los dos norteamericanos *shook hands* y prometieron verse en *two weeks.*
5. El tirano *repented* haber hecho una injusticia a los trabajadores, pero *it couldn't be helped.*
6. *At the end of* una hora, entró en su cuarto y *got ready to* estudiar la geografía.
7. Cuando el reloj de la iglesia *struck the hour, he embraced* a su esposa y salió del comedor.
8. Pedro *kept* su promesa y *carried out* los deseos de su padre.
9. *I insist on* un contrato *written.*
10. Su discurso *has nothing to do with* la realidad, pero, *unfortunately,* los alumnos tienen que escucharle.
11. *He dropped* la servilleta, y al recogerla, *he hurt himself* en la cabeza.
12. Afuera *it was very cold,* pero adentro *it was warm.*
13. El padre *consented* que su hija *marry* el andaluz.
14. *He was lucky* en el comercio, y *by dint of* trabajo, pudo aumentar su capital.
15. *She complained of* fiebre y *stayed in bed* todo el día.
16. *At nightfall* vieron una fonda *in the distance.*
17. Los pícaros *lacked* fondos y *were hungry;* así, robaron unas naranjas de los árboles.
18. En la aldea *everybody laughed at the* pobre loco.
19. *It's worth while* estudiar hasta saber *thoroughly* la lección.
20. *She is right;* todos los hijos *resemble her.*
21. *From time to time she looked out of* la ventana para ver si su novio todavía esperaba.
22. *He stopped* contemplar la puesta del sol porque *there was work to do.*
23. El viejo no podía mantenerse *standing,* y *leaned on* el hombro de su nieto.

24. *They heard about* los encantos de aquel sitio, y el próximo verano *they paid a visit* allí.
25. Nuestro perro *would not dare to hurt* a nadie.

G. Tradúzcanse al español.

1. The policeman ordered him to turn to the right; no sooner said than done.
2. He sat down beside his friend and asked the waiter for rice and chicken in the Spanish style.
3. It was foggy and windy, but in the kitchen it was very warm.
4. He was ill and lacked food; meanwhile, his rival was enjoying wealth and good health.
5. He bought a guitar and practiced at least three hours a day; in this way, he learned to play it well.
6. There is no doubt that his whole fortune consists of a few coins.
7. It doesn't matter what I eat; a salad and a piece of bread and butter are enough for me.
8. Because of her goodness and her beauty, the young man couldn't help falling in love with her.
9. She read the letter to herself, so that she might not annoy anyone.
10. It was getting late, and they could not see a human being anywhere.
11. He insists on becoming a dramatist in spite of not knowing how to write.
12. Doubtless you can avoid a disaster, provided that you follow my advice.
13. His mother was ashamed of his actions and refused to speak to him.
14. He is fond of the theater; he goes there every week.
15. Finally, she decided to buy the perfume because it smelled of violets.
16. On falling, he hit the ground and never regained consciousness.
17. Henceforth I intend to study alone.
18. It is necessary to reach an agreement as soon as possible.
19. Since it was my turn to mail the letters, I shrugged my shoulders and went out.
20. Because of their interest in (por) music, their conversation became more and more lively.

Aunque forma parte de la catedral de Sevilla, la Giralda es una torre de origen árabe. En lo alto de la torre hay una estatua que hace de veleta (weather vane), girando con el viento. De ahí el nombre (girar = to turn).

Part IV—*Civilization*

1. LA GEOGRAFÍA DE ESPAÑA

EXTENSIÓN, CLIMA, Y POBLACIÓN

España está situada al sudoeste del continente europeo. Con Portugal, forma la **Península Ibérica**. Sus vecinos más cercanos son Francia al norte y Portugal al oeste. El resto del país está rodeado de las aguas del Mar Mediterráneo al este y del Océano Atlántico al oeste. El Estrecho de Gibraltar separa a España de Marruecos (Morocco), en el norte de África.

Su extensión, con las Islas Baleares, es de unas 195,000 millas cuadradas; es decir, algo menos que la del estado de Tejas, pero cuatro veces más grande que la del estado de Nueva York.

El clima de España es muy variado. En las mesetas del norte y del centro hay tierras frías; en la costa del Atlántico, tierras templadas; y en el sur y el este, tierras cálidas (hot). A causa de las grandes diferencias de temperatura, se ha dicho que Castilla tiene "nueve meses de invierno y tres de infierno (hell)."

España es una nación de unos 37 millones de habitantes. Madrid tiene una población de casi cuatro millones, y Barcelona, de unos dos millones.

CORDILLERAS PRINCIPALES

España tiene cinco grandes cordilleras. Con la excepción de Suiza, es el país más montañoso de Europa.

1. Los **Pirineos,** que marcan la frontera entre España y Francia, están en el norte del país.

2. Los **Montes Cantábricos** están en el noroeste del país. Esta cordillera está compuesta de muchas mesetas rodeadas de altas montañas.

3. La **Sierra de Guadarrama** está en el centro del país, al norte de Madrid.

4. La **Sierra Morena** está en el sur, y separa la meseta de La Mancha del valle del Guadalquivir.

5. La **Sierra Nevada** está aún más al sur. En esta sierra se encuentra, cerca de Granada, el **Cerro del Mulhacén,** el pico más alto de España, el cual tiene una altura de 11,400 pies.

RÍOS

Entre las mencionadas cordilleras corren los ríos más grandes del país, todos los cuales desembocan (empty) en el Océano Atlántico, excepto el Ebro.

1. El **Ebro,** en el norte, fluye hacia el este, pasa por la importante ciudad de Zaragoza, y desemboca en el Mar Mediterráneo.

2. El **Duero,** que nace cerca de la ciudad de Burgos en Castilla la Vieja, pasa por Portugal y desemboca en el Atlántico.

3. El **Tajo,** el río más largo de España, pasa por la ciudad de Toledo y desemboca en el Atlántico, cerca de Lisboa, en Portugal.

4. El **Guadiana** está en el sur del país. Pasa por Mérida y por Badajoz, dos antiguos centros romanos, y entra en Portugal, desembocando en el Atlántico.

5. El **Guadalquivir** (palabra árabe que significa "río grande") se halla también en el sur del país. Es el río más navegable de España. En sus orillas se hallan las ciudades de Córdoba y Sevilla.

PRODUCTOS Y MINERALES PRINCIPALES

España es un país agrícola. Son abundantes en el norte la madera y la pesca (fishing); en la parte central, el trigo y la ganadería; en el sur, la vid, de donde vienen los célebres vinos de Jerez (sherry) y de Málaga, aceitunas (olives), aceite de oliva (olive oil), y corcho (cork); en el sudeste, arroz, naranjas de Valencia, limones (lemons), dátiles (dates), y otras frutas tropicales.

España posee también mucha riqueza minera. Se hallan las minas de hierro de Somorrostro en la provincia de Vizcaya (en el norte); en el sur del país, las minas de plomo (lead) de Linares; en el sudeste, las minas de cobre del Río Tinto; y, en la parte central del sur, las minas de mercurio de Almadén.

EJERCICIOS

A. Refiriéndose al mapa abajo, identifíquense los siguientes nombres geográficos, escribiendo a la izquierda de cada uno la letra correspondiente:

1. _____ el Estrecho de Gibraltar   4. _____ las Islas Baleares
2. _____ Portugal   5. _____ el Mar Mediterráneo
3. _____ Francia

B. Refiriéndose al mapa abajo, identifíquense los siguientes ríos y cordilleras, escribiendo a la izquierda de cada nombre el número correspondiente:

1. _____ la Sierra Nevada   6. _____ el Duero
2. _____ el Ebro   7. _____ la Sierra Morena
3. _____ el Guadalquivir   8. _____ los Pirineos
4. _____ la Cordillera Cantábrica   9. _____ la Sierra de Guadarrama
5. _____ el Guadiana   10. _____ el Tajo

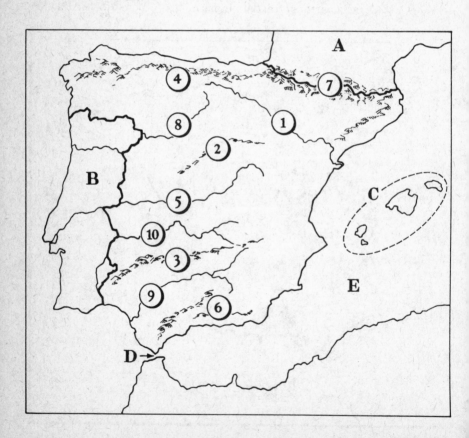

C. A la izquierda de cada expresión de la lista A, escríbase la letra de la expresión correspondiente de la lista B.

A

---------- **1.** montañas cerca de Madrid
---------- **2.** río más navegable de España
---------- **3.** pico más alto de España
---------- **4.** montañas del sur de España
---------- **5.** montañas en el noroeste de España
---------- **6.** río más largo de España
---------- **7.** río que desemboca en el Mar Mediterráneo
---------- **8.** ciudad de unos dos millones de habitantes
---------- **9.** río que nace en Castilla la Vieja
----------**10.** montañas entre Francia y España

B

a. la Sierra de Guadarrama
b. Badajoz
c. el Ebro
d. el Guadiana
e. el Duero
f. Barcelona
g. los Pirineos
h. la Sierra Morena
i. Burgos
j. el Mulhacén
k. el Guadalquivir
l. la Cordillera Cantábrica
m. el Tajo

D. Complétense las siguientes frases en español:

1. Jerez y Málaga son célebres por sus ----------.
2. La palabra *Guadalquivir* significa ----------.
3. El metal que se saca de las minas de Linares es ----------.
4. La ciudad de Zaragoza está a orillas del río ----------.
5. Dos productos agrícolas del sudeste de España son ---------- y ----------.
6. España y Portugal forman la Península ----------.
7. Se hallan las tierras cálidas en el ---------- y en el ---------- de España.
8. Con la excepción de Suiza, España es el país más ---------- de Europa.
9. La Sierra ---------- separa la meseta de la Mancha del valle del Guadalquivir.
10. Al este, España está rodeada del ----------.

DIVISIÓN TERRITORIAL DEL PAÍS

Políticamente, España con sus posesiones está compuesta de cincuenta y cuatro provincias. Históricamente, está dividida en trece regiones, cada una de las cuales tiene sus propias tradiciones y cultura.

EL NORTE

1. **Galicia** está al norte de Portugal y tiene el Atlántico al norte y al oeste. Sus habitantes, que se llaman **gallegos,** son descendientes de la raza céltica. Los puertos principales de esta región son **Vigo y La Coruña.**

2. Las **Provincias Vascongadas** (Vizcaya, Álava, y Guipúzcoa) son montañosas, bien regadas (irrigated), y hermosas. Sus habitantes se llaman **vascos.** Son descendientes de un pueblo de origen desconocido. Son bilingües (es decir, hablan dos lenguas). Además del español, hablan **el vascuence,** un idioma también de origen muy antiguo y desconocido.

Los vascos tienen un carácter muy independiente y un profundo senti-miento religioso. San Ignacio de Loyola, quien fundó la **Compañía de Jesús** (los jesuitas), nació allí. En esta región se halla la célebre playa de **San Sebastián**. Esta playa es conocida como el "Biarritz" o el "Lido" de España.

3. **Asturias** está entre las Provincias Vascongadas y Galicia. Allí se halla Covadonga, donde el héroe, Pelayo, venció a los moros en el año 718, iniciando así la Reconquista de España. Las ciudades principales de esta región son **Oviedo y Gijón**.

4. **Navarra** está al este de las Provincias Vascongadas. En **Pamplona,** su capital, se celebra en julio una fiesta que atrae a muchos turistas.

EL CENTRO

5. **Castilla la Vieja** y **Castilla la Nueva** están situadas en una alta meseta seca, casi sin ríos ni lagos. Ésta está al sur de aquélla. El idioma nacional, **el castellano,** tuvo su origen en estas regiones. También se llaman **castellanos** los habitantes. Ninguna otra región ha influido tanto en la vida nacional como Castilla, que domina el país por sus ideales y su espíritu. La capital, **Madrid,** se halla en Castilla la Nueva.

6. **León** está al sudeste de Galicia y al oeste de Castilla la Vieja. Esta región forma parte de la seca meseta central del país. No obstante, sus tierras rinden ricas cosechas de cereales, gracias al riego.

7. **Extremadura,** al sur de León, está llena de montes. El río Guadiana fluye por estas tierras, donde se hallan muchos monumentos de la época romana. Aquí nacieron los grandes conquistadores (Pizarro, Cortés, y Balboa).

EL SUR

8. **Andalucía,** en el sur del país, recibió la influencia más profunda de la cultura árabe. Sus ciudades principales representan los distintos períodos de su historia. **Cádiz,** por ejemplo, fue el centro del comercio fenicio. Más tarde, durante la época musulmana (árabe), florecieron centros como **Córdoba, Granada,** y **Sevilla.** En Andalucía se hallan las típicas casas españolas, pintadas de vivos colores, con patio en el centro y con rejas y balcones que dan a la calle.

EL ESTE

9. **Cataluña** está en el nordeste del país, en la costa mediterránea al norte de Valencia. Es la región más industrial del país. Sus habitantes son bilingües, pues además del castellano hablan su propio idioma, **el catalán.** Su ciudad principal es **Barcelona.** Durante la Edad Media, los catalanes estaban unidos en su cultura con Provenza (Provence), provincia antigua del sur de Francia, la cual fue el centro de una gran cultura.

10. **Valencia,** conocida por la fertilidad de su tierra y su excelente sistema de riego, está al sur de Cataluña. Es llamada "la huerta (orchard) de España" a causa de sus numerosos productos agrícolas, entre los cuales son bien conocidas las deliciosas naranjas valencianas. Los campesinos todavía emplean la **noria,** primitiva máquina de riego introducida en España por los moros. Las costumbres de los valencianos, así como sus tradiciones, están bien representadas en algunas de las novelas del gran escritor Blasco Ibáñez.

11. **Murcia,** al sur de Valencia, es típicamente mediterránea. Tiene un cielo limpio y un clima semitropical. Los productos principales de esta región son dátiles, limones, y naranjas.

12. **Aragón** está en el nordeste del país, al oeste de Cataluña. Sus habitantes, los **aragoneses,** tienen fama de ser muy obstinados (stubborn). El terreno consiste en montañas y picos. El nombre de la capital, **Zaragoza,** viene del nombre del emperador romano César Augusto.

POSESIONES EXTRATERRITORIALES

1. Del gran imperio español hoy no quedan más que fragmentos. En el Mar Mediterráneo están las **Islas Baleares:** Mallorca, Menorca, Ibiza, y Formentera. La más grande es **Mallorca,** cuya capital es **Palma.**

2. En el Atlántico, cerca de la costa africana, se encuentran las **Islas Canarias,** que están divididas en dos provincias, **Santa Cruz de Tenerife** y **Las Palmas.**

3. España tiene también **Ceuta** y **Melilla,** dos puertos en la costa de Marruecos (Morocco).

EJERCICIOS

A. Refiriéndose al mapa en la página siguiente, identifíquense los siguientes nombres geográficos, escribiendo a la izquierda de cada uno el número correspondiente:

1. _____ Asturias		**9.** _____ Extremadura
2. _____ Valencia		**10.** _____ las Islas Baleares
3. _____ Murcia		**11.** _____ León
4. _____ Galicia		**12.** _____ Castilla la Vieja
5. _____ Portugal		**13.** _____ Provincias Vascongadas
6. _____ Castilla la Nueva		**14.** _____ Aragón
7. _____ Navarra		**15.** _____ Cataluña
8. _____ Andalucía		

B. Complétense, escribiendo el nombre de la región.

1. _____ está directamente al norte de Portugal.
2. _____ es la región más industrial de España.
3. _____ es "la huerta de España."
4. _____ ha tenido más influencia que ninguna otra en la vida nacional.
5. _____ tiene una ciudad cuyo nombre viene del de un emperador romano.
6. En _____ se inició la Reconquista.
7. Los habitantes de _____ hablan el español y un idioma cuyo origen es desconocido.
8. _____ dio al mundo muchos conquistadores.
9. _____ todavía conserva mucho de la gran cultura árabe.
10. _____ dio a España su idioma nacional.
11. _____ es la posesión española situada cerca de África.
12. En _____ están las ciudades de Cádiz y Granada.
13. La famosa playa de San Sebastián se halla en _____.
14. _____ son la única posesión española en el Mediterráneo.
15. _____ tiene muchos monumentos de la época romana.

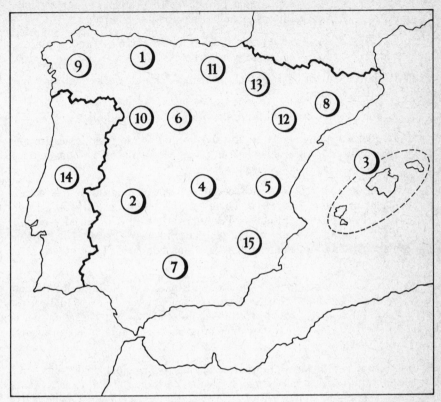

C. Indíquese si las frases siguientes son *verdad* o *mentira*. Si una frase es mentira, corríjase cambiando la expresión en letra cursiva.

1. Palma es la capital de *las Islas Canarias*.
2. *Los vascos* son descendientes de la raza céltica.
3. El gran héroe, *Pelayo*, inició la reconquista de España de la dominación de los moros.
4. Las Islas Canarias se hallan en el *continente de África*.
5. San Ignacio de Loyola fundó *la Compañía de Jesús*.
6. Los puertos de La Coruña y *Barcelona* están en la provincia de Galicia.
7. La capital de España está en Castilla *la Vieja*.
8. En tiempos pasados Cataluña tenía relaciones culturales con *Provenza*, una provincia de Francia.
9. *Blasco Ibáñez* describe la vida de los valencianos en algunas de sus novelas.
10. Murcia está al *norte* de Valencia.
11. España *ya no* tiene un gran imperio.
12. Muchos extranjeros van a Pamplona en el mes de *julio*.
13. La noria fue llevada a España por los *franceses*.
14. La ciudad principal de *Cataluña* es Barcelona.
15. Cádiz fue un gran centro comercial establecido por los *romanos*.

CIUDADES PRINCIPALES

1. **Madrid,** la capital y ciudad más grande de España, está en el centro del país. Sus lugares de interés principales son los siguientes:

   a. El **Museo del Prado** tiene muchas obras de los grandes pintores españoles, como Velázquez y El Greco.

   b. El lujoso (luxurious) **Palacio Nacional** es uno de los palacios más grandes del mundo.

   c. El **Parque del Buen Retiro** es el parque principal de la capital.

   d. La plaza principal es la **Puerta del Sol,** de donde salen las calles más importantes. Allí se encuentran magníficos edificios, grandes hoteles, lujosas tiendas, y cafés elegantes.

   e. Cerca de la capital está **El Escorial,** un enorme monasterio que mandó construir Felipe II. De estilo severo, representa el carácter frío del rey. El edificio contiene el Panteón de los Reyes (burial place for kings), donde están enterrados (buried) muchos de los reyes de España. También hay en él una biblioteca y una iglesia. El arquitecto principal fue Juan de Herrera.

   f. Otro monumento enorme cerca de la capital es el **Valle de los Caídos,** dedicado en 1958. Fue construido en memoria de los soldados que murieron en la Guerra Civil española (1936–39). Encima de la ancha bóveda (dome) hay una cruz que tiene más de cuatrocientos pies de alto.

2. **Barcelona,** capital de **Cataluña,** es el puerto principal de España. **La Rambla,** uno de los paseos más hermosos de toda Europa, es la avenida más ancha de la ciudad. La **Plaza de Cataluña** es el centro comercial y social de la ciudad.

   En las afueras de Barcelona se halla el célebre **monasterio de Montserrat.** Todos los años miles de turistas y peregrinos (pilgrims) visitan este lugar sagrado.

3. **Sevilla,** ciudad principal de **Andalucía,** es un puerto del río Guadalquivir. Durante la época colonial era el único puerto de donde salían los buques para el Nuevo Mundo. La **Catedral de Sevilla** es la catedral gótica más grande del mundo. Allí se encuentra la gran tumba de Cristóbal Colón, descubridor del Nuevo Mundo. La **Giralda,** torre de la Catedral de Sevilla, es un admirable ejemplo de arquitectura árabe. Fue construida en el año 1184.

4. **Valencia** está en la costa del Mediterráneo. Es importante en la exportación de vinos, naranjas, y arroz.

5. **Granada,** situada al pie de la Sierra Nevada, fue la última fortaleza de los moros en España. Fue conquistada por los Reyes Católicos en 1492. Allí se encuentran los siguientes lugares de interés:

   a. El **Albaicín** es un barrio (neighborhood) pintoresco donde viven los gitanos desde principios del siglo XVI.

   b. La **Alhambra** es el antiguo palacio de los reyes moros, el cual fue inmortalizado por el escritor norteamericano Washington Irving en su libro *The Alhambra.* En este palacio se pueden ver el célebre **Patio de los Leones** y ejemplos preciosos del arte musulmana.

   c. El **Generalife,** otro palacio moro, es célebre por sus jardines encantadores. Este edificio servía de residencia de verano para los reyes moros.

6. **Toledo,** situada a orillas del río Tajo a poca distancia de Madrid, es conocida por sus productos de acero y metales preciosos. Fue inmortalizada en las pinturas del gran artista El Greco. Allí había el **Alcázar** de Toledo, un castillo moro que fue destruido durante la Guerra Civil en 1936.

7. **Cádiz,** en **Andalucía,** es un puerto del Atlántico. En tiempos primitivos fue una colonia de los fenicios.

8. **Bilbao,** centro de la industria minera del norte, es una ciudad importante conocida como el "Pittsburgh de España."

9. **Burgos,** antigua capital de **Castilla la Vieja,** tiene la famosa catedral del mismo nombre, la cual es una de las maravillas de la arquitectura gótica en España. Allí se halla la tumba del Cid Campeador, el héroe nacional de España.

10. **Santiago de Compostela,** ciudad de **Galicia,** es visitada cada año por miles de peregrinos religiosos. Según la tradición, allí se encuentra la tumba del apóstol Santiago, santo patrón de España.

11. **Salamanca** es el sitio de una de las universidades más viejas de Europa, fundada en el siglo XIII.

12. **Córdoba,** a orillas del río Guadalquivir, fue, en los siglos X y XI, la capital del gobierno musulmán en España y el centro cultural más importante de toda Europa.

EJERCICIOS

A. A la izquierda de cada expresión de la lista *A*, escríbase la letra de la expresión correspondiente de la lista *B*.

A	B
_____ **1.** Montserrat	*a.* plaza principal de Madrid
_____ **2.** Museo del Prado	*b.* santo patrón de España
_____ **3.** Puerta del Sol	*c.* el río Tajo
_____ **4.** El Retiro	*d.* última fortaleza de los moros en España
_____ **5.** Bilbao	*e.* monumento de la Guerra Civil
_____ **6.** Santiago	*f.* el Cid Campeador
_____ **7.** Burgos	*g.* parque público
_____ **8.** Granada	*h.* paseo moderno
_____ **9.** Toledo	*i.* Velázquez
_____**10.** Valle de los Caídos	*j.* el "Pittsburgh de España"
	k. monasterio famoso

B. Complétense las frases siguientes en español:

1. La Universidad de Salamanca fue fundada en el siglo _____.

2. El Albaicín se halla en la ciudad de _____.

3. El célebre Patio de los Leones está en _____, un edificio construido por los moros.

4. El puerto principal de España es _____.

5. La ciudad más grande de España es _____.

6. El santo patrón de España es _____.

7. Felipe II hizo construir _____.

8. _____, el hermoso castillo moro en Toledo, fue destruido durante la Guerra Civil española.

9. La tumba del Cid está en la catedral de _____.

10. _____ pintó muchas escenas de la ciudad de Toledo.

C. Identifíquese la persona o el lugar.

1. el arquitecto principal de El Escorial

2. un palacio moro en Granada que se usaba como residencia de verano

3. un lugar pintoresco donde viven muchos gitanos

4. paseo hermoso de Barcelona

5. torre alta en Sevilla

6. ciudad conquistada en 1492

7. colonia fenicia

8. capital de los moros durante los siglos X y XI

9. ciudad donde se fabrican artículos de metales finos

10. palacio moro descrito por Washington Irving

2. LA HISTORIA DE ESPAÑA

ÉPOCA PRIMITIVA

La España de hoy es el producto de las diversas razas que se establecieron en ella y dejaron allí su cultura.

1. Los primitivos habitantes del país, los **iberos,** penetraron en España por el sur. No se sabe mucho de su historia. El mejor ejemplo de la escultura (sculpture) ibérica es una cabeza de mujer, "**La Dama de Elche.**"

2. Los **celtas** entraron en la península por el norte unos siglos más tarde. De la unión de las dos razas (ibérica y celta), se formó la raza **celtíbera.**

3. Hace unos tres mil años, los **fenicios** establecieron colonias en todas las costas de la península ibérica con excepción de la del norte. Eran un pueblo de comerciantes de una cultura avanzada. Introdujeron en España el arte de escribir, el uso de la moneda, y el arte de trabajar los metales. Los fenicios fundaron muchos centros comerciales, entre ellos **Cádiz.**

4. Otro pueblo de comerciantes, los **griegos,** también habían fundado unas colonias en la península. Esta raza contribuyó a establecer en España la agricultura e introdujo nuevas plantas, tales como la vid y el olivo (olive tree).

5. Más tarde, entraron en la península ibérica los **cartagineses** (Carthaginians), para ayudar a los fenicios en sus guerras contra los celtíberos. Pero pronto los cartagineses emplearon sus armas contra los fenicios, los vencieron, y quedaron dueños de gran parte de la península. No obstante, no pudieron derrotar por completo a los celtíberos, quienes prefirieron morir antes que rendirse. Ejemplo de su heroísmo fue el **Sitio de Sagunto,** el cual duró nueve meses. Cuando los cartagineses, bajo el mando de Aníbal, su famoso general, entraron por fin en la ciudad, no hallaron más que muerte y ruinas.

6. Pero Cartago a su vez fue vencida por los **romanos** en el año 206 antes de Jesucristo (B.C.), en las **Guerras Púnicas.** Entonces Roma pudo dedicarse a la conquista de los españoles. Los habitantes de la península, bajo el mando de **Viriato,** ofrecieron dura resistencia a los romanos, sobre todo en el **Sitio de Numancia,** el cual duró más de quince meses. Fue otro ejemplo del heroísmo español.

Los romanos permanecieron en España unos seis siglos. Contribuyeron mucho a la cultura española. Le dieron la base de su idioma actual, un magnífico sistema de leyes y muchas obras públicas, grandes carreteras, puentes, y acueductos.

7. La dominación romana en España terminó en el siglo V. Entre las tribus germánicas que invadieron a España había los **visigodos,** quienes lucharon contra las otras tribus, las derrotaron, y establecieron su propio gobierno en la península. Pero, a pesar de su dominación, que duró casi cuatro siglos, la gran influencia romana continuó en la península.

8. Los **moros** (o **árabes**), una raza del norte de África, entraron en España en el año 711. En la batalla de Guadalete, vencieron a los soldados del rey Rodrigo, el último rey visigodo. Los moros lograron dominar toda la península con excepción de unas regiones del norte. En 718, **Pelayo,** con un pequeño ejército de visigodos, venció a los moros en **Covadonga,** en Asturias. Así comenzó la **Reconquista,** una lucha constante entre moros y cristianos, la cual duró casi ocho siglos, hasta 1492.

Gracias en gran parte a la influencia árabe, España llegó a ser el país más avanzado y más culto de toda Europa. Los moros construyeron lujosos palacios. Llevaron a España la noria, que aún hoy se usa para el riego. De toda Europa llegaron estudiantes a Córdoba (la capital de los moros) para estudiar las matemáticas, las ciencias, y la medicina. El rey cristiano de León, **Alfonso X** (llamado **el Sabio**), reunió en su corte a muchos sabios, entre los cuales había árabes, cristianos, y hebreos. Allí estudiaron y enseñaron, y a ellos se debe mucho de lo que hoy sabemos de la España medieval.

9. **El Cid Campeador** (**Rodrigo Díaz de Vivar**), el héroe nacional de España, vivió en el siglo XI. Se distinguió en las luchas entre moros y cristianos. Fue muy temido de los moros, quienes le dieron el título de **El Cid,** que significa "señor" en árabe. En el año 1094 venció a los moros de la ciudad de Valencia, y gobernó esta ciudad hasta su muerte, en 1099. Sobre sus hazañas se escribió un poema épico, *el Poema del Cid*, obra compuesta hacia 1140.

10. En 1469 se casó Isabel, princesa de Castilla, con Fernando, príncipe de Aragón. Más tarde, cuando ella llegó a ser reina de Castilla, y él rey de Aragón, la España cristiana quedó unificada por primera vez. Del gran imperio árabe, sólo quedaba el reino de Granada, gobernado por **Boabdil,** el último rey moro. **Fernando e Isabel (Los Reyes Católicos)** conquistaron a Granada en 1492, y la Reconquista quedó terminada.

GRANDEZA DE ESPAÑA

1. Bajo el reinado de **los Reyes Católicos,** España llegó a ser la primera nación de Europa. Fue la reina Isabel quien recibió a Cristóbal **Colón,** un navegante italiano, y resolvió ayudarle, dándole tres barcos, *la Santa María, la Niña,* y *la Pinta.* El día 3 de agosto de 1492, estos tres barcos partieron del puerto de Palos, en el sur de España. El día 12 de octubre del mismo año, Colón y sus marineros pisaron tierra en una isla que

llamaron San Salvador (hoy día conocida con el nombre de Watling Island). Así Colón descubrió un nuevo mundo bajo la bandera española. Con el descubrimiento del Nuevo Mundo empezó el gran imperio español. Otro hecho importante que ocurrió durante el reinado de los Reyes Católicos fue la conquista de gran parte de Italia por **Gonzalo de Córdoba,** el "Gran Capitán."

2. Durante el reinado de **Carlos V** (1516–1556), la nación española tenía posesiones en Alemania, Austria, Italia, los Países Bajos (Netherlands), y América. Ésta fue la época de los grandes descubrimientos y conquistas.

3. **Felipe II,** hijo de Carlos V, reinó desde 1556 hasta 1598. Durante su reinado tuvo lugar la famosa **batalla de Lepanto,** contra los turcos. También ocurrió el mayor desastre naval que sufrió España, la destrucción de **la Gran Armada** en 1588 a manos de Inglaterra, rival religioso y político de España. Esta derrota (defeat) inició la decadencia de España.

DECADENCIA

Felipe III, que siguió a Felipe II, no sabía gobernar sus vastas tierras y, por consiguiente, España empezó a sufrir derrotas y a perder territorios. Además, el dominio del mar ya no pertenecía a España sino a Inglaterra. El reinado de **Felipe IV** fue tan débil como el de Felipe III. Había mucha corrupción en los asuntos del gobierno, y el pueblo sufría mucha miseria. España experimentaba la ruina económica a causa de las frecuentes guerras, la emigración al Nuevo Mundo, y la expulsión de los judíos (Jews) y de los moriscos (Moors). Durante el reinado de **Carlos II** la decadencia de la nación española llegó a ser casi completa. La muerte del rey en 1700 marca el fin de la dinastía (dynasty) de los Habsburgos en España.

En 1759 subió al trono **Carlos III,** el rey más activo y más patriótico que haya tenido España. Bajo su dirección, se nacionalizó la enseñanza y se estableció el servicio de correos. Carlos III fue el mejor rey de la dinastía de los Borbones.

ESPAÑA DESDE EL SIGLO XIX HASTA HOY

1. Desgraciadamente, el hijo de Carlos III, **Carlos IV,** era tan débil que deshizo toda la obra progresista (progressive) y liberal de su padre. Durante su reinado, en 1808, **Napoleón** invadió a España y nombró rey a su hermano José. El 2 de mayo del mismo año, los ciudadanos madrileños se rebelaron contra los soldados franceses, y así comenzó la **Guerra de Independencia,** que duró desde 1808 hasta 1814. Con la ayuda de Inglaterra, España logró finalmente expulsar de su territorio a las tropas francesas. Desde entonces, el 2 de mayo se ha considerado como la fiesta nacional del país.

2. El nuevo rey de España, **Fernando VII,** fue un monarca reaccionario. Reinó como rey absoluto, suprimiendo (suppressing) el espíritu liberal del país. Durante su reinado, España perdió casi todas sus colonias en el Nuevo Mundo.

3. Después de la muerte de Fernando VII en 1833, estalló una guerra civil entre los partidarios (partisans) del príncipe Don Carlos, hermano de Fernando (los carlistas), y los de Isabel II, hija del rey. Los carlistas representaban el espíritu más conservador (conservative). Ésta fue la primera **Guerra Carlista.** Hubo batallas e incidentes en 1848, 1855, y en 1873. La segunda Guerra Carlista fue ganada por los ejércitos liberales en 1876.

4. La primera república fue establecida en 1873 y duró solamente un año. **Alfonso XII,** hijo de Isabel II, volvió como rey en 1874. En 1902 **Alfonso XIII,** hijo del rey, subió al trono. Alfonso XIII fue expulsado en 1931 por haber permitido que el dictador **Primo de Rivera** gobernase en España de 1923 a 1930, y por haber actuado mal en la guerra de Marruecos.

5. La segunda república de España fue declarada en 1931 y duró solamente cinco años, a causa de muchas dificultades políticas. Bajo este nuevo gobierno España recibió una nueva constitución y muchas leyes liberales. Por desgracia, el gobierno no pudo mantenerse fuerte, y en 1936 estalló la Guerra Civil española. Después de muchas luchas sangrientas, el general **Francisco Franco** logró vencer las fuerzas de la República, y estableció una dictadura en 1939. Franco rigió (ruled) el país hasta su muerte en 1975.

6. El gobierno actual de España es una monarquía constitucional.

ALGUNAS OBSERVACIONES SOBRE LOS IDIOMAS DE LA PENÍNSULA

El idioma popular de los romanos durante su dominación de España era el latín vulgar. De este idioma se quedaron en España tres lenguas que se pueden llamar lenguas **romances.** Una de estas lenguas es el **gallego,** dialecto del portugués, el cual se habla en Galicia. Otra es el **castellano,** el idioma nacional, llamado generalmente el **español.** La tercera es el **catalán,** que se habla en Cataluña. El idioma que se habla en las Provincias Vascongadas, llamado **vascuence,** es de origen desconocido.

El castellano tiene otros elementos lingüísticos además del latín. El árabe ha contribuido con casi mil palabras. La mayor parte de éstas empiezan con el artículo árabe "al," como, por ejemplo, "alcalde" y "álgebra." De los visigodos el idioma español recibió menos de cien palabras, la mayor parte de las cuales se refieren a la guerra, como "guardia" y "espía."

EJERCICIOS

A. A la izquierda de cada expresión de la lista *A*, escríbase la letra de la expresión correspondiente de la lista *B*.

A	B
_____ **1.** La Dama de Elche	*a.* Guerra Carlista
_____ **2.** el uso de monedas	*b.* último rey de los moros
_____ **3.** el Sitio de Sagunto	*c.* la segunda república española
_____ **4.** Numancia	*d.* la primera gramática española
_____ **5.** Boabdil	*e.* Cristóbal Colón
_____ **6.** Rodrigo Díaz de Vivar	*f.* los fenicios
_____ **7.** Pelayo	*g.* invasión romana
_____ **8.** La Gran Armada	*h.* Covadonga
_____ **9.** Palos	*i.* estatua
_____**10.** Isabel II	*j.* cartagineses
	k. el héroe nacional de España
	l. Felipe II

B. Complétense las siguientes frases en español:

1. Además del castellano, se habla en Cataluña el _____.
2. _____ se hizo dictador durante el reinado de Alfonso XIII.
3. Los _____ introdujeron la vid y el olivo en España.
4. Bajo Felipe II, España venció a los turcos en la batalla de _____.
5. El mejor rey español de la dinastía de Borbón fue _____.
6. El gallego es un idioma muy semejante al _____.
7. Napoleón invadió a España en el año _____.
8. Los primeros habitantes de España fueron los _____.
9. La mayor parte de las palabras de origen visigodo que se hallan en el idioma español se refieren a _____.
10. La dominación romana terminó en el siglo _____.

C. Indíquese el orden cronológico de las personas siguientes escribiendo los números 1–10 en los espacios a la izquierda:

1. _____ Pelayo   **6.** _____ Felipe II
2. _____ Carlos V   **7.** _____ Fernando e Isabel
3. _____ Viriato   **8.** _____ Rodrigo Díaz de Vivar
4. _____ Alfonso XII   **9.** _____ Isabel II
5. _____ el rey Rodrigo   **10.** _____ Fernando VII

D. Identifíquese el personaje.

1. Fue el rey de España que perdió su trono en 1931.
2. Se hizo dictador de España en 1939.
3. Conquistó gran parte de Italia para los Reyes Católicos.
4. Durante su reinado se estableció el servicio de correos.
5. Durante su reinado la decadencia de España llegó a ser casi completa.
6. Se disputó con Isabel II el trono de España.
7. Se casó con la reina Isabel.
8. Los grandes descubrimientos y conquistas ocurrieron durante su reinado.
9. Fue hermano de Napoleón.
10. Durante su reinado España perdió la mayor parte de sus colonias.

3. LA LITERATURA DE ESPAÑA

LITERATURA ANTES DEL SIGLO DE ORO

Autores y obras

1. El *Poema del Cid* es el mejor ejemplo de la poesía épica de España. En él se trata del héroe nacional de España, Rodrigo Díaz de Vivar. El poema, de autor anónimo, fue compuesto hacia el año 1140. Está dividido en tres partes ("cantares"), que tratan de tres distintas épocas de su vida.

2. **Alfonso X, el Sabio** (1252-1284) es la figura más prominente de la literatura española del siglo XIII. Además de escribir varias obras en prosa y en verso, reunió en su corte a los hombres más cultos del mundo entero, para estudiar, traducir, y escribir. Se debe a Alfonso *Las siete partidas*, una vasta colección de leyes y costumbres.

3. **Jorge Manrique** (1440-1478) es famoso por las *Coplas*, una poesía escrita en la ocasión de la muerte de su padre. Se considera tal vez la mejor poesía lírica escrita durante la Edad Media. Fue traducida al inglés, en verso, por el poeta norteamericano Henry Wadsworth Longfellow.

4. Antonio de **Nebrija** (1444-1522) escribió la primera gramática del idioma español, en 1492. Este libro fue la primera gramática escrita sobre cualquier idioma moderno.

SIGLO DE ORO

El Siglo de Oro comienza durante la primera mitad del siglo XVI y termina hacia fines del siglo XVII, con la muerte de Calderón. Es la época más gloriosa de la literatura española.

Autores y obras

1. **Garcilaso de la Vega** (1503-1536) era un verdadero representante del Renacimiento (Renaissance). Fue soldado y poeta. Introdujo en España nuevas formas de poesía lírica. Popularizó en España la forma poética llamada **soneto**.

2. La **novela picaresca** describe las aventuras de un **pícaro** que trata de vivir sin trabajar. Sus comentarios son una verdadera sátira de la vida y de la sociedad de su época. La primera y más típica de las novelas de esta clase es *Lazarillo de Tormes*, de autor anónimo, escrita durante la primera parte del siglo XVI.

3. Miguel de **Cervantes** Saavedra (1547–1616) es conocido en todo el mundo como el autor de *Don Quijote de la Mancha,* uno de los libros más leídos en todas las lenguas.

Cervantes fue un hombre extraordinario. Se distinguió como soldado en la batalla de Lepanto, donde perdió el uso del brazo izquierdo (se quedó manco—*one-armed*). Por eso se le llamaba "el manco de Lepanto." Su vida fue una serie de fracasos. Tuvo mala suerte en los negocios, y pasó algún tiempo en la cárcel. Tampoco tuvo éxito en su matrimonio.

Escribió poesías, novelas, obras de teatro, y una colección de doce novelas cortas, las *Novelas ejemplares.*

En 1605 publicó la primera parte de su obra maestra, *El ingenioso hidalgo, don Quijote de la Mancha.* En 1615 publicó la segunda parte. El libro trata de un hombre de edad avanzada que se imagina caballero, y que sale en su caballo, Rocinante, para buscar aventuras y combatir las injusticias del mundo, pero sin éxito. Lleva como escudero a Sancho Panza, un labrador ignorante pero de sentido práctico. Este libro, que Cervantes escribió para burlarse de los libros de caballerías (novels of chivalry), está lleno de episodios ridículos. Pero, además del humorismo de las aventuras, hay una base filosófica, el conflicto entre el idealismo y el materialismo.

Desde el día de su publicación, el libro logró un éxito tremendo que todavía no ha perdido.

4. Francisco de **Quevedo** (1580–1645) fue el escritor satírico sin igual en la literatura española. *Los sueños,* una serie de ensayos, son su obra maestra. También escribió una novela picaresca, *La vida del buscón.*

EL TEATRO

5. **Lope de Vega** (1562–1635) fue un verdadero "monstruo (monster) de la naturaleza," como le llamó Cervantes, a causa de su gran producción literaria. Escribió toda clase de obras. Pero su fama se debe a sus obras dramáticas. Escribió muchísimas comedias, tal vez más de mil, todas en verso.

Se ha dicho de él que creó el teatro nacional. Estableció la técnica de escribir comedias (tres actos, en verso, etc.). Escogió temas de todas las épocas. Sus obras más famosas son las que tratan de la historia de España y de la dignidad humana. Se pueden mencionar entre éstas *Fuenteovejuna* y *Peribáñez y el comendador de Ocaña.* En estas dos, la gente del pueblo lucha contra las injusticias de los nobles.

6. Juan **Ruiz de Alarcón** (1581–1639) nació en México de padres españoles. Escribió más de veinte obras teatrales en las cuales castigaba el vicio y alababa la virtud. Entre sus obras principales deben mencionarse *Las paredes oyen,* contra la calumnia (slander), y *La verdad sospechosa* (contra la mentira).

7. **Tirso de Molina** (1583–1648) fue otro gran dramaturgo del Siglo de Oro. Su verdadero nombre fue Gabriel Téllez. Su fama principal consiste en haber creado en la literatura el personaje de **don Juan** en el drama *El burlador de Sevilla*. Desde la época de Tirso, la figura de don Juan ha inspirado las obras de muchos autores en muchos países. En la música, por ejemplo, el gran compositor Mozart empleó el tema de don Juan en su ópera *Don Giovanni*.

8. Pedro **Calderón** de la Barca (1600–1681) fue el último de los grandes dramaturgos del Siglo de Oro. El tema principal de sus obras es el honor. Sus dos obras principales son *El alcalde de Zalamea* y *La vida es sueño*. En la primera, un hombre del pueblo, elegido alcalde, manda matar a un noble para vengar (avenge) el honor de su hija. La segunda contiene profundas ideas filosóficas sobre la realidad y los sueños.

SIGLO XVIII

En el siglo XVIII hubo poca producción literaria de valor. La mayor parte de las obras fueron imitaciones en español del estilo francés.

SIGLO XIX

En 1833, con la muerte del reaccionario Fernando VII, volvieron a España muchos españoles que habían salido del país durante su reinado. Éstos trajeron consigo las ideas liberales que habían aprendido en otros países. Así empezó en España el **romanticismo,** movimiento literario que exaltaba al individuo (sus ideas y sentimientos), y que no se preocupaba por las reglas literarias del siglo XVIII.

AUTORES Y OBRAS

1. **Duque de Rivas** (1791–1865) escribió *Don Álvaro*, drama romántico que más tarde inspiró al compositor italiano Verdi, en su ópera *La forza del destino*.

2. Mariano José de **Larra** (1809–1837) fue un ensayista y crítico importante. Escribió bajo el seudónimo de "Fígaro."

3. José de **Espronceda** (1810–1842) fue un poeta romántico. Sus obras principales son *El estudiante de Salamanca* y *Canto a Teresa*. Se compara a Espronceda, en su vida y en sus obras, con el poeta inglés Byron.

4. José **Zorrilla** (1817–1893) escribió *Don Juan Tenorio*, drama basado en el tema de don Juan pero escrito desde el punto de vista romántico. Tan popular es este drama que se representa hasta hoy cada año el Día de los Difuntos, es decir, el 2 de noviembre.

5. Gustavo Adolfo **Bécquer** (1836–1870) escribió *Rimas*, una colección de unas setenta poesías líricas.

REALISMO Y REGIONALISMO EN LA NOVELA

El romanticismo fue seguido de una época de **realismo**. La novela del siglo XIX se caracteriza por el **realismo** y el **regionalismo** (el autor escribe acerca de la región donde nació, su "patria chica").

6. **Fernán Caballero** es el seudónimo de Cecilia Böhl de Faber (1796–1877). Esta autora inició la novela realista en España. Describió las costumbres de su época y de su región (Andalucía) en un estilo sencillo y natural. Su obra principal es *La Gaviota*.

7. Juan **Valera** (1827–1905) también describió a Andalucía. Lo que más le interesó fue la psicología de sus personajes. Su obra maestra es *Pepita Jiménez*.

8. Pedro Antonio de **Alarcón** (1833–1891) describió su región, Andalucía. Fue autor de la popularísima novela *El sombrero de tres picos*, la cual sirvió de tema para el *ballet*, del mismo título, del compositor español Manuel de Falla.

9. Benito **Pérez Galdós** (1843–1920) fue el novelista principal del siglo XIX. Fue liberal y crítico violento de la intolerancia religiosa y de la injusticia social. Su producción literaria es vasta. Entre sus obras deben mencionarse *Doña Perfecta* (contra la intolerancia religiosa) y *Episodios nacionales*, una serie de más de sesenta novelas históricas de la España del siglo XIX. No se limitó a ninguna región, sino que escribió sobre toda España.

10. Emilia **Pardo Bazán** (1852–1921) introdujo el **naturalismo** en la novela. Escribe acerca de su región, Galicia. Sus novelas principales son *Los pazos de Ulloa* y *La madre naturaleza*.

11. Armando Palacio **Valdés** (1853–1939) fue un novelista muy popular. Escribió *La hermana San Sulpicio* (sobre Andalucía) y *José* (sobre los pescadores de Asturias).

12. Vicente **Blasco Ibáñez** (1867–1928) escribe acerca de Valencia. Su obra principal es *La barraca*, que describe la vida de los campesinos valencianos. También escribió *Sangre y arena* (sobre la corrida de toros), y *Los cuatro jinetes del Apocalipsis* (sobre la primera Guerra Mundial).

"GENERACIÓN DEL '98" HASTA NUESTROS DÍAS

A fines del siglo XIX, como resultado de la guerra de 1898 con los Estados Unidos, España perdió lo poco que le quedaba de su imperio colonial. Debido a este desastre, los intelectuales (en su mayor parte jóvenes) se pusieron a examinar el estado cultural y espiritual de su país en el mundo moderno. Estos escritores se conocen hoy como la "Generación del '98."

El ensayo

1. Francisco **Giner de los Ríos** (1839–1915), filósofo y profesor, fue el gran educador de los intelectuales. Su influencia se ve en los escritores de la "Generación del '98." Fundó la Escuela Libre de Enseñanza, centro de ideas liberales.

2. Miguel de **Unamuno** (1864–1936) es la figura dominante de la "Generación del '98." Fue filósofo, crítico, y novelista. Su obra maestra es *Del sentimiento trágico de la vida*. Murió durante la Guerra Civil de España.

3. Ramón **Menéndez Pidal** (1869–1968) fue el erudito principal de la España del siglo XX. Hizo estudios profundos en la lengua y la literatura medievales de España.

4. José **Martínez Ruiz** (**"Azorín"**) (1873–1966) escribió ensayos y novelas. En sus obras relacionó la España antigua con la moderna. Entre sus obras principales deben mencionarse *Castilla* y *Los valores literarios*. Fue tal vez el crítico literario más importante de la "Generación del '98."

5. José **Ortega y Gasset** (1883–1955), filósofo, buscó los valores espirituales de España en la tradición. Sus obras principales son *La rebelión de las masas* y *Meditaciones del Quijote*.

El teatro

6. Jacinto **Benavente** (1866–1954) ganó el Premio Nobel de Literatura en 1922. Sus obras principales son *La malquerida* y *Los intereses creados*.

7. Los hermanos **Quintero** (Serafín, 1871–1938, y Joaquín, 1873–1944) colaboraron (collaborated) en escribir sobre su "patria chica." Sus obras tienen la gracia y el encanto de Andalucía.

8. Gregorio **Martínez Sierra** (1880–1947) logró crear notables personajes femeninos. Su obra más conocida es *Canción de cuna* (Cradle Song).

9. Federico **García Lorca** (1898–1936), notable poeta andaluz, escribió sobre temas folklóricos y tradicionales. Su teatro trata en gran parte de las pasiones humanas. Entre sus obras dramáticas deben mencionarse *Bodas de sangre* y *La casa de Bernarda Alba*.

10. Alejandro **Casona** (1903–1965), español que vivió muchos años en la Argentina después de la Guerra Civil, escribió con mucha fuerza dramática. Dos de sus obras principales son *La dama del alba* y *Los árboles mueren de pie*.

La novela

11. Ramón del **Valle-Inclán** (1869–1936) fue famoso por su estilo delicado. Por el lenguaje, su prosa casi puede llamarse poesía. Entre sus obras deben mencionarse las cuatro *Sonatas* (*de primavera, de estío, de otoño,* y *de invierno*).

12. **Pío Baroja** (1872–1956) fue tal vez el novelista principal de la "Generación del '98." En sus novelas hay mucha fuerza y acción. Dos de sus novelas importantes son *El árbol de la ciencia* y *Camino de perfección.*

13. Camilo José **Cela** (1916–   ) es tal vez el más famoso de los novelistas de la España contemporánea. Su novela *La familia de Pascual Duarte* lamenta la falta de dignidad personal que se nota hoy en España.

14. Carmen **Laforet** (1921–   ), en su novela *Nada,* trata del vacío espiritual de la España de hoy.

La poesía

Además de García Lorca (página 244), deben mencionarse los siguientes poetas:

15. Antonio **Machado** (1875–1939) fue uno de los mejores poetas de este siglo. Introdujo en la poesía española el **modernismo** de Rubén Darío. Su obra *Campos de Castilla* tiene por tema el paisaje austero de su país.

16. **Juan Ramón Jiménez** (1881–1958) ganó el Premio Nobel de Literatura en 1956. Además de varias colecciones de poesías, escribió también libros en prosa. Su *Platero y yo* (en prosa), obra muy conocida, describe los recuerdos de su juventud.

EJERCICIOS

A. Identifíquense los siguientes:

1. _____ escribió *Las siete partidas.*
2. _____, una serie de ensayos, es la obra maestra de Quevedo.
3. _____ fue el último gran escritor del Siglo de Oro.
4. _____ escribió la primera gramática de la lengua española.
5. _____ escribió contra la mentira.
6. _____ es el mejor ejemplo de la poesía épica española.
7. _____ fue soldado y poeta; popularizó el soneto en España.
8. _____, de Jorge Manrique, es una obra poética importantísima.
9. _____ fue llamado "el manco de Lepanto."
10. Se le considera a _____ el héroe nacional de España.

B. Indíquese si las frases siguientes son *verdad* o *mentira*. Si una frase es mentira, corríjase cambiando la expresión en letra cursiva.

1. Mozart empleó un tema popular que se encuentra en una obra de *Tirso de Molina*.
2. *Don Quijote de la Mancha* fue escrito para burlarse de los libros de caballerías.
3. Los siglos *XVI* y *XVII* se llaman también el Siglo de Oro.
4. La vida de *Espronceda* fue semejante a la del poeta inglés Byron.
5. *Palacio Valdés* describe la vida diaria de Valencia en sus obras.
6. En su novela *Los cuatro jinetes del Apocalipsis*, Blasco Ibáñez describe los desastres de la guerra.
7. *La primera guerra carlista* causó la formación de un grupo de intelectuales llamado la "Generación del '98."
8. *Azorín* fue el mayor crítico de la "Generación del '98."
9. Camilo José Cela es un autor del siglo *XIX*.
10. En su obra *Platero y yo*, Juan Ramón Jiménez describe su juventud.

C. A la izquierda de cada expresión de la lista *A*, escríbase la letra de la expresión correspondiente de la lista *B*.

	A		B
_____	1. El Cid	*a.*	Benavente
_____	2. Larra	*b.*	Calderón
_____	3. *Novelas ejemplares*	*c.*	*La barraca*
_____	4. *Episodios nacionales*	*d.*	*La Gaviota*
_____	5. Gustavo Adolfo Bécquer	*e.*	Rodrigo Díaz de Vivar
_____	6. Blasco Ibáñez	*f.*	Valle-Inclán
_____	7. *Los intereses creados*	*g.*	"Fígaro"
_____	8. *La vida es sueño*	*h.*	Cervantes
_____	9. *Sonatas*	*i.*	*Rimas*
_____	10. Fernán Caballero	*j.*	*Don Álvaro*
		k.	Galdós

D. Identifíquense las obras siguientes, escribiendo por cada una:

> la *clase* de obra (drama, poesía, novela, ensayo)
> el *autor*
> la *época* (Siglo de Oro, romanticismo, realismo, Generación del '98)

EJEMPLO: *Don Quijote*   novela   Cervantes   Siglo de Oro

1. *Lazarillo de Tormes*
2. *Doña Perfecta*
3. *Don Álvaro*
4. *Los intereses creados*
5. *El estudiante de Salamanca*
6. *El sombrero de tres picos*
7. *Del sentimiento trágico de la vida*
8. *Canción de cuna*
9. *Fuenteovejuna*
10. *El alcalde de Zalamea*
11. *La rebelión de las masas*
12. *El burlador de Sevilla*
13. *Las paredes oyen*
14. *Pepita Jiménez*
15. *La vida del buscón*

E. Escójase el nombre correcto.

1. Dramaturgo del Siglo de Oro: Quevedo, Palacio Valdés, Tirso de Molina
2. Poeta romántico: Espronceda, Jorge Manrique, Fernán Caballero
3. Daba importancia al individuo: realismo, regionalismo, romanticismo
4. Ganó el Premio Nobel: Pérez Galdós, Juan Ramón Jiménez, Juan Valera
5. Escudero de don Quijote: Sancho Panza, Rocinante, Fígaro
6. Escribe acerca de la España contemporánea: Laforet, Palacio Valdés, Unamuno
7. Dramaturgo español que vivió en la Argentina: Pío Baroja, Alejandro Casona, José Martínez Ruiz
8. El gran maestro de los intelectuales de la Generación del '98: Ortega y Gasset, Valle-Inclán, Giner de los Ríos
9. Erudito principal del siglo XX: Alfonso el Sabio, Menéndez Pidal, el Duque de Rivas
10. Escribió sobre el tema de "don Juan": Duque de Rivas, Larra, Zorrilla

Jai-alai es un juego que originó en las Provincias Vascongadas, en España. Es muy popular en toda España y en varias partes del mundo hispánico, sobre todo en México y en Cuba. Es algo semejante al "handball," pero en jai-alai las manos no tocan la pelota. Para coger y arrojar la pelota se emplea una cesta atada a la muñeca del jugador.

4. LAS BELLAS ARTES Y LA CIENCIA

MÚSICA

España es muy rica en la música folklórica. Un buen ejemplo de esta clase de música es el **cante jondo** de Andalucía, llamado también **flamenco**, que es muy semejante a la música oriental (gitana y árabe).

El instrumento típico y tradicional de España es la **guitarra**, que se emplea tanto en la música clásica como en la música popular. Para acompañamiento se emplean la **pandereta** (tambourine) y las **castañuelas**. En Galicia el instrumento típico es la **gaita**.

España es importante en el género llamado **zarzuela**, que es una combinación de música, diálogo hablado, y baile. Es muy semejante a la "musical comedy." Uno de los mejores compositores de zarzuelas fue Francisco **Asenjo Barbieri** (1823–1894).

COMPOSITORES, INSTRUMENTISTAS, CANTANTES

1. Isaac **Albéniz** (1860–1909) escribió música para el piano. Entre sus composiciones principales son *Iberia* y *El Albaicín*.

2. Enrique **Granados** (1867–1916) también compuso música para el piano. Su obra maestra, *Goyescas*, fue inspirada por los cuadros del pintor Goya.

3. Manuel de **Falla** (1876–1946) fue el más célebre de los compositores del siglo XX. Como Albéniz y Granados, escribió sobre temas folklóricos. Pero Falla escribió principalmente para la orquesta. Escribió varios *ballets*, entre ellos *El amor brujo* (que tiene la popularísima *Danza ritual del Fuego*), y *El sombrero de tres picos*, basado en la famosa novela de Alarcón.

4. Pablo **Casals** (1884–1973) fue el mejor violoncelista (cellist) del mundo. Salió de España en 1939, después de la Guerra Civil, porque se oponía a la dictadura de Franco. En 1956 se estableció en Puerto Rico.

5. José **Iturbi** (1895–   ) es pianista y director de orquesta sinfónica.

6. Andrés **Segovia** (1894–   ) es el mejor maestro de la guitarra.

7. **Victoria de los Ángeles** (1923–   ) es una de las mejores cantantes españolas. Cantó en la "Metropolitan Opera House" en Nueva York.

EL BAILE

1. Hay grandes diferencias entre los bailes regionales. La región que tiene mayor variedad es **Andalucía**. De allí vienen el *bolero*, el *fandango*, la

seguidilla, el *jaleo*, la *malagueña*, la *sevillana*, y el *flamenco*. Muchas veces el baile va acompañado de la pandereta y de las castañuelas.

2. La **jota** es el baile regional de **Aragón.**

3. La **sardana** es el baile regional de **Cataluña.** Se baila en grupo, en un gran círculo.

4. La **muñeira** es el baile regional de **Galicia.** Se baila en pareja, con música de la gaita.

5. Vicente **Escudero** ha sido el más famoso de los bailarines españoles. Es un gran intérprete del baile flamenco.

6. **Carmen Amaya,** que murió en 1963, fue bien conocida por sus interpretaciones de los bailes gitanos.

ARQUITECTURA, PINTURA, CIENCIA

LA ARQUITECTURA

Romanos, moros, españoles, todos dejaron en España ejemplos magníficos de su manera de construir. De los romanos existen todavía puentes y acueductos (por ejemplo, el acueducto de Segovia); de los moros quedan mezquitas (mosques), alcázares (castles), y el exquisito palacio de la **Alhambra,** en Granada.

De la Edad Media hay también muchas catedrales de estilo **románico** (como la de Santiago de Compostela) y **gótico** (como las de Burgos, Sevilla, Toledo).

De los tiempos posteriores deben mencionarse el **Escorial,** cuyo arquitecto principal fue Juan de **Herrera,** y el estilo **barroco** (baroque), que fue introducido en España por José de **Churriguera,** y que se llama "estilo churrigueresco."

LA PINTURA

España es muy rica en la pintura. Casi no hay en todo el mundo museo de importancia que no tenga varios cuadros de los maestros españoles. El museo principal de España es el del **Prado,** en Madrid.

1. **Doménico Theotocópuli** (1548–1625), llamado **el Greco,** nació en Grecia. Estudió en Italia, pasó a España, y se estableció en Toledo, donde se quedó hasta su muerte. Su obra se caracteriza por lo ascético y lo religioso. Sus obras más famosas son *El entierro del conde de Orgaz* y *Vista de Toledo.*

2. José de **Ribera** (1588–1656) nació en España pero pasó la mayor parte de su vida en Italia. Su cuadro más famoso es *El martirio de San Bartolomé*.

3. Francisco **Zurbarán** (1598–1662) pintó cuadros religiosos. Su *Monje en meditación* es representativo de su obra.

4. Diego **Velázquez** (1599–1660) fue el pintor más original y perfecto de la escuela española. Fue pintor de cámara del rey Felipe IV, y pintó muchos cuadros de la familia real. Su obra maestra es *Las meninas*. Otras son *La rendición de Bredá* (también llamada *Las lanzas*), *Los borrachos* (The Drunkards), y *Las hilanderas* (The Weavers).

5. Bartolomé Esteban **Murillo** (1617–1682) fue principalmente un pintor religioso, y es famoso por sus *Concepciones*. Además pintó tipos populares.

6. Francisco **Goya** (1746–1828) fue el pintor más famoso de su época. Fue pintor de cámara del rey Carlos IV. Tiene varios cuadros satíricos de la familia real, una colección de aguas fuertes (etchings), llamadas *Caprichos*, y unos cuadros sobre la Guerra de Independencia contra Napoleón (*Los desastres de la guerra, Los fusilamientos del dos de mayo*). Entre sus obras más conocidas son *La maja vestida* y *La maja desnuda*.

7. Joaquín **Sorolla** (1862–1923) es el pintor de "sol y color." Muchos de sus cuadros se encuentran en el Museo de la Sociedad Hispánica, en Nueva York.

8. Ignacio **Zuloaga** (1870–1946) pintó muchos tipos: toreros, pordioseros, gitanos, etc.

9. José María **Sert** (1876–1945) es famoso por una serie de cuadros que representan episodios del *Quijote*. Estos cuadros se hallan en el salón Sert del hotel Waldorf-Astoria, en Nueva York.

10. Pablo **Picasso** (1881–1973) nació y fue educado en Málaga, pero pasó la mayor parte de su vida en Francia. Es famoso como fundador del **cubismo,** estilo de pintura en que se emplean figuras geométricas para representar figuras humanas. Su obra *Guernica* pinta la destrucción de ese pueblo vasco durante la Guerra Civil española.

11. Salvador **Dalí** (1904–　) pertenece a la escuela **surrealista.** Trata de pintar los pensamientos fantásticos de la imaginación.

HOMBRES DE CIENCIA

1. Santiago **Ramón y Cajal** (1851–1934) ganó el Premio Nobel de Fisiología en 1906. Hizo muchos descubrimientos acerca de las funciones del sistema nervioso.

2. Juan de la Cierva (1896–1936) inventó el autogiro, precursor del helicóptero.

3. Severo Ochoa (1910–   ) ganó el Premio Nobel de Medicina en 1959 por sus estudios sobre la herencia (heredity).

EJERCICIOS

A. Escójase la palabra o expresión que complete correctamente cada frase.

1. El compositor que escribió la música del ballet *El sombrero de tres picos* es   (*a*) Albéniz
   (*b*) Granados   (*c*) Iturbi   (*d*) Falla
2. Un baile regional de Aragón es   (*a*) la malagueña   (*b*) la sardana   (*c*) la jota
   (*d*) el fandango
3. Un tipo de obra teatral que corresponde a la "musical comedy" es   (*a*) la zarzuela
   (*b*) la seguidilla   (*c*) la pandereta   (*d*) el ballet
4. De los siguientes, el que no se emplea como instrumento de música es   (*a*) la gaita
   (*b*) la guitarra   (*c*) el flamenco   (*d*) la pandereta
5. El más famoso de los bailarines españoles es   (*a*) Granados   (*b*) Victoria de los
   Ángeles   (*c*) Casals   (*d*) Escudero
6. El mejor violoncelista del mundo fue   (*a*) Iturbi   (*b*) Casals   (*c*) Segovia   (*d*) Albéniz
7. Un baile regional de Cataluña es   (*a*) el flamenco   (*b*) la sardana   (*c*) la muñeira
   (*d*) la sevillana
8. Un ejemplo de la música folklórica es   (*a*) el cante jondo   (*b*) la zarzuela   (*c*) el
   ballet   (*d*) *Goyescas*
9. El gran maestro de la guitarra es   (*a*) Segovia   (*b*) Escudero   (*c*) Granados
   (*d*) Asenjo Barbieri
10. La música que acompaña la muñeira se produce con   (*a*) la guitarra   (*b*) el piano
    (*c*) la gaita   (*d*) las castañuelas

B. Complétense correctamente las frases.

1. Un pintor español, famoso por sus *Concepciones*, es _____.
2. Un acueducto construido por los romanos está en la ciudad de _____.
3. *El entierro del conde de Orgaz* es una obra maestra del pintor _____.
4. La construcción más famosa de los moros es _____, en Granada.
5. *Las meninas* es una obra maestra del pintor _____.
6. El fundador del cubismo es _____.
7. El museo principal de España es el Museo _____, en Madrid.
8. *Los fusilamientos del dos de mayo* es una obra de _____.
9. El pintor español cuyas obras se hallan en un gran hotel de Nueva York es _____.
10. El arquitecto principal del Escorial fue _____.

C. ¿Qué o quién es (fue) _____?

1. el artista que creó *Los caprichos*
2. la bailarina conocida por sus interpretaciones de los bailes gitanos
3. el músico que compuso el ballet *El amor brujo*
4. la cantante española que cantó en la "Metropolitan Opera House" de Nueva York
5. un pintor extranjero que vino a España y se estableció en Toledo
6. el pintor contemporáneo, surrealista
7. el músico que compuso *Iberia* y *El Albaicín*
8. el pintor español que pasó la mayor parte de su vida en Italia

9. el médico conocido por sus estudios sobre la herencia
10. el compositor de música que se inspiró en las obras de un gran pintor español
11. una obra teatral, con música, diálogo, y baile
12. el inventor del autogiro
13. el pintor de "sol y color"
14. el gran médico español que hizo estudios sobre el sistema nervioso
15. el arquitecto que introdujo en España el estilo barroco
16. el baile regional que se baila en un gran círculo
17. la música gitana semejante a la música oriental
18. el estilo de pintura en que la figura humana se representa con formas geométricas
19. el pintor español muchas de cuyas obras están en el Museo de la Sociedad Hispánica
20. el pintor que pintó tipos de toreros y gitanos

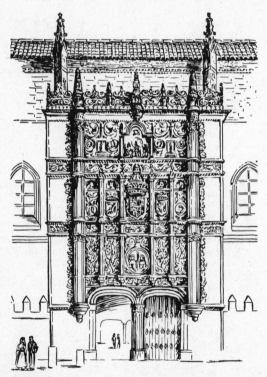

La Universidad de Salamanca es la universidad más vieja de España.   Fue fundada en la Edad Media, en el siglo XIII.   En los siglos XV y XVI, era una de las universidades principales de Europa.

5. LA VIDA Y LAS COSTUMBRES ESPAÑOLAS

CASA Y FAMILIA

1. **Casa:** En los pueblos de España, las casas están situadas en calles estrechas. Por lo general, son de un solo piso con balcones, ventanas con rejas, y patios pintorescos. En muchas casas las paredes están cubiertas de azulejos (glazed tiles).

2. **Nombres y Apellidos:** Además del nombre de pila, cada niño español lleva dos apellidos, el de su padre seguido del de su madre. A veces se pone "y" entre los dos apellidos. Por ejemplo, el Sr. Carlos *Pérez* (y) *Gómez* se casa con doña María *Vega* (y) *González*. Tienen un hijo que se llama Juan *Pérez* (y) *Vega* (o Juan *Pérez*). La hermana de Juan se llama Adela *Pérez* (y) *Vega* (o Adela *Pérez*). Si Adela se casa con Leandro *Fernández* (y) *Álvarez*, ella se llamará doña Adela *Pérez de Fernández*.

3. **El Día del Santo:** Los españoles generalmente llevan el nombre de un santo, y, en vez de su propio cumpleaños, celebran el día de ese santo.

TIPOS PINTORESCOS

1. **El sereno** pasa la noche guardando las calles de su barrio. Lleva las llaves de todas las casas. Su deber principal es ayudar a los que vuelven a casa sin llave, por lo cual se le da una propina. También anuncia la hora:—¡Las tres y sereno! Es por eso que se le llama "el sereno."

2. **El pordiosero** es un mendigo que pide limosna "por Dios."

3. **Los gitanos** viven en los barrios pobres, sobre todo en el sur de España. Tienen fama de ser muy listos. Muchos de ellos se ganan la vida diciendo la buenaventura.

4. **El aguador** es un tipo muy común en las regiones secas. Lleva el agua por las calles y la vende en las varias casas.

ACTIVIDADES SOCIALES Y COSTUMBRES

1. **El ateneo** es un club intelectual (literario y científico) que existe en muchas ciudades.

2. **Pelando la pava** es la costumbre que tiene el novio de hablar con su novia a través de la reja. Él se queda fuera (de pie), y ella dentro (sentada).

3. **La tertulia** es una reunión informal, en casa, con el propósito de charlar y divertirse.

4. La **lotería** es dirigida por el gobierno. Ocurre tres veces al mes. Hay muchos premios. El premio gordo es muy grande.

5. La **siesta** es la costumbre que tienen los españoles de acostarse por la tarde durante las horas de mayor calor. Se cierran todas las tiendas y las casas comerciales. Después de la siesta se abren de nuevo, y quedan abiertas hasta muy tarde.

COMIDAS Y BEBIDAS

1. El **puchero** se puede llamar el plato nacional de España. Es un guisado (stew) que sirve de alimento diario, sobre todo entre los campesinos. Se llama también **olla** o **cocido**.

2. El **arroz con pollo** consiste en estos dos alimentos, bien sazonados con sal, pimientos, y azafrán (saffron). En Valencia añaden mariscos (sea food) al arroz con pollo, y lo llaman **paella**.

3. La **horchata** es una bebida fría que se toma en el verano como refresco. Consiste en almendras (almonds), agua, y azúcar.

4. El **chocolate** forma parte del desayuno de los españoles. Consiste en una taza pequeña de chocolate muy espeso y caliente, que se toma con panecillos o bizcochos (biscuits).

ROPA

En general, la ropa de los españoles es semejante a la del resto de Europa. Sin embargo, en varias partes todavía llevan ropa tradicional, sobre todo los días de fiesta.

1. La **mantilla** es un gran pañuelo de seda y encajes (lace) que la mujer lleva en la cabeza en vez de sombrero.

2. La **peineta** es un peine alto, ricamente adornado, que se lleva debajo de la mantilla.

3. El **mantón** es un chal (shawl) grande, ricamente bordado (embroidered) de flores.

4. La **boina** es una gorra redonda semejante al "beret" francés.

5. Las **alpargatas** son sandalias de lona (canvas). Son comunes entre los trabajadores en muchas partes de España.

DÍAS DE FIESTA

Religiosos

1. La **Navidad** cae el 25 de diciembre. La **Nochebuena** (Christmas Eve) la gente va a la iglesia para asistir a la **misa del gallo** (midnight mass). Grupos de personas andan por las calles cantando **villancicos**. No se ven arbolitos de Navidad. En cambio, cada casa tiene su **nacimiento,** que consiste en pequeñas figuras que representan el nacimiento de Jesucristo. Se dan regalos (llamados **aguinaldos**) a las personas que han servido a la familia durante el año (el cartero, el sereno, los criados, etc.). Los niños no reciben sus regalos hasta el **Día de los Reyes Magos,** que cae el 6 de enero. Los Reyes Magos son para los niños españoles lo que Santa Claus es para nosotros.

2. El **Carnaval** es un período de tres días de diversión y alegría antes de la **Cuaresma** (Lent).

3. La **Semana Santa** precede a la **Pascua Florida** (Easter). Se celebra con mucha solemnidad y devoción, sobre todo en Sevilla.

4. La **Pascua Florida.** El **Viernes Santo** es un día de gran solemnidad, que se celebra con procesiones religiosas. El **Domingo de Resurrección** es un día de alegría y diversión, de comer y beber bien, de ir al teatro, etc.

5. El **día del (santo) patrón.** Cada pueblo tiene su (santo) patrón, cuyo día se celebra con una fiesta. La víspera hay una **verbena** (evening festivity). El día mismo hay **romerías** (religious picnics) a la tumba del santo. La gente pasa el día comiendo, bebiendo, jugando, bailando, etc. Dos santos muy populares en España son **Santiago** (St. James), patrón de España, y **San Isidro,** patrón de Madrid.

6. El **Día de los Difuntos** cae el 2 de noviembre. Se celebra en memoria de los que han muerto. La gente visita los cementerios para adornar con flores las tumbas de parientes y amigos.

Nacionales

1. El **Dos de Mayo** es el día de fiesta nacional de España. Conmemora un suceso patriótico, el principio de la resistencia contra los franceses en 1808.

2. El **Día de la Raza** cae el 12 de octubre, y corresponde a nuestro *Columbus Day.* Se celebra en todo el mundo hispánico.

DIVERSIONES Y DEPORTES

1. La **corrida de toros** es todavía el espectáculo favorito de España. Generalmente, en las ciudades grandes, hay corridas los domingos y los días de fiesta importantes. La corrida tiene tres partes, llamadas *suertes:*

   1ª *suerte:* Los **picadores** entran, montados a caballo. Llevan picas (lances) largas, con las cuales castigan el toro en la cerviz (el cuello).

   2ª *suerte:* Entran los **banderilleros,** a pie. Llevan **banderillas** (darts). Esperan la embestida (charge) del toro, y al pasar éste, le ponen las banderillas en la cerviz.

   3ª *suerte:* El **matador,** armado de una espada de acero muy fino y llevando una pequeña **muleta** roja, exhibe su arte y su valor. Ejecuta varios pases con la muleta, hasta que llegue el momento ideal para matar el toro. Entonces, cara a cara con su adversario, le mete la espada y lo mata. Lo que el público estima y aplaude más es la valentía y el arte del matador.

2. **Jai-alai,** también llamado **pelota,** es un juego vasco. Tiene gran popularidad en toda España, y también en Cuba y en la Florida. Se juega en un gran **frontón** (court) de tres paredes, con una pelota dura. Es semejante al *handball,* pero en vez de tirar y coger la pelota con la mano, se emplea una cesta larga y estrecha, atada a la muñeca.

3. El **fútbol** no es semejante a nuestro *football.* El fútbol español se llama aquí *soccer.* Es muy popular, no sólo en España, sino también en el resto de Europa.

EJERCICIOS

A. En cada grupo escójanse las dos palabras o expresiones relacionadas.

1. santo, mantilla, peineta, banderilla
2. nacimientos, alpargatas, horchata, villancicos
3. siesta, premio gordo, lotería, tertulia
4. ateneo, reja, limosna, pordiosero
5. boina, arroz con pollo, mendigo, puchero
6. santo, matador, muleta, aguador
7. Dos de Mayo, franceses, mantón, pelar la pava
8. aguinaldo, siesta, romería, verbena
9. Semana Santa, Día de la Raza, Pascua Florida, Dos de Mayo
10. frontón, misa del gallo, picador, jai-alai

B. Complétense correctamente las frases siguientes:

1. En la tercera suerte de la corrida de toros, el torero importante es _____.
2. Los niños españoles reciben sus regalos de Navidad el Día de _____.
3. El que vigila las calles de noche se llama _____.
4. El apellido paterno (del padre) de Juan Díaz y Pérez es _____.
5. El _____ muy espeso y caliente se toma en el desayuno.

6. El día que nosotros llamamos *Columbus Day* se llama el Día de _____ en el mundo hispano.
7. En la corrida de toros, el torero que va montado se llama _____.
8. El santo patrón de España es _____.
9. El plato de arroz, pollo, y mariscos se llama _____.
10. La fiesta nacional de España se celebra el _____.

C. A la izquierda de cada expresión de la lista *A*, escríbase la letra de la expresión correspondiente de la lista *B*.

	A	B
_____	1. tertulia	*a.* aguador
_____	2. Carnaval	*b.* pelar la pava
_____	3. gitano	*c.* Domingo de Resurrección
_____	4. ateneo	*d.* descanso
_____	5. reja	*e.* reunión
_____	6. Nochebuena	*f.* sandalia
_____	7. Pascua Florida	*g.* la buenaventura
_____	8. puchero	*h.* villancicos
_____	9. siesta	*i.* club literario
_____	10. alpargata	*j.* Cuaresma
		k. cocido

Rodrigo Díaz de Vivar (1040–1099), llamado el Cid, es famoso en la historia. Se le considera el héroe nacional de España. Fue una de las figuras principales en las guerras de la Reconquista. El título "Cid" significa "señor" en lengua árabe, y fue el título que le dieron los moros que venció.

6. MASTERY EXERCISES ON SPAIN

A. Escójase la expresión que complete correctamente cada frase.

1. La gaita es   (a) una bebida   (b) un baile   (c) una canción   (d) un instrumento músico
2. *El entierro del conde de Orgaz* es una obra de   (a) El Greco   (b) Velázquez   (c) Ribera   (d) Goya
3. El Escorial está cerca de   (a) Sevilla   (b) Barcelona   (c) Valencia   (d) Madrid
4. Martínez Sierra es famoso por   (a) su poesía   (b) sus ideas filosóficas   (c) sus novelas   (d) sus personajes femeninos
5. La Semana Santa es un período   (a) de diversión y alegría   (b) que dura tres días   (c) que precede a la Pascua Florida   (d) que se llama también el Día de los Difuntos
6. El pico más alto de España es   (a) la Guadarrama   (b) la Mancha   (c) la Sierra Morena   (d) el Mulhacén
7. El romanticismo es un movimiento literario que floreció en España en el siglo   (a) XX   (b) XVI   (c) XIX   (d) XVII
8. Dos obras importantes de Calderón son   (a) *Peribáñez y Las paredes oyen*   (b) *Lazarillo de Tormes y El burlador de Sevilla*   (c) *Fuenteovejuna y Sangre y arena*   (d) *El alcalde de Zalamea y La vida es sueño*
9. El río más navegable de España es el   (a) Guadalquivir   (b) Tajo   (c) Ebro   (d) Guadiana
10. La ciudad donde se estableció el Greco es   (a) Madrid   (b) Segovia   (c) Toledo   (d) Sevilla
11. El arquitecto principal del Escorial fue   (a) Churriguera   (b) Herrera   (c) Sert   (d) Sorolla
12. Menéndez Pidal hizo profundos estudios   (a) de la literatura medieval   (b) de la novela regional   (c) del romanticismo   (d) de la España contemporánea
13. Andalucía está en el   (a) centro   (b) norte   (c) sur   (d) oeste   de España
14. *Del sentimiento trágico de la vida* es una obra filosófica de   (a) Giner de los Ríos   (b) Unamuno   (c) Ortega y Gasset   (d) Azorín
15. Una boina se lleva en   (a) la cabeza   (b) los pies   (c) las manos   (d) el cuello
16. En la corrida de toros, el picador   (a) mata el toro   (b) emplea una muleta   (c) va montado   (d) emplea las banderillas
17. Los moros invadieron a España en el año   (a) 718   (b) 1492   (c) 711   (d) 1469
18. *La vida del buscón* es una novela picaresca de   (a) autor anónimo   (b) Cervantes   (c) Quevedo   (d) Ruiz de Alarcón
19. García Lorca escribió sobre temas   (a) picarescos   (b) filosóficos   (c) cómicos   (d) folklóricos
20. Fernando, esposo de Isabel, fue rey de   (a) Asturias   (b) León   (c) Aragón   (d) Castilla
21. De los bailes siguientes, el que no es andaluz es   (a) el jaleo   (b) la jota   (c) el flamenco   (d) el bolero
22. A la caída del imperio romano, entraron en España los   (a) visigodos   (b) moros   (c) griegos   (d) celtas
23. Juan de la Cierva inventó el   (a) aeroplano   (b) automóvil   (c) buque de vapor   (d) autogiro
24. La muñeira es un baile de los   (a) vascos   (b) gallegos   (c) catalanes   (d) andaluces
25. Durante el reinado de Carlos II, España   (a) era el país más poderoso de Europa   (b) sufrió una decadencia   (c) perdió la Armada Invencible   (d) inició muchas reformas sociales
26. El santo patrón de España es   (a) San Juan   (b) Santiago   (c) Santo Tomás   (d) San Isidro

27. El pintor de cámara de Carlos IV fue (a) Goya (b) Velázquez (c) Zurbarán (d) el Greco
28. *Guernica* es una obra de (a) Dalí (b) Sert (c) Sorolla (d) Picasso
29. La Alhambra está en (a) Burgos (b) Granada (c) Toledo (d) Málaga
30. Fernando e Isabel conquistaron a los moros de Granada en (a) 1492 (b) 718 (c) 711 (d) 206

B. Complétense correctamente las frases siguientes:

1. El gran rival de España en tiempos de Felipe II fue _____.
2. La noria fue introducida en España por _____.
3. En vez del arbolito de Navidad, cada casa española tiene _____.
4. Una obra de Galdós que trata de la intolerancia religiosa es _____.
5. El mejor ejemplo de la poesía épica española es _____.
6. El gran monumento dedicado a los que murieron en la Guerra Civil es _____.
7. *Las meninas* es la obra maestra de _____.
8. Gonzalo de Córdoba tenía el apodo (nickname) de _____.
9. El día que conmemora la resistencia contra los franceses es _____.
10. *Los fusilamientos del dos de mayo* fue pintado por _____.
11. La ciudad principal de Cataluña es _____.
12. Un drama popular que se representa cada año el 2 de noviembre es _____.
13. El único río que fluye hacia el este es _____.
14. Las *Coplas* de Jorge Manrique fueron traducidas al inglés por el poeta _____.
15. Una bebida fría, hecha de almendras, es _____.
16. Las guerras civiles entre los partidarios del príncipe don Carlos y los de la reina Isabel II se llaman _____.
17. En el jai-alai, para tirar la pelota se emplea _____.
18. En la corrida de toros, el torero que emplea la muleta y la espada es _____.
19. Los cartagineses pusieron sitio a la ciudad de _____.
20. Un poeta español que ganó el Premio Nobel fue _____.
21. Las tres partes de una corrida de toros se llaman _____.
22. Las catedrales de Burgos y de Sevilla son ejemplos del estilo _____ en la arquitectura.
23. El grupo de escritores que se inspiraron en el desastre de la guerra con los Estados Unidos se llama _____.
24. Las montañas que separan a España de Francia son _____.
25. El museo principal de España es _____.

Yerba mate es una planta de la cual se hace una bebida, un té llamado "mate." Es muy popular en el Paraguay y la Argentina. Se bebe en una calabaza, por medio de un tubo llamado "bombilla."

7. LA GEOGRAFÍA DE HISPANOAMÉRICA

Al sur de los Estados Unidos, y ocupando una extensión mucho más grande que nuestro país, viven más de ciento cincuenta millones de personas que constituyen la América española. La América española comprende diez y nueve países situados en tres regiones distintas: (1) México y la América Central, (2) las Antillas, y (3) la América del Sur. Se excluyen el Brasil (de habla portuguesa), Haití (de habla francesa), y las Guayanas.

MÉXICO Y LA AMÉRICA CENTRAL

1. **México** se halla en la América del Norte, limitado al norte por los Estados Unidos, al oeste por el Pacífico, al sur por Guatemala, y al este por el Golfo de México. El Río Bravo del Norte (que nosotros llamamos el Río Grande) lo separa de los Estados Unidos.

Es un país de contrastes. Dos cadenas de montañas, la **Sierra Madre Oriental** y la **Sierra Madre Occidental,** lo atraviesan de norte a sur. También hay muchos valles y mesetas. En las montañas florece la industria minera, de oro y de plata. En México se hallan varios grandes volcanes, tales como el **Orizaba,** el **Popocatépetl,** y el **Ixtaccíhuatl,** así como el **Paricutín,** el cual se formó en 1943.

La capital del país, la **Ciudad de México,** está situada en la meseta central a una altura de más de 7,000 pies. Fue fundada por Cortés sobre las ruinas de **Tenochtitlán,** la antigua capital azteca. En la capital se encuentra el **Castillo de Chapultepec,** un museo histórico que antes servía de residencia para los presidentes del país. Hay muchos otros puntos de interés: (1) el **Paseo de la Reforma,** la avenida más elegante de la capital; (2) el **Zócalo,** la plaza mayor; (3) el **Palacio de Bellas Artes,** teatro más grande de todo el país, el que contiene también una magnífica colección de pinturas mexicanas; (4) la **Ciudad Universitaria;** y (5) la **Basílica de Guadalupe,** la iglesia más famosa de México, la cual fue fundada en honor de la Virgen de Guadalupe, patrona del país. Los famosos **jardines flotantes** (floating) **de Xochimilco** se hallan a poca distancia de la capital.

Otras ciudades importantes son:

a. **Guadalajara,** la segunda ciudad de México, ciudad comercial e industrial, y centro principal de la agricultura y la ganadería.

b. **Veracruz** y **Tampico,** puertos importantes del Golfo de México.

c. **Acapulco,** playa famosa de la costa del Pacífico.

d. **Taxco,** ciudad antigua, conocida por su aspecto colonial.

e. **Mérida,** en la península de Yucatán, centro de la producción del henequén (hemp).

f. **Chichén-Itzá,** también en Yucatán, que tiene ruinas de la cultura maya.

2. **Guatemala** es el país de mayor población de la América Central. Sus productos principales son café, bananas, y chicle, del cual se hace la goma de mascar. La capital del país es la **Ciudad de Guatemala.**

3. **Honduras** es el país más montañoso de Centroamérica. Su capital es **Tegucigalpa.** Honduras exporta bananas, café, y maderas finas.

4. **El Salvador** es la nación más pequeña de Centroamérica. Su capital, **San Salvador,** es una ciudad moderna. El Salvador exporta mucho café y minerales preciosos.

5. **Nicaragua** es la nación más grande de la América Central. Produce caña (cane) de azúcar, algodón, y café. Su capital es **Managua.**

6. **Costa Rica** es un país agrícola, y exporta mucho café y plátanos. También produce varios minerales. Su capital es **San José.**

7. **Panamá** es un istmo entre la América del Norte y la del Sur. La Zona del Canal, arrendada (leased) a los Estados Unidos, cruza el país y contiene el famoso **Canal de Panamá.** La capital del país es la **Ciudad de Panamá.**

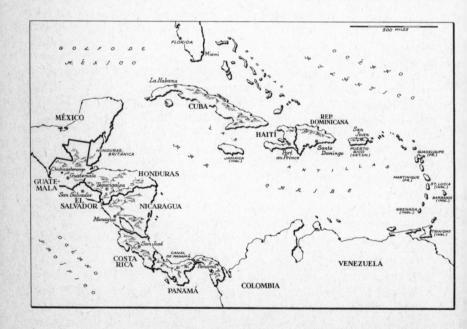

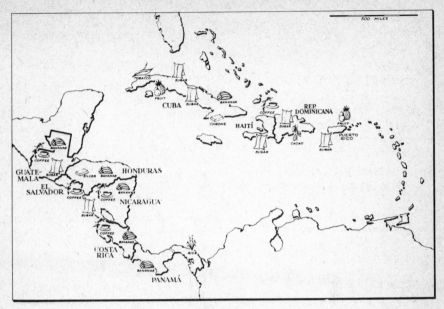

LAS ANTILLAS

Las Antillas son un grupo de islas al este de la costa de la América del Norte, e incluyen a Cuba, la República Dominicana, y Puerto Rico.

1. **Cuba,** descubierta por Colón en su primer viaje, es la isla más grande de las Antillas. Debido a la fertilidad de la tierra se llama "la perla de las Antillas." Produce más azúcar que ningún otro país hispanoamericano. **La Habana,** capital de la nación, es la ciudad principal de toda la región del Caribe. De gran interés histórico es el **Castillo del Morro,** situado en el puerto de La Habana, el cual en tiempos coloniales servía de fortaleza para proteger la isla contra los piratas ingleses. En Guantánamo hay una base naval que pertenece a los Estados Unidos.

2. **La República Dominicana,** la nación más antigua del Caribe, comparte (shares) con Haití la isla de Santo Domingo. Su capital es **Santo Domingo,** que antes se llamaba Ciudad Trujillo. La isla fue descubierta en 1492 por Colón. En la capital se encuentra la universidad más antigua del Nuevo Mundo, la Universidad de Santo Tomás de Aquino, fundada en 1538, que hoy se llama la Universidad de Santo Domingo.

3. **Puerto Rico** es la única tierra descubierta por Colón que llegó a ser una posesión de los Estados Unidos. Su capital, **San Juan,** fue fundada por Ponce de León, el primer gobernador de la isla. Produce mucho café y caña de azúcar.

EJERCICIOS

A. A la izquierda de cada expresión de la lista *A*, escríbase la letra de la expresión correspondiente de la lista *B*.

A	*B*
_____ **1.** Yucatán	*a.* teatro grande
_____ **2.** Honduras	*b.* plaza mayor de la ciudad de México
_____ **3.** Xochimilco	*c.* Castillo de Chapultepec
_____ **4.** San José	*d.* henequén
_____ **5.** Río Bravo del Norte	*e.* Costa Rica
_____ **6.** Tampico	*f.* jardines flotantes
_____ **7.** chicle	*g.* frontera con los Estados Unidos
_____ **8.** Guatemala	*h.* puerto del Golfo de México
_____ **9.** Palacio de Bellas Artes	*i.* base de la goma de mascar
_____**10.** museo histórico	*j.* país más montañoso de Centroamérica
	k. país centroamericano de mayor población

B. Refiriéndose al mapa abajo, identifíquense los siguientes nombres geográficos, escribiendo a la izquierda de cada uno la letra correspondiente:

1. _____ Puerto Rico
2. _____ Guatemala
3. _____ Panamá
4. _____ Cuba
5. _____ Nicaragua
6. _____ Golfo de México
7. _____ Península de Yucatán
8. _____ República Dominicana

9. _____ México
10. _____ Mar Caribe
11. _____ El Salvador
12. _____ Canal de Panamá
13. _____ Océano Pacífico
14. _____ Costa Rica
15. _____ Honduras

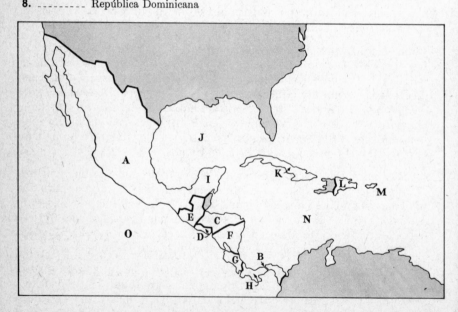

C. A la izquierda de cada expresión de la lista *A*, escríbase la letra de la expresión correspondiente de la lista *B*.

A	*B*
_____ **1.** Morro	*a.* base naval
_____ **2.** Ponce de León	*b.* "Perla de las Antillas"
_____ **3.** Isla de Santo Domingo	*c.* capital de la República Dominicana
_____ **4.** Cuba	*d.* Puerto Rico
_____ **5.** Guantánamo	*e.* fortaleza
	f. Haití y la República Dominicana

El lago Titicaca, entre Bolivia y el Perú, está situado a 12,500 pies sobre el nivel del mar (sea level). Es el lago navegable más alto del mundo. Para navegar en el lago, los indios emplean "balsas," que son botes hechos de una madera muy ligera del mismo nombre.

LA AMÉRICA DEL SUR

La mayor parte de Sudamérica está al sur del ecuador, y las estaciones del año caen en orden opuesto a las nuestras. Cuando nosotros estamos en invierno aquí, allí tienen el verano.

Volando en avión sobre la América del Sur, se ve que casi todos los países son montañosos. En el este están las tierras altas de las Guayanas y del Brasil, y al oeste la larga cordillera de los Andes. Estas montañas, con sus vastas mesetas, sus valles y majestuosos picos, han tenido gran influencia en el lento desarrollo (development) del continente sudamericano. Impiden el transporte y el comercio. La construcción de ferrocarriles y carreteras cuesta mucho. Hasta cierto punto, el transporte por avión ha mejorado las comunicaciones. Las montañas tienen separados no solamente a los diferentes países, sino también, a veces, a las regiones de un mismo país, como en el Perú, el Ecuador, y Colombia. Los Andes son ricos en minerales: el oro, la plata, el aluminio, el cobre, el platino, el hierro, y el estaño. Las mesetas son saludables (healthful), y allí vive la mayor parte de la gente.

Tres vastos llanos ocupan el interior del continente y se extienden hasta la costa del Atlántico. Éstos son los valles del Orinoco, del Amazonas, y de los ríos Paraná y Paraguay. Aquí se encuentran bosques y pantanos (swamps), los cuales han hecho imposible la fácil navegación.

PAÍSES DEL ESTE

Éstos incluyen la Argentina, el Uruguay, y el Paraguay. La economía de estos tres países depende principalmente de los ríos Paraná y Paraguay, y del Río de la Plata, los que se usan para el transporte.

1. **La Argentina,** que significa "de plata," recibió su nombre porque en tiempos coloniales era el portal que conducía (por medio de los ríos) a las tierras de la plata.

La Argentina se extiende desde la región del Chaco, en el norte, hasta la Tierra del Fuego y el Estrecho de Magallanes, en el sur; y desde el Atlántico hasta los Andes. Por lo general, el país tiene un clima templado, aunque hay extremos de frío en el sur (en Tierra del Fuego), y de calor y humedad en las selvas del Chaco. En el extremo nordeste (northeast), entre la Argentina y el Brasil, están las famosas **cataratas del Iguazú.** En la región andina se halla el **Aconcagua,** pico que alcanza una altura de 23,000 pies, el pico más alto de todo el hemisferio occidental. La mayor parte del país es un llano extenso, llamado la *pampa,* que es la tierra del *gaucho,* y el centro de la agricultura y de la ganadería, de donde se exportan grandes cantidades de trigo y de carne. Aquí se halla el *ombú,* árbol grande típico de la pampa.

Buenos Aires, la capital, es la ciudad más grande de Sudamérica, y su puerto figura entre los más activos del mundo. Es una ciudad moderna y cosmopolita, con grandes y elegantes avenidas, tiendas, y teatros. Los habitantes se llaman *porteños*.

La segunda ciudad de la Argentina es Rosario, puerto a orillas del río Paraná, un centro industrial importante.

2. El Uruguay, llamado antes la Banda Oriental, es la nación hispana más pequeña de la América del Sur. Al norte del país se halla el Brasil, al oeste y al sur la Argentina, y al este el Océano Atlántico. Montevideo, capital y puerto principal de la nación, está al este de Buenos Aires, en la orilla opuesta del Río de la Plata. El clima del país es templado y por sus costas se extienden muchas playas elegantes, entre ellas la de Punta del Este, donde tuvo lugar en 1962 una sesión importante de la Organización de los Estados Americanos. El Uruguay es un país progresista donde existe muy poco analfabetismo (illiteracy). Las industrias principales son la agricultura y la ganadería. El río Uruguay, que forma parte de la frontera con la Argentina, es importante para el comercio.

3. El Paraguay es una de las dos repúblicas de la América del Sur que no tienen puerto de mar, pero el río Paraná le permite comunicarse con el Atlántico. Este país se halla entre Bolivia, el Brasil, y la Argentina. La región del Gran Chaco ocupa el oeste del país. En 1932 estalló una guerra entre Bolivia y el Paraguay para determinar a quién pertenecía este territorio. Duró hasta 1935, y el resultado fue que el Paraguay recibió dos terceras partes del territorio y Bolivia consiguió una salida al mar por medio del río Paraguay. La famosa *yerba mate*, una especie de té, es un producto importante del Paraguay, y también la madera de un árbol llamado *quebracho*, que se emplea para curtir el cuero. La capital es Asunción.

EJERCICIOS

A. A la izquierda de cada expresión de la lista A, escríbase la letra de la expresión correspondiente de la lista B.

A	B
____ 1. El Uruguay	a. guerra entre el Paraguay y Bolivia
____ 2. Punta del Este	b. pico muy alto
____ 3. ombú	c. minerales
____ 4. Rosario	d. se usa para curtir el cuero
____ 5. quebracho	e. playa
____ 6. porteños	f. Buenos Aires
____ 7. río Uruguay	g. capital del Paraguay
____ 8. Gran Chaco	h. Banda Oriental
____ 9. Aconcagua	i. la pampa
____10. Asunción	j. frontera entre el Uruguay y la Argentina
	k. ciudad de la Argentina

B. Refiriéndose al mapa abajo, identifíquense los siguientes nombres geográficos, escribiendo a la izquierda de cada uno la letra correspondiente:

1. _____ Aconcagua
2. _____ río Paraná
3. _____ el Paraguay
4. _____ Buenos Aires
5. _____ cataratas del Iguazú

6. _____ el Uruguay
7. _____ Asunción
8. _____ pampa
9. _____ Estrecho de Magallanes
10. _____ Montevideo

Países andinos

Éstos se encuentran en el oeste del continente, y comprenden Chile, Bolivia, el Perú, el Ecuador, Colombia, y Venezuela. La cordillera de los Andes atraviesa todos estos países de norte a sur.

1. **Chile** se encuentra entre la cordillera de los Andes y el Océano Pacífico. Chile se extiende casi 3,000 millas, desde la frontera con el Perú, en el norte, hasta Tierra del Fuego, en el sur, parte de la cual pertenece a Chile. El país no tiene más que 230 millas de ancho en ninguna parte, y en algunas partes se vuelve muy estrecho, hasta 50 millas.

   El **desierto de Atacama,** en el norte, es uno de los desiertos más secos del mundo. Pasan años y no cae ni una gota de agua. Aquí se encuentran grandes depósitos de salitre (nitrates), cobre, y otros minerales. **Antofagasta** es el puerto principal del norte.

   El valle central tiene un clima excelente, y es el centro agrícola del país. Los productos principales son vinos y cereales. Aquí se encuentran las ciudades más importantes del país: **Santiago,** la capital, que está al pie de los Andes, y **Valparaíso,** el puerto principal de Chile. **Viña del Mar,** una playa famosa, está cerca de Valparaíso. En el sur hay una región de lagos que se llama la "Suiza chilena."

2. **Bolivia,** llamada así en honor de Simón Bolívar, se llamaba en tiempos coloniales el Alto Perú. Aunque está en la zona tórrida, Bolivia es, en algunas partes, el país más frío del continente sudamericano, debido a su gran altura. Tiene fronteras con el Brasil al norte y al este, con el Paraguay al sudeste, con la Argentina al sur, con Chile al sudoeste, y con el Perú al oeste. De esto se ve que Bolivia no tiene ningún contacto con el mar, y que depende de los países vecinos para exportar sus productos.

   La Paz, capital de Bolivia, es la capital más alta del mundo, pues tiene una altura de más de 12,000 pies. El **lago Titicaca,** que está entre Bolivia y el Perú, es el lago navegable más alto del mundo; se encuentra a una altura de 12,500 pies. **Sucre** es la capital constitucional del país, pero La Paz es la capital de hecho.

   Bolivia es un país rico en minerales. **Potosí** fue conocido en tiempos coloniales como el centro más importante de la producción de plata del Nuevo Mundo, y funciona todavía. Pero el producto más importante hoy es el estaño.

3. **El Perú** está casi totalmente en los Andes, menos la región de la costa y la del este. Este país, tres veces más grande que el estado de California, está limitado al norte, al este, y al sur por las repúblicas del Ecuador, Colombia, el Brasil, Bolivia, y Chile. El río principal del Perú es el **Marañón,** un tributario del Amazonas. La riqueza mineral del Perú consiste en plata y cobre. El guanaco, la alpaca, la llama, y la vicuña producen lana para los indios, y también para la exportación.

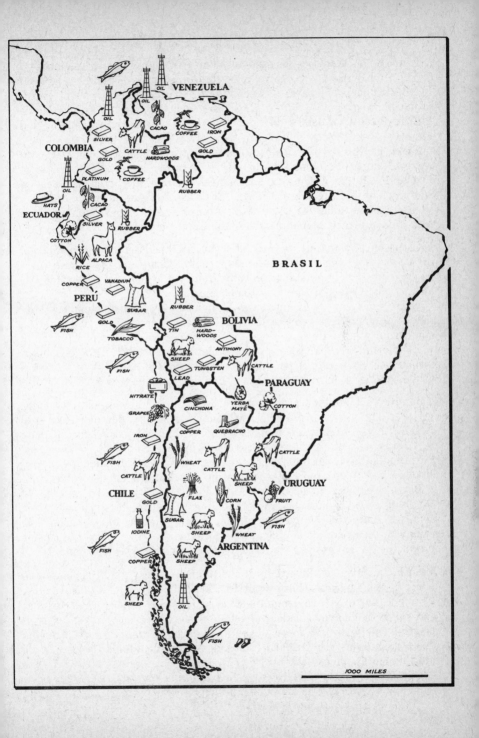

VENEZUELA

COLOMBIA

ECUADOR

PERÚ

BRASIL

BOLIVIA

PARAGUAY

CHILE

URUGUAY

ARGENTINA

OIL
OIL
OIL
CACAO
COFFEE
IRON
SILVER
CATTLE
GOLD
HARDWOODS
GOLD
PLATINUM
COFFEE
OIL
RUBBER
HATS
CACAO
SILVER
RUBBER
COTTON
ALPACA
RICE
COPPER
VANADIUM
FISH
SUGAR
RUBBER
GOLD
TOBACCO
FISH
TIN
HARD-
WOODS
SHEEP
ANTIMONY
CATTLE
TUNGSTEN
LEAD
NITRATE
CINCHONA
YERBA
MATÉ
COTTON
GRAPES
COPPER
QUEBRACHO
IRON
CATTLE
FISH
WHEAT
CATTLE
CATTLE
SHEEP
FISH
GOLD
FLAX
CORN
FRUIT
SUGAR
IODINE
SHEEP
WHEAT
FISH
COPPER
SHEEP
SHEEP
OIL
FISH

1000 MILES

Antes de la llegada de los españoles florecieron grandes civilizaciones en el Perú. La más avanzada y mejor conocida fue la de los incas, la cual fue destruida por Pizarro. Su capital fue **Cuzco,** que es hoy el centro arqueológico del país. Cerca de Cuzco se hallan las ruinas incaicas de **Machu-Picchu.** Además del español, los indios hablan *quechua,* un idioma indio.

Lima, capital del país, es también el centro comercial y cultural. Pizarro la llamó la "Ciudad de los Reyes," porque la fundó el 6 de enero, Día de los Reyes Magos. En la capital se halla la Universidad de San Marcos, que fue fundada en 1551. **El Callao** sirve de puerto para Lima y está a ocho millas de la capital. **Arequipa,** situada al pie del volcán Misti, es el centro económico de la zona agrícola del sur.

4. **El Ecuador** se llama así porque la línea geográfica del mismo nombre lo atraviesa, en el norte. En este país se hallan dos picos que figuran entre los más altos del continente, el **Chimborazo** (de más de 20,000 pies de altura) y el **Cotopaxi** (de unos 19,500 pies).

Quito, la capital, está a una altura de 9,000 pies y tiene un clima bastante frío, a pesar de estar en el centro de la Zona Tórrida. Esta capital ha conservado mucho de su carácter colonial.

El puerto principal y centro comercial es **Guayaquil.** Los productos principales son cacao, tagua (de la cual se fabrican botones), y *sombreros de jipijapa,* que nosotros llamamos "Panama hats."

5. **Colombia** está limitada al norte por el Mar Caribe, al sur por el Ecuador y el Perú, al oeste por el Pacífico y Panamá, y al este por Venezuela y el Brasil. Esta república, nombrada en honor de Colón, es el único país de la América del Sur que tiene puertos en dos mares: en el Caribe (**Cartagena, Barranquilla**) y en el Pacífico (**Buenaventura**). El **Magdalena,** río principal del país, forma un importante medio de comunicación dentro del país.

Bogotá, capital de la nación, está en el interior, en las montañas. **Medellín** es la segunda ciudad del país y es el centro de la producción de café. El **salto** (falls) **de Tequendama,** situado a pocas millas de Bogotá, es mucho más alto que el Niágara, pero es menos ancho. Los principales productos de exportación son café, platino, y esmeraldas (emeralds).

6. **Venezuela,** patria del Libertador, Simón Bolívar, está situada en el extremo norte de Sudamérica. Esta república está bañada por las aguas del Mar Caribe al norte, y tiene fronteras con Colombia al oeste, con el Brasil al sur, y con la Guayana inglesa al este. Se encuentran extensos llanos en las orillas de los ríos Orinoco y Apure. Los llanos son el centro principal de la ganadería. El **Orinoco,** río principal de Venezuela, tiene más de mil quinientas millas de largo.

Caracas es la capital política y comercial de la nación. El puerto principal es **La Guaira,** y los productos principales son petróleo, café, y cacao.

EJERCICIOS

A. Refiriéndose al mapa abajo, identifíquense los siguientes nombres geográficos, escribiendo a la izquierda de cada uno la letra correspondiente:

1. _____ La Paz
2. _____ Venezuela
3. _____ Chile
4. _____ Bolivia
5. _____ Colombia

6. _____ el Perú
7. _____ Caracas
8. _____ Bogotá
9. _____ el Ecuador
10. _____ Lima

B. A la izquierda de cada expresión de la lista *A*, escríbase la letra de la expresión correspondiente de la lista *B*.

A	*B*
_____ **1.** Barranquilla	*a.* puerto principal de Chile
_____ **2.** Viña del Mar	*b.* depósitos de salitre
_____ **3.** Titicaca	*c.* sombreros
_____ **4.** Machu-Picchu	*d.* Venezuela
_____ **5.** Bolivia	*e.* puerto colombiano
_____ **6.** jipijapa	*f.* Chimborazo
_____ **7.** Atacama	*g.* "Ciudad de los Reyes"
_____ **8.** Valparaíso	*h.* lago navegable más alto del mundo
_____ **9.** Lima	*i.* estaño
_____**10.** Simón Bolívar	*j.* ruinas incaicas
	k. famosa playa chilena

C. Escójase la palabra o expresión que complete correctamente cada frase.

1. La antigua capital de los incas fue   (*a*) Cuzco   (*b*) Lima   (*c*) Arequipa   (*d*) La Paz
2. Antofagasta se halla en   (*a*) el Perú   (*b*) el Ecuador   (*c*) Chile   (*d*) Bolivia
3. El país nombrado en honor del Libertador es   (*a*) Chile   (*b*) el Perú   (*c*) Venezuela   (*d*) Bolivia
4. La capital hispanoamericana que Pizarro nombró en honor de un día de fiesta es   (*a*) Quito   (*b*) Bogotá   (*c*) Caracas   (*d*) Lima
5. La capital de Chile es   (*a*) Chimborazo   (*b*) Santiago   (*c*) el Callao   (*d*) La Paz
6. El país que tiene lagos como los de Suiza es   (*a*) Bolivia   (*b*) Venezuela   (*c*) Chile   (*d*) el Ecuador
7. El río Marañón se halla en   (*a*) el Perú   (*b*) Venezuela   (*c*) el Ecuador   (*d*) Bolivia
8. El país sudamericano que tiene dos capitales es   (*a*) Chile   (*b*) Bolivia   (*c*) Colombia   (*d*) el Ecuador
9. El país andino que no tiene puerto de mar es   (*a*) el Ecuador   (*b*) Venezuela   (*c*) Colombia   (*d*) Bolivia
10. El puerto principal del Ecuador es   (*a*) Guayaquil   (*b*) Arequipa   (*c*) Cartagena   (*d*) Bogotá

D. Complétense correctamente las frases siguientes:

1. En la ciudad de _____ se estableció la primera universidad del Nuevo Mundo.
2. La capital de Chile es _____.
3. El pico más alto de todo el hemisferio occidental es _____.
4. Tegucigalpa es la capital de _____.
5. El gaucho argentino vive en la región llamada _____.
6. _____ tiene casi 3,000 millas de largo.
7. La capital de Cuba es _____.
8. El puerto principal de Venezuela es _____.
9. El volcán formado en 1943 en México se llama _____.
10. _____ sirve de puerto para la ciudad de Lima.
11. Una famosa playa en la costa occidental de México es _____.
12. Bogotá es la capital de _____.
13. La capital de Puerto Rico es _____.
14. El país sudamericano que tiene puertos en el Pacífico y en el Mar Caribe es _____.
15. Las islas llamadas Tierra del Fuego tienen un clima _____.
16. La capital de Guatemala es _____.
17. El río principal de Venezuela es el _____.

18. Las ciudades de Buenos Aires y _____ están situadas a orillas del Río de la Plata.
19. _____ es la nación más pequeña de Centroamérica.
20. Nuestro país tiene un canal en la República de _____.
21. Un animal que produce lana para los indios peruanos es _____.
22. Entre el Brasil y la Argentina se hallan las cataratas del _____.
23. El país hispano más pequeño de Sudamérica es _____.
24. En tiempos coloniales el centro sudamericano más importante en la producción de plata era _____.
25. Las dos grandes cadenas de montañas de México son la Sierra Madre Occidental y _____.
26. La avenida más elegante de la Ciudad de México es _____.
27. La mayor parte de la América del Sur se halla al _____ de la línea del ecuador.
28. _____ es una ciudad antigua que tiene interesantes ruinas mayas.
29. Punta del Este es una playa elegante de la costa de _____.
30. La capital del Ecuador es _____.
31. Haití comparte la isla de Santo Domingo con _____.
32. Un producto importante del Paraguay es un té llamado _____.
33. Tenochtitlán es el nombre antiguo de la Ciudad de _____.
34. La isla más grande de las Antillas es _____.
35. La capital del Paraguay es _____.

Los gitanos de España son célebres por su habilidad en la música y en el baile. La mayor parte de los gitanos son de Andalucía, y saben interpretar los bailes de aquella región, tales como el fandango, la seguidilla, y el flamenco.

8. LA HISTORIA DE HISPANOAMÉRICA

CIVILIZACIONES INDIAS

1. Antes de la llegada de los españoles florecieron y cayeron varias civilizaciones en el Nuevo Mundo. En la América Central los **mayas** habían alcanzado una cultura muy avanzada. Conocían la arquitectura y la ciencia. Habían aprendido bastante astronomía para poder inventar un calendario y calcular los eclipses del sol. En Yucatán habían establecido una ciudad brillante, **Chichén-Itzá.** Fueron seguidos por los **toltecas,** y éstos por los **aztecas.** Hoy día queda muy poco de la civilización maya.

2. Cuando llegaron los españoles, bajo Cortés (en 1519), encontraron a los **aztecas,** un pueblo guerrero (warlike) que ya dominaba el territorio de lo que as hoy México y gran parte de la América Central. Su capital, **Tenochtitlán,** ocupaba el lugar donde se encuentra hoy la Ciudad de México. Allí llevaban a los prisioneros de guerra para servir de víctimas en los sacrificios humanos.

3. Los **incas** ocupaban las regiones andinas de la América del Sur, y se extendían por lo que son actualmente las repúblicas del Perú, Bolivia, el Ecuador, y parte de Colombia y de Chile. Tenían un imperio bien organizado, tal vez el más perfecto de todos los indígenas. Desde su capital, **Cuzco,** salían caminos en todas direcciones, los que se empleaban para comunicarse rápidamente con todas partes del imperio. En vez de escribir, usaban *quipus*, cuerdas de varios colores en las cuales hacían nudos (knots), que ellos sabían interpretar. Usaban la llama y la alpaca, que les servían para llevar las mercancías, y que también les proveían (provided) de lana y carne.

4. Los **caribes** habitaban las Antillas. Fueron casi exterminados por los primeros conquistadores.

5. Los **chibchas** y los **guaraníes** vivían en el norte y en el centro de la América del Sur, respectivamente.

6. En el sur vivían los **patagones** y los **araucanos.** Estos últimos eran muy feroces, y nunca fueron completamente conquistados por los españoles.

DESCUBRIMIENTO, EXPLORACIÓN, Y CONQUISTA

1. Cristóbal **Colón** fue el primero de los grandes descubridores, y se le conoce hoy como "el descubridor de América." Es interesante notar que no tocó el continente de Norteamérica en ninguno de sus cuatro viajes. Descubrió varias islas de las Antillas, las costas de la América del Sur (cerca del Orinoco), y parte de la América Central. La fecha de su primer

descubrimiento (el 12 de octubre) se celebra en todo el mundo hispano como el "Día de la Raza."

Estableció la primera colonia, **Navidad,** en la Española (Hispaniola), que es hoy la isla de Santo Domingo. Ésta fue la primera colonia fundada por europeos en el Nuevo Mundo. El siglo siguiente fue una época de conquista, colonización, y expansión.

2. Juan **Ponce de León** estableció una colonia española en 1508, en Puerto Rico, y fue su primer gobernador. En 1513, buscando la Fuente (Fountain) de la Juventud, descubrió la Florida.

3. Vasco Núñez de **Balboa** atravesó el istmo de Panamá y descubrió el Océano Pacífico, al que dio el nombre de *Mar del Sur.*

4. Fernando de **Magallanes,** navegante portugués, emprendió dar la vuelta al mundo. Fue un trabajo heroico, completado por Juan Sebastián **del Cano,** español, al morir Magallanes en las Islas Filipinas.

5. Hernán **Cortés** fue, tal vez, el más grande de los conquistadores. Conquistó a los aztecas de México (1519–1521), matando al rey azteca, **Moctezuma.** Dio a la nueva colonia el nombre de *Nueva España.*

6. Francisco **Pizarro** pudo destruir el imperio de los incas, en 1532, haciendo prisionero al rey inca, **Atahualpa,** y matándole después. Fundó la ciudad de Lima, llamándola "Ciudad de los Reyes" en honor de los Reyes Magos.

7. Francisco Vázquez de **Coronado,** saliendo de México en busca de las fabulosas "siete ciudades de Cíbola" en Nuevo México, exploró gran parte de lo que es hoy el sudoeste (southwest) de los Estados Unidos. Descubrió el Gran Cañón.

8. Álvar Núñez **Cabeza de Vaca** exploró gran parte del sur de los Estados Unidos, hasta México. Años más tarde fue nombrado gobernador de la región de la Plata, en la América del Sur.

9. Pedro de **Valdivia** conquistó a Chile, luchando con los feroces araucanos. Fundó la ciudad de Santiago (de Chile).

10. Bartolomé de **las Casas,** el "apóstol de los indios," fue un misionero que pasó la vida luchando en favor de los indios, que morían a causa del duro trabajo y de la crueldad de los conquistadores. Debido a sus esfuerzos, el gobierno español decidió importar esclavos de África para el trabajo. Otros países, en particular Portugal, Inglaterra, y Holanda, también tomaron parte en el comercio de esclavos.

11. Fray Junípero **Serra** fundó una serie de misiones en California, en lo que hoy se llama el "Camino Real."

ADMINISTRACIÓN DE LAS COLONIAS

Todas las colonias se consideraban posesiones del rey mismo. El **Consejo de Indias** las dirigía por medio de virreyes nombrados por el rey. Las colonias estaban divididas en cuatro virreinatos:

1. **Nueva España:** México, Centroamérica, parte de lo que es hoy los Estados Unidos, y las Antillas.
2. **Nueva Granada:** lo que es hoy el Ecuador, Colombia, y Venezuela.
3. **Nueva Castilla:** el Perú y Chile.
4. **Río de la Plata:** Bolivia, el Paraguay, el Uruguay, y la Argentina.

La intención del gobierno español era doble: (1) civilizar a los indios y enseñarles la religión cristiana; (2) sacar tesoros de las colonias con que pagar las guerras que España hacía en Europa. El resultado fue la explotación (exploitation) de los indios y de las riquezas del Nuevo Mundo.

Al principio de la época colonial, Cádiz, en España, fue el centro del comercio con las colonias. Pero, a causa de los ataques (attacks) de los piratas de varias naciones, se trasladó (was transferred) el centro a Sevilla. Los piratas también atacaron las costas de las colonias, en el Mar Caribe y el Golfo de México. Dos de los piratas más famosos fueron los ingleses Francis Drake y John Hawkins.

LA INDEPENDENCIA

Las causas de las revoluciones contra España eran las siguientes: (1) las restricciones comerciales que impuso (imposed) España; (2) la injusticia de la organización social y política. Los **criollos** (personas nacidas en las colonias, de origen español) no tenían los mismos derechos que los españoles, y no tomaban parte en el gobierno; (3) el ejemplo de la revolución norteamericana contra Inglaterra; (4) la invasión de España, en 1808, por Napoleón, y el nombramiento (appointment) de un rey francés.

Francisco **Miranda,** venezolano, fue el más importante de los precursores de la revolución. En 1806, con una expedición libertadora atacó las costas de Venezuela. La expedición fracasó (failed), pero cuatro años más tarde, en 1810, cuando estalló la revolución, Miranda fue una de las figuras prominentes. Fue capturado por los españoles y murió en una cárcel española en 1816.

Aunque tres de las revoluciones estallaron en distintas partes en el mismo año (1810), se pueden dividir en cuatro movimientos distintos: México, Sudamérica (norte), Sudamérica (sur), Cuba.

MÉXICO

1. El padre Miguel **Hidalgo,** cura del pueblo de Dolores, inició la revolución mexicana el 16 de septiembre de 1810 con el famoso "Grito de Dolores."

Salió victorioso en varias campañas, pero unos meses más tarde fue capturado y condenado a muerte.

2. José **Morelos,** discípulo de Hidalgo y también sacerdote, continuó el trabajo de éste. Después de varias batallas declaró la independencia de México en 1813. Cayó prisionero y fue fusilado (shot) en 1815.

3. Agustín de **Iturbide** al principio luchó al lado de los españoles, pero después desertó y se unió a los revolucionarios. Su famoso *Plan de Iguala* convirtió a México en una monarquía independiente de España. En 1822 se declaró emperador (Agustín I). Pero tuvo que abdicar cuando estalló otra revolución, bajo el general **Santa Anna.** En 1824 México se declaró una república independiente.

Sudamérica (norte)

4. Simón **Bolívar,** el "Jorge Wáshington" de la América del Sur, es la figura dominante de la revolución del norte. Fue a la vez militar brillante y filósofo político. Luchó largos años, ganando victorias y sufriendo derrotas. Pero con las victorias de **Boyacá** (Colombia), **Carabobo** (Venezuela), y **Pichincha** (el Ecuador), se aseguró la independencia del norte. En 1822 se formó de estos territorios la República de la Gran Colombia. Se nombró presidente a Bolívar. Hasta hoy se conoce a Bolívar con el título de "El Libertador."

5. Antonio José de **Sucre** mandó las fuerzas venezolanas en las batallas de Pichincha y de **Ayacucho**. Ayacucho, escena de la última batalla de la revolución (1824), aseguró para siempre la independencia de la América del Sur.

Sudamérica (sur)

6. José de **San Martín,** el "santo de la espada," argentino, hizo para el sur lo que Bolívar hizo para el norte. Ganada la independencia de la Argentina, San Martín organizó un ejército, con la ayuda del chileno, Bernardo **O'Higgins,** para ganar la independencia de Chile. Derrotó a los españoles en las batallas de **Chacabuco** (1817) y **Maipú** (1818). O'Higgins fue nombrado primer presidente de Chile.

Después emprendió San Martín la liberación del Perú. Durante esta campaña San Martín y Bolívar arreglaron una entrevista en Guayaquil. No se sabe lo que pasó en esta entrevista, pero al salir San Martín dejó el mando de sus tropas, y se retiró (withdrew) del movimiento de la independencia. La libertad del Perú fue asegurada por Sucre en la batalla de Ayacucho (1824).

CUBA

7. Durante la época de las grandes revoluciones Cuba quedó leal (loyal) a España. Pero hacia el año 1850 comenzaron varios movimientos de independencia. José **Martí,** poeta y patriota cubano, fue el espíritu del movimiento. Hizo más que ningún otro para unificar los esfuerzos de los revolucionarios desterrados. Murió en 1895, en una invasión de la isla. Más tarde, en 1898, con la intervención de los Estados Unidos, Cuba se libró de la dominación española. Al mismo tiempo los Estados Unidos tomaron posesión de Puerto Rico y de las Islas Filipinas.

DESDE LA INDEPENDENCIA HASTA NUESTROS DÍAS

PATRIOTAS Y DICTADORES

La independencia trajo consigo graves problemas políticos, sociales, y económicos, muchos de los cuales todavía existen hoy. La gente no tenía experiencia en gobernarse, y el analfabetismo era común. En muchos países llegaron al poder los militares, que gobernaron como dictadores.

1. Juan Manuel de **Rosas** estableció en la Argentina una dictadura sangrienta que duró unos veinte años, terminando en 1852.

2. El Dr. José Gaspar de **Francia** gobernó en el Paraguay veinte y cinco años, hasta su muerte en 1840. Se hizo llamar "el Supremo." Durante su dictadura el Paraguay perdió contacto con el resto del mundo.

3. Vicente **Gómez,** dictador venezolano, gobernó veinte y cinco años, hasta su muerte en 1935. Invitó a los capitalistas extranjeros a invertir (invest) mucho dinero en la industria petrolera de su país.

4. Benito **Juárez** se llama el "Abrahán Lincoln de México." Era un indio que se educó y llegó a ser presidente. En 1864, durante su presidencia, México fue conquistado por las tropas francesas de Napoleón III, quien había mandado a **Maximiliano,** un príncipe europeo, a gobernar como emperador. Juárez organizó la resistencia contra Maximiliano, y éste fue derrotado y fusilado en 1867. Así Juárez logró libertar a su patria de la dominación francesa y restaurar la república.

5. Porfirio **Díaz** fue dictador en México treinta y cinco años, hasta 1911. Durante su dictadura vendió derechos comerciales a los capitalistas extranjeros, que llegaron a ser los verdaderos dueños de la política y economía mexicanas. Fue derrotado en 1911 por Francisco **Madero.**

Todavía hoy hay dictaduras en varios países de la América Hispana. Se espera, con el tiempo, y con mejores condiciones económicas y educativas, que estas dictaduras pasen, y que triunfe la democracia.

RELACIONES INTERAMERICANAS

En 1826 Simón Bolívar dio el primer paso hacia la unidad del hemisferio occidental, llamando a una conferencia en Panamá a los representantes de todos los países del Nuevo Mundo. Solamente cuatro naciones enviaron delegados a la conferencia. No obstante, la Conferencia de Panamá tuvo un resultado bueno. El ideal de Bolívar, la unidad de las Américas, tuvo sus comienzos allí.

En los años siguientes, el movimiento ganó fuerzas y creció. Se celebraron varias conferencias, comenzando con la de Washington, D.C., en 1889. En estas reuniones los participantes se interesaban por mantener la paz en el hemisferio y por mejorar las relaciones comerciales. En la conferencia de Buenos Aires de 1910, se fundó la **Unión Panamericana.** El propósito de esta organización fue establecer relaciones económicas y culturales entre las 21 repúblicas americanas.

En 1948, en Bogotá, la alianza fue reorganizada y recibió el nombre de **Organización de los Estados Americanos (O.E.A.;** en inglés, O.A.S.); la Unión Panamericana sería su secretaría (secretariat) permanente. El propósito principal de la O.E.A. es la amistad y el progreso de las naciones americanas por medio del desarrollo de sus recursos naturales. En la reunión más reciente, que tuvo lugar en Punta del Este en 1962, los representantes expulsaron a Cuba, que se había convertido en gobierno comunista.

En **Puerto Rico** en el año 1941 se inició un nuevo programa económico. El programa se llama "Manos a la Obra" (Operation Bootstrap). Su gran éxito es evidente en la prosperidad de que gozan los puertorriqueños.

Durante la presidencia de Franklin D. Roosevelt, los Estados Unidos mejoraron sus relaciones con Latinoamérica, iniciando un nuevo programa económico y político llamado "La Política del Buen Vecino."

En la Segunda Guerra Mundial, muchos países hispanoamericanos mostraron su fe en la democracia y su amistad con los Estados Unidos, declarando la guerra contra nuestros enemigos y proveyendo de materias primas (raw materials) a los aliados (Allies).

Cuba, antigua amiga de los Estados Unidos, ha sufrido varias dictaduras en los años pasados. En 1952, Fulgencio **Batista** suprimió la democracia y gobernó tiránicamente. Al fin del año 1958 Batista fue derrotado, y en enero de 1959 otro dictador, Fidel **Castro,** se apoderó del gobierno. Éste convirtió a Cuba en estado comunista. Ahora nuestro país se ve obligado a proteger el hemisferio occidental contra la penetración comunista.

EL CUERPO DE PAZ Y LA ALIANZA PARA EL PROGRESO

En 1961, John F. Kennedy, presidente de los Estados Unidos, inició dos programas, el del **Cuerpo** (Corps) **de Paz** y el de la **Alianza Para el Progreso,** para mejorar la condición de otros países. El **Cuerpo de Paz** envía maestros y técnicos a los varios países para ayudar a los habitantes a mejorar su condición, en lo económico y lo educativo.

La Alianza Para el Progreso ofrece ayuda financiera (financial) y técnica a los países latinoamericanos. Para recibir ayuda, un país tiene que iniciar cambios en su manera de cobrar impuestos y, en general, debe asegurar de una manera más justa el bienestar de los habitantes.

EJERCICIOS

A. A la izquierda de cada expresión de la lista *A*, escríbase la letra de la expresión correspondiente de la lista *B*.

	A		*B*
---------	**1.** Ponce de León	*a.*	capital azteca
---------	**2.** Nueva España	*b.*	araucanos
---------	**3.** Coronado	*c.*	apóstol de los indios
---------	**4.** Tenochtitlán	*d.*	siete ciudades de Cíbola
---------	**5.** Balboa	*e.*	misiones en California
---------	**6.** Chichén-Itzá	*f.*	gobernador de Puerto Rico
---------	**7.** Junípero Serra	*g.*	Mar del Sur
---------	**8.** Bartolomé de las Casas	*h.*	ciudad maya
---------	**9.** Cuzco	*i.*	México, Centroamérica, y Antillas
---------	**10.** Valdivia	*j.*	capital incaica

B. Escójase la palabra o expresión que complete correctamente cada frase.

1. El primer navegante que dio la vuelta al mundo fue   (*a*) Cabeza de Vaca   (*b*) del Cano   (*c*) Colón   (*d*) Balboa

2. Los españoles nunca pudieron dominar completamente a los   (*a*) incas   (*b*) caribes   (*c*) aztecas   (*d*) araucanos

3. El rey azteca matado por Cortés se llamaba   (*a*) Tenochtitlán   (*b*) Moctezuma   (*c*) Cabeza de Vaca   (*d*) Atahualpa

4. La primera colonia del Nuevo Mundo fue establecida en   (*a*) el Perú   (*b*) Chile   (*c*) Nueva España   (*d*) la Española

5. La ciudad de Santiago de Chile fue fundada por   (*a*) Valdivia   (*b*) los incas   (*c*) Cortés   (*d*) Colón

6. El imperio incaico fue destruido por   (*a*) Pizarro   (*b*) Cortés   (*c*) Valdivia   (*d*) Colón

7. Las colonias españolas eran gobernadas por   (*a*) piratas   (*b*) misioneros   (*c*) virreyes   (*d*) reyes indios

8. Los indios de Centroamérica de cultura más avanzada eran los   (*a*) toltecas   (*b*) aztecas   (*c*) guaraníes   (*d*) mayas

9. La Ciudad de México está hoy donde antes estaba situada la ciudad de   (*a*) Tenochtitlán   (*b*) Chichén-Itzá   (*c*) Cíbola   (*d*) Santiago

10. La Florida fue descubierta por   (*a*) Coronado   (*b*) Ponce de León   (*c*) Cabeza de Vaca   (*d*) Balboa

C. Complétense correctamente las frases siguientes:

1. En 1910, en Buenos Aires, se organizó --------- .
2. La famosa entrevista entre San Martín y Bolívar se verificó en --------- .
3. El Plan de Iguala estableció en México una --------- .
4. El discípulo de Hidalgo, el que continuó su obra, fue --------- .

5. La última gran batalla de las guerras por la independencia en Sudamérica tuvo lugar en _____ en 1824.
6. En 1959 se estableció en Cuba un gobierno comunista bajo _____.
7. El dictador mexicano que reinó hasta 1911 fue _____.
8. Los dos programas establecidos por los Estados Unidos en 1961 para mejorar la condición de otros países son el del Cuerpo de Paz y el de _____.
9. El primer paso hacia la unidad del hemisferio fue dado por _____.
10. El precursor más importante de la lucha por la independencia fue _____.

D. A la izquierda de cada expresión de la lista A, escríbase la letra de la expresión correspondiente de la lista B.

A	B
_____ 1. Bolívar	a. Chile
_____ 2. Martí	b. Ayacucho
_____ 3. Unión Panamericana	c. Grito de Dolores
_____ 4. Agustín I	d. el Libertador
_____ 5. Rosas	e. Cuba
_____ 6. Hidalgo	f. Maximiliano
_____ 7. Juárez	g. O.E.A.
_____ 8. O'Higgins	h. Iturbide
_____ 9. Gómez	i. Venezuela
_____ 10. Sucre	j. la Argentina

E. Complétense correctamente las frases siguientes:

1. Cortés dio a México el nombre de _____.
2. Los _____ son personas de origen español nacidas en la América Hispana.
3. "Manos a la Obra" es un proyecto económico de la isla de _____.
4. Los incas habían establecido su capital en _____.
5. Fray Junípero Serra estableció _____ en California.
6. Los dos héroes principales de la guerra sudamericana de independencia fueron Bolívar en el norte y _____ en el sur.
7. En tiempos de Cortés, los _____ dominaban la mayor parte de México.
8. La región de Bolivia, la Argentina, el Uruguay, y el Paraguay se llamaba el virreinato de _____.
9. Ponce de León, buscando la Fuente de la Juventud, descubrió _____.
10. La gran época de la colonización española fue el siglo _____.
11. Santiago, capital de Chile, fue fundada por _____.
12. En vez de escribir, los incas usaban _____.
13. El primero que atravesó el istmo de Panamá fue _____.
14. Colón estableció la primera colonia del Nuevo Mundo en la isla de _____.
15. _____ siguió a Batista como dictador de Cuba.
16. Los araucanos vivieron en el _____ de Sudamérica.
17. Chichén-Itzá fue la ciudad principal de los _____.
18. Las colonias fueron administradas por el Consejo de _____.
19. El misionero que luchó más que ningún otro en favor de los indios fue _____.
20. Después de ganar la independencia, México tuvo dos emperadores, Agustín y _____.
21. El Gran Cañón fue descubierto por _____.
22. En la guerra contra los Estados Unidos, España perdió las Islas Filipinas, Cuba, y _____.
23. El rey inca matado por Pizarro fue _____.
24. Tres de las revoluciones contra España estallaron en el año _____.
25. O'Higgins fue el primer presidente de _____.

9. LA LITERATURA DE HISPANOAMÉRICA

DESDE LA ÉPOCA COLONIAL HASTA LA REVOLUCIÓN

1. Bernal **Díaz del Castillo,** un compañero de Cortés, fue uno de los grandes historiadores de la época colonial. Su célebre *Historia verdadera de la conquista de la Nueva España* describe la conquista de México por Cortés.

2. Alonso de **Ercilla** (1533–1594) escribió el primer gran poema épico del Nuevo Mundo, *La araucana.* Este poema trata de las guerras entre los conquistadores españoles y los indios araucanos de Chile. A pesar de ser Ercilla un soldado español, los héroes son dos caciques (chieftains) araucanos, **Caupolicán** y **Lautaro.** *La araucana* sirvió de modelo para otros poemas épicos de la época colonial.

3. Sor **Juana Inés de la Cruz** (1651–1695), de México, representa la cumbre de la poesía americana de la época colonial. Se la llamaba la "décima musa." Su estilo es sencillo y lírico.

4. José Joaquín **Fernández de Lizardi** (1774–1827), mexicano, fue el primer novelista de Hispanoamérica. Fue conocido con el seudónimo de "El Pensador Mexicano." Su obra maestra, *El periquillo sarniento* (The Itching Parrot), es una novela picaresca que describe de una manera realista la sociedad mexicana de su época.

5. Andrés **Bello** (1781–1865), abogado, poeta, y filólogo (philologist), nació en Caracas, Venezuela. Pasó muchos años en Inglaterra, y después fue a Chile, donde escribió la constitución del nuevo país y fundó la Universidad de Santiago. Escribió una gramática que todavía se considera una de las mejores y más completas de la lengua castellana.

6. Simón **Bolívar** (1783–1830), "El Libertador," reveló una visión extraordinaria en sus documentos, como en la *Carta de Jamaica,* en la que habló de una América unificada económica y políticamente.

POST-REVOLUCIÓN

1. Domingo Faustino **Sarmiento** (1811–1888), argentino, fue presidente de su país de 1868 a 1874. *Facundo,* su obra maestra, es un ensayo biográfico sobre la barbarie (cruelty) gauchesca. Durante su presidencia, Sarmiento inició muchas reformas en el sistema educativo de la Argentina.

2. José **Mármol** (1817–1871) escribió *Amalia,* una novela trágica de la época del tirano Juan Manuel de Rosas, en la Argentina. Esta obra describe el terror que reinaba en Buenos Aires durante la dictadura de Rosas.

3. Ricardo **Palma** (1833–1919), del Perú, escribió sobre el pasado de su país. En su obra, *Tradiciones peruanas*, cuenta historias divertidas (amusing) de la época colonial.

4. José **Hernández** (1834–1886), argentino, escribió *Martín Fierro*, el gran poema épico del gaucho. El héroe es un gaucho que canta su propia historia.

5. Jorge **Isaacs** (1837–1895), de Colombia, escribió *María*, la novela más popular de Sudamérica. Es una obra sumamente sentimental, con descripciones exquisitas del paisaje.

6. Florencio **Sánchez** (1875–1910), uruguayo, fue el mejor dramaturgo de Sudamérica. Escribió del campo y de la ciudad. Entre otras obras, escribió *La gringa*, drama que trata de los conflictos entre los criollos y los inmigrantes.

EL MODERNISMO HASTA NUESTROS DÍAS

El modernismo apareció hacia fines del siglo XIX. Fue un movimiento literario de reacción contra el realismo. Dio énfasis (emphasis) al estilo y a la forma. Fue más importante en la poesía que en la prosa. El modernismo duró hasta bien entrado (well into) el siglo XX. Una multitud de poetas, españoles e hispanoamericanos, eran modernistas.

1. José **Martí** (1853–1895), cubano, además de ser uno de los precursores del modernismo, luchó y murió por la independencia de Cuba. Entre sus obras poéticas figuran *Versos sencillos*.

2. Manuel **Gutiérrez Nájera** (1859–1895), mexicano, escribió poesías y prosa llenas de dulzura y gracia. Una obra típica suya es *Cuentos de color de humo*.

3. Rubén **Darío** (1867–1916), de Nicaragua, fue el padre del modernismo y el mejor poeta de la América Hispana. Dejó también una profunda impresión en la poesía de España. Sus mejores obras son *Cantos de vida y esperanza* y *Prosas profanas*.

4. José Enrique **Rodó** (1872–1917), del Uruguay, fue el ensayista más célebre de Hispanoamérica. En su obra maestra, *Ariel*, hace una comparación entre el materialismo de los Estados Unidos y la cultura artística de la América Hispana.

NOVELISTAS DEL SIGLO XX

1. Mariano **Azuela** (1873–1952), mexicano, describe las luchas sangrientas de la revolución mexicana de 1910. Su obra más famosa es *Los de abajo*, traducida al inglés bajo el título de *The Underdogs*.

2. Horacio **Quiroga** (1878–1937), uruguayo, es el mejor escritor de cuentos de Hispanoamérica. Escribió *Cuentos de la selva* y *Cuentos de amor, de locura y de muerte*.

3. Manuel **Gálvez** (1882–1951), de la Argentina, es muy popular. Escribió *La maestra normal* y *Nacha Regules*.

4. Hugo **Wast** (1883–1962), también de la Argentina, fue uno de los novelistas más populares de Hispanoamérica. Entre sus novelas más populares figuran *La casa de los cuervos* y *Desierto de piedra*.

5. Rómulo **Gallegos** (1884–1969), que fue una vez presidente de Venezuela, llegó a ser el mejor novelista de su país. En *Doña Bárbara* describió la vida de los llaneros venezolanos.

6. Ricardo **Güiraldes** (1886–1927), argentino, fue el mejor novelista de la literatura gauchesca. En su novela *Don Segundo Sombra*, describió la vida y las costumbres de los gauchos.

7. Martín Luis **Guzmán** (1887–   ), novelista mexicano, describió la revolución mexicana en su obra *El águila y la serpiente*.

8. José Eustasio **Rivera** (1889–1928), de Colombia, escribió *La vorágine*, una novela de la vida trágica de los caucheros (rubber workers).

9. Ciro **Alegría** (1909–1967), peruano, describió los problemas de los indios del Perú en su obra *El mundo es ancho y ajeno*.

POETAS DEL SIGLO XX

1. Gabriela **Mistral** (1889–1957), de Chile, ganó el Premio Nobel de Literatura en 1945. Su mejor obra es *Desolación*, una colección de poesías.

2. Jorge Luis **Borges** (1899–   ), argentino, es uno de los poetas principales de Hispanoamérica. Entre sus obras figura *Fervor de Buenos Aires*.

3. Pablo **Neruda** (1904–1973), chileno, fue uno de los mejores poetas de Hispanoamérica. Escribió *La canción de la fiesta*. Ganó el Premio Nobel de Literatura (1971).

EJERCICIOS

A. Identifíquense las siguientes obras, indicando por cada una:

> la *clase* de obra (drama, poesía, novela, ensayo)
> el *autor*
> su *país*

EJEMPLO: *María*   novela   Isaacs   Colombia

1. *La gringa*
2. *Desolación*
3. *La casa de los cuervos*
4. *El águila y la serpiente*
5. *Nacha Regules*
6. *Amalia*
7. *Martín Fierro*
8. *Fervor de Buenos Aires*
9. *Facundo*
10. *Ariel*

B. A la izquierda de cada expresión de la lista *A*, escríbase la letra de la expresión correspondiente de la lista *B*.

	A		*B*
_____	**1.** Sor Juana Inés de la Cruz	*a.*	Ricardo Palma
_____	**2.** Bernal Díaz del Castillo	*b.*	la "décima musa"
_____	**3.** *Carta de Jamaica*	*c.*	la conquista de México
_____	**4.** Ricardo Güiraldes	*d.*	Fernández de Lizardi
_____	**5.** Gabriela Mistral	*e.*	*La vorágine*
_____	**6.** José Eustasio Rivera	*f.*	Bolívar
_____	**7.** "El Pensador Mexicano"	*g.*	*Don Segundo Sombra*
_____	**8.** Mariano Azuela	*h.*	escritor de cuentos
_____	**9.** *Tradiciones peruanas*	*i.*	*Ariel*
_____	**10.** Horacio Quiroga	*j.*	Premio Nobel
		k.	*Los de abajo*

C. Escójase la expresión que mejor complete cada una de las frases siguientes:

1. El padre del modernismo fue   (*a*) Hugo Wast   (*b*) Martín Luis Guzmán   (*c*) Alonso de Ercilla   (*d*) Rubén Darío
2. El primer novelista de Hispanoamérica fue   (*a*) José Mármol   (*b*) Jorge Isaacs   (*c*) Fernández de Lizardi   (*d*) Florencio Sánchez
3. Una obra que trata de la conquista de Chile es   (*a*) *El periquillo sarniento*   (*b*) *Cantos de vida y esperanza*   (*c*) *La araucana*   (*d*) *Cuentos de color de humo*
4. Bernal Díaz del Castillo escribió acerca de la conquista   (*a*) de Cuba   (*b*) de México   (*c*) de la Argentina   (*d*) del Perú
5. La "décima musa" fue   (*a*) Sor Juana Inés de la Cruz   (*b*) Florencio Sánchez   (*c*) Gabriela Mistral   (*d*) Rubén Darío
6. Un dramaturgo importante de la América del Sur fue   (*a*) Manuel Gálvez   (*b*) José Enrique Rodó   (*c*) Florencio Sánchez   (*d*) Manuel Gutiérrez Nájera
7. Las *Tradiciones peruanas* fueron escritas por   (*a*) Ricardo Palma   (*b*) José Eustasio Rivera   (*c*) Ciro Alegría   (*d*) Horacio Quiroga
8. Domingo Faustino Sarmiento   (*a*) hizo reformas educativas en la Argentina   (*b*) murió por la independencia de Cuba   (*c*) escribió novelas de la revolución mexicana   (*d*) nació en Nicaragua
9. El mejor cuentista de Hispanoamérica fue   (*a*) Pablo Neruda   (*b*) Gutiérrez Nájera   (*c*) Alonso de Ercilla   (*d*) Horacio Quiroga
10. Rómulo Gallegos, además de ser novelista, fue presidente de   (*a*) México   (*b*) Colombia   (*c*) Venezuela   (*d*) la Argentina

D. Complétese cada una de las frases siguientes escribiendo el título de la obra o el nombre del autor:

1. El gran poema épico de los gauchos es _____.
2. *El mundo es ancho y ajeno* fue escrita por _____.
3. *Doña Bárbara* fue escrita por _____.
4. El erudito venezolano que escribió una gramática famosa fue _____.
5. *Facundo*, un estudio de los gauchos, fue escrito por _____.
6. La novela que describe la vida de los caucheros es _____.
7. Rodó escribió un libro de ensayos llamado _____.
8. La novela más popular de Sudamérica es _____.
9. *Cantos de vida y esperanza* es la mejor obra de _____.
10. Un poema épico de la conquista de Chile es _____.

10. EL ARTE Y LA MÚSICA DE HISPANOAMÉRICA

PINTORES

1. Diego **Rivera** (1886–1957) fue el más importante de los pintores mexicanos. En la primera parte de su vida, Rivera pintó escenas del paisaje mexicano. Más tarde se dedicó a la pintura mural. Gran parte de su obra representa temas políticos y sociales.

2. José Clemente **Orozco** (1883–1949), mexicano, también fue muralista. Pintó los frescos del Palacio de Bellas Artes, en la Ciudad de México. Muchos de sus cuadros representan escenas de la revolución mexicana de 1910.

3. David Alfaro **Siqueiros** (1898–1974) fue otro gran pintor y muralista de México. Sus obras, como las de Rivera y Orozco, tratan de problemas políticos y sociales.

4. Miguel **Covarrubias** (1904–1957), también mexicano, fue famoso, tanto en México como en los Estados Unidos, como pintor de caricaturas de personas célebres.

5. José **Sabogal** (1888–1956), peruano, fue el pintor más célebre de su país. Representó en sus cuadros la cultura indígena. Vio el porvenir de su patria en la civilización de los mestizos (half-breeds).

6. Cesáreo Bernaldo de **Quirós** (1879–1968), argentino, representó en sus cuadros lo pintoresco de la vida de los gauchos. Sus numerosos cuadros constituyen un recuerdo importante de la vida de la pampa.

7. Tito **Salas** (1889–   ), de Venezuela, es el más famoso de los pintores modernos de su país. Ha pintado retratos de Bolívar y escenas de la lucha por la independencia.

MÚSICA Y BAILE

Gran parte de la música hispanoamericana está basada en temas folklóricos e indígenas. Hay gran variedad en la música popular de los diversos países. Por ejemplo, en México es muy popular el **corrido,** una clase de canción narrativa con baile, mientras que en Bolivia y en el Perú el **yaraví,** una canción triste, es muy común.

COMPOSITORES

1. Manuel **Ponce** (1886–1948), compositor de la popularísima canción *Estrellita,* inició el movimiento nacionalista de la música mexicana. En sus composiciones hay mucha influencia folklórica.

2. Ernesto **Lecuona** (1896–1963), cubano, fue un compositor de música popular. Compuso *Siboney* y *Malagueña*.

3. Carlos **Chávez** (1899–1978), mexicano, fue el compositor contemporáneo más famoso de su país. Su obra más conocida es *Sinfonía India*. Chávez fue también un famoso director de orquesta.

4. Agustín **Lara** (1900–1970) fue un compositor célebre de México, famoso por la bien conocida canción *Granada*.

INSTRUMENTOS MÚSICOS

1. La **quena** es una flauta (flute) inca que produce sonidos melancólicos. Se usaba aún antes de la época de los conquistadores.

2. Las **claves** son dos palitos de madera dura. Sirven para marcar el ritmo (rhythm). Son muy populares en Cuba y en otros países de las Antillas.

3. El **güiro** es una calabaza (gourd) seca que se frota (is rubbed) con un palito. Se usa mucho en Cuba y Puerto Rico.

4. Las **maracas** son calabazas secas con granos de maíz dentro. Son muy populares en las Antillas.

5. La **marimba,** usada en México y la América Central, se parece mucho al *xylophone*.

6. La **guitarra** es un instrumento de seis cuerdas. Es muy popular en Hispanoamérica y en España.

CANTANTES, INSTRUMENTISTAS, ACTORES DE CINE

1. Ramón **Vinay,** tenor chileno, es un gran cantante de ópera.

2. Yma **Sumac,** peruana, es conocida por su excelente voz, que la coloca entre las mejores cantantes del mundo.

3. Claudio **Arrau** es un famoso pianista de Chile que toca la música de los grandes compositores clásicos.

4. **Cantinflas** es el seudónimo de Mariano Moreno, el gran cómico mexicano.

5. Pedro **Armendáriz** fue un gran actor mexicano de cine. Hizo muchas películas en México y en nuestro país.

BAILES

1. La **rumba** es un baile afro-cubano, de movimientos acentuados, que se baila con maracas en las manos.

2. El **tango** es un baile argentino en que las parejas se mueven con mucho garbo (grace).

3. El **jarabe tapatío,** el baile nacional de México, se conoce aquí como *The Mexican Hat Dance.*

4. La **zamacueca** (o **cueca**) es un baile típico de Chile.

5. El **joropo** es un baile venezolano que se baila en grupo o en pareja.

EJERCICIOS

A. A la izquierda de cada expresión de la lista *A*, escríbase la letra de la expresión correspondiente de la lista *B*.

A	B
_____ **1.** Tito Salas	*a. Estrellita*
_____ **2.** Bernaldo de Quirós	*b. Sinfonía India*
_____ **3.** marimba	*c.* yaraví
_____ **4.** Manuel Ponce	*d. Granada*
_____ **5.** Covarrubias	*e.* pintor del Perú
_____ **6.** corrido	*f.* pintor venezolano
_____ **7.** Agustín Lara	*g.* caricaturas
_____ **8.** Siqueiros	*h.* xylophone
_____ **9.** Carlos Chávez	*i.* gauchos
_____**10.** Sabogal	*j.* canción mexicana
	k. pintura mural

B. Escójase la palabra o expresión que complete correctamente cada frase.

1. El tango es un baile   (*a*) argentino   (*b*) venezolano   (*c*) chileno   (*d*) mexicano
2. Un célebre actor mexicano es   (*a*) Lecuona   (*b*) Vinay   (*c*) Orozco   (*d*) Cantinflas
3. Claudio Arrau es un   (*a*) compositor cubano   (*b*) pianista chileno   (*c*) actor mexicano   (*d*) pintor cubano
4. (*a*) La guitarra   (*b*) La quena   (*c*) El güiro   (*d*) El yaraví   es una flauta incaica
5. Un famoso pintor mexicano de murales fue   (*a*) Ernesto Lecuona   (*b*) José Sabogal   (*c*) Pedro Armendáriz   (*d*) Diego Rivera

C. Complétese correctamente cada frase.

1. Un baile típico de Chile es _____.
2. _____ es un famoso cantante chileno de ópera.
3. El _____ es una canción triste del Perú.
4. El _____ es el baile típico de México.
5. _____ pintó los murales del Palacio de Bellas Artes.
6. _____ es un instrumento músico muy popular en todo el mundo hispano.
7. _____, músico cubano, compuso *Malagueña.*
8. _____ son dos palitos que se emplean para marcar el ritmo.
9. _____, del Perú, es una de las mejores cantantes del mundo.
10. _____, pintor peruano, describió en sus cuadros la cultura indígena de su país.

11. LAS COSTUMBRES HISPANOAMERICANAS

DÍAS DE FIESTA

1. La **Navidad** empieza en México (y también en otras partes del mundo hispánico) con *Las Posadas*, que consisten en visitas a varias casas vecinas durante los nueve días que preceden a la **Nochebuena.** Durante la fiesta que sigue a Las Posadas, la gente baila alrededor de la *piñata*, un jarro (jar) vivamente decorado, que contiene dulces y regalos. Después, rompen la piñata y cogen los dulces.

2. El **dieciséis de septiembre** es la fiesta nacional de México. Conmemora el principio de la guerra de independencia contra España.

3. El **cinco de mayo** conmemora la lucha de los mexicanos contra la dominación de Francia y del emperador Maximiliano.

4. El **catorce de abril** se celebra el **Día Panamericano.**

5. El **doce de octubre** se celebra el **Día de la Raza,** el cual corresponde a nuestro *Columbus Day.*

BEBIDAS

1. **Mate** es una especie de té, hecho de la planta **yerba mate.** Se bebe principalmente en la Argentina y en el Paraguay. Generalmente se toma en una calabaza por medio de un tubo llamado *bombilla.*

2. **Pulque y tequila** son bebidas intoxicantes hechas del *maguey,* una planta de México.

COMIDAS MEXICANAS

1. La **tortilla** se hace de maíz. Es semejante al "pancake."

2. El **tamal** es una tortilla arrollada (rolled) que contiene carne.

3. **Tacos** son tortillas llenas de carne picada (chopped), legumbres, y tomates.

4. **Enchiladas** son tortillas arrolladas servidas con salsa de ají (chile sauce).

5. **Chile con carne** es un plato que contiene carne picada, pimientos picantes, y salsa de ají.

TIPOS PINTORESCOS

1. El **charro** es el jinete típico de México. Lleva un traje tradicional.

2. La **china poblana** es la compañera del charro. Su vestido consiste en falda ancha y larga, de color rojo y verde, y blusa blanca.

3. Los **mariachis** son grupos de cantantes callejeros de México.

4. El **peón** es un campesino mexicano.

5. El **roto** es una persona de la clase baja de Chile.

6. El **gaucho** es el vaquero (cowboy) argentino, que vive en la pampa.

7. El **llanero** es el vaquero de los llanos de Venezuela.

TRAJES TÍPICOS

1. El **poncho** es una capa con una abertura (opening) en el centro, por la cual entra la cabeza. Se usa en la pampa para protegerse de la lluvia.

2. El **sarape** es una manta de colores vivos que el mexicano lleva en los hombros.

3. Los **huaraches** (**guaraches**) son sandalias mexicanas.

4. El **rebozo** es un chal usado por las mujeres mexicanas.

5. El **sombrero de jipijapa** es de paja, hecho a mano. Se fabrica en el Ecuador, pero se conoce en los Estados Unidos como "Panama hat."

MONEDAS

La moneda más común de Hispanoamérica se llama el *peso*. Se usa en la Argentina, Bolivia, Colombia, Cuba, la República Dominicana, México, y el Uruguay. Se debe notar que los pesos de los varios países no son del mismo valor. Las monedas corrientes de los demás países son:

Costa Rica: el *colón*	el Panamá: el *balboa*
Chile: el *escudo*	el Paraguay: el *guaraní*
el Ecuador: el *sucre*	el Perú: el *sol*
Guatemala: el *quetzal*	el Salvador: el *colón*
Honduras: el *lempira*	Venezuela: el *bolívar*
Nicaragua: el *córdoba*	

EJERCICIOS

A. A la izquierda de cada expresión de la lista *A*, escríbase la letra de la expresión correspondiente de la lista *B*.

	A	B
_____	**1.** lempira	*a.* sombrero
_____	**2.** Las Posadas	*b.* tortilla
_____	**3.** 16 de septiembre	*c.* Día de la Raza
_____	**4.** yerba mate	*d.* fiesta nacional
_____	**5.** china poblana	*e.* moneda
_____	**6.** 12 de octubre	*f.* sarape
_____	**7.** enchilada	*g.* pampas
_____	**8.** gaucho	*h.* té
_____	**9.** jipijapa	*i.* charro
_____	**10.** mariachi	*j.* Navidad
		k. cantante

B. En cada grupo, escójase la palabra que se relacione más directamente con cada país.

1. Venezuela: charro, llanero, gaucho
2. el Perú: sucre, peso, sol
3. México: Las Posadas, yerba mate, roto
4. Guatemala: mariachi, balboa, quetzal
5. el Ecuador: poncho, jipijapa, sarape
6. México: guaraní, taco, lempira
7. México: china poblana, sucre, colón
8. el Paraguay: tamal, yerba mate, tequila
9. Bolivia: bolívar, córdoba, peso
10. México: mariachi, roto, llanero

C. Identifíquese cada uno, (*A*) clasificándolo como *bebida, comida, moneda, tipo,* o *traje,* y (*B*) nombrando el país de su origen.

1. roto	6. tequila	11. guaraní
2. pulque	7. gaucho	12. sarape
3. chile con carne	8. peón	13. balboa
4. rebozo	9. enchilada	14. quetzal
5. poncho	10. charro	15. huarache

La Alhambra, palacio moro en Granada, es el ejemplo más hermoso de la arquitectura morisca que existe en España. Fue construida en el siglo XIII. Entre sus muchos salones y patios uno de los más famosos es el Patio de los Leones.

12. MASTERY EXERCISES ON SPANISH AMERICA

En los ejercicios siguientes, escójase la palabra o expresión que complete correctamente cada frase.

A. GEOGRAFÍA

1. Una famosa playa de la costa occidental de México es   (a) Veracruz   (b) Monterrey   (c) Acapulco   (d) Tampico
2. El país más grande de la América Central es   (a) Nicaragua   (b) Guatemala   (c) Costa Rica   (d) el Salvador
3. El producto más importante de Bolivia es   (a) el café   (b) el cobre   (c) la plata   (d) el estaño
4. El puerto principal del Ecuador es   (a) Valparaíso   (b) Guayaquil   (c) el Callao   (d) Montevideo
5. La Universidad de San Marcos está en la ciudad de   (a) Cuzco   (b) Quito   (c) Lima   (d) Guayaquil
6. La capital de Costa Rica es   (a) Tegucigalpa   (b) San José   (c) San Juan   (d) Managua
7. El río Orinoco está en   (a) Venezuela   (b) el Ecuador   (c) Bolivia   (d) Colombia
8. Los sombreros de jipijapa se fabrican en   (a) el Perú   (b) Venezuela   (c) el Ecuador   (d) el Panamá
9. El producto principal del Paraguay es   (a) esmeraldas   (b) plata   (c) yerba mate   (d) cobre
10. El río principal de Colombia es el   (a) Paraná   (b) Orinoco   (c) Magdalena   (d) Plata

B. HISTORIA

1. El gran precursor de las guerras de independencia fue   (a) Cristóbal Colón   (b) Francisco Miranda   (c) Miguel Hidalgo   (d) Vicente Gómez
2. El patriota mexicano que derrotó a Maximiliano fue   (a) Juárez   (b) Iturbide   (c) Santa Anna   (d) Díaz
3. Las naciones americanas fundaron la Unión Panamericana en   (a) 1898   (b) 1890   (c) 1910   (d) 1824
4. El general que ayudó a San Martín a ganar la independencia de Chile fue   (a) Miranda   (b) Bolívar   (c) O'Higgins   (d) Sucre
5. Durante la época colonial México se llamaba   (a) La Perla de las Antillas   (b) Nueva España   (c) Nueva Granada   (d) la Banda Oriental
6. Un misionero que luchó en favor de los indios fue   (a) Cabeza de Vaca   (b) las Casas   (c) Rosas   (d) Balboa
7. José Martí luchó por la independencia de   (a) Chile   (b) México   (c) Puerto Rico   (d) Cuba
8. México fue conquistado por   (a) Cortés   (b) Pizarro   (c) Colón   (d) Valdivia
9. Los indios que ocupaban las regiones andinas del Perú eran los   (a) aztecas   (b) incas   (c) mayas   (d) araucanos
10. El 14 de abril se celebra   (a) la independencia de México   (b) el nacimiento de Simón Bolívar   (c) el Día de la Raza   (d) la unidad de los países americanos

C. Literatura

1. La novela *María* fue escrita por   (a) José Martí   (b) Jorge Isaacs   (c) Rubén Darío   (d) Hugo Wast
2. El mejor escritor hispanoamericano de cuentos fue   (a) Florencio Sánchez   (b) Horacio Quiroga   (c) Manuel Gálvez   (d) Ciro Alegría
3. Fernández de Lizardi escribió la primera novela picaresca del Nuevo Mundo, llamada (a) *El águila y la serpiente*   (b) *El periquillo sarniento*   (c) *Ariel*   (d) *Prosas profanas*
4. José Hernández escribió el gran poema épico del gaucho,   (a) *La araucana*   (b) *La gringa*   (c) *Fervor de Buenos Aires*   (d) *Martín Fierro*
5. El autor de una gramática famosa es   (a) Martín Luis Guzmán   (b) Domingo Faustino Sarmiento   (c) Andrés Bello   (d) Rómulo Gallegos
6. Un estudio de los gauchos, escrito por Sarmiento, es   (a) *Los de abajo*   (b) *Facundo*   (c) *Ariel*   (d) *Desierto de piedra*
7. El autor de *La araucana* fue   (a) Ercilla   (b) Lizardi   (c) Sarmiento   (d) Hernández
8. Un libro que describe la conquista de México fue escrito por   (a) Mariano Azuela   (b) Ricardo Palma   (c) Bernal Díaz del Castillo   (d) José Enrique Rodó
9. El padre del modernismo fue   (a) Jorge Luis Borges   (b) Pablo Neruda   (c) José Martí   (d) Rubén Darío
10. Una novela que describe la vida de los llaneros de Venezuela es   (a) *Doña Bárbara*   (b) *La vorágine*   (c) *Don Segundo Sombra*   (d) *El mundo es ancho y ajeno*

D. Arte y música

1. Un instrumento músico muy popular en España y en la América hispana es   (a) la quena   (b) la zamacueca   (c) el güiro   (d) la guitarra
2. Un baile venezolano es   (a) el jarabe tapatío   (b) el joropo   (c) el tango   (d) la cueca
3. Un famoso director de orquesta y compositor mexicano fue   (a) Diego Rivera   (b) Tito Salas   (c) Carlos Chávez   (d) David Alfaro Siqueiros
4. El gran pintor mexicano de murales fue   (a) Salas   (b) Armendáriz   (c) Rivera   (d) Quirós
5. Los frescos del Palacio de Bellas Artes en México fueron pintados por   (a) Orozco   (b) Salas   (c) Siqueiros   (d) Lara
6. La rumba es un baile   (a) argentino   (b) chileno   (c) mexicano   (d) cubano
7. Un pintor mexicano que se distinguió por sus caricaturas fue   (a) Cantinflas   (b) Siqueiros   (c) Covarrubias   (d) Sabogal
8. Un pintor peruano que se interesó por la cultura de los indios de su país fue   (a) Manuel Ponce   (b) José Sabogal   (c) Tito Salas   (d) Claudio Arrau
9. *Malagueña* fue compuesta por   (a) Lecuona   (b) Ponce   (c) Lara   (d) Chávez
10. Un cantor chileno muy célebre es   (a) Ramón Vinay   (b) Yma Sumac   (c) Claudio Arrau   (d) Cantinflas

Complétense correctamente las frases siguientes:

1. San Juan es la capital de _____.
2. Los picos de Cotopaxi y Chimborazo están en _____.
3. Ricardo Palma escribió historias de la época colonial, llamadas _____.
4. En la fiesta de Las Posadas se rompe _____.
5. Un presidente de la Argentina que hizo muchas reformas educativas fue _____.
6. La capital más alta del Hemisferio Occidental es _____.
7. Las grandes montañas que cruzan a Sudamérica de norte a sur son _____.
8. El conquistador de Chile fue _____.

9. Un baile popular mexicano es _____.
10. El Plan de Iguala convirtió a México en una _____.
11. Xochimilco es famoso por _____.
12. En Chile se encuentran grandes depósitos de _____.
13. El mejor poeta de Hispanoamérica fue _____.
14. En muchos países de Hispanoamérica se emplea como moneda el _____.
15. Los cantantes callejeros de México son _____.
16. Las grandes extensiones de tierra llana de la Argentina se llaman _____.
17. La Florida fue descubierta por _____.
18. Un baile típico de Chile es _____.
19. El pico más alto del Hemisferio Occidental es _____.
20. El rey de los aztecas fue _____.
21. Un baile típico venezolano es _____.
22. Para protegerse del frío y de la lluvia el gaucho lleva _____.
23. *La araucana* trata de la conquista de _____.
24. La capital de Chile es _____.
25. La poetisa chilena que ganó el Premio Nobel fue _____.
26. Tres de las revoluciones contra España comenzaron en el año _____.
27. Las cataratas del Iguazú están entre el Brasil y _____.
28. La última batalla de la guerra de independencia en Sudamérica fue la de _____ en 1824.
29. El misionero que fundó misiones en California fue _____.
30. El país que produce más azúcar que ningún otro en Hispanoamérica es _____.
31. La vida de los indios del Perú se describe en _____, de Ciro Alegría.
32. Una obra que compara las culturas norteamericana e hispanoamericana es _____, por Rodó.
33. Un árbol del Paraguay, que se emplea para curtir cuero, es _____.
34. Un instrumento músico que se parece al xylophone es _____.
35. Un producto importante de la Argentina es _____.
36. La capital del imperio de los incas fue _____.
37. Una cantante peruana muy famosa es _____.
38. El río Orinoco pasa por el país de _____.
39. El Gran Cañón fue descubierto por _____.
40. El río principal de Colombia es _____.
41. Los dos centros principales de comercio con las colonias eran Cádiz y _____.
42. Los indios que dominaban el territorio de México cuando llegó Cortés eran _____.
43. El más pequeño de los países hispanos de Sudamérica es _____.
44. Bernaldo de Quirós pintó cuadros de la vida de _____.
45. La capital del Uruguay es _____.
46. La _____ es la compañera del charro.
47. El "Grito de Dolores" inició la guerra de independencia en _____.
48. Una novela que trata de los gauchos es _____, por Ricardo Güiraldes.
49. Caracas es la capital de _____.
50. Bolivia, el Uruguay, la Argentina, y el Paraguay formaban el virreinato de _____.
51. Los tres grandes pintores mexicanos de murales son Rivera, Siqueiros, y _____.
52. La moneda del Paraguay se llama _____.
53. El lago Titicaca está entre el Perú y _____.
54. La capital del Perú es _____.
55. El cómico mexicano Mariano Moreno se conoce con el apodo de _____.
56. La capital del Paraguay es _____.
57. Un plato mexicano de carne, pimientos, y salsa de ají es _____.
58. Una playa famosa de la costa occidental de México es _____.
59. La capital de Honduras es _____.
60. La capital de la Argentina es _____.

Part V—*Practice in Composition*

SUGGESTIONS FOR WRITING COMPOSITIONS IN SPANISH

1. Make an outline of your main ideas and arrange them in a logical order. In a guided composition, the outline is presented to you.

2. Use vocabulary, expressions, and idioms that you have mastered thoroughly.

3. Be careful in your use of verb tenses, verb endings, and agreement of adjectives.

4. Begin with a good topic sentence. Your closing sentence should be an appropriate conclusion.

5. Strive for variety by using synonyms.

6. In order to make transitions smoothly, make use of common connectives such as *no obstante, luego que, por lo general, por eso, a causa de, puesto que, después, más tarde, y, pero*, etc.

7. Reread your composition after you have written it. Check for any errors in agreement, spelling, and accentuation. Suggested check list:

   (*a*) Agreement: adjective—noun
   (*b*) Agreement: subject—verb
   (*c*) Tense
   (*d*) *Ser—Estar*
   (*e*) *Por—Para*
   (*f*) Subjunctive
   (*g*) Use of connectives
   (*h*) Use of idioms

EXAMPLE OF A GUIDED COMPOSITION

Write a composition telling how you spend the day. The composition must consist of at least *ten* grammatically complete sentences in Spanish, containing the information given in the instructions below. Together these sentences are to form a unified composition.

a. at what time you get up
b. what you do before breakfast (wash, get dressed, etc.)
c. what you have for breakfast
d. how you go to school (by bus, with friends, etc.)
e. your classes (which you like best, the most difficult, the easiest, etc.)
f. at what time you leave school
g. what you do before supper (play, study, etc.)
h. at what time you have supper (with whom, etc.)
i. what you do after supper (study, watch television programs, etc.)
j. at what time you go to bed

SUGGESTED ANSWER

Generalmente me levanto a las siete. Después de lavarme y vestirme, me siento a tomar el desayuno. Mi desayuno favorito consiste en huevos, pan tostado, y café.

A las ocho salgo de casa para reunirme con mis amigos. Juntos tomamos el autobús para ir a la escuela.

Paso cinco horas y media en la escuela, asistiendo a mis clases. Mi clase favorita es el español, y la más difícil es la química. Salgo a las tres, y vuelvo directamente a casa. Al llegar a casa, tomo un vaso de leche, y me pongo a estudiar en seguida. Tengo tanto trabajo que no tengo tiempo para jugar.

A las seis cenamos, mis padres, mi hermano, y yo. Después me siento a mirar algunos programas de televisión. A las diez me acuesto, porque al día siguiente hay clases.

EXERCISES IN GUIDED COMPOSITION

Each of the following compositions must consist of at least *ten* grammatically complete sentences in Spanish, containing the information given in the instructions. Together these sentences are to form a unified composition.

A. Write a composition telling about the house in which you live.

a. where your house is located
b. whether it is large or small
c. whether it is a brick or wooden house
d. how many rooms it has, and what they are
e. the principal articles of furniture of the living room
f. who prepares the meals, and where
g. a description of your room
h. the principal articles of furniture of your room
i. in which room you receive your friends when they visit you
j. how you spend the time with them

Vocabulario útil

la **alcoba,** bedroom
la **alfombra,** carpet
el **aparato de televisión,** television set
el **armario,** closet
una **casa particular,** private house
la **cocina,** kitchen
el **comedor,** dining room
el **cuarto de baño,** bathroom
la **dirección,** address

el **escritorio,** desk
los **ladrillos,** bricks
la **madera,** wood
la **mesa,** table
la **pared,** wall
la **sala,** parlor
la **silla,** chair
el **sótano,** cellar
la **ventana,** window

Expresiones útiles

casa de piedra (ladrillos), stone (brick) house
estar situada en . . . , to be (located) in . . .
luz eléctrica, electric light

B. Write a composition telling what you will do this summer.

a. that classes are now over
b. what the weather is like in summer
c. what you will do during the week (work, read, go to school, etc.)
d. how you will spend the evenings with your friends
e. where you will go Saturday and Sunday (picnic, beach, etc.)
f. what you will do there (play, swim, etc.)
g. what you will do when it rains
h. that you plan to spend two weeks traveling before the vacation ends
i. what places you will visit
j. that in September you must go back to school

Vocabulario útil

la **arena,** sand
la **brisa,** breeze
el **calor,** heat
el **campo,** country
los **deportes,** sports
despejado, clear (day)
divertirse, to have a good time

la **jira,** picnic
llueve, it rains
mojado, wet
nadar, to swim
la **piscina,** swimming pool
la **playa,** beach
las **vacaciones,** vacation

Expresiones útiles

a fines de, at the end of
al aire libre, in the open air
echar una siesta, to take a nap
estar a mis anchas, to be at my ease, to be relaxed
hacer buen (mal) tiempo, to be good (bad) weather
hacer calor (viento), to be warm (windy)
jugar a la pelota (al tenis), to play ball (tennis)
el **traje de baño,** bathing suit

C. Write a composition telling about your first visit to the theater.

a. when you went to the theater for the first time
b. how old you were then
c. with whom you went
d. when you arrived at the theater
e. at what time the performance began
f. what kind of work was presented
g. what impressed you most
h. at what time the play ended
i. at what time you returned home
j. whether or not you liked the play, and why

Vocabulario útil

aburrido, boring
el acto, act
el actor, actor
la actriz, actress
el aplauso, applause
la comedia, comedy
cómico, funny, comical
la función, performance

impresionar, to impress
la orquesta, orchestra
la pieza, play
el programa, program
el público, audience
la salida, exit
el telón, curtain

Expresiones útiles

hacer el papel de, to play the role of
salir del teatro, to leave the theater
soltar una carcajada, to burst out laughing
tener una cita, to have a date

D. Write a composition telling about a party you attended.

a. when it took place (day and time)
b. where it took place
c. how many guests there were
d. with whom you went
e. what occasion was being celebrated
f. what type of music was there (records, radio, etc.)
g. how you spent the time
h. what refreshments were served
i. at what time you returned home
j. that you enjoyed yourself

Vocabulario útil

celebrar, to celebrate
el cumpleaños, birthday
charlar, to chat
el disco, record
los dulces, candy
¡Felicitaciones!, Congratulations!
las frutas, fruit
los helados, ice cream

el invitado, guest
el juego, game
la limonada, lemonade
la naranjada, orangeade
el pastel, pie, pastry
los refrescos, refreshments
la tertulia, party
el tocadiscos, phonograph, record player

Expresiones útiles

despedirse de, to take leave of, to say goodbye to
saludar a los amigos, to greet one's friends
ser presentado(-a) a, to be introduced to
¡Tanto gusto!, Glad to meet you!
tener lugar, to take place

E. Write a composition about a trip that you intend to take to Spain.

a. why you want to go to Spain
b. when you intend to go
c. how you intend to go (ship, plane, etc.)
d. how much time you will spend in Spain
e. what cities you wish to visit
f. how you will travel from one city to another
g. what you will see in each city
h. what dishes you will order in the Spanish restaurants
i. what gifts you will bring for your family
j. when you will return to the United States

Vocabulario útil

el **avión,** airplane
la **catedral,** cathedral
la **costumbre,** custom
desembarcarse, to disembark
embarcarse, to embark

el **ferrocarril,** railroad
el **monumento,** monument
el **museo,** museum
la **provincia,** province
el **vapor,** steamship

Expresiones útiles

asistir a, to attend
cambiar de tren, to change trains
la **corrida de toros,** bullfight
pensar + inf., to intend
sacar el pasaporte, to get a passport
el **servicio aéreo,** airplane service

F. Write a composition telling about a picnic you are planning.

a. where and when you intend to have the picnic
b. what the weather forecast is
c. who is going to accompany you
d. how you plan to get to the picnic area
e. the food and beverages you are going to bring
f. how you are going to cook the food
g. what facilities are available in the picnic area
h. the games and other activities you have planned
i. what time you intend to get home
j. what you will do if it rains

G. Write a composition about the profession (carrera) you have chosen, or the work you intend to follow.

a. the profession you intend to follow
b. why you chose it (interest, ability, etc.)
c. the studies you still have to finish
d. the time necessary to finish your studies
e. the opportunities this profession offers
f. how much money you expect to earn
g. why you think you will be successful
h. what your parents think of your choice

i. what your friends think of your choice
j. where you intend to settle down (establecerse)

H. Write a composition about your favorite sport.

a. what its name is
b. whether it is an indoor or outdoor activity
c. what special skills are required
d. how long it has been your favorite sport
e. in what season it is popular
f. whether it is popular in other countries also
g. whether it is a team sport or can be played individually
h. whether this activity takes time away from your studies
i. whether it is possible to earn a living at this sport
j. how long you expect to participate in it

I. Write a composition about a birthday party you attended recently.

a. whose birthday it was
b. where the party was held
c. in what room it was held
d. when the party began
e. how many guests were present
f. whom you danced with
g. what kind of music was played
h. what type of gift you brought
i. whether you enjoyed yourself
j. when the party ended

SUGGESTED TOPICS FOR FREE COMPOSITION

1. Mi primer baile
2. El hombre (La mujer) más interesante que conozco
3. Una aventura que tuve
4. El día más importante de mi vida
5. Cómo pienso pasar las vacaciones de Navidad (o del verano)
6. Un cuento de mi perro o de otro animal doméstico
7. Si yo tuviese más tiempo libre
8. Una comida que preparé
9. La importancia de la radio en la vida moderna
10. Lo que espero hacer en el futuro
11. Cómo celebré mi cumpleaños
12. Mi posesión más querida
13. Un recuerdo de mi niñez
14. El día del semestre pasado que me gustó más
15. Mi primer día en esta escuela superior
16. Una visita al circo
17. Un viaje que pienso hacer (a un país hispanoamericano)
18. La importancia de la televisión en la vida moderna
19. Una carta importante que acabo de recibir
20. Una visita a las Naciones Unidas

SUGGESTIONS FOR WRITING LETTERS IN SPANISH

A. Heading

The date line is written as follows:

Caracas, 15 de agosto (1° de mayo) de 1965
or
Caracas, agosto 15 (mayo 1°), 1965

B. Salutations

1. Intimate letter, that is, to relatives or friends

Querido Juan,
Querida Luisa,
Querida hermana,
Queridísima tía,

2. Formal personal letter
(Mi) distinguido señor Gómez:
Mi distinguido (estimado) amigo:

C. Conclusion or closing phrases

Un abrazo de tu hermano,
Tu hijo que no te olvida,
Tuya afectísima (afma.),
Tuyo afectísimo (afmo.),
Con el cariño de tu buena amiga,
Su amigo y seguro servidor,
Su amiga y segura servidora,

EXAMPLE OF A GUIDED LETTER

Write a letter to a friend living in Quito, Ecuador, telling him that you intend to visit that city soon. The letter must consist of *nine* grammatically complete sentences in Spanish, containing the information given in the instructions below. Together these sentences are to form a unified letter.

Be sure to include in your letter the date, the salutation, and the complimentary close.

a. when you expect to get there
b. how you plan to get there
c. that you will bring appropriate clothing with you
d. that you doubt you will be able to stay more than a month
e. that you expect to improve your knowledge of spoken Spanish
f. that you are anxious to meet your friend's family
g. that you intend to visit places of interest in the capital
h. that you know this will be an unforgettable experience
i. that you hope your friend will answer soon

SUGGESTED ANSWER

Nueva York, 6 de julio de 1965

Querido Carlos,

El domingo, 14 de julio, partiré por avión para Quito a las dos y veinte de la tarde, y te veré al día siguiente en Quito.

Pienso tomar el vuelo número 231 de la Línea Aérea Avianca. He decidido llevar conmigo dos maletas con la ropa necesaria para el clima de Quito, el cual es muy frío, según me dicen.

Espero pasar allí un mes. Dudo que mis padres me permitan quedarme más tiempo.

Pienso practicar el español, y llevaré un cuaderno y un diccionario de bolsillo.

Tengo vivos deseos de conocer a tu familia. También quiero ver los puntos de interés de la capital.

Estoy seguro de que estas vacaciones serán una experiencia que no olvidaré nunca.

Deseo que me contestes pronto, porque salgo de aquí dentro de una semana.

Con el cariño de tu buen amigo,
Juanito

EXERCISES IN GUIDED LETTER WRITING

Each of the following letters must consist of at least *nine* grammatically complete sentences in Spanish, containing the information given in the instructions. Together these sentences are to form a unified letter.

Be sure to include in your letter the date, the salutation, and the complimentary close.

A. Write a letter to a "pen pal" (amigo) in Barcelona, Spain, telling him about your school life.

a. where your school is located
b. when your school day begins and ends
c. how you get to school
d. why you like (or don't like) school
e. what subjects (asignaturas, materias) you are taking
f. the subject you like best and why
g. the marks (notas) you received last term
h. the friends you have made
i. the sport(s) you like best in school

B. Write a letter to your "pen pal" (amigo) in Monterrey, Mexico, telling him how you spend the day.

a. what time you get up in the morning
b. how many hours you spend in school each day
c. how much time you spend doing your homework
d. what special chores (tareas) you do around the house
e. what your favorite radio and television programs are
f. what your favorite pastime is
g. if you have younger (or older) brothers and sisters
h. if you spend much time with your friends during the week
i. what time you go to bed during the week

C. Write a letter to a friend, inviting him (or her) to go on a shopping trip and to spend the day with you.

a. when you want to go
b. what you have to buy for yourself
c. the gifts you have to buy
d. where you would like to meet your friend
e. how much time you plan to spend in the stores
f. where you will have lunch
g. what you can do after lunch (visit a movie, theater, museum, etc.)
h. where you expect to have dinner
i. how you both can spend the evening

D. Write a letter to your cousin, telling him (or her) about the new automobile your father has just bought.

a. the make (marca) and color
b. how old the previous car was
c. how many passengers fit (caber) in the new car
d. how much it cost
e. the members of your family who can drive (manejar) it
f. Your father has given you permission to use it on Saturdays.
g. You must get good marks in your studies to keep this privilege.
h. where you intend to go with it
i. how you plan to keep it clean and shiny

E. Write a letter to a friend, telling him about another friend who is ill and is in the hospital.

a. when he became ill
b. what his illness is
c. in what hospital he is
d. how long he is going to remain in the hospital
e. He is often bored in the hospital.
f. how often you visit him
g. Suggest that your friend try to see him.
h. what the visiting hours are
i. what present would be appropriate to bring him

F. Write a letter to a friend, describing in detail a fire (incendio) you have seen.

a. where the fire took place
b. what kind of building was burned
c. how the fire happened
d. how long the firemen (bomberos) took in (tardar en) coming
e. what the firemen did to extinguish the fire
f. how long the building burned
g. the damage the fire caused
h. what you saw while passing by the building the following day
i. how fires can be avoided

Part VI—*Reading Comprehension*

Below each of the following passages you will find five questions or incomplete statements. Each statement or question is followed by four suggested answers *a* through *d*. Select the answer that most satisfactorily completes each *in accordance with the meaning of the passage.*

A

Yo estaba absorta en mis oraciones cuando maquinalmente alcé la cabeza y mi vista se dirigió al altar. No sé por qué mis ojos se dirigieron a la imagen en ese momento, digo mal, a la imagen no; se dirigieron a un objeto que hasta entonces no había visto, un objeto que, sin poder explicármelo, llamaba sobre sí toda mi atención. No te rías; aquel objeto era el brazalete de oro que tiene la Madre de Dios en uno de sus brazos. Yo aparté la vista y quise volver a mis pensamientos religiosos. ¡Imposible! Mis ojos se volvían involuntariamente al mismo punto. Las luces del altar reflejaban en los claros diamantes haciéndolos brillar de una manera estupenda.

Salí de la iglesia, vine a casa; pero vine con una idea fija en la imaginación. Me acosté pero no pude dormirme. Pasé la noche que me pareció eterna con aquel pensamiento.

1. Cuando la mujer rezaba,

   a. bajó la cabeza involuntariamente
   b. cerró los ojos
   c. espontáneamente levantó la cabeza
   d. se asustó

2. Su mirada se dirigió

   a. a un objeto que había en el suelo
   b. al techo
   c. a unas joyas brillantes
   d. a la cara de la Virgen

3. Cuando ella quiso continuar meditando,

   a. no pudo hacerlo
   b. lo hizo sin deseos
   c. le dio sueño
   d. lo hizo arrodillándose

4. ¿Qué pudo observar la mujer?

   a. La Virgen movió la cabeza.
   b. Las luces del altar brillaban en la cara de la Virgen.
   c. Las luces del altar hacían resplandecer los diamantes.
   d. El brazalete cayó al suelo.

5. Cuando la mujer se acostó,

   a. se durmió con dificultad
   b. no pudo dormirse pensando en lo que había visto
   c. se alegró de lo que había visto
   d. se sintió enferma

B

Siempre se ha dicho que cuando un hombre inteligente hace una tontería, es casi siempre una tontería enorme. Y como el talento del abuelo Antonio era muy grande, la tontería que hizo fue grandísima también. ¿Tal vez se casó de edad tan avanzada? No, hizo algo todavía mucho peor.

Un hermoso día de primavera, llamó a tres hijos y a una hija que tenía, todos mayores de edad y casados, y distribuyó sus bienes entre ellos con la sola condición de que sus hijos habían de cuidar de él hasta su muerte, que no podía tardar mucho en llegar. Después de haber dado a sus hijos todo lo que tenía, quedó el bondadoso abuelo muy pobre y muy satisfecho, aunque no tanto como sus hijos.

El abuelo Antonio fue sublime modelo de todos los padres imaginables. Sus hijos le querían más que nunca y disputaban por ver quién sería el primero que lo llevara a su casa para cuidarlo. Finalmente se convino en que pasaría algunos meses en casa del mayor; luego en la del segundo; después en la del tercero, y últimamente en casa de su hija, que era la más joven de todos. El abuelo estaba completamente satisfecho del gran amor que le tenían sus hijos.

1. Se ha dicho que cuando un hombre de talento comete un error, este error es

   a. lógico
   b. ilegal
   c. muy grande
   d. insignificante

2. Después de haber dado a sus hijos todo lo que tenía, el abuelo quedó

   a. poco satisfecho
   b. arrepentido
   c. enfermo
   d. más pobre que nunca

3. Al principio sus hijos querían

   a. olvidarlo completamente
   b. devolverle todo el dinero que les había dado
   c. disputarse el dinero que les había dado
   d. invitarlo a sus casas

4. ¿Qué se hizo finalmente para resolver el conflicto?

   a. Mandaron a su padre a su propia casa.
   b. Todos se fueron a vivir juntos.
   c. Decidieron que Antonio visitaría a cada hijo en su turno.
   d. El viejo se quedó a vivir solo.

5. El abuelo se sentía

   a. completamente desilusionado
   b. solo y sin familia
   c. contento del amor de sus hijos
   d. temeroso de que sus hijos lo abandonasen

C

Entre los muebles de la nueva casa había una enorme caja, cerrada con tres llaves, que le había prestado el señor cura. Por ser muy grande y sólida, por su venerable apariencia, y por estar cerrada con tres llaves, la caja llamó la atención a todos los que visitaban al abuelo Antonio y especialmente la de sus avariciosos hijos. ¿Estaría llena de monedas? ¿Qué habría dentro de ella? Nadie había recordado haberla visto antes. Cierto día, uno de los más curiosos quiso levantarla pero no pudo ni moverla, aunque era un hombre robusto.

Aquel mismo día corrió por el pueblo la noticia de que el abuelo en su casa tenía una caja llena de oro, bastante para comprar todas las casas y tierras del vecindario. Naturalmente, sus hijos se alegraron muchísimo, calculando la suma que iba a tocarles cuando muriera el viejo, el cual por ley natural no podría vivir muchos años. No es necesario decir que le visitaban frecuentemente, tratándole con mucho cariño.

1. En la casa había una caja que

   a. había obtenido de un sacerdote
   b. el abuelo había comprado
   c. fue robada por uno de los hijos de Antonio
   d. el viejo había prestado al cura

2. La caja era

   a. muy baja y ancha
   b. inmensa y pesadísima
   c. nueva
   d. de poco valor

3. El que trató de levantar la caja

   a. pudo levantarla sin dificultad
   b. era muy débil
   c. la abrió
   d. no pudo hacerlo

4. ¿Qué noticia corrió por todo el pueblo?

   a. El abuelo iba a comprar todas las casas del pueblo.
   b. En la caja había un gran secreto.
   c. El anciano tenía la caja llena de riquezas.
   d. Antonio sacaba dinero de la caja a menudo.

5. Desde aquel momento sus hijos esperaban

   a. el día de la muerte de Antonio
   b. poder ayudar al padre
   c. heredar las casas que poseía Antonio
   d. que su padre les dijese el secreto

D

Los esposos, que estaban en la cocina, vieron cruzar por delante de la ventana una sombra enorme que eclipsó momentáneamente el sol. Al mismo tiempo las gallinas se pusieron a cacarear ruidosamente: parecía que un animal feroz había entrado en su corral para hacerles daño.

—¿Qué es eso?—preguntó la mujer.

—Será el águila que ha tomado especial interés en nuestras gallinas. Ya se ha llevado dos; pero yo te juro que no se ha de llevar la tercera—dijo el marido, cogiendo el fusil y dirigiéndose a la puerta de la cocina.

La mujer fue también; pero al ver lo que pasaba en el corral, dio un grito imposible de imitar, uno de esos gritos que sólo una madre sabe dar cuando ve a su hijo en peligro de muerte.

El hombre no gritó, pero su cara se puso tan pálida como la de un muerto.

—¡Mi hija! ¡Mi Quiqueta! ¡Mi alma!—gritó la madre corriendo al corral como una tigre.

El hombre corrió también y se puso la escopeta a la cara.

—¡No tires, no tires!—exclamó la mujer.

1. ¿Qué llamó la atención de esta pareja?

   a. la luz del sol
   b. el ruido de los pollos
   c. la repentina negrura del cielo
   d. la apariencia de un animal feroz

2. Ellos creían que un animal

   a. salía del corral
   b. estaba persiguiendo a alguna persona
   c. andaba buscando algo que comer
   d. buscaba refugio en su casa

3. ¿Qué juró el marido?

   a. que no tenía fusil
   b. que no mataría el animal
   c. no perder otra gallina
   d. no hacer daño a su mujer

4. ¿Cuál fue la reacción de la madre?

   a. Salió para espantar el águila.
   b. Dio un grito de dolor.
   c. Se cayó desmayada.
   d. Comenzó a imitar el ruido de las gallinas.

5. ¿Qué hizo el hombre?

   a. Quería disparar el fusil, pero no lo hizo.
   b. Calmó a su esposa lo mejor que pudo.
   c. Dio a su mujer un golpe en la cara.
   d. Corrió tras el tigre.

E

En aquel entonces había por las cercanías de Montserrat un castillo, ya olvidado, cuyos últimos señores fueron tres hermanos a cuál más gallardo en aspecto y más diestro en armas. Se llamaban, según el orden de su nacimiento, Ramón, Bernardo, y Guillermo. Los tres andaban muy enamorados de la misma dama. Era ésta una mujer muy hermosa y dura de corazón, que tenía placer más en ser amada de los hombres que en amar, y cuya constancia y seriedad eran mucho menos que su hermosura.

Los tres hermanos cayeron a sus pies y le confesaron su amor, pidiéndole su corazón y su mano. La dama les contestó que era imposible que los tres se casasen con ella, que su corazón y su mano sólo podrían pertenecer a uno, y como los tres le eran perfectamente iguales, en la imposibilidad de elegir entre ellos, se casaría con aquel que mostrara mayores méritos para ganar su mano. Los tres hermanos se miraron uno a otro, y cada uno pensó que los otros constituían el único estorbo para su felicidad. La desunión estalló entre ellos, se maldijeron en secreto el uno al otro, se afrentaron en público. Cada uno quería quitar de su camino la figura de los otros hermanos.

1. ¿Qué se sabe del castillo?

a. Todavía existe.
b. No se sabe dónde está.
c. Pertenecía a unos hermanos.
d. Era un castillo hermoso.

2. ¿Cómo se llamaba el hermano mayor?

a. No se sabe.
b. Bernardo
c. Guillermo
d. Ramón

3. ¿Cómo era la mujer?

a. frívola
b. bastante seria
c. sentimental
d. constante y fiel

4. La mujer consintió en casarse con

a. el mejor
b. el mayor
c. los tres
d. el que la amaba más

5. ¿Qué efecto tuvieron las palabras de la dama?

a. Hicieron felices a los hermanos.
b. Los hermanos llegaron a ser enemigos.
c. La unión entre los hermanos se hizo más firme.
d. Los tres decidieron hacer un viaje.

F

De un salto salí a la calle y me puse a correr, pero de pronto me di cuenta de que no tenía mi sombrero y me volví. Entré de nuevo en el portal con gran miedo. Encendí un fósforo y eché una mirada a la víctima, esperando verle mover, pero se quedaba inmóvil en el mismo sitio. Busqué el sombrero, me lo puse, y salí a la calle.

Pero esta vez no corrí porque el instinto de conservación me dominaba y pensaba solamente en los medios de evadir la cárcel. Caminé a la sombra de la pared y haciendo el menor ruido con los pasos entré en la calle de San Joaquín. Pero cuando yo ya había llegado cerca de mi casa, se me acercó un guardia y me dijo:

—Don Elías, ¿me hará usted el favor de decirme . . . ?

No oí más. Eché a correr por las calles de la ciudad como un loco hasta llegar a las afueras de la ciudad. Allí me paré y empecé a pensar en lo que acababa de hacer. Me dije ¡Qué estúpido había sido! Aquel guardia me conocía. Pensaría que estaba loco; pero a la mañana siguiente se sabría en la ciudad el crimen y el guardia tendría sospechas de mí. Yo estaba cogido de terror.

1. ¿Por qué volvió don Elías al portal?

   a. La víctima se había movido del sitio.
   b. Se dio cuenta de que había olvidado algo.
   c. Quería hallar unos fósforos perdidos.
   d. Quería saber si conocía al hombre.

2. Cuando don Elías salió a la calle por segunda vez, caminó

   a. más apresuradamente que antes
   b. fumando un cigarrillo
   c. sin hacer mucho ruido
   d. hacia la cárcel

3. Cuando don Elías vio al policía,

   a. le pidió un favor
   b. se puso a correr
   c. le hizo una pregunta
   d. se puso nervioso pero siguió su camino

4. Don Elías se creyó tonto porque

   a. el guardia sabía quién era
   b. tenía el corazón débil
   c. nadie había visto el crimen que había cometido aquella noche
   d. el guardia podría dispararle un tiro

5. Cuando don Elías se dio cuenta de lo que había hecho,

   a. se echó a reír
   b. se fue a otro pueblo
   c. tenía miedo
   d. no le importaba

G

Las golondrinas pueden moverse de un lado a otro con toda rapidez para atrapar cualquier insecto que trate de evitarlas. También pueden bajar del cielo y cambiar en seguida el vuelo vertical en horizontal. El punto flaco en la anatomía de la golondrina son sus patas, tan pequeñas, que apenas le permiten posarse. Los alambres del telégrafo parecen ser sus perchas más cómodas; y se ve con frecuencia cómo dan de comer a sus polluelos mientras se mantienen agarradas a los alambres.

De muy antiguo los campesinos consideran a estos pájaros valiosos para pronosticar el tiempo. Si vuelan bajo, anuncian frío y lluvia; si alto, sol y calor. Esta creencia no carece de base, pues las golondrinas siempre están buscando insectos para comerlos. Los insectos acomodan su vuelo a las variaciones atmosféricas; y por donde van los insectos, por allí vuelan las golondrinas.

1. La golondrina puede cambiar su vuelo

    a. con bastante dificultad
    b. volando al revés
    c. al instante
    d. para evitar los insectos

2. Las patas de la golondrina son

    a. fuertes y prominentes
    b. muy chicas
    c. muy útiles para coger insectos
    d. útiles para volar

3. Las golondrinas se agarran a los alambres porque

    a. pueden mantenerse allí fácilmente
    b. encuentran allí la comida
    c. tienen polluelos
    d. son flacas

4. ¿Cómo ayudan las golondrinas a los campesinos?

    a. Comen los insectos que hacen daño a las plantas.
    b. Les indican cómo va a ser el día.
    c. Les dicen la hora.
    d. Cantan alegremente.

5. Por lo general, ¿dónde van las golondrinas?

    a. donde no hay base sólida
    b. donde hay seres humanos
    c. donde hay clima favorable
    d. dondequiera que hallen comida

H

Dos niños, llamados Pablo y Juan, eran vecinos de un mismo pueblo. Aquél vivía en una casa elegante; tenía caballos, coches, y criados, y su única ocupación era ir a la escuela y estudiar sus lecciones.

El padre del segundo niño, por el contrario, era pobre y no tenía más que un pequeño terreno que le producía apenas para sostener a su familia. Su hijo le ayudaba; pero siempre que sus ocupaciones se lo consentían, el padre le enviaba a la escuela, según se lo había aconsejado el cura del lugar.

La primera vez que Juan se presentó en la escuela, los niños de familias ricas se burlaron de su pobre traje. Juan, comparando su vestido con los de sus condiscípulos, comprendió que era su pobre aspecto la causa de tanto desprecio, y se le saltaron las lágrimas a los ojos.

Pablo, viendo llorar al pobre niño, sintió compasión, y acercándosele le dijo:

—No te aflijas; yo me sentaré siempre a tu lado.

Esta muestra de bondad hizo a Juan derramar lágrimas de gozo.

—No puedo verte llorar así—continuó Pablo—vamos, y te prometo ser tu amigo; jugaremos siempre juntos y te defenderé de los compañeros si intentan maltratarte.

Juan, tomando la mano del compasivo niño, le dijo:

—Yo también seré tu amigo, y ¡ojalá pueda algún día pagarte el bien que hoy me haces!

1. Pablo vivía

   a. en una casa ordinaria
   b. en una casa muy cómoda
   c. en un pueblo elegante
   d. cerca de la escuela

2. El padre de Juan trataba de

   a. vivir como los ricos
   b. poner a su hijo en el monasterio
   c. educar a su hijo
   d. asistir a la escuela

3. ¿De qué se rieron los niños ricos cuando vieron a Juan?

   a. Era pequeño.
   b. No comprendía nada.
   c. No llevaba ropa elegante.
   d. Lloraba con frecuencia.

4. ¿Qué hizo Pablo?

   a. Le dio una bofetada a Juan.
   b. Le prometió ayuda y amistad.
   c. Se puso a llorar también.
   d. No hizo caso a Juan.

5. ¿Cuál fue la reacción de Juan?

   a. Maltrató a Pablo.
   b. Defendió a los que eran menos fuertes que él.
   c. No quiso volver a la escuela.
   d. Aceptó el ofrecimiento de Pablo.

I

Una noche, para mí memorable, mi madre, que sin duda me esperaba, hízome sentar junto al fuego y me habló así:

—Hijo mío, tienes diecisiete años. Yo soy vieja y tú no eres rico; menester es que pensemos en tu porvenir y tratemos de asegurarte el mañana. Hace unos días le escribí a Braulio, el hermano de tu padre, proponiéndole que te admitiese en su casa, prometiéndole yo, por supuesto, una pensión. Me contestó que estaba conforme en recibirte, y a vuelta de correo quedó cerrado nuestro negocio. Nada te había dicho hasta ahora, porque la sola idea de la separación me causa dolor. Pero como al fin es preciso, me decidí a hacerte sabedor del proyecto y a preparar tu partida. Deseo que aproveches la juventud que nunca vuelve. Sé bueno . . . y no te olvides de que aquí estará tu madre que te adora y rezará por ti a la Virgen Santísima.

Apenas se habían secado mis lágrimas cuando se me ocurrió la idea de que tenía que separarme de Juana. Aquella misma noche referí a mi novia la conversación de mi madre. Juana se entristeció también y me preguntó la fecha del viaje.

1. ¿Qué había hecho la madre?

   a. Había escrito a su hijo.
   b. Se había comunicado con su cuñado.
   c. Había pedido dinero al hermano de su padre.
   d. Había prometido su casa a Braulio.

2. ¿Qué causaba dolor a la madre?

   a. la necesidad de alejarse de su hijo
   b. la idea de separarse de su dinero
   c. la muerte de su esposo
   d. su avanzada edad

3. La madre quería que su hijo

   a. rezase a la Virgen por ella
   b. fuese bueno
   c. se olvidase de su juventud
   d. se despidiese de su tío

4. ¿Qué preocupaba al hijo?

   a. la falta de dinero
   b. su falta de experiencia en la vida
   c. su tío Braulio
   d. tener que dejar a su novia

5. Al recibir la noticia, Juana le preguntó

   a. si podría acompañarle
   b. adónde iba
   c. cuándo se iba
   d. si estaba triste

J

Lagartera es un pueblo de la provincia de Toledo.   Sus trajes, sus fiestas, sus costumbres hablan de un pasado que se conserva casi intacto.   Lo más curioso que tiene Lagartera es la ceremonia de las bodas.

Una boda de Lagartera rompe la monotonía de la vida del pueblo.   No es una ocasión íntima, sino una fiesta popular.   Dura cuatro días y cada uno de ellos tiene su ceremonia y su nombre especiales.

El primer día, que es la víspera de la boda, se llama el "día de la carne."   Se llama así por el número de gallinas, pavos, y ovejas que las familias de los novios matan ese día en honor de los novios.

Ese día cuatro muchachos elegidos por la novia, que forman su corte, van a visitar al novio, llevándole el regalo que le hace la novia.   Después de recibirlo, el novio viene a visitar a la novia y a convidar a los hombres que estén con ella para que ellos le acompañen a la peluquería y así, parientes e invitados, hacen afeitarse a costa del novio.

1. ¿Qué es Lagartera?

   a. un lugar lejos de Toledo
   b. una ciudad moderna
   c. un pueblo de gente habladora
   d. una población toledana

2. Lo más notable de Lagartera son

   a. los trajes
   b. los matrimonios
   c. las bodegas
   d. las fiestas

3. ¿Cuál es "el día de la carne"?

   a. el día en que se casan los novios
   b. el día en que los novios comen carne
   c. el primer día de la fiesta
   d. el día en que no se sirve carne

4. ¿Quiénes visitan al novio?

   a. unos jóvenes escogidos por la novia
   b. los padres de la novia
   c. unos amigos del novio
   d. el barbero del lugar

5. El novio tiene que pagar

   a. toda la fiesta
   b. los regalos que le hace la novia
   c. al barbero
   d. al padre de la novia

K

Al hablar de las ilusiones y esperanzas que tenemos, pero que nunca podremos realizar, es costumbre decir, en muchas diferentes lenguas, que esos deseos son nuestros "castillos en España."

Y hoy día, cuando en España van desapareciendo algunos castillos como uno de los resultados de la terrible guerra civil, esta expresión parece más apta que nunca.

Pero a pesar de eso, existen todavía castillos en España, y muchos: castillos de origen remoto, monumentos a la Edad Media y a los tiempos subsiguientes. Algunos de estos castillos están bien conservados. Otros están en ruinas. Todos están llenos de recuerdos históricos de gran interés.

Los castillos españoles no se pueden llamar ni bellos ni refinados. Son fuertes, austeros y sencillos, con la sencillez y la austeridad que amenazan más bien que encantan. Traducen a la actualidad el espíritu inquieto y bélico de los tiempos pasados. Se levantan en medio del paisaje como inmensos centinelas que lo dominan todo. ¡Lo que pudieran contar esas torres que van desapareciendo!

1. Para nosotros, la expresión "castillos en España" se refiere a

   a. edificios antiguos de la Edad Media
   b. esperanzas imposibles
   c. castillos históricos
   d. monumentos de arquitectura medieval

2. Algunos castillos desaparecen a causa de

   a. su mala construcción
   b. una guerra entre los españoles mismos
   c. el gran interés por parte del gobierno
   d. estar bien conservados

3. Los castillos que todavía quedan en la península

   a. son modernos
   b. son del tiempo de los romanos
   c. son pocos
   d. son de la época medieval y después

4. Los castillos españoles son

   a. bellos
   b. encantadores
   c. rascacielos
   d. severos

5. En estos castillos podemos darnos cuenta

   a. del espíritu militar de la época medieval
   b. de la grandeza de la España de hoy
   c. de la vida pacífica y tranquila de las épocas pasadas
   d. de que nunca se realizan las esperanzas

L

Carlos, a los veinticinco años de edad, fue a reunirse con su padre, un médico que vivía en las selvas con una tribu de salvajes. De bonísimo corazón y clara inteligencia, fue tierno y dulce poeta casi desde niño. A los veinticinco años había visto más vida que otros a los cincuenta. El drama del mundo había comenzado demasiado pronto para él, y vio sus variadas escenas con la clara mirada del talento, comprendiéndolas y apreciándolas más correctamente que los mismos que hacían un papel más activo en ellas. Para él la esencia de la vida estaba en el pensamiento, y como pensaba mucho vivía más aprisa.

El joven Carlos frecuentemente se ponía triste en la ciudad y buscaba la soledad y el silencio. Cuando se halló en el corazón de las selvas, creyó hallarse en su elemento; tenía soledad, silencio, cierta misteriosa grandeza que le rodeaba por todas partes, y una libertad que nunca hasta entonces había gozado.

Como su padre, Carlos supo hacerse querer en su nuevo pueblo, y se complacía del título de "hermano" que le daban los salvajes y la familiaridad que, conforme con ese trato, empleaban siempre con él. Se apresuró a comprar una canoa y aprendió a manejarla con sorprendente habilidad.

1. Carlos a los 25 años
   a. había adquirido mucha experiencia
   b. consideraba terminada su vida
   c. se había graduado de médico
   d. era amante del teatro

2. Carlos vivía a paso rápido porque
   a. le gustaba escribir poesías
   b. era inteligente y meditativo
   c. creía que su vida sería corta
   d. veía los horrores de la selva

3. Cuando se encontró en medio del bosque,
   a. se sintió muy triste
   b. quería volver a la vida del pueblo
   c. fue muy temido de los salvajes
   d. se acostumbró fácilmente a la nueva vida

4. ¿Qué pudo apreciar Carlos?
   a. la vida libre
   b. la frialdad de la nueva atmósfera
   c. la vida amarga de los salvajes
   d. la ansiedad manifestada por los desgraciados

5. ¿Cómo le recibieron los habitantes de la selva?
   a. con desprecio
   b. con enemistad
   c. con placer
   d. con tristeza

M

En toda la vega se observaba rigurosamente la fiesta del domingo, y como había cosecha reciente y no poco dinero, todos participaban con alegría en las festividades. No se veía un solo hombre trabajando en los campos ni una caballería en los caminos. Pasaban las viejas por los caminos con la reluciente mantilla sobre los ojos y la cesta al brazo, como si tirase de ellas la campana que sonaba lejos, muy lejos, sobre los techos del pueblo. En los campos gritaba un numeroso grupo de niños. Sobre el verde de los prados se destacaban los pantalones rojos de algunos soldaditos que aprovechaban la fiesta para pasar una hora en sus casas. Sonaban a lo lejos, como tela que se rompe, los escopetazos contra las bandadas de golondrinas que volaban de un lado a otro en contradanza caprichosa, con un suave silbido, como si cortasen con sus alas el azul cristal del cielo.

1. ¿Por qué había festividades?

    a. Los campesinos habían recibido regalos.
    b. Se habían celebrado unas fiestas.
    c. La gente tenía dinero.
    d. Los precios eran bajos.

2. ¿Qué se podía notar en la vega?

    a. Nadie trabajaba.
    b. Nadie se movía de su casa.
    c. Los caminos estaban desiertos.
    d. Dominaba el silencio.

3. Las viejas

    a. llevaban joyas ricas
    b. llevaban traje de domingo
    c. gritaban a sus hijos
    d. llevaban regalos para los soldados

4. ¿Dónde estaban los soldados?

    a. en el campo de batalla
    b. descansando sobre la hierba
    c. con sus familias
    d. tocando la guitarra

5. Los pájaros volaban

    a. ruidosamente, sin dejar dormir a nadie
    b. espantados por los tiros
    c. destruyendo las banderas
    d. luchando unos contra otros

N

Seis años pasaron allí padre e hija, retirados del mundo. Ella recibió en la soledad la más brillante educación, gracias al cuidado del padre, ayudado por Miss Fanny, una profesora que el doctor había hecho venir de Londres para que se encargara de enseñar a Sofía todo lo que debe saber una señorita de los tiempos modernos. Su hija era para él la recompensa de una vida dedicada al bien de la humanidad y al servicio de su patria. Sabían por los periódicos que aún existía Madrid, y que allí las gentes se divertían, se amaban o se odiaban; y lo mismo el viejo que la niña sonreían al leer la relación de una fiesta, de una discusión política, de un suceso cualquiera, con indiferencia completa.

Sofía tenía quince años y no sentía la necesidad de conocer el mundo. Era un pájaro que no quería salir del nido.

Cuando Miss Fanny dio por terminada su misión, volvió a Inglaterra, entregando al padre una joven cuya educación podía competir con la de cualquier princesa europea.

1. ¿Qué hicieron durante seis años padre e hija?

   a. Perdieron contacto directo con el mundo exterior.
   b. Viajaron por Inglaterra.
   c. Vagaron por el mundo.
   d. Se establecieron en la capital.

2. ¿Cómo fue educada Sofía?

   a. Estudió en un convento.
   b. Su padre la envió a Madrid.
   c. Una maestra extranjera le enseñó todo lo que necesitaba saber.
   d. Se educó en una escuela de Londres.

3. Sofía sabía

   a. cuidar a su padre
   b. lo que leía en los periódicos
   c. mucho acerca de las costumbres de los pájaros
   d. mucho acerca de la vida de Londres

4. El padre y la hija

   a. iban a algunas fiestas
   b. discutían la política
   c. se odiaban
   d. estaban contentos lejos del mundo elegante

5. Sofía podría compararse con

   a. un pájaro que quería dejar el nido
   b. un pájaro contento de quedarse en el nido
   c. Miss Fanny
   d. todas las princesas europeas

O

En los quince días que don Ramón estuvo en Madrid, yo no tuve razón para arrepentirme de compartir con él mi cuarto. Si volvía a casa más tarde que yo, entraba y se acostaba con tal cautela, que nunca me despertó; si se retiraba temprano, me aguardaba leyendo para que yo pudiese acostarme sin temor de hacer ruido. Por la mañana nunca se despertaba hasta que me oía moverme en la cama. Vivía cerca de Valencia, en una casa de campo, y sólo venía a Madrid cuando algún asunto urgente lo exigía. A pesar de que su hijo tenía la misma edad que yo, don Ramón no pasaba de los cincuenta años, lo cual hacía presumir que se había casado bastante joven. Aún ahora, con su elevada estatura, la barba gris y bien cortada, y los ojos animados y brillantes, sería aceptado por muchas mujeres con preferencia a otros galanes.

1. Los dos hombres vivieron por dos semanas
    a. arrepintiéndose de su crimen
    b. en la misma habitación
    c. sin verse en Madrid
    d. disputándose todo lo que tenían

2. Ramón no le molestaba a su compañero porque
    a. nunca llegaba tarde
    b. entraba cuidadosamente
    c. le gustaba acostarse temprano
    d. le gustaba leer en silencio

3. ¿Por qué leía Ramón?
    a. No quería que su amigo tuviera miedo de hacer ruido.
    b. De esta manera podía dormirse más fácilmente.
    c. No quería despertar a su compañero.
    d. Tenía miedo de la oscuridad.

4. Ramón venía a Madrid porque
    a. quería visitar a su hijo
    b. no le gustaba su casa de campo
    c. la vida madrileña le gustaba
    d. le llamaban unos negocios importantes

5. Las mujeres preferirían a don Ramón porque
    a. era rico
    b. tenía un hijo
    c. era alto y de buen aspecto
    d. era inteligente

P

Martín llegó a las doce y pico a casa de su protector y encontró cerrada la puerta. Dio algunos ligeros golpes que nadie, al parecer, oyó en el interior de la casa, y se retiró sin atreverse a hacer otra tentativa para entrar. Se armó de paciencia y se resolvió a pasar la noche recorriendo las calles sin alejarse mucho de la casa de don Dámaso.

Santiago era entonces una ciudad silenciosa desde temprano; así fue que Martín no tuvo más espectáculo durante sus correrías que las fachadas de las casas y los serenos que quedaban inmóviles en cada esquina, los ojos cerrados en pacífico sueño, velando así por la seguridad de la población.

Al día siguiente pudo Martín entrar en la casa cuando se abrió la puerta para dar paso al criado que iba a la plaza. Éste le miró con una sonrisa burlona que entristeció al joven.

1. ¿Cuándo llegó Martín a casa de su protector?

   a. cuando el reloj daba las doce
   b. poco antes de cerrarse la casa
   c. poco después de la medianoche
   d. al anochecer

2. Martín decidió

   a. quedarse detrás de la puerta
   b. pasar la noche cerca de la casa de don Dámaso
   c. seguir su viaje
   d. despertar al sereno

3. Mientras caminaba Martín por las calles,

   a. no ocurrió nada de particular
   b. las casas parecían tener caras
   c. había espectáculos en las calles
   d. no vio a nadie

4. ¿Qué hacían los serenos?

   a. Se paseaban por las calles.
   b. Gritaban para despertar a la gente.
   c. Hablaban entre sí para pasar el tiempo.
   d. Dormían.

5. Martín pudo entrar en la casa porque

   a. el criado volvió de la plaza
   b. el criado tenía que salir
   c. el criado le invitó a entrar
   d. el criado tuvo lástima de él

Q

Batiste estaba sereno y firme, sin arrogancia. Se reía de la inquietud de su familia y se ponía cada vez más atrevido conforme transcurría el tiempo desde la famosa riña.

Se consideraba seguro porque mientras llevase pendiente del brazo el magnífico "pájaro de dos voces," como él llamaba su rifle, podía marchar por toda la huerta. Y como iba en tan buena compañía, sus enemigos fingían no conocerle. Hasta algunas veces había visto a su mayor enemigo, Pimentó. Éste paseaba por la huerta como bandera de venganza, su cabeza envuelta en un paño rojo a pesar de que estaba repuesto de su herida. En estas ocasiones, Pimentó parecía huir, temiendo el encuentro tal vez más que Batiste.

Todos le miraban a Batiste, pero jamás se oyó una palabra de insulto. Le volvían la espalda con desprecio; se inclinaban sobre la tierra y trabajaban febrilmente hasta perderle de vista.

1. ¿De qué se reía Batiste?

   a. de la ansiedad de su mujer e hijos
   b. de la arrogancia de su familia
   c. del valor de sus enemigos
   d. del cantar de sus pájaros

2. ¿Cómo salía de casa?

   a. de prisa, volando como los pájaros
   b. sin ser visto por sus enemigos
   c. protegido por una arma
   d. llevando su instrumento músico

3. ¿Qué hacían sus enemigos?

   a. No le hacían caso.
   b. Llevaban un rifle.
   c. Le insultaban.
   d. Se le acercaban con cuidado.

4. Pimentó parecía huirse porque

   a. tenía la cabeza envuelta en un paño
   b. quería vengarse de su enemigo, Batiste
   c. había destruido la huerta
   d. tenía miedo de encontrar a Batiste

5. ¿Cómo fingían sus enemigos no conocerle a Batiste?

   a. Le evitaban la mirada directa.
   b. Le decían palabras de insulto.
   c. Se pusieron de pie al verle.
   d. Le maldecían.

R

.Cumandá, la joven india, siente hambre; busca con ávidos ojos algún árbol frutal, y no tarda en descubrir uno de uva a corta distancia; se dirige a él, y aún alcanza a divisar por el suelo algunos racimos de la exquisita fruta; mas cuando va a tomarlos, advierte al pie del tronco y medio escondido entre unas ramas un tigre. La uva atrae a varios animales, y éstos atraen a su vez al tigre que los espera, especialmente en las primeras horas de la mañana. La joven, que felizmente no ha sido vista por la fiera, se aleja de puntillas y luego se escapa en rápida carrera.

Se le ha aumentado la sed y no halla arroyo donde apagarla. El sol abrasador y los pétalos más frescos van secándose como los sedientos labios de la joven; en vano prueba repetidas veces las aguas del río Palora; este río no es querido de las aves, y los indios creen que el beberlas mata a uno.

1. Cumandá buscaba el árbol porque

    a. quería hallar comida
    b. deseaba ver todo el paisaje
    c. tenía que descansar
    d. estaba cansada de ver las uvas

2. ¿Por qué estaba el tigre cerca del árbol frutal?

    a. Quería descansar entre las ramas.
    b. Había oído los pasos de Cumandá.
    c. Buscaba protección contra otros animales feroces.
    d. Esperaba coger algún animal.

3. ¿Qué hizo Cumandá?

    a. Se comió las frutas.
    b. Se apartó del lugar y se puso a correr.
    c. Se sentó debajo del árbol.
    d. Mató al tigre.

4. Los labios de la india

    a. estaban más frescos que los pétalos de una flor
    b. eran bellos como un arroyo
    c. estaban abrasados por el sol y la falta de agua
    d. eran del color de las uvas

5. ¿Dónde trata de apagar la sed?

    a. en un arroyo que halla por allí
    b. en la sombra donde no hay sol
    c. en las aguas del río favorito de los pájaros
    d. en cierto río de aguas impuras

S

El gitano siguió hablando:—Ayer por la tarde caímos mi burro y yo en poder de unos ladrones. Me llevaron a su campamento y allí me quedé hasta la noche. Durante todo el camino pensaba yo: ¿serán estos bandidos de Parrón? Si lo son, me matan, porque ese maldito asesina a todos los que le han visto la cara. Mi terror iba creciendo. Llegada la noche, se presentó un hombre vestido con mucho lujo, y sonriendo con gracia me dijo:

—¡Yo soy Parrón!

Al oír esto me puse de rodillas temblando y exclamé:—¡Bendita sea su alma, rey de los hombres! Yo soy amigo suyo. ¿Quiere que le diga la buenaventura? ¿Quiere que le enseñe a cambiar burros muertos por burros vivos? ¿Quiere que le enseñe francés a una mula?

Al decir esto, el gitano le tomó la mano a Parrón para decirle la suerte. De repente dejó caer la mano y gritó:—Aunque me quite la vida, Parrón, no puedo cambiar la suerte que veo en su mano. Morirá ahorcado.

—Ya lo sé—respondió el bandido con toda tranquilidad. —Dime cuándo.

—El mes que viene—respondió el gitano.

Parrón pensó un momento. —Bueno—dijo. —Vas a quedarte aquí. Si no me ahorcan en un mes, yo te ahorco a ti.

Diciendo esto, el bandido se fue por entre unos árboles.

1. ¿Qué le pasó al gitano?

 a. Se cayó del burro.
 b. Perdió su burro.
 c. Capturó a unos ladrones.
 d. Fue preso por unos bandidos.

2. Parrón acostumbraba matar a

 a. sus hombres
 b. los gitanos
 c. los que pudieran reconocerle
 d. los ladrones

3. Cuando se presentó Parrón al gitano, éste

 a. le atacó
 b. no pudo hablar
 c. dijo a Parrón que se pusiera de rodillas
 d. se arrodilló

4. El gitano dejó caer la mano de Parrón porque

 a. quería cambiar burros muertos por burros vivos
 b. tenía miedo de decirle la verdad
 c. vio en ella la muerte de Parrón
 d. vio en la mano la buena fortuna de Parrón

5. Si dentro de un mes no moría Parrón, el gitano

 a. recibiría muchas riquezas
 b. estaría libre
 c. sería matado
 d. podría considerarse bandido también

T

Había cierto rey que era un gran monarca, pero que se enojaba a menudo, haciendo temblar a todos. Amaba mucho a su caballo, animal que se había ganado el cariño de su amo por su belleza y por su inteligencia.

Un día que el rey estaba muy enojado, le dijeron que su caballo estaba muy enfermo. Llamó a los más célebres médicos, pero el caballo se ponía cada día más enfermo. Furioso por no poder salvar, a pesar de su grandeza, la vida de un caballo, les dijo a sus criados:

—¡Mandaré ahorcar al primero que me traiga la noticia de la muerte de mi caballo!

El animal murió y nadie se atrevió a darle al rey la fatal noticia. Cuando el rey llamó a todos para pedirles informes, un criado contestó:

—Señor, el animal continúa en el mismo lugar, acostado, sin moverse; no come, ni bebe, ni duerme, ni ve, ni respira . . .

—¡Desgraciado!—interrumpió el rey, —¡el caballo está muerto!

—Es verdad, señor, —respondió el criado, —pero Su Majestad es el primero que lo dice.

1. Todos tenían miedo al rey cuando

   a. se enfadaba
   b. le veían pasar montado a caballo
   c. hablaba de su caballo
   d. le veían temblar

2. Cuando supo que el caballo se había enfermado, el rey declaró que

   a. mataría al que le anunciara la muerte del animal
   b. haría matar a los médicos
   c. él mismo salvaría la vida del caballo
   d. él mismo mataría al caballo

3. ¿Qué ocurrió cuando el animal se murió?

   a. Todos sus súbditos le trajeron la noticia al rey.
   b. Nadie le informó al rey de lo ocurrido.
   c. Los médicos huyeron del palacio.
   d. Le trajeron otro caballo semejante.

4. El criado le dio la mala noticia

   a. sin mirarle
   b. francamente
   c. sin moverse
   d. indirectamente

5. Lo cómico del caso es que

   a. los médicos pudieron salvarle la vida al caballo
   b. el criado dijo una mentira
   c. el rey mismo pronunció las palabras fatales
   d. el rey echó la culpa a los médicos desgraciados

Part VII—*Auditory Comprehension*

QUESTIONS AND ALTERNATIVES

After the reading of each paragraph by the Teacher, write the *number* of the alternative that best answers each question. Base your answers only on the content of the paragraph.

1. ¿De dónde era Fernando?

   1 del campo   2 de la capital   3 de la universidad   4 de la ciudad

2. ¿Dónde tuvo el teniente que pasar una noche?

   1 en el colegio   2 en una casa de locos   3 en el hotel   4 en prisión

3. ¿Qué había hecho el padre?

   1 Había mirado a los indios sin hablar.
   2 Había comprado el mercurio.
   3 Había sacado el mercurio de la mina.
   4 Había averiguado dónde estaba la mina.

4. ¿Qué parte del día era?

   1 el anochecer   2 el mediodía   3 el amanecer   4 la medianoche

5. ¿Por qué vino el hombre a la casa?

   1 Se había perdido.   3 Quería pasar el invierno.
   2 Tenía fiebre.   4 Estaba en el bosque.

6. ¿Qué creía el autor?

   1 que el hombre estaba dormido   3 que el hombre estaba muerto
   2 que el hombre se había ido   4 que el hombre se movía

7. ¿Qué debió hacer la comisión?

   1 controlar los precios de artículos esenciales
   2 investigar cómo México arregla los precios de las necesidades
   3 estudiar el gobierno de México
   4 escribir leyes

8. ¿Por qué no estaba la señorita Inés al lado de David?

   1 Estaba triste.   3 Iba a morir.
   2 Cuidaba a una mujer enferma.   4 Estaba muerta.

9. ¿Qué es una tertulia?

   1 un grupo de artistas   3 una serie de conferencias
   2 una reunión informal   4 una persona interesante

10. ¿En qué pone más atención el indio?

    1 en la producción de los artículos
    2 en vender los artículos
    3 en la hermosura y en la utilidad de lo que hace
    4 separar sus productos según el precio

11. ¿Qué se describe aquí?

    1 una sala de conferencias   2 una taberna   3 un restaurante   4 una confitería

12. ¿Cuándo se puso en marcha para su casa?

    1 por la mañana   2 una hora antes del anochecer   3 por la tarde   4 a las ocho

13. ¿A dónde iban las personas?

    1 a Madrid   2 a la estación   3 a sus ciudades   4 a la clase

14. ¿Qué deseaba la mayor parte de los hidalgos pobres?

    1 eliminar a sus rivales   3 acusar falsamente a Balboa
    2 enriquecerse en el Nuevo Mundo   4 trabajar mucho en el Nuevo Mundo

15. ¿Cómo es el clima de la América latina?

    1 como el de la Florida   2 tropical   3 muy variado   4 subantártico

16. ¿Qué se sabe del buque?

    1 Iba a salir pronto.   2 Acababa de llegar.   3 Ya había salido.   4 No iba a salir.

17. ¿De qué tenía miedo el muchacho?

    1 del mar   2 de la tempestad   3 de una lancha   4 del tiempo que pasaba

18. ¿Para qué tenía que ir a Aljama?

    1 para pasar el invierno   3 para ver al médico
    2 para curarse   4 para coger un ataque de reuma

19. ¿Cuál fue un resultado del viaje de Marco Polo?

    1 Se creyó que era difícil llegar al Oriente navegando por el Atlántico.
    2 La gente supo que el mundo era grande.
    3 Los europeos llegaron a conocer una ruta marítima a la India.
    4 La gente llegó a conocer nuevas riquezas.

20. ¿Qué tipo de persona era el gaucho?

    1 obediente a la ley   2 triste   3 independiente   4 actor

21. ¿Cómo se sentía el hombre?

    1 fuerte   2 agitado   3 enojado   4 débil

22. ¿En qué situación se hallaba este hombre?

    1 enfermo pero rico   3 con salud pero pobre
    2 enfermo y pobre   4 con salud y rico

23. ¿Cuándo ocurrió la discusión?

    1 temprano por la mañana   3 durante la noche
    2 al mediodía   4 cerca del anochecer

24. ¿Qué comió el caballo?

    1 las alforjas   2 nada   3 el almuerzo   4 hierba

25. ¿Dónde está Taxco?

    1 en un valle   2 en la cumbre de una montaña   3 en la costa   4 en una meseta

26. ¿Cuándo era pobre el amigo?

    1 nunca   2 algún tiempo   3 un día   4 el jueves

27. ¿Por qué se proyectó una película de Carlos Gardel?

1 Fue el aniversario de su muerte.
2 Había sido premiada.
3 Estaba en seis teatros.
4 Era una nueva película del cantor.

28. ¿Qué contiene el puchero?

1 todo lo bueno
2 todo, con excepción de garbanzos
3 solamente garbanzos
4 una antología

29. ¿Qué acostumbraban hacer las amigas de Soledad?

1 tocar la guitarra
2 bailar los bailes andaluces
3 pedir que ella bailase
4 cantar, acompañadas en la guitarra

30. ¿Por qué no había vendido la vaca?

1 Llegó tarde al mercado.
2 Nadie se había acercado.
3 La vaca se había alejado.
4 Quería demasiado dinero.

31. ¿De qué color tenía esta mujer el pelo?

1 pardo 2 rojo 3 blanco 4 negro

32. ¿Qué fiesta se acercaba?

1 una verbena 2 el dos de mayo 3 la Navidad 4 la Pascua Florida

33. ¿Por qué cree este señor que los perros son fieles?

1 Las familias son ingratas.
2 Nunca ha leído nada sobre los perros.
3 Ha observado la conducta de muchos perros.
4 Se levantan cuando sale el sol.

34. ¿Dónde ocurrió este incidente?

1 en el campo 2 en Guadalupe 3 en España 4 en la iglesia

35. ¿Cómo se sentía Manuel?

1 Estaba confuso, sin saber qué hacer.
2 Deseaba entrar en el pueblo.
3 Estaba alegre.
4 Estaba cansado.

36. ¿Quién era el recién llegado?

1 un cabo de ejército 2 Juan Rodríguez 3 No se sabía. 4 Villalta

37. ¿Cómo llegaron los tres caudillos?

1 resueltos a discutir
2 detrás de sus soldados
3 dispuestos a rendirse
4 listos para luchar

38. ¿Con qué motivo se reunieron los expertos?

1 para protestar ante una sesión de UNESCO
2 para ver cómo sería posible conseguir más agua para París
3 para encontrar una solución para la futura sed mundial
4 para discutir las industrias nacionales

39. ¿Qué interrupción ocurrió?

1 Estudiábamos en voz alta.
2 Entró alguien que no conocíamos.
3 El maestro se quitó el sombrero.
4 Mirábamos a las chicas.

40. ¿Dónde estaban?

1 en el campo   2 en el desierto   3 en la mar   4 en una ciudad grande

41. ¿Dónde estaba el autor?

1 en un hospital   2 en la fiesta   3 en la montaña   4 en la calle

42. ¿Cuánto tiempo hace que trabaja en el banco este señor?

1 veinte y tres años   2 más de un año   3 un año   4 unos meses

43. ¿Cuál es el día que precede a la Navidad?

1 la Nochebuena   2 la misa del gallo   3 la medianoche   4 el nacimiento

44. ¿Quién estaba herido?

1 un viejo   2 el capitán   3 el cura   4 los dos soldados

45. ¿Qué hacía el hombre?

1 Registraba las casas de la vecindad.   3 Cerraba la puerta.
2 Entraba en una casa.   4 Robaba una cerradura.

46. ¿Por qué no comía Pepe?

1 No tenía trabajo.
2 No tenía hambre.
3 Era difícil conseguir un título de abogado.
4 Defendía pleitos.

47. ¿Qué quería el director?

1 que el muchacho se fuera
2 que el padre tuviera cuidado de la familia
3 que interrumpiera la carrera
4 que el muchacho no se fuera

48. ¿Qué hacía el señor Frutos?

1 Escuchaba con interés.
2 Comía con poco apetito.
3 No escuchaba las palabras de su amigo.
4 Escribía de las maravillas de la ciudad.

49. ¿Por qué se honra a Artigas en la Argentina y en el Uruguay?

1 Luchó por la independencia del Uruguay.
2 Luchó por la monarquía.
3 Es un héroe de los dos países.
4 Trató de unir el Uruguay a la monarquía argentina.

50. ¿Cuándo conoció este señor a su tía?

1 a la edad de once años
2 hace unos meses cuando ella vino a Madrid
3 cuando él la visitó
4 al cumplir su tía los veinte años

Part VIII—*A Guide to the College Board Achievement Test in Spanish*

The scope of the College Board Achievement Test in Spanish is a wide one. The questions are graded, ranging from easy to difficult. The test is designed to measure the candidate's mastery of both the spoken and the written language. Although the types of questions may vary from year to year, the following types illustrate what the candidate may generally expect.

SITUATION QUESTIONS

These questions are intended to test familiarity with the spoken language used in conversation or in everyday situations.

In each of the sample situations below, select the word or expression (A, B, C, D, or E) that most appropriately completes the sentence.

1. Juana fue al comedor para   (A) limpiarse la cara   (B) estudiar sus lecciones   (C) almorzar   (D) buscar su vestido nuevo   (E) preparar la cena

2. Un martillo es un instrumento empleado para   (A) coser   (B) arreglar la ropa   (C) cortar   (D) peinarse   (E) clavar

3. Ayer vimos a Elsa en la iglesia. Estaba   (A) nadando alegremente   (B) leyendo los anuncios   (C) hablando con un desconocido   (D) bailando   (E) rezando con mucho recogimiento

4. Este verano vamos a   (A) la misma montaña que el año pasado para esquiar   (B) quedarnos en casa todo el día   (C) ponernos el sobretodo   (D) la playa   (E) volver a la escuela

5. En cuanto comenzó la música,   (A) la orquesta dejó de tocar   (B) todos saludaron a la reina   (C) todo el mundo se puso a bailar alegremente   (D) todos dejaron de bailar   (E) reinó el silencio

6. Los campesinos son trabajadores dedicados   (A) a trabajar en las fábricas   (B) a la tierra   (C) a la vida fácil   (D) al cuidado de la ciudad   (E) a servir a Dios

7. Cuando Eduardo entró en el taller, preguntó por   (A) el mecánico especializado en los frenos   (B) el profesor Téllez   (C) su madre   (D) el dueño de la tienda   (E) el abogado

8. Mañana voy a ver al peluquero para que me   (A) arregle la radio   (B) corte el pelo   (C) diga la buenaventura   (D) venda una casa   (E) pinte el apartamiento

9. Miles de jóvenes se alistaron en el ejército para   (A) librarse de la casa   (B) aprender el inglés   (C) luchar por su patria   (D) enriquecer el país   (E) cobrar un buen sueldo

10. Ella sacó un lápiz y se puso a   (A) leer   (B) hacer dibujos   (C) sacar brillo al anillo   (D) escribir en máquina   (E) disparar

11. Para disminuir la velocidad, es necesario   (A) dar vuelta al timón   (B) poner en marcha el motor   (C) encender las luces   (D) aplicar los frenos   (E) poner gasolina en el tanque

12. Vamos a México para ver   (A) la torre inclinada   (B) las cataratas del Niágara   (C) El Gran Cañón   (D) una corrida de toros   (E) la Alhambra

13. Cuando llegué a la taquilla   (A) pregunté la hora de la función   (B) me detuve a observar los trajes vistosos   (C) me di cuenta de que estaba completamente perdido   (D) compré un periódico   (E) hablé con el tendero

14. Cuando me siento sumamente cansado   (A) me pongo a correr   (B) me echo boca abajo en el sofá   (C) miro qué hora es   (D) me pongo a estudiar   (E) me levanto de la mesa

15. Le oí preguntar en la biblioteca: (A) —¿Quién es la profesora de piano? (B) —¿Dónde está la librería?   (C) —¿Se venden ejemplares de la Biblia aquí? (D) —¿Hay un tomo sobre la psicología de Freud?   (E) —¿Cuánto cuesta una libra de carne?

16. Antes de acostarse, Pepito se dirigió   (A) a la piscina   (B) al sótano   (C) al baño para limpiarse los dientes   (D) al jardín   (E) al campo de béisbol

17. Llegó temprano a la fiesta porque   (A) no había nadie allí   (B) su reloj estaba adelantado   (C) el despertador estaba roto   (D) el tren tardó en llegar   (E) su reloj era nuevo

18. Al levantarse de la mesa, dijo a los demás: (A) —Tengo muchísima hambre. (B) —Buen provecho.   (C) —Voy a comer.   (D) —Hola, compañeros.   (E) —Convido a Vds. a comer conmigo.

19. Cuando el taxi se detuvo delante de Liliana, ella dijo: (A) —¿Qué hora es? (B) —Tengo dolor de cabeza.   (C) —¿Me podría llevar al Zócalo?   (D) —No tengo que pagar nada.   (E) —Hasta mañana.

20. Acabamos de visitar a nuestro tío. Al despedirnos dijimos: (A) —¿Qué tal, tío Paco? ¿Cómo estás?   (B) —¿Dónde está la tía Lola?   (C) —¿Me quieres traer un vaso de agua?   (D) —¿Qué día es hoy?   (E) —Nos hemos divertido mucho, tío.

21. Un pasajero bajó del ómnibus. Como hacía mucho frío, llevaba   (A) una americana (B) una camisa de algodón   (C) una chaqueta de lana   (D) un abrigo   (E) un sombrero de paja

22. Mi hijo tiene muchos deseos de sacar la licencia para poder   (A) manejar un coche (B) llegar tarde a casa   (C) comprar una casa   (D) bailar con su novia   (E) asistir a la escuela

23. Cuando se ve arder una casa, se debe   (A) llamar a los bomberos   (B) pegarle fuego (C) quemar la basura   (D) alejarse sin hacer caso   (E) impedir el paso de los bomberos

24. Cuando viajaba en avión, oí una voz que anunciaba: (A) —¡Todos bajen en la próxima estación!   (B) —El viaje cuesta setenta y cinco centavos.   (C) —¡Viajeros al tren!   (D) —¡Abran Vds. los paraguas!   (E) —¡Abrochen la cintura!

25. Luego que se sentó en una de las mesas del restaurante, el hombre   (A) pidió la lista (B) llamó al portero   (C) dejó una propina   (D) pidió el postre   (E) terminó de comer

26. Ese hombre tiene muchos planes, pero no puede llevarlos   (A) fuera   (B) a cabo (C) en camino   (D) a fin   (E) al resultado

27. Era evidente que iba a afeitarse, porque en la mano tenía   (A) un lápiz   (B) una navaja   (C) dos monedas   (D) unas tijeras   (E) una cuchara

28. En el invierno todos los jóvenes iban al lago para   (A) nadar   (B) aprovecharse del calor del sol   (C) beber agua   (D) salir en bote   (E) patinar

29. La sala de lectura _____ al patio.   (A) llevaba   (B) se encaramaba   (C) ponía la vista   (D) miraba   (E) daba

30. El agua no está ni fría ni caliente; está   (A) tibia   (B) tranquila   (C) limpia (D) sucia   (E) clara

31. Era sordo; no podía _____ bien.   (A) ver   (B) comer   (C) hablar   (D) oír (E) gritar

32. Preparándose para el viaje, se puso a   (A) quitarse el abrigo   (B) hacer el tronco (C) dar la hora   (D) hacer el baúl   (E) hacer una bala

33. Para caminar, se emplean   (A) las piernas   (B) las orejas   (C) las piedras (D) los labios   (E) los brazos

34. El automóvil de mi padre tiene cuatro   (A) pasajeros   (B) muebles   (C) ruedas (D) ventanas   (E) máquinas

35. La calle no era ancha, sino   (A) grande   (B) estrecha   (C) desierta   (D) pequeña (E) directa

36. En la frontera tuve que mostrar mi pasaporte al   (A) aduanero   (B) huésped (C) ferrocarril   (D) marinero   (E) camarero

37. Durante toda su vida soñaba _____ viajar a países lejanos.   (A) de   (B) por (C) a   (D) con   (E) en

38. Pidió dinero a su _____, porque éste, el padre de su esposa, era muy rico. (A) yerno   (B) padre   (C) suegro   (D) cuñado   (E) tío

39. Me preguntó si podría darle una cerilla porque quería   (A) encender su cigarro (B) salir de paseo   (C) limpiar su cuarto   (D) comprar dulces   (E) beber vino

40. Preguntó: —¿A cuántos estamos? Nosotros comprendimos que quería averiguar (A) el precio   (B) la hora   (C) cuántos había en el grupo   (D) la distancia que nos quedaba   (E) la fecha

41. Al entrar en casa, _____ el abrigo con cuidado.   (A) rompió   (B) tiró (C) quemó   (D) colgó   (E) se puso

42. Se declaró en bancarrota porque   (A) tenía muchas deudas   (B) era muy rico (C) no le interesaba el dinero   (D) era banquero   (E) ganaba un buen sueldo

43. Cubrieron el suelo con una _____ azul.   (A) alforja   (B) alfombra   (C) sombra (D) tertulia   (E) almohada

44. Además de gasolina, hice poner en el motor un poco de   (A) acero   (B) vapor (C) vidrio   (D) aceite   (E) aire

45. Adoptó un plan para ahorrar su dinero; cada semana   (A) pagó lo que debía   (B) cenó en restaurantes lujosos   (C) lo llevó al banco   (D) lo gastó   (E) lo repartió entre sus amigos

46. Agasajaron al nuevo director,   (A) dándole un banquete suntuoso   (B) negándose a hablarle   (C) sonriéndole con amistad   (D) trabajando mal   (E) hablándole en tono brusco

47. Era agosto, y los labradores estaban ocupados con   (A) sus buques   (B) los deportes   (C) el ajedrez   (D) la costura   (E) la cosecha

48. A causa del frío bebió   (A) café caliente   (B) jugo de limón   (C) una gaseosa (D) agua fría   (E) té helado

49. Por la mañana se despejó; es decir,   (A) todo iba bien   (B) aparecieron nubes (C) se perdió toda esperanza   (D) cesó de llover   (E) se miró en el espejo

50. Elogiaron al actor; lo   (A) lamentaron   (B) enterraron   (C) alabaron   (D) criticaron   (E) lloraron

GRAMMAR QUESTIONS

The following questions test your ability to distinguish between correct and incorrect usage in Spanish. You are generally given an incomplete sentence in Spanish and are asked to select the word or expression which, when inserted in the blank, makes the sentence grammatically correct. The completed sentence must correspond to the English equivalent. Occasionally a whole sentence is to be translated.

1. Loud shouts were heard in the streets.

   Gritos agudos _____ en las calles.

   (A) se oyó   (B) oyeron   (C) estaban oídos   (D) se oyeron

2. He had been working in that office for a year.

   Hacía un año que _____ en esa oficina.

   (A) trabajó   (B) hubo trabajando   (C) había trabajado   (D) trabajaba

3. They were glad that the soldier was returning home.

   Se alegraron de que el soldado _____ a casa.

   (A) regresaba   (B) estaba regresando   (C) volviera   (D) estaba de vuelta

4. Which one is your nephew?

   ¿_____ es su sobrino?

   (A) Quién   (B) Cuál   (C) Qué   (D) Cuáles

5. Raphael doesn't want to accompany her. Neither do I.

   Rafael no quiere acompañarla. _____

   (A) Ni yo también.   (B) Ni yo tampoco.   (C) Ni a mí.   (D) Lo mismo me da.

6. Don't leave until your parents come.

   _____ tú hasta que lleguen tus padres.

   (A) No salgas   (B) No sal   (C) No te vaya   (D) No entres

7. Joe was the oldest in the class.

   Pepe era _____ la clase.

   (A) el mayor de   (B) el mayor en   (C) el mejor de   (D) el menor de

8. It's a shame that they do not sing well.

   Es lástima que no _____ bien.

   (A) cantasen   (B) cantaran   (C) canten   (D) cantan

9. As soon as I had eaten, I left the house.

   Así que _____, salí de la casa.

   (A) comía   (B) comiera   (C) hube comido   (D) hubiese comido

10. Lincoln was born on the twelfth of February, 1809.

    Lincoln nació _____ de febrero de 1809.

    (A) en el doce   (B) al doce   (C) el doce   (D) doce

11. The one who is reading is Albert's cousin.

    _____ está leyendo es el primo de Alberto.

(A) El cual   (B) Él que   (C) El que   (D) Lo que

12. He is the South American hero whom we admire.

Es el héroe sudamericano _____ admiramos.

(A) quien   (B) al que   (C) que   (D) al cual

13. My uncle knows it better than anyone.

Mi tío lo sabe mejor que _____.

(A) nadie   (B) alguien   (C) todos   (D) nada

14. There are more than a hundred persons here.

Hay más _____ cien personas aquí.

(A) que   (B) de   (C) de lo que   (D) del que

15. He is very fat; he eats more than two ordinary men.

Es muy gordo; come más _____ hombres ordinarios.

(A) de dos   (B) que dos   (C) que los dos   (D) de los dos

16. I have a book and a pencil; the former is red and the latter is blue.

Tengo un libro y un lápiz; _____.

(A) aquello es rojo y esto es azul   (B) ése es rojo y aquél es azul   (C) éste es azul
y aquél es rojo   (D) el uno es rojo y el otro es azul

17. It didn't rain yesterday, which pleased me very much.

No llovió ayer, _____ me agradó mucho.

(A) el cual   (B) que   (C) el que   (D) lo cual

18. Thomas denied that Mary had lost the watch.

Tomás negó que María _____ el reloj.

(A) había perdido   (B) hubiera perdido   (C) haya perdido   (D) perdiera

19. I did not see any neckties that I liked.

No vi ningunas corbatas que _____.

(A) me gustan   (B) me gusten   (C) me gustarán   (D) me gustasen

20. Speak to him so that he may know the truth.

Háblele para que él _____ la verdad.

(A) supiera   (B) sepa   (C) puede saber   (D) conozca

21. If I were rich, I would buy an automobile.

Si yo fuera rico, _____ un automóvil.

(A) habría comprado   (B) hubiera comprado   (C) comprase   (D) comprara

22. You cannot help enjoying yourself.

_____ divertirse.

(A) Vd. no puede menos de   (B) No se puede evitar   (C) No te ayudes de
(D) No puede ayudarse

23. I am thinking about the summer vacation.

_____ las vacaciones de verano.

(A) Estoy pensando de   (B) Pienso   (C) Pienso en   (D) Pienso de

24. It was probably 12 o'clock when he entered.

_____ las doce cuando él entró.

(A) Serán   (B) Habrá sido   (C) Serían   (D) Habrían sido

25. After a half hour, she regained consciousness.

Después de media hora, _____.

(A) ganó su conocimiento de nuevo   (B) reconoció el ambiente   (C) volvió en sí
(D) supo lo que le rodeaba

Another type of grammar question has recently been included in the Spanish examination. This question eliminates all use of English. It consists of a complete sentence in Spanish with one or more words underlined. Of the five choices that follow, four may be substituted for the underlined words to form sentences that are grammatically correct but may differ in meaning from the original sentence. You are asked to choose the one answer that does *not* fit grammatically into the original sentence.

26. Después de visitar a nuestros padres por dos horas y media, estábamos para salir.

(A) estábamos dispuestos a ir   (B) queríamos regresar a nuestra casa   (C) pensábamos de ir   (D) estábamos por irnos   (E) decidimos irnos

27. Se puede ver el capitolio desde muy lejos.

(A) a lo lejos   (B) en lo lejos   (C) allá arriba   (D) en la distancia   (E) desde aquí

28. Creían que nosotros visitaríamos a nuestros amigos.

(A) nos faltaría   (B) echaríamos de menos a   (C) nos despediríamos de   (D) no tendríamos nada que ver con   (E) hablaríamos con

29. Estoy seguro; no cabe duda de que él es el ladrón.

(A) no hay duda alguna de   (B) no hay ninguna duda de   (C) no dudo   (D) sabemos
(E) se lo dirán

30. Así que él llegue, díganoslo.

(A) En cuanto a   (B) Tan pronto como   (C) Luego que   (D) Cuando   (E) En caso de que

31. Su compañero de clase le dijo:—Háblame de la partida.

(A) Deja hablarme de   (B) No me hables más de   (C) Deja de hablar de   (D) Continúa hablando de   (E) No sigas hablando de

32. Estaré allí dentro de dos meses.

(A) por   (B) como   (C) por lo menos   (D) para   (E) más de

33. Mientras tanto mi madre se puso a preparar la comida.

(A) Entretanto   (B) Hace media hora   (C) En un dos por tres   (D) Sin decir esta boca es mía   (E) Pasado mañana

34. Carlos es el más alto de todos.

(A) en la clase   (B) de la clase   (C) de la escuela   (D) que yo he visto   (E) del equipo

35. Él insistió en que yo aceptara el dinero.

(A) deseaba　　(B) se empeñó en　　(C) quiso　　(D) sabía　　(E) aconsejó

36. Ellos no quisieron hacerlo.

(A) rehusaron　　(B) no sabían　　(C) se negaron a　　(D) trataron de　　(E) conocieron

37. Se dice que ese hombre es muy rico.

(A) Dicen　　(B) Se sabe　　(C) Creen　　(D) Se ven　　(E) No dudamos

38. Al verle la cara, me di cuenta de que era inocente.

(A) supe　　(B) me enteré de　　(C) creí　　(D) me dije　　(E) realicé

39. Todos llegaron a casa a la vez.

(A) temprano　　(B) servidor de Vd.　　(C) juntos　　(D) dentro de media hora
(E) sanos y salvos

40. Cuando llegué a la fiesta, me saludaron cariñosamente.

(A) Así que　　(B) Luego que　　(C) Antes de que　　(D) Apenas　　(E) En cuanto

41. Mi hermana va a la iglesia todas las noches.

(A) una noche sí y otra no　　(B) de vez en cuando　　(C) cuando se le antoja　　(D) hace
poco　　(E) a menudo

42. Él entró en la casa sin decir nada.

(A) saludando a su madre　　(B) mí　　(C) mirarme　　(D) sus libros　　(E) hacer
ruido

43. Yo tengo mi bicicleta.　Juanito no tiene la suya.

(A) suya　　(B) la de él　　(C) la de su hermano　　(D) la que recibió el año pasado
(E) ninguna

44. ¿Cree Vd. que María lo lea?

(A) Espera　　(B) Sabe　　(C) Pide　　(D) Desea　　(E) Aconseja

45. Yo tengo mucho que hacer esta noche.

(A) demasiado　　(B) menos　　(C) poco　　(D) muchísimo　　(E) muy pequeño

46. Llegamos a las seis y cinco.

(A) pico　　(B) dos　　(C) un poco　　(D) quince　　(E) cuarto

47. Quien estudia, aprende.

(A) El que　　(B) Los que　　(C) La que　　(D) Cuando　　(E) El hombre que

48. Nuestro perro y el suyo son fieles.

(A) la de él　　(B) el tuyo　　(C) el de él　　(D) el vuestro　　(E) el de ella

49. Estamos tristes porque nuestro padre murió.

(A) partió　　(B) llora　　(C) se divirtió　　(D) se fuese　　(E) se puso enfermo

50. Carezco de mis lentes.

(A) Me falta　　(B) Me hacen falta　　(C) Necesito　　(D) Perdí　　(E) Rompí

VOCABULARY QUESTIONS

Although all questions are, in a sense, vocabulary questions, there are generally some questions that aim directly at testing mastery of vocabulary. Sometimes the candidate is asked to select an acceptable definition of a word; at other times, he is to select a word or phrase that completes a statement in a meaningful way.

Select the correct definition.

1. navío: (A) buque de guerra (B) escuadra de guerra (C) grupo de marineros (D) donde se puede navegar (E) piscina

2. posada: (A) asiento (B) hotel (C) pájaro (D) foto (E) antes

3. colina: (A) enfermedad (B) fruta (C) bebida (D) monte (E) medicina

4. nata: (A) natación (B) crema (C) grado (D) absolutamente nada (E) insecto

5. lectura: (A) disertación pública (B) acción de leer (C) entrevista (D) una reunión (E) discurso religioso

6. éxito: (A) puerta (B) lo que sucede (C) un acontecimiento importante (D) salida (E) resultado feliz

7. reírse de: (A) mofarse de (B) sonreír (C) gozar de (D) divertirse (E) entretenerse

8. la orden: (A) mandato (B) números (C) fila (D) arreglo (E) método

9. occidente: (A) oeste (B) este (C) septentrional (D) meridional (E) casualidad

10. trapo: (A) verdad (B) mentira (C) tela rota (D) trampa (E) derrota

11. melocotón: (A) fruta (B) instrumento músico (C) canción (D) película (E) vendedor de dulces

12. desaire: (A) falta de aire (B) ventilación (C) falta de cortesía (D) voluntad (E) goce

13. necio: (A) sobrino (B) abuelo (C) tonto (D) nieto (E) necesidad

14. anhelo: (A) estado helado (B) bien iluminado (C) sin esperanza (D) afán (E) anillo

15. arder: (A) enamorarse (B) quemarse (C) ser valiente (D) amar (E) tomar demasiado

16. cumbre: (A) abismo (B) sima (C) cubierta (D) cima (E) cueva

17. ingenuo: (A) astuto (B) gentil (C) franco (D) engañador (E) mentiroso

18. postrero: (A) anterior (B) último (C) fruta (D) puerta (E) dulces

19. desmayarse: (A) dar miedo (B) asustar (C) volver en sí (D) perder el conocimiento (E) hacer mucho frío

20. espantar: (A) dar miedo (B) extender (C) desalentarse (D) vestirse (E) respirar

21. semilla: (A) mitad (B) semejante (C) igual (D) sencillo (E) origen

22. sendero: (A) silla (B) camino (C) destino (D) correo (E) delgado

23. mentar: (A) inhalar (B) mentir (C) profesor (D) mencionar (E) pensar

24. juramento: (A) voto (B) burro (C) juicio (D) corte (E) juego

25. hazaña: (A) héroe (B) acción heroica (C) espada (D) alimentación (E) cobarde

READING COMPREHENSION QUESTIONS

The following passages require comprehension of words in context. Read each passage for comprehension. Note that some words or phrases are in italics; these words are repeated at the end of the passage, each followed by five English words or phrases. Select the *one* English word or phrase that is the best and most appropriate translation, considering the context in which it appears.

I

Sentado frente al escritorio, trataba de contraer mi atención sobre el cuaderno de cuentas, que tenía abierto ante mí; pero al mirar por la ventana el día *brumoso* y oscuro, los húmedos *ramajes* de los pinos y naranjos del jardín, que *se destacaban* sobre un cielo de leche, volví a sumergirme en mi triste somnolencia, en mi inmotivado *abatimiento*.

—Hoy no hago más, no puedo hacer nada—pensé levantándome bruscamente de mi asiento y *desperezándome*.

En ese instante, la puerta del escritorio se abrió y mi perro de caza se lanzó con su acostumbrada violencia sobre mí, haciéndome las más exageradas *caricias*.

—¿Qué haré hoy?—pensaba, conteniendo de las orejas y las *patas* al nervioso animal que me *manchaba* el traje con su piel mojada por el *rocío* de la mañana. Por un instante me regocijó la idea de salir a cazar; pero me sentía demasiado fatigado para emprender una marcha, y, además, el *pasto* estaría demasiado húmedo aún.

1. *brumoso*

    (A) sweeping   (B) foggy   (C) gray   (D) clear   (E) heavy

2. *ramajes*

    (A) outlines   (B) fruit   (C) trunks   (D) branches   (E) bark

3. *se destacaban*

    (A) moved   (B) shone   (C) blended   (D) stood out   (E) were hidden

4. *abatimiento*

    (A) depression   (B) energy   (C) home   (D) den   (E) bedroom

5. *desperezándome*

    (A) falling asleep   (B) going out   (C) stretching   (D) walking about   (E) shouting

6. *caricias*

    (A) harm   (B) expressions   (C) dearness   (D) movements   (E) caresses

7. *patas*

    (A) pats   (B) claws   (C) stroking   (D) ducks   (E) paws

8. *manchaba*

    (A) tore   (B) took off   (C) soiled   (D) put on   (E) stole

9. *rocío*

    (A) sun   (B) pool   (C) rain   (D) dew   (E) light

10. *pasto*

    (A) pasture   (B) passage   (C) past   (D) paste   (E) pastry

II

Llegó hasta las primeras calles de la ciudad, y en una de ellas encontró una *lechería*. Era un negocito muy claro y limpio, lleno de mesitas con cubierta de *mármol*. Detrás de un *mostrador* estaba de pie una señora rubia, con un *delantal* blanquísimo. Eligió ese negocio. La calle era poco transitada. Habría podido comer en uno de los *figones* que estaban junto al *muelle*, pero continuamente se encontraban llenos de gente que jugaba y bebía.

En la lechería no había sino un solo cliente. Era un vejete de anteojos, que con la nariz metida entre las hojas de un periódico, leyendo, permanecía inmóvil, como *pegado* a la silla. Sobre la mesita había un vaso de leche a medio consumir.

Esperó que se retirara, paseando por la acera, sintiendo que poco a poco *se le encendía* en el estómago la *quemadura* de antes, y esperó cinco, diez, hasta quince minutos. Se cansó y paróse a un lado de la puerta, desde donde lanzaba al viejo unas miradas que parecían *pedradas*.

1. *lechería*

    (A) nut   (B) theater   (C) milk bar   (D) dairy maid   (E) insect

2. *mármol*

    (A) navy blue   (B) snow-white   (C) tablecloth   (D) tabletop   (E) marble

3. *mostrador*

    (A) stage   (B) demonstration   (C) lights   (D) salesman   (E) counter

4. *delantal*

    (A) uniform   (B) apron   (C) overcoat   (D) in front of   (E) glove

5. *figones*

    (A) rooms   (B) warehouses   (C) benches   (D) chophouses   (E) fruit shops

6. *muelle*

    (A) tavern   (B) avenue   (C) beach   (D) dock   (E) park

7. *pegado*

    (A) next to   (B) glued   (C) beaten   (D) paid   (E) on top of

8. *se le encendía*

    (A) was flaring up   (B) was listening   (C) was hearing   (D) was empty
    (E) understood

9. *quemadura*

    (A) cinders   (B) ripeness   (C) heat   (D) burning   (E) hardness

10. *pedradas*

    (A) loving   (B) caresses   (C) stone-throwing   (D) large stones   (E) intense

III

En la cabecera del puerto de Barcelona, al frente de los edificios de la *aduana,* se encuentra el monumento a Colón, el cual es tenido por el más hermoso que se ha levantado en Europa o América a la memoria del descubridor. Es una soberbia obra de arte, *digna* de Colón y del primer puerto de España.

Se compone de una base ricamente *historiada* y decorada y de una *airosa* columna de sesenta metros de altura que termina en un globo que soporta la estatua colosal del navegante.

Colocado sobre su *excelso* pináculo, el genovés contempla, reflejada del cielo, la *cerúlea* expansión del Mediterráneo, el mar de la raza latina, en cuyas orillas pasó su adolescencia y sobre cuyas olas se formó su educación de marino. Su mano derecha *señala* con su amplio ademán el camino de acercamiento al nuevo mundo; su mano izquierda sostiene una carta geográfica *a medio desplegar.*

A espaldas del puerto se extiende un vasto anfiteatro de *colinas* cubierto de quintas y palacios, y en el puerto se ve una selva de *mástiles* de navíos.

1. *aduana*
   - (A) museum   (B) department store   (C) custom house   (D) pier   (E) fish market
2. *digna*
   - (A) dedicated   (B) dainty   (C) built   (D) worthy   (E) dignified
3. *historiada*
   - (A) historical   (B) engraved   (C) fabulous   (D) legendary   (E) storied
4. *airosa*
   - (A) spirited   (B) exalted   (C) tall   (D) aerial   (E) graceful
5. *excelso*
   - (A) high   (B) excellent   (C) surpassing   (D) expensive   (E) extraordinary
6. *cerúlea*
   - (A) blue   (B) waxen   (C) stormy   (D) glazed   (E) calm
7. *señala*
   - (A) teaches   (B) indicates   (C) distinguishes   (D) signifies   (E) signs
8. *a medio desplegar*
   - (A) in the midst of unfurling   (B) half unrolled   (C) by way of showing   (D) half torn   (E) slightly displaced
9. *colinas*
   - (A) streets   (B) plazas   (C) avenues   (D) hills   (E) meadows
10. *mástiles*
    - (A) prows   (B) wild dogs   (C) keels   (D) mackerel   (E) masts

IV

Lin de la Carbayeda marchó desde su aldea a la ciudad cercana un día claro y hermoso del otoño de mil ochocientos sesenta.   Acompañábale un hijo suyo, que *contaría a lo sumo* trece años, un rapaz morenillo y colorado, con ojos negros y muy brillantes, que caminaba *junto a* su padre por la carretera *sin cuidarse de salvar* los *charcos* en que metía los *descalzos* pies.   El mozuelo llevaba *a la espalda* un baulillo, de cuyo peso le *aliviaba* su padre muchas veces, sobre todo cuando subían una *cuesta*.   El padre caminaba triste y con los ojos bajos; el hijo con la cabeza *erguida* y *fijándose en* el horizonte.   Así llegaron a la ciudad, de cuyo puerto debía salir aquella tarde el buque que conduciría al rapaz a las Américas, donde un tío suyo le esperaba para hacerle hombre.

Al anochecer de aquella tarde, *aprovechando* el pleamar, zarpó el buque en que emigraba el muchacho con otros cuarenta y *tantos* de su misma edad, cuyas familias los miraban desde el muelle.   Sobre *cubierta* todos los jovenzuelos dirigían las miradas a sus parientes, llorando unos, *haciéndose los valientes* otros.   Nuestro chicuelo solamente miraba al suyo con los ojos muy abiertos mientras *agitaba* un pañolito blanco.   Por fin partió el buque; oyéronse gemidos y lloros, y poco a poco *se fue alejando, achicándose* allá entre las sombras de la noche que se acercaba, hasta no verse más que una nubecilla de humo negro en la línea ya poco luminosa del horizonte.

1. *contaría*
    (A) was probably   (B) country   (C) accounted   (D) would encounter   (E) counted

2. *a lo sumo*
    (A) at the summit   (B) at the sum of   (C) at the low sum of   (D) at the most
    (E) soon

3. *junto a*
    (A) jauntily   (B) joined to   (C) beside   (D) in front of   (E) in back of

4. *sin cuidarse de*
    (A) without bothering to   (B) without cities   (C) without cares   (D) without caring for himself   (E) but in caring

5. *salvar*
    (A) to soothe   (B) to save   (C) to land   (D) to salvage   (E) to leap over

6. *charcos*
    (A) charcoal   (B) sharks   (C) rocks   (D) puddles   (E) mud

7. *descalzos*
    (A) bare   (B) well-groomed   (C) dirty   (D) discolored   (E) without callouses

8. *a la espalda*
    (A) to the side   (B) on his head   (C) on his shoulders   (D) on his side
    (E) alongside of him

9. *aliviaba*
    (A) allied   (B) relieved   (C) attested   (D) added   (E) commented

10. *cuesta*

   (A) cost   (B) coast   (C) bill   (D) story   (E) hill

11. *erguida*

   (A) down   (B) on the side   (C) urging   (D) urgent   (E) erect

12. *fijándose en*

   (A) gazing at   (B) fixing   (C) fidgeting   (D) finding   (E) walking in single file

13. *Al anochecer*

   (A) During the night   (B) At dusk   (C) At daybreak   (D) Spending the night   (E) Early in the morning

14. *aprovechando*

   (A) protecting   (B) approving   (C) availing itself of   (D) proceeding   (E) steaming for

15. *tantos*

   (A) some odd   (B) as many   (C) fools   (D) aunts   (E) many more

16. *cubierta*

   (A) covering   (B) blanket   (C) deck   (D) hideout   (E) stowaway

17. *haciéndose los valientes*

   (A) acting cowardly   (B) showing their worth   (C) feigning indifference   (D) assuming good upbringing   (E) plucking up courage

18. *agitaba*

   (A) was getting angry   (B) waved   (C) threw away   (D) ripped to shreds   (E) threw overboard

19. *se fue alejando*

   (A) came nearer and nearer   (B) went away complaining   (C) went into outer space   (D) went away   (E) went east

20. *achicándose*

   (A) becoming younger   (B) going away   (C) growing smaller   (D) becoming insignificant   (E) was sinking

IRREGULAR VERB FORMS

Note. (1) Verbs that are similar in structure to the verbs in the following chart are listed alphabetically at the end of the chart.
(2) The only verbs that are irregular in the imperfect indicative are:

ir: iba, ibas, iba, íbamos, ibais, iban
ser: era, eras, era, éramos, erais, eran
ver: veía, veías, veía, veíamos, veíais, veían

Infinitive, Present Part., Past Part.	INDICATIVE			SUBJUNCTIVE		Command
	Present	Preterite	Future	Present	Imperfect	
1. abrir abriendo abierto						
2. almorzar	almuerzo almuerzas almuerza almorzamos almorzáis almuerzan	almorcé almorzaste almorzó etc.		almuerce almuerces almuerce almorcemos almorcéis almuercen		almuerza
3. andar		anduve anduviste anduvo anduvimos anduvisteis anduvieron			anduviera(-se) anduvieras(-ses) anduviera(-se) anduviéramos(-'semos) anduvierais(-seis) anduvieran(-sen)	
4. averiguar		averigüé averiguaste averiguó etc.		averigüe averigües averigüe averigüemos averigüéis averigüen		

IRREGULAR VERB FORMS (Continued)

Infinitive, Present Part., Past Part.	INDICATIVE			SUBJUNCTIVE		Command
	Present	Preterite	Future	Present	Imperfect	
5. buscar		busqué		busque		
		buscaste		busques		
		buscó		busque		
		etc.		busquemos		
				busquéis		
				busquen		
6. caber	quepo	cupe	cabré	quepa	cupiera(-se)	
	cabes	cupiste	cabrás	quepas	cupieras(-ses)	
	cabe	cupo	cabrá	quepa	cupiera(-se)	
	etc.	cupimos	cabremos	quepamos	cupiéramos(-'semos)	
		cupisteis	cabréis	quepáis	cupierais(-seis)	
		cupieron	cabrán	quepan	cupieran(-sen)	
7. caer	caigo	caí		caiga	cayera(-se)	
cayendo	caes	caíste		caigas	cayeras(-ses)	
caído	cae	cayó		caiga	cayera(-se)	
	etc.	caímos		caigamos	cayéramos(-'semos)	
		caísteis		caigáis	cayerais(-seis)	
		cayeron		caigan	cayeran(-sen)	
8. cocer	cuezo			cueza		cuece
	cueces			cuezas		
	cuece			cueza		
	cocemos			cozamos		
	cocéis			cozáis		
	cuecen			cuezan		

	Present	Preterite	Future	Pres. Subj.	Imperf. Subj.	Imperative
9. conocer	conozco conoces conoce etc.			conozca conozcas conozca conozcamos conozcáis conozcan		
10. continuar	continúo continúas continúa continuamos continuáis continúan			continúe continúes continúe continuemos continuéis continúen		continúa
11. creer creyendo creído		creí creíste creyó creímos creísteis creyeron			creyera(-se) creyeras(-ses) creyera(-se) creyéramos(-'semos) creyerais(-seis) creyeran(-sen)	
12. dar	doy das da damos dais dan	di diste dio dimos disteis dieron		dé des dé demos deis den	diera(-se) dieras(-ses) diera(-se) diéramos(-'semos) dierais(-seis) dieran(-sen)	
13. decir diciendo dicho	digo dices dice decimos decís dicen	dije dijiste dijo dijimos dijisteis dijeron	diré dirás dirá diremos diréis dirán	diga digas diga digamos digáis digan	dijera(-se) dijeras(-ses) dijera(-se) dijéramos(-'semos) dijerais(-seis) dijeran(-sen)	di

IRREGULAR VERB FORMS (Continued)

Infinitive, Present Part., Past Part.	INDICATIVE			SUBJUNCTIVE		Command
	Present	Preterite	Future	Present	Imperfect	
14. dirigir	dirijo diriges dirige etc.			dirija dirijas dirija dirijamos dirijáis dirijan		
15. distinguir	distingo distingues distingue etc.			distinga distingas distinga distingamos distingáis distingan		
16. dormir durmiendo dormido	duermo duermes duerme dormimos dormís duermen	dormí dormiste durmió dormimos dormisteis durmieron		duerma duermas duerma durmamos durmáis duerman	durmiera(-se) durmieras(-ses) durmiera(-se) durmiéramos(-'semos) durmierais(-seis) durmieran(-sen)	duerme
17. elegir eligiendo elegido	elijo eliges elige elegimos elegís eligen	elegí elegiste eligió elegimos elegisteis eligieron		elija elijas elija elijamos elijáis elijan	eligiera(-se) eligieras(-ses) eligiera(-se) eligiéramos(-'semos) eligierais(-seis) eligieran(-sen)	elige

18. empezar

empiezo	empecé	empiece		empieza
empiezas	empezaste	empieces		
empieza	empezó	empiece		
empezamos	etc.	empecemos		
empezáis		empecéis		
empiezan		empiecen		

19. enviar

envío		envíe		envía
envías		envíes		
envía		envíe		
enviamos		enviemos		
enviáis		enviéis		
envían		envíen		

20. escribir
escribiendo
escrito

21. estar

estoy	estuve	esté	estuviera(-se)	está
estás	estuviste	estés	estuvieras(-ses)	
está	estuvo	esté	estuviera(-se)	
estamos	estuvimos	estemos	estuviéramos(-'semos)	
estáis	estuvisteis	estéis	estuvierais(-seis)	
están	estuvieron	estén	estuvieran(-sen)	

22. gozar

	gocé	goce
	gozaste	goces
	gozó	goce
	etc.	gocemos
		gocéis
		gocen

IRREGULAR VERB FORMS (Continued)

Infinitive, Present Part., Past Part.	INDICATIVE			SUBJUNCTIVE		Command
	Present	Preterite	Future	Present	Imperfect	
23. haber	he	hube	habré	haya	hubiera(-se)	
	has	hubiste	habrás	hayas	hubieras(-ses)	
	ha	hubo	habrá	haya	hubiera(-se)	
	hemos	hubimos	habremos	hayamos	hubiéramos(-'semos)	
	habéis	hubisteis	habréis	hayáis	hubierais(-seis)	
	han	hubieron	habrán	hayan	hubieran(-sen)	
24. hacer	hago	hice	haré	haga	hiciera(-se)	haz
haciendo	haces	hiciste	harás	hagas	hicieras(-ses)	
hecho	hace	hizo	hará	haga	hiciera(-se)	
	etc.	hicimos	haremos	hagamos	hiciéramos(-'semos)	
		hicisteis	haréis	hagáis	hicierais(-seis)	
		hicieron	harán	hagan	hicieran(-sen)	
25. huir	huyo	huí		huya	huyera(-se)	huye
huyendo	huyes	huiste		huyas	huyeras(-ses)	
huido	huye	huyó		huya	huyera(-se)	
	huimos	huimos		huyamos	huyéramos(-'semos)	
	huís	huisteis		huyáis	huyerais(-seis)	
	huyen	huyeron		huyan	huyeran(-sen)	
26. imprimir imprimiendo impreso						
27. ir	voy	fui		vaya	fuera(-se)	ve
yendo	vas	fuiste		vayas	fueras(-ses)	
ido	va	fue		vaya	fuera(-se)	
	vamos	fuimos		vayamos	fuéramos(-'semos)	
	vais	fuisteis		vayáis	fuerais(-seis)	
	van	fueron		vayan	fueran(-sen)	

	Present	Preterite	Present Subjunctive	Imperfect Subjunctive	Imperative
28. jugar	juego juegas juega jugamos jugáis juegan	jugué jugaste jugó etc.	juegue juegues juegue juguemos juguéis jueguen		juega
29. llegar		llegué llegaste llegó etc.	llegue llegues llegue lleguemos lleguéis lleguen		
30. morir muriendo muerto	muero mueres muere morimos morís mueren	morí moriste murió morimos moristeis murieron	muera mueras muera muramos muráis mueran	muriera(-se) murieras(-ses) muriera(-se) muriéramos(-'semos) murierais(-seis) murieran(-sen)	muere
31. mostrar	muestro muestras muestra mostramos mostráis muestran		muestre muestres muestre mostremos mostréis muestren		muestra
32. mover	muevo mueves mueve movemos movéis mueven		mueva muevas mueva movamos mováis muevan		mueve

IRREGULAR VERB FORMS (Continued)

Infinitive, Present Part., Past Part.	INDICATIVE			SUBJUNCTIVE		Command
	Present	Preterite	Future	Present	Imperfect	
33. negar	niego	negué		niegue		niega
	niegas	negaste		niegues		
	niega	negó		niegue		
	negamos	etc.		neguemos		
	negáis			neguéis		
	niegan			nieguen		
34. oír	oigo	oí	oiré	oiga	oyera(-se)	oye
oyendo	oyes	oíste	oirás	oigas	oyeras(-ses)	
oído	oye	oyó	oirá	oiga	oyera(-se)	
	oímos	oímos	oiremos	oigamos	oyéramos(-'semos)	
	oís	oísteis	oiréis	oigáis	oyerais(-seis)	
	oyen	oyeron	oirán	oigan	oyeran(-sen)	
35. oler	huelo			huela		huele
	hueles			huelas		
	huele			huela		
	olemos			olamos		
	oléis			oláis		
	huelen			huelan		
36. pedir	pido	pedí		pida	pidiera(-se)	pide
pidiendo	pides	pediste		pidas	pidieras(-ses)	
pedido	pide	pidió		pida	pidiera(-se)	
	pedimos	pedimos		pidamos	pidiéramos(-'semos)	
	pedís	pedisteis		pidáis	pidierais(-seis)	
	piden	pidieron		pidan	pidieran(-sen)	

Infinitive	Present Indicative	Preterite	Future	Present Subjunctive	Past Subjunctive	Imperative
37. pensar	pienso piensas piensa pensamos pensáis piensan			piense pienses piense pensemos penséis piensen		piensa
38. perder	pierdo pierdes pierde perdemos perdéis pierden			pierda pierdas pierda perdamos perdáis pierdan		pierde
39. poder pudiendo podido	puedo puedes puede podemos podéis pueden	pude pudiste pudo pudimos pudisteis pudieron	podré podrás podrá podremos podréis podrán	pueda puedas pueda podamos podáis puedan	pudiera(-se) pudieras(-ses) pudiera(-se) pudiéramos(-'semos) pudierais(-seis) pudieran(-sen)	puede
40. poner poniendo puesto	pongo pones pone etc.	puse pusiste puso pusimos pusisteis pusieron	pondré pondrás pondrá pondremos pondréis pondrán	ponga pongas ponga pongamos pongáis pongan	pusiera(-se) pusieras(-ses) pusiera(-se) pusiéramos(-'semos) pusierais(-seis) pusieran(-sen)	pon
41. querer	quiero quieres quiere queremos queréis quieren	quise quisiste quiso quisimos quisisteis quisieron	querré querrás querrá querremos querréis querrán	quiera quieras quiera queramos queráis quieran	quisiera(-se) quisieras(-ses) quisiera(-se) quisiéramos(-'semos) quisierais(-seis) quisieran(-sen)	quiere

IRREGULAR VERB FORMS (Continued)

Infinitive, Present Part., Past Part.	INDICATIVE			SUBJUNCTIVE		Command
	Present	Preterite	Future	Present	Imperfect	
42. reír riendo reído	río ríes ríe reímos reís ríen	reí reíste rió reímos reísteis rieron	reiré reirás reirá reiremos reiréis reirán	ría rías ría riamos riáis rían	riera(-se) rieras(-ses) riera(-se) riéramos(-'semos) rierais(-seis) rieran(-sen)	ríe
43. reñir riñendo reñido	riño riñes riñe reñimos reñís riñen	reñí reñiste riñó reñimos reñisteis riñeron		riña riñas riña riñamos riñáis riñan	riñera(-se) riñeras(-ses) riñera(-se) riñéramos(-'semos) riñerais(-seis) riñeran(-sen)	riñe
44. reunir	reúno reúnes reúne reunimos reunís reúnen			reúna reúnas reúna reunamos reunáis reúnan		reúne
45. rezar		recé rezaste rezó etc.		rece reces rece recemos recéis recen		

	Pres. Ind.	Preterite	Future	Pres. Subj.	Imperf. Subj.	Imper.
46. rogar	ruego ruegas ruega rogamos rogáis ruegan	rogué rogaste rogó etc.		ruegue ruegues ruegue roguemos roguéis rueguen		ruega
47. romper rompiendo **roto**						
48. saber	sé sabes sabe etc.	supe supiste supo supimos supisteis supieron	sabré sabrás sabrá sabremos sabréis sabrán	sepa sepas sepa sepamos sepáis sepan	supiera(-se) supieras(-ses) supiera(-se) supiéramos(-'semos) supierais(-seis) supieran(-sen)	
49. salir	salgo sales sale etc.		saldré saldrás saldrá saldremos saldréis saldrán	salga salgas salga salgamos salgáis salgan		sal
50. seguir siguiendo seguido	sigo sigues sigue seguimos seguís siguen	seguí seguiste siguió seguimos seguisteis siguieron		siga sigas siga sigamos sigáis sigan	siguiera(-se) siguieras(-ses) siguiera(-se) siguiéramos(-'semos) siguierais(-seis) siguieran(-sen)	sigue
51. sentir sintiendo sentido	siento sientes siente sentimos sentís sienten	sentí sentiste sintió sentimos sentisteis sintieron		sienta sientas sienta sintamos sintáis sientan	sintiera(-se) sintieras(-ses) sintiera(-se) sintiéramos(-'semos) sintierais(-seis) sintieran(-sen)	siente

IRREGULAR VERB FORMS (Continued)

Infinitive, Present Part., Past Part.	INDICATIVE			SUBJUNCTIVE		Command
	Present	Preterite	Future	Present	Imperfect	
52. ser	soy	fui		sea	fuera(-se)	sé
	eres	fuiste		seas	fueras(-ses)	
	es	fue		sea	fuera(-se)	
	somos	fuimos		seamos	fuéramos(-'semos)	
	sois	fuisteis		seáis	fuerais(-seis)	
	son	fueron		sean	fueran(-sen)	
53. tener	tengo	tuve	tendré	tenga	tuviera(-se)	ten
	tienes	tuviste	tendrás	tengas	tuvieras(-ses)	
	tiene	tuvo	tendrá	tenga	tuviera(-se)	
	tenemos	tuvimos	tendremos	tengamos	tuviéramos(-'semos)	
	tenéis	tuvisteis	tendréis	tengáis	tuvierais(-seis)	
	tienen	tuvieron	tendrán	tengan	tuvieran(-sen)	
54. tocar		toqué		toque		
		tocaste		toques		
		tocó		toque		
		etc.		toquemos		
				toquéis		
				toquen		
55. traducir	traduzco	traduje		traduzca	tradujera(-se)	
	traduces	tradujiste		traduzcas	tradujeras(-ses)	
	traduce	tradujo		traduzca	tradujera(-se)	
	etc.	tradujimos		traduzcamos	tradujéramos(-'semos)	
		tradujisteis		traduzcáis	tradujerais(-seis)	
		tradujeron		traduzcan	tradujeran(-sen)	

	Present	Preterite	Future	Pres. Subj.	Imperf. Subj.	Imperative
56. traer trayendo traído	traigo traes trae etc.	traje trajiste trajo trajimos trajisteis trajeron		traiga traigas traiga traigamos traigáis traigan	trajera(-se) trajeras(-ses) trajera(-se) trajéramos(-'semos) trajerais(-seis) trajeran(-sen)	
57. vencer	venzo vences vence etc.			venza venzas venza venzamos venzáis venzan		
58. venir viniendo venido	vengo vienes viene venimos venís vienen	vine viniste vino vinimos vinisteis vinieron	vendré vendrás vendrá vendremos vendréis vendrán	venga vengas venga vengamos vengáis vengan	viniera(-se) vinieras(-ses) viniera(-se) viniéramos(-'semos) vinierais(-seis) vinieran(-sen)	ven
59. ver viendo visto	veo ves ve etc.			vea veas vea veamos veáis vean		
60. volver volviendo vuelto	vuelvo vuelves vuelve volvemos volvéis vuelven			vuelva vuelvas vuelva volvamos volváis vuelvan		vuelve

OTHER VERBS WITH IRREGULAR FORMS

acercarse (*See* buscar)
acertar (*See* pensar)
acordarse (*See* mostrar)
acostarse (*See* mostrar)
actuar (*See* continuar)
adquirir (*See* sentir)
afligir (*See* dirigir)
agradecer (*See* conocer)
alcanzar (*See* gozar)
apagar (*See* llegar)
aparecer (*See* conocer)
apretar (*See* pensar)
atraer (*See* traer)
atravesar (*See* pensar)
castigar (*See* llegar)
cerrar (*See* pensar)
coger (*See* dirigir)
colocar (*See* buscar)
comenzar (*See* empezar)
componer (*See* poner)
conducir (*See* traducir)
confiar (*See* enviar)
conseguir (*See* seguir)
consentir (*See* sentir)
contar (*See* mostrar)
contener (*See* tener)
contribuir (*See* huir)
convencer (*See* vencer)
convenir (*See* venir)
corregir (*See* elegir)
costar (*See* mostrar)

crecer (*See* conocer)
cruzar (*See* gozar)
cubrir (*See* abrir)
defender (*See* perder)
demostrar (*See* mostrar)
desaparecer (*See* conocer)
describir (*See* escribir)
descubrir (*See* abrir)
deshacer (*See* hacer)
despedirse (*See* pedir)
despertarse (*See* pensar)
destruir (*See* huir)
detener (*See* tener)
devolver (*See* volver)
disponer (*See* poner)
distribuir (*See* huir)
divertirse (*See* sentir)
ejercer (*See* vencer)
encontrar (*See* mostrar)
entender (*See* perder)
entregar (*See* llegar)
equivocarse (*See* buscar)
escoger (*See* dirigir)
esparcir (*See* vencer)
espiar (*See* enviar)
establecer (*See* conocer)
exigir (*See* dirigir)
exponer (*See* poner)
fiarse (*See* enviar)
fingir (*See* dirigir)
fluir (*See* huir)

gemir (*See* pedir)
gobernar (*See* pensar)
graduarse (*See* continuar)
guiar (*See* enviar)
helar (*See* pensar)
hervir (*See* sentir)
impedir (*See* pedir)
imponer (*See* poner)
incluir (*See* huir)
indicar (*See* buscar)
influir (*See* huir)
introducir (*See* traducir)
leer (*See* creer)
llover (3rd-person forms only. *See* mover)
mantener (*See* tener)
medir (*See* pedir)
mentir (*See* sentir)
merecer (*See* conocer)
nacer (*See* conocer)
nevar (3rd-person forms only. *See* pensar)
obedecer (*See* conocer)
obligar (*See* llegar)
obtener (*See* tener)
ofrecer (*See* conocer)
oponer (*See* poner)
pagar (*See* llegar)
parecer (*See* conocer)
pegar (*See* llegar)
permanecer (*See* conocer)

perseguir (*See* seguir)
pertenecer (*See* conocer)
poseer (*See* creer)
preferir (*See* sentir)
probar (*See* mostrar)
producir (*See* traducir)
proponer (*See* poner)
proseguir (*See* seguir)
proteger (*See* dirigir)
recoger (*See* dirigir)
reconocer (*See* conocer)
recordar (*See* mostrar)
referir (*See* sentir)
repetir (*See* pedir)
resfriarse (*See* enviar)
resolver (*See* volver)
sacar (*See* buscar)
satisfacer (*See* hacer)
sentarse (*See* pensar)
servir (*See* pedir)
soler (Present and imperfect tenses only. *See* mover)
sonreír (*See* reír)
soñar (*See* mostrar)
sustituir (*See* huir)
torcer (*See* cocer)
tropezar (*See* empezar)
valer (*See* salir)
verificarse (*See* buscar)
vestirse (*See* pedir)
volar (*See* mostrar)

Answer all parts of this examination.

Part 1

Directions (1-15): After the second and final reading of each question and passage, write, in the space provided in the separate answer booklet, the *number* of the best suggested answer to the question. Base your answers *on the content of the passage, only.*   [30]

1. ¿Qué son los productos Bulnes?
   1 pastillas para dolores de cabeza   3 zapatos muy cómodos
   2 guantes de primera calidad   4 muebles muy modernos

2. ¿Qué honor recibió esta canción española?
   1 Fue traducida a muchos idiomas.
   2 Es el tema de una ópera popular.
   3 Le dieron al grupo un viaje a los Estados Unidos como premio.
   4 Figura entre las canciones americanas más populares.

3. ¿Qué fama tiene fray Tomás de Berlanga?
   1 Descubrió las Islas Canarias.
   2 Introdujo una fruta en el Nuevo Mundo.
   3 Fue el primer fraile que desembarcó en la Hispaniola.
   4 Fue el primer obispo de Panamá.

4. ¿A quién se honra en este homenaje?
   1 a un músico popular   3 a un escritor contemporáneo
   2 a un genio de la moda   4 a un gran hombre de ciencia

5. ¿Qué nuevo espectáculo será introducido en el Japón?
   1 una variación de la corrida de toros
   2 una fiesta de costumbres internacionales
   3 un concurso de bailes tradicionales
   4 un festival de películas españolas

6. ¿Qué problema tiene esta señorita?
   1 Le falta dinero.   3 Tiene mucha prisa.
   2 Se siente enferma.   4 Necesita un reloj.

7. ¿Para qué telefoneó a su esposa este señor?
   1 para que ella preparara una buena comida
   2 para decirle que iba a llegar tarde
   3 para invitarla a salir esa noche
   4 para que ella supiera que él estaba enfermo

8. ¿Qué recomendación se hace?
   1 trabajar con más responsabilidad   3 hacer ejercicio durante el día
   2 tomar café con más frecuencia   4 desayunar bien antes de ir al trabajo

9. ¿De qué se queja Rosa?
   1 de la calidad de la carne   3 del alto costo de la vida
   2 de los nuevos modelos de autos   4 de la falta de vegetales frescos

10. ¿Qué privilegio tienen estos prisioneros?
    1 Pueden pasar la noche fuera de la cárcel.
    2 Se les permite salir y regresar a ciertas horas.
    3 Les obligan a trabajar en la prisión.
    4 Se les da el uso de su celda gratis.

11. ¿A qué se refiere la conferencia de don Francisco Mújica?
    1 a la arquitectura colonial en México
    2 a la importancia del arte azteca y maya
    3 a la herencia indígena y española de los mexicanos
    4 a la situación de México en tiempos precolombinos

12. ¿Qué hay que tener en cuenta al seleccionar juguetes?
    1 que no sean importados   3 que sean de colores vivos
    2 que sean bien escogidos   4 que no cuesten demasiado

13. ¿Para qué sirve el Museo del Barrio?
    1 Conserva objetos coloniales.
    2 Exhibe obras de los pintores de hoy día.
    3 Presenta la historia de los navegantes hispánicos.
    4 Honra la cultura de Puerto Rico.

14. ¿Por qué recibió Bernardo Alonso el premio?
    1 Fue el mejor pescador.   3 Se distinguió como maestro.
    2 Comió más pescado.   4 Viajó por veinticinco provincias.

15. ¿Para qué sirve el nuevo invento de Juan de la Cierva?
    1 para evitar choques entre barcos
    2 para viajar con más rapidez por mar
    3 para mantener una temperatura constante en los barcos
    4 para prevenir explosiones en barcos petroleros

Part 2

Directions (16-25): Listen to your teacher read twice in succession the setting of a dialogue in Spanish. Then the teacher will read aloud twice a line of the dialogue. Immediately after the second reading of each line of the dialogue in Spanish, you will hear instructions in English telling you how to respond in Spanish. (You will find the same instructions in English in this test booklet.) Then the teacher will pause while you write an appropriate response in Spanish.

Sentence fragments as well as complete sentences in Spanish will be acceptable, but ONLY if they are in keeping with the instructions.

Remember to keep agreement of sentence components according to the masculine or feminine role you are playing in each of the dialogues.   [10]

The instructions for responding to dialogue lines 16 through 25 are as follows:

a. 16. Tell how.
    17. Tell your preference.
    18. Give your opinion.
    19. Indicate another item.
    20. Indicate your surprise.
b. 21. Tell where.
    22. Tell when.
    23. Tell how.
    24. Tell how.
    25. Thank him, and tell what you will do.

Part 3

Directions (26-40): Below each of the following passages, there are one or more questions or incomplete statements about the passage. For *each*, select the word or expression that best answers the question or completes the statement *in accordance with the meaning of the passage*, and write its *number* in the space provided in the separate answer booklet.   [30]

a. Roberto Clemente nació en Río Piedras, Puerto Rico, el 18 de agosto de 1934. Tenía tres hermanos; uno de ellos, Justino, pudo ser un gran profesional en el béisbol de las grandes ligas, pero al regresar de la guerra de Corea, sus limitaciones físicas le obstruyeron el camino. "Mi niñez fue maravillosa", dijo Clemente en una ocasión, y añadía: "Todos teníamos que luchar para comer . . . Nuestros padres nos daban de comer a los muchachos primero, y luego ellos comían".

Además de practicar el béisbol y recibir una educación académica adecuada, el atleta también trabajaba repartiendo leche a las seis de la mañana en las casas de la vecindad, antes de ir a la escuela. "Me ganaba un centavo diario y así reunía de 30 a 31 centavos al mes". A los 3 años pudo reunir el dinero suficiente para comprar una bicicleta usada. A los 18 años se presentó con un guante roto al campo de béisbol de los Cangrejos de Santurce; Pedrín Zorrilla, propietario del equipo, le dio el visto bueno, ofreciéndole un sueldo de 500 dólares al mes y un guante nuevo. Su afición por el béisbol y su dedicación quedaban demostradas en una frase que repetía con frecuencia: "No encuentro palabras para explicar mis sentimientos al entrar al campo de juego sabiendo que hay tanta gente de mi patria, Puerto Rico, y de Latinoamérica, que me aclaman".

26. Roberto Clemente era de una familia   1 famosa   2 militar   3 patriótica   4 pobre

27. Un hermano de Roberto no llegó a ser un famoso jugador de béisbol porque
    1 sufría de un defecto físico   3 se casó muy joven
    2 murió en la Guerra de Corea   4 no le gustaba el deporte

28. Se puede decir que los padres de Roberto
    1 trataban mal a los hijos   3 eran bien educados
    2 se sacrificaban por sus hijos   4 vendían leche en su tienda

29. ¿Qué hacía Roberto para ganar dinero?
    1 Enseñaba en la escuela.   3 Trabajaba muy temprano por la mañana.
    2 Iba en bicicleta vendiendo periódicos.   4 Vendía guantes en una tienda.

30. ¿Qué le ofreció Pedrín Zorrilla a Roberto?
    1 un puesto en su equipo de béisbol   3 una medalla de oro
    2 un año en la academia   4 un viaje a Santurce

b. En el Escorial, Juan de Herrera creó un estilo especial que fue copiado y repetido en numerosos edificios españoles, desde el antiguo Alcázar de Toledo hasta el moderno Ministerio del Aire de Madrid. Este estilo consistía principalmente en fachadas severas y sin adornos, con torres cuadradas y tejados sencillos. A este estilo inventado por Herrera podríamos llamarlo también "filipino" porque el rey Felipe II ordenó miles de alteraciones en el edificio y era él quien decía la última palabra en todos los detalles.

Durante los años de su construcción llegaron viajeros de todas partes para admirar aquella "octava maravilla del mundo". Y fue también maravilla que el Escorial se hubiera terminado en sólo 21 años, hecho extraordinario en el siglo XVI.

31. Juan de Herrera es famoso porque fue
    1 el defensor del Alcázar   3 un famoso viajero
    2 un gran enemigo del Rey   4 el arquitecto del Escorial

32. El estilo del Escorial es notable por
    1 su sencillez   3 su forma moderna
    2 sus adornos   4 sus torres góticas

33. Felipe II se interesó mucho en
    1 el bienestar de los trabajadores
    2 la arquitectura del Ministerio del Aire
    3 la opinión de los que lo visitaban
    4 el plano de la construcción

34. ¿Qué pasó durante la construcción del edificio?
    1 Hubo un gran milagro.
    2 La familia real puso a un lado el proyecto.
    3 Llamó la atención de mucha gente.
    4 Se perdieron muchos trabajadores.

35. Un aspecto interesante en la construcción del Escorial fue
    1 la necesidad de cambiar el estilo
    2 el corto tiempo en que se hizo
    3 el escaso dinero que costó
    4 el poco interés de Felipe II

c. [extracto de un diario personal de un hombre de negocios]
Agosto 26
    Por fin Pedro decidió decirme que se iba.
    Se marcha el día último de este mes. Sólo tengo unos días para buscar otra persona para el empleo.
    Comprendo que Pedro tiene razón. Sale de nuestro pueblo en busca de un horizonte más amplio. Hace bien. Un muchacho serio y trabajador tiene derecho a un futuro mejor. Estoy de acuerdo con su decisión y le daré una carta de recomendación y un cheque de gratificación.
    Ahora, a buscar un buen sustituto de Pedro. Tarea difícil.
Agosto 27
    Desde hacía tiempo pensaba buscar una secretaria cuando Pedro dejase mi servicio. Creo que tengo una buena candidata.
    Conozco a una señorita que me parece la indicada. Huérfana, se gana la vida cosiendo en las casas de familias ricas. Este trabajo la cansa mucho y no le gusta. Ella es una muchacha muy seria y de familia honorable. Vive con una tía vieja y paralítica.

36. ¿Qué decisión le ha anunciado Pedro al autor de este diario?
    1 pedirle más sueldo
    2 trabajar toda su vida en ese pueblo
    3 ir a visitarlo de vez en cuando
    4 abandonar el trabajo

37. La reacción del autor ante esta decisión es de
    1 terror
    2 comprensión
    3 lástima
    4 enfado

38. ¿Por qué ha tomado Pedro esta resolución?
    1 Es un muchacho perezoso e irresponsable.
    2 Está descontento con el jefe.
    3 Sale de vacaciones de verano.
    4 Quiere obtener mejor trabajo.

39. Desde hace mucho tiempo, el autor del diario tiene la intención de
    1 buscar una esposa rica
    2 trabajar para una señora enferma
    3 dar empleo a una muchacha conocida
    4 quitarle el empleo a Pedro

40. ¿Cómo es la señorita?
    1 trabajadora
    2 paralítica
    3 vieja
    4 coqueta

Part 4

    Directions (41–50): In the separate answer booklet, write your responses in Spanish to dialogue lines 41 through 50.   [10]

Before writing responses, read carefully the setting and its accompanying dialogue. Be sure each response is consistent with the setting and all lines of the dialogue.

Each response must contain a COMPLETE SENTENCE in the form of a statement or a question.

Mere restatements of printed dialogue lines, previous responses, or excerpts from the setting are NOT ACCEPTABLE as responses.

Keep agreement of sentence elements according to the masculine or feminine role you are asked to play.

a. Un muchacho tiene prisa para llegar a tiempo a la escuela pero su madre insiste en que tome el desayuno. El no quiere, y después de una pequeña crisis el joven hace lo que le pide su madre.

41. La madre: Siéntate y toma el desayuno.
    El hijo:

42. La madre: Tú no puedes salir sin tomar algo.
    El hijo:

43. La madre: Pero ya te preparé pan tostado y chocolate caliente.
    El hijo:

44. La madre: ¡Ay! ¡Te vas a morir si no comes!
    El hijo:

45. La madre: ¡Basta! Hazme caso y come!
    El hijo:

b. Dos amigos, Carlos y Marta, se encuentran por casualidad en el vestíbulo de un hospital. Piensan visitar a un compañero enfermo.

46. Carlos: ¿Qué haces por aquí en el hospital?
    Marta:

47. Carlos: Yo también. ¿Cómo supiste que estaba aquí?
    Marta:

48. Carlos: ¿Cómo sabremos en qué cuarto está?
    Marta:

49. Carlos: ¿Hasta qué hora podemos quedarnos?
    Marta:

50. Carlos: ¿Por dónde se sube?
    Marta:

Part 5

Directions (51): In the answer booklet, write a composition in Spanish as directed below. [10]

Write a letter in Spanish in response to the advertisement printed below. Your letter must contain 10 elements. An element is the written expression of thought, action, or description, consisting of one verb form *and* the necessary additional words. The 10 elements may be contained in a total of 10 sentences, each having one element, or they may be contained in fewer than 10 sentences if some of the sentences have more than one element.

Examples:

One element: I want to go to the store with my mother.
Two elements: I want to go to the store to buy some clothes.

You may use ideas suggested by any or all of the subtopics listed below *or* you may use your own ideas in whole or in part, provided you keep to the assigned topic *(a letter in response to the accompanying advertisement).*

Se necesita

Vendedor/Vendedora bilingüe (inglés-español) para
compañía comercial. Referencias. Experiencia. Sueldo
abierto. Beneficios liberales. Apartado X175.

For your convenience, use the following:

Date:	El 26 de enero, 1977
Salutation:	Muy señores míos:
Closing:	Atentamente,
	(your name)

The suggested subtopics are as follows: your name and age; your ability in languages; your work experience; your education; names of people who know about your work; your desired salary; your special qualifications for the job; your desired hours; when you can come for an interview; where you can be contacted.

Answer all parts of this examination.

Part 1

Directions (1-15): After the second and final reading of each question and passage, write, in the space provided in the separate answer booklet, the *number* of the best suggested answer to the question. Base your answers *on the content of the passage, only.* [30]

1. ¿Qué problema hay en México?
   1 El aire está muy contaminado.
   2 El tráfico es peor que en Los Angeles.
   3 Hay enfermedades desconocidas.
   4 Los edificios son demasiado antiguos.

2. ¿A qué industria se dedicaba España?
   1 a la fabricación de muebles
   2 a la manufactura de automóviles
   3 a la producción de papel
   4 a la construcción de buques

3. ¿Por qué no podía esta señora mover el coche?
   1 Estaba descompuesto.
   2 No tenía gasolina.
   3 Le faltaban las llaves.
   4 No sabía conducir.

4. ¿Qué se puede hacer para guardar un aspecto joven?
   1 mantenerse recto
   2 comer con más cuidado
   3 jugar al aire libre
   4 dormir bastantes horas

5. ¿Qué se anunció en Holanda?
   1 Se aceptará el español como asignatura.
   2 Hay menos interés por el español en Holanda.
   3 Todavía no se ofrecerá el español como asignatura.
   4 Se aumenta la popularidad del francés.

6. ¿Qué celebración tendrá lugar en Córdoba?
   1 un festival de música internacional
   2 una competición de canto y baile folklóricos
   3 un congreso de artistas cinematográficos
   4 una exhibición de cuadros modernos

7. ¿Por qué hay tanta tristeza en el Perú?
   1 Murió un funcionario.
   2 Hubo un terremoto en los Andes.
   3 Se perdió la cosecha por falta de agua.
   4 Las inundaciones causaron mucho daño.

8. ¿Qué dificultad tuvo Angelita Hernández para torear?
   1 No lo permitió el mal tiempo.
   2 No aceptaron a las mujeres en la corrida.
   3 Fue herida en la plaza de toros.
   4 No recibió el permiso del gobierno.

9. Según su horóscopo, ¿qué debe hacer el señor Oramas?
   1 hacer un viaje de negocios
   2 esperar antes de seguir con sus planes
   3 empezar algún nuevo proyecto en seguida
   4 llevar una vida más social

10. ¿Quién influyó más en la selección de la carrera de Pablo Casals?
    1 la madre
    2 el director del coro
    3 el organista
    4 la maestra de música

11. ¿Cómo es Jorge Escobar?
  1 falto de confianza
  2 incapaz de hacer decisiones
  3 callado y reservado
  4 muy hablador

12. ¿Qué coleccionó este presidente?
  1 fotografías de diversos países
  2 muebles de Haití y Brasil
  3 pinturas valiosas
  4 sellos latinoamericanos

13. ¿Por qué fue un desastre el robo?
  1 Las pistolas funcionaban mal.
  2 No había dinero en la oficina.
  3 El empleado no tomó en serio a los bandidos.
  4 La policía llegó corriendo.

14. Además de su belleza, ¿para qué nos sirve la cerámica antigua?
  1 para comprender el pasado
  2 para ilustrar el arte contemporáneo
  3 para mejorar la vida actual
  4 para cocinar platos antiguos

15. ¿Qué se hará con este volcán canario?
  1 Se construirá en él un centro comercial.
  2 Se usará como una nueva fuente de energía.
  3 Se convertirá en un aeropuerto.
  4 Se transformará en base militar.

Part 2

Directions (16-25): Listen to your teacher read twice in succession the setting of a dialogue in Spanish. Then the teacher will read aloud twice a line of the dialogue. Immediately after the second reading of each line of the dialogue in Spanish, you will hear instructions in English telling you how to respond in Spanish. (You will find the same instructions in English in this test booklet.) Then the teacher will pause while you write an appropriate response in Spanish.

Sentence fragments as well as complete sentences in Spanish will be acceptable, but ONLY if they are in keeping with the instructions.

Remember to keep agreement of sentence components according to the masculine or feminine role you are playing in each of the dialogues. [10]

The instructions for responding to dialogue lines 16 through 25 are as follows:

a. 16. Tell when.
   17. Tell what.
   18. Tell something about it.
   19. Disagree, and tell why.
   20. Tell what you think of the idea.
b. 21. Tell where.
   22. Tell when.
   23. Tell how many.
   24. Give some details.
   25. Agree, and tell why.

Part 3

Directions (26-40): Below each of the following passages, there are one or more questions or incomplete statements about the passage. For *each*, select the word or expression that best answers the question or completes the statement *in accordance with the meaning of the passage*, and write its *number* in the space provided in the separate answer booklet. [30]

a. En los últimos tiempos se han multiplicado de modo inquietante las voces de alarma sobre la crisis de energía.

La demanda de energía en el mundo adquiere características fantásticas. El consumo se dobla cada diez años y no podemos ignorar que los seres humanos no producimos energía, sino que la utilizamos. Sobre todo el carbón y el petróleo son fuentes de energía que se consumen y van desapareciendo. La fuerza hidráulica—es decir la fuerza del agua que corre—es la única que no faltará; la energía solar continuamente la renueva.

La situación más inquietante es la del petróleo porque cada año su consumo aumenta. Se sabe que en el año 2000 su consumo pasará de siete mil millones de barriles anuales.

El hombre busca constantemente nuevas fuentes de energía. La energía nuclear ha empezado a sustituir otras fuentes como origen de energía y tiene muchas posibilidades para el futuro. Además, como la base de energía de nuestro planeta viene del sol, se ha pensado absorber directamente los rayos solares. La energía solar es la única forma de energía que no va a desaparecer y que no contamina.

Toda la cuestión de la energía solar y de sus aplicaciones ha sido estudiada y debatida por científicos de muchos países en un congreso internacional en París cuyo tema fue: "El sol al servicio del hombre".

26. ¿Por qué existe un problema de energía?
    1 Las fuentes tradicionales de energía son abundantes.
    2 Hay un número suficiente de depósitos de petróleo en el mundo.
    3 Utilizamos las fuentes actuales de energía con demasiada rapidez.
    4 Menos gente quiere trabajar en las minas de carbón.

27. La fuerza hidráulica durará mucho tiempo porque
    1 las instalaciones son numerosas
    2 la energía del sol la restaura
    3 las máquinas hidráulicas nunca se rompen
    4 las plantas nucleares se encuentran por todas partes

28. Según el artículo, ¿qué podrá ocurrir en el año 2000?
    1 El consumo del petróleo subirá enormemente.
    2 Habrá menos reactores nucleares.
    3 La producción de petróleo será suficiente.
    4 Se acabará el carbón.

29. El hombre continuamente busca
    1 investigadores interesados en soluciones originales
    2 otros modos de producir energía en el mundo
    3 ideas extrañas sobre el problema
    4 laboratorios dedicados al estudio nuclear

30. El asunto principal del congreso internacional en París fue
    1 el uso de reactores nucleares
    2 la explotación del petróleo
    3 el problema de la creciente población mundial
    4 la utilización del sol por el hombre

b. En el campo los asturianos están acostumbrados a comer en la cocina, antes que las mujeres de la familia que les sirven. Nadie suele tener la tierra que cultiva lejos de su casa; más bien, construyen ésta donde tienen su trabajo, porque rara vez almuerzan en el campo. Y, en Asturias, esto de comer en la cocina no es solamente cosa de campesinos. Todos lo hacen para estar cerca del fuego, el lugar más caliente de la casa. En esa parte de la vivienda están la televisión o la radio, la máquina de coser, el cestillo con la costura . . . y la mesa. La gran mesa donde el abuelo fuma sus cigarros, el padre lee el periódico y los niños hacen los deberes de la escuela, antes de cenar. La mesa, esa cosa tan importante como la rueda, donde se prepara el pan de maíz, se come y se bebe, se planchan las camisas blancas de los domingos y los trajes para la comunión o la boda. Donde se juega una partida de cartas los días de fiesta, se suman las cuentas de vez en cuando y alrededor de la cual se sientan los miembros de la familia, cuando es necesario, para discutir los asuntos del "clan". Hermosas mesas de madera, tan sólidas, que no importa que la casa esté rodeada de lodo, ni que el campo tenga el suelo demasiado blando: con los codos bien apoyados en estas mesas uno está seguro del todo.

31. Las asturianas comen después de los hombres porque
    1 tienen menos hambre
    2 llegan a la casa más tarde
    3 les sirven la comida a ellos
    4 están liberadas

32. Los labradores asturianos casi siempre almuerzan en
    1 sus propias casas
    2 posadas del campo
    3 casas de otra gente
    4 lugares lejanos

33. Los campesinos asturianos prefieren comer en la cocina porque
    1 allí están las mujeres
    2 la temperatura es más agradable
    3 son personas humildes
    4 tienen poco tiempo para comer

34. En algunas casas asturianas se encuentran
    1 animales sueltos
    2 muchas cosas modernas
    3 muchos juegos de niños
    4 ruedas de coche

35. La mesa de la cocina representa
    1 la pobreza de la casa asturiana
    2 la supremacía femenina
    3 la variedad de la comida
    4 la unidad de la familia campesina

c. El día de Navidad, casi no salió el sol sobre aquella ciudad pequeñita, fría, completamente cubierta de un cielo gris. A las diez de la mañana, en casa del doctor López todavía se veía brillar la luz eléctrica detrás de los cristales de algunas ventanas.

La casa del doctor era un chalet muy bonito, con un gran jardín, donde de costumbre jugaban dos o tres niños rubios. Durante aquellos días de Navidad la casa se llenaba de huéspedes. Cada año venían de un pueblo cercano el padre y las hermanas del doctor. Desde Madrid llegaban la madre y el hermano de la señora del doctor. Este hermano era muy jovial y hacía chistes con las solteronas. Su madre parecía joven para ser la abuela de aquellos niños juguetones.

Pero este año no había venido Rafael, aquel joven chistoso, y todos sentían su ausencia durante la cena. La madre de Rafael, una señora esbelta, parecía aun más delgada en contraste con su hija Margarita, próxima a traer al mundo una nueva vida nueva. . . .

A las diez y media, el chófer del doctor llegó con el automóvil. El chófer atravesó el jardín, húmedo y triste aquel día, y rodeó la casa para entrar por la cocina. Abrió la puerta y encontró el espectáculo que esperaba: una cocinera muy ocupada y una campesina que la ayudaba para la ocasión.

36. ¿Cuándo tiene lugar este cuento?
    1 en una mañana fría de invierno
    2 en una tarde fresca de primavera
    3 en una noche calurosa de verano
    4 en una mañana húmeda de otoño

37. En la casa del doctor López se esperaba a
    1 varios pacientes
    2 unos familiares
    3 unos vecinos
    4 otros médicos

38. ¿Por qué lamentaban la ausencia de Rafael?
    1 Jugaba con los niños.
    2 Traía buenos regalos.
    3 Ayudaba con los preparativos.
    4 Divertía a toda la familia.

39. ¿Quién era Margarita?
    1 la madre del médico   3 la cocinera del doctor
    2 la hija del doctor   4 la hermana de Rafael

40. ¿Qué vio el chófer, al llegar a la casa?
    1 unos niños jugando en el jardín   3 dos sirvientas trabajando
    2 más parientes llegando   4 el doctor hablando con un enfermo

Part 4

Directions (41–50): In the separate answer booklet, write your responses in Spanish to dialogue lines 41 through 50.   [10]

Before writing responses, read carefully the setting and its accompanying dialogue. Be sure each response is consistent with the setting and all lines of the dialogue.

Each response must contain a COMPLETE SENTENCE in the form of a statement or a question.

Mere restatements of printed dialogue lines, previous responses, or excerpts from the setting are NOT ACCEPTABLE as responses.

Keep agreement of sentence elements according to the masculine or feminine role you are asked to play.

a. Tomás llama por teléfono a un teatro de Buenos Aires para comprar una entrada para ver una comedia.

41. La señorita: ¡Teatro Colón! ¡Información y reservas!
    Tomás:

42. La señorita: Sí. Hay entradas de varios precios: seis, cinco, y cuatro pesos, y dos cincuenta.
    Tomás:

43. La señorita: ¡Qué suerte tiene Ud! Es la última entrada a este precio.
    Tomás:

44. La señorita: Si usted nos envía un cheque hoy, llegará mañana y le enviaremos la entrada.
    Tomás:

45. La señorita: La función empieza a las dos y media de la tarde.
    Tomás:

b. Isabel, una alumna de Quito, está visitando la escuela de Ud. El director le pide a usted que la acompañe y le sirva de guía.

46. Isabel: ¡Qué escuela tan linda! Me gusta mucho.
    Usted:

47. Isabel: ¿Cuántos años hace que asiste usted a esta escuela?
    Usted:

48. Isabel: ¿A qué hora empieza y termina el día escolar?
    Usted:

49. Isabel: Me gustaría mucho asistir a unas clases.
    Usted:

50. Isabel: Me interesan más las lenguas extranjeras.
    Usted:

Part 5

Directions (51): In the answer booklet, write a composition in Spanish as directed below. [10]

Write a unified composition based on the horoscope shown below, and entitled, *"Mi día según el horóscopo"*. Your composition must contain *10* elements. An element is the written expression of thought, action, or description, consisting of one verb form *and* the necessary additional words. The 10 elements may be contained in a total of 10 sentences, each having one element, or they may be contained in fewer than 10 sentences if some of the sentences have more than one element.

Examples:
One element: I want to go to the store with my mother.
Two elements: I want to go to the store to buy some clothes.

You have just read the following horoscope in your local newspaper:

"Su horóscopo de hoy"

Hoy es un día de suerte para Ud. Las estrellas se muestran favorables para nuevas amistades y asuntos de dinero. Pero, cuidado con los problemas de familia. Guarde sus secretos. Hay posibilidad de mejorar su posición si Ud. se atreve a hacer algo nuevo.

Everything predicted in this horoscope came true. Write a composition in which you describe what happened.

You may use ideas suggested by any or all of the subtopics listed below *or* you may use your own ideas in whole or in part, provided you keep to the assigned topic (*your day according to the horoscope*).

The suggested subtopics are as follows: why it is a lucky day; describe your new friend; how you met; your reaction; how the prediction about money came true; problems at home; how you resolved them; secrets that you are keeping; new opportunities; your opinion about the horoscope.

Answer all parts of this examination.

Part 1

Directions (1–15): After the second and final reading of each question and passage, write, in the space provided in the separate answer booklet, the *number* of the best suggested answer to the question. Base your answers *on the content of the passage, only*.   [30]

1. ¿Para qué se usa esta máquina?
   1 para proveer agua a las oficinas
   2 para romper papeles secretos
   3 para entrenar a las secretarias
   4 para reproducir cosas escritas

2. ¿Cuál es el propósito de este nuevo programa?
   1 instruir a los niños
   2 ganar mucho dinero
   3 contestar las preguntas del público
   4 divertir a los mayores de edad

3. ¿Qué es *Vanidades*?
   1 una película latinoamericana
   2 una revista de interés para todo el mundo
   3 un centro dedicado a las mujeres
   4 un programa de expresión libre

4. ¿Qué aspecto de Harvard impresionó más al visitante?
   1 el programa de la escuela de medicina
   2 la actitud indiferente de los estudiantes
   3 la recepción favorable que le dieron
   4 el número de estudiantes argentinos

5. ¿Por qué se enojaron los sacerdotes con Cortés?
   1 porque había tomado prisionero al dios azteca
   2 porque destruyó un símbolo religioso
   3 porque había soldados en el palacio
   4 porque mató a Moctezuma

6. ¿Por qué recibieron medallas dos obreros?
   1 Habían hecho algo heroico.
   2 Habían tomado parte en una competencia.
   3 Se habían graduado de una escuela para obreros.
   4 Descubrieron un pozo de petróleo.

7. ¿De qué trata esta colección?
   1 del idioma de los indios
   2 de una nueva religión
   3 de la vida de Cristo
   4 de mitos y leyendas

8. ¿Cómo conocen mejor la vida española estos estudiantes?
   1 Hacen un viaje a Hispanoamérica.
   2 Viajan a Madrid.
   3 Viven con familias españolas.
   4 Trabajan en fábricas españolas.

9. ¿Qué se describe?
   1 un salón de belleza
   2 una función de teatro
   3 un concurso de modelos
   4 una obra de arte

10. ¿De qué trata este párrafo?
    1 de una lección de astronomía
    2 de un horóscopo
    3 de una escena doméstica
    4 de un proyecto espacial

11. ¿De qué trata esta selección?
    1 de la elegancia francesa
    2 del modo de vestir en los Estados Unidos
    3 del uso del español en los Estados Unidos
    4 de la importancia de la educación

12. ¿Cuál es el valor principal de las loterías?
    1 Proporciona más dinero a los estados.
    2 Muchos de los que juegan se hacen ricos.
    3 Todo el dinero se les da a los empleados.
    4 Los que juegan siempre esperan enriquecerse.

13. ¿A quién se describe en este párrafo?
    1 a un enfermo grave
    2 al dueño de una agencia funeraria
    3 a un político con problemas
    4 a la esposa de un político

14. ¿En qué sobresale Flor García?
    1 en el canto
    2 en el baile
    3 en la moda
    4 en la pintura

15. ¿Qué se está anunciando aquí?
    1 un parque zoológico
    2 un programa de circo
    3 una venta de pieles
    4 una expedición a la selva

Part 2

Directions (16–25): Listen to your teacher read twice in succession the setting of a dialogue in Spanish. Then the teacher will read aloud twice a line of the dialogue. Immediately after the second reading of each line of the dialogue in Spanish, you will hear instructions in English telling you how to respond in Spanish. (You will find the same instructions in English in this test booklet.) Then the teacher will pause while you write an appropriate response in Spanish.

Sentence fragments as well as complete sentences in Spanish will be acceptable, but ONLY if they are in keeping with the instructions.

Remember to keep agreement of sentence components according to the masculine or feminine role you are playing in each of the dialogues.   [10]

The instructions for responding to dialogue lines 16 through 25 are as follows:

a. 16 Agree, and tell how much.
    17 Tell what else.
    18 Tell how long.
    19 Tell where.
    20 Express your appreciation.

b. 21 Tell how often.
    22 Tell what.
    23 Tell what it is.
    24 Agree, and give your opinion.
    25 Tell when.

Part 3

Directions (26–40): Below each of the following passages, there are one or more questions or incomplete statements about the passage. For *each*, select the word or expression that best answers the question or completes the statement *in accordance with the meaning of the passage*, and write its *number* in the space provided in the separate answer booklet.   [30]

a. Xavier Cugat, pintor y caricaturista además de conductor de orquesta, a los doce años acompañaba a Enrico Caruso en sus conciertos a través de los Estados Unidos. Cuando descubrió que no iba a ser un gran violinista, vendió su violín y se dedicó a la caricatura. Hace cuarenta y cinco años que le dio una oportunidad para cantar a Jorge Negrete, y en los años cincuenta organizó la pareja de Dean Martin y Jerry Lewis. Se casó cuatro veces y es amigo de todas sus esposas porque los divorcios fueron consecuencia de incompatibilidad artística. Nació el primero de enero de 1900; es decir, tiene la edad del siglo. Apareció por primera vez en el cine junto a la actriz Mae West y con su orquesta tocó el tango que Rodolfo Valentino baila en una de sus películas famosas.

26. ¿Qué es evidente que ha sido siempre Xavier Cugat?
    1 uno de los grandes violinistas del mundo
    2 un hombre que trabaja con muchas personas de talento
    3 un hombre solitario al cual no le gustan las mujeres
    4 un actor que ha trabajado mucho en películas argentinas

27. ¿Qué le gusta a Xavier Cugat además de la música?
    1 hacer caricaturas   3 esculpir estatuas
    2 montar a caballo   4 coleccionar discos

28. ¿Qué opina de sus esposas Xavier Cugat?
    1 que son buenas cocineras   3 que merecen su amistad
    2 que sólo les interesa su dinero   4 que son perezosas

29. ¿Cuántos años tiene Xavier Cugat?
    1 alrededor de cincuenta   3 muchos más de lo que parece
    2 unos setenta y ocho años   4 más de los que le gusta confesar

30. ¿Con quiénes se ha asociado mucho Xavier Cugat?
    1 con figuras del gobierno   3 con compositores de ópera
    2 con pintores famosos   4 con personas del mundo teatral

  b. Hacía muchos años que no era tan feliz como ahora. El médico le había prescrito descanso y tranquilidad, y aquí realmente los hallaba. Alquilaron este solitario chalet, junto al mar, y su salud era mejor que nunca. La esposa estaba con él. Después de muchos años de un matrimonio aburrido, se habían conocido nuevamente durante los paseos por la orilla del mar, las siestas felices bajo los pinos y las veladas largas. No había ahora consejos de administración, ni partidas de *poker* con los amigos, ni tertulia por la tarde en el lujoso club de los hombres ricos. Y ella tampoco echaba de menos el té de las señoras de sociedad, ni la charla ni el chisme mientras estaba con la modista. Sencillamente, estaban en su segunda luna de miel, gozando de los pequeños dones de Dios: aire, árboles, olas, césped, rosas, pan, campanas . . . , cosas que hacía años habían olvidado. El médico había dicho: "Necesita usted unos meses de tranquilidad". Y él, por primera vez en muchos años, había decidido escuchar al médico. La recompensa fue tangible, inmediata, generosa. Aquí estaban los dos, amorosos, entusiastas, tiernos y agradecidos a Dios, que había creado tantas maravillas y se las mostraba amablemente.

31. ¿Cómo se siente el hombre ahora?
    1 peor   2 solitario   3 aburrido   4 contento

32. Pasan su tiempo muy cerca de
    1 la sierra   2 la selva   3 la playa   4 la ciudad

33. Actualmente, a la pareja *no* le interesa
    1 continuar la vida social intensa   3 asegurar la felicidad de sus hijos
    2 vender su casa en el campo   4 seguir viviendo juntos

34. El señor estaba allí porque
    1 quería cultivar la tierra   3 quería recordar el lugar de su infancia
    2 se lo había mandado el médico   4 se lo había pedido su esposa

35. En este tiempo aprendieron a apreciar mejor
    1 la importancia de los negocios   3 las carreras diarias de caballos
    2 la necesidad de tener amigos   4 el valor de la vida y de la naturaleza

c. Por decisión del presidente se celebra en Norteamérica una Semana de la Herencia Hispánica. Entre las cosas que los Estados Unidos deben a España, están una gran parte de su territorio actual y la primera población negra. Un año antes de la llegada del Mayflower, desembarcaron en Jamestown unos jóvenes negros que hablaban español y se llamaban Isabel, Fernando, Pedro, etc. Estos habían sido capturados por piratas holandeses que habían atacado un barco español. Durante esa época, los españoles ya habían vivido más de cien años en el continente americano, y seguían recorriendo y descubriendo otras tierras.

Desde el año 1500, los marinos españoles, gallegos en su mayoría, navegaron por las aguas de lo que es hoy Nueva York. Entre esa fecha y 1565, los hechos de los españoles son el tema de cien historias fascinantes. En 1565 fundaron San Agustín, la ciudad más antigua de Norteamérica. Mucho antes de que los ingleses y franceses soñaran con explorar por esa región, Alvar Núñez Cabeza de Vaca, acompañado por el marino negro español Esteban, ya había hecho a pie un viaje "de costa a costa" que duró más de siete años. Desde 1512 comenzaron las exploraciones de españoles como Ponce de León, Hernando de Soto y Vázquez de Coronado.

36. ¿Qué hicieron unos piratas holandeses?
 1 Abandonaron un barco.
 2 Aprendieron a hablar español.
 3 Trajeron negros españoles a Norteamérica.
 4 Fundaron San Augustín.

37. ¿De dónde era la mayoría de los marineros?
 1 de Galicia
 2 de Jamestown
 3 de San Agustín
 4 de Nueva York

38. ¿Por qué es importante el año 1565 en la historia de Norteamérica?
 1 Se estableció la primera ciudad del país.
 2 Llegaron los primeros ingleses a América.
 3 Se fundó la ciudad de Jamestown.
 4 Hubo una batalla naval entre holandeses e ingleses.

39. ¿Quién era Esteban?
 1 un historiador español
 2 el representante del rey
 3 un pirata holandés
 4 el compañero de un explorador

40. ¿Qué hizo Cabeza de Vaca?
 1 Capturó a piratas holandeses.
 2 Exploró gran parte del continente.
 3 Descubrió tierras junto con los franceses.
 4 Ayudó a los ingleses en sus viajes.

Part 4

Directions (41–50): In the separate answer booklet, write your responses in Spanish to dialogue lines 41 through 50.   [10]

Before writing responses, read carefully the setting and its accompanying dialogue. Be sure each response is consistent with the setting and all lines of the dialogue.

Each response must contain a COMPLETE SENTENCE in the form of a statement or a question.

Mere restatements of printed dialogue lines, previous responses, or excerpts from the setting are NOT ACCEPTABLE as responses.

Keep agreement of sentence elements according to the masculine or feminine role you are asked to play.

a. Vicente y Rosa están en el estadio para ver un partido de béisbol entre su escuela y otra.

41. Vicente: ¿Te gustan los partidos de béisbol?
 Rosa:

42. Vicente: Nuestros chicos no han tenido mucha suerte este año.
    Rosa:

43. Vicente: Espero que ganemos hoy. El otro equipo tiene unos muchachos muy grandes y
    fuertes.
    Rosa:

44. Vicente: Ahí viene el chico de los refrescos. ¿Qué quieres tomar?
    Rosa:

45. Vicente: ¡Mira! ¡Ya empiezan a jugar! ¿Adónde vamos después del partido?
    Rosa:

b. Sultán, el perro de Sarita, necesita una inyección. Ella y su hermana Teresa están en la
sala de espera del veterinario.

46. Teresa: ¡Ay, madre! ¡Qué ruido! ¿Por qué ladran todos los perros a la vez?
    Sarita:

47. Teresa: Ese gatito precioso allí enfrente parece dormido.
    Sarita:

48. Teresa: Mira a aquel chico tan pequeño con el perro enorme.
    Sarita:

49. Teresa: ¡Qué quieto está Sultán! En casa siempre salta por todas partes.
    Sarita:

50. Teresa: Ya nos llaman. Y ahora Sultán quiere correr como siempre. ¿Qué haremos?
    Sarita:

Part 5

Directions (51): In the answer booklet, write a composition in Spanish as directed below.
[10]

You have just lost your pet and you are trying to find it.

Write a unified composition entitled, "*Mi animalito perdido.*" Your composition must
contain 10 elements. An element is the written expression of thought, action, or description,
consisting of one verb form and the necessary additional words. The 10 elements may be
contained in a total of 10 sentences, each having one element, or they may be contained in
fewer than 10 sentences if some of the sentences have more than one element.

Examples:
One element: I want to go to the store with my mother.
Two elements: I want to go to the store to buy some clothes.

You may use ideas suggested by any or all of the subtopics listed below or you may use your
own ideas in whole or in part, provided you keep to the assigned topic (*my lost pet*).

The suggested subtopics are as follows: type of pet; its name; a general description of the pet;
any special markings or characteristics; what it eats; where or how it got lost; when it got lost;
where you can be reached; the best time to contact you; any reward offered.

Answer all parts of this examination.

Part 1

Directions (1–15): After the second and final reading of each question and passage, write, in the space provided in the separate answer booklet, the *number* of the best suggested answer to the question. Base your answers *on the content of the passage, only.* [30]

1. ¿Cuál es el motivo de este consejo?
   1 una crisis política
   2 una crisis de energía
   3 la abundancia del petróleo
   4 el cuidado de la casa

2. ¿Qué asignatura está enseñando este maestro?
   1 geografía
   2 geometría
   3 música
   4 historia

3. ¿Qué clase de partido se está describiendo aquí?
   1 básquetbol
   2 fútbol europeo
   3 fútbol americano
   4 béisbol

4. Para la mayoría, ¿qué aspectos del toreo se desconocen?
   1 los preparativos del torero para la corrida
   2 la edad y el peso del toro
   3 la historia y el temperamento del toro
   4 los trofeos recibidos por el torero

5. ¿Por qué tiene una sola torre la Catedral de Málaga?
   1 El arquitecto la diseñó originalmente con una torre.
   2 La segunda torre fue destruida en la Guerra Civil.
   3 El dinero para su construcción lo mandaron a América.
   4 Un fuego destruyó la segunda torre.

6. ¿Qué aspecto de la vida de esta mujer causa un interés especial?
   1 su interés literario
   2 su aptitud para los deportes
   3 su casamiento con un hombre humilde
   4 su trabajo cuando era joven

7. ¿Qué se trata de vender?
   1 gasolina
   2 maletas
   3 automóviles
   4 motores

8. ¿Qué relación tiene Tampa con la colonia española?
   1 Muchos españoles se encuentran allí.
   2 La ciudad importa tabaco español.
   3 Allí los españoles tienen que hablar inglés.
   4 La mayoría de los estudiantes vienen de España.

9. ¿Por qué es que mucha gente tiene perro?
   1 Es un compañero.
   2 Es un guía.
   3 Es un guarda.
   4 Es un cazador.

10. ¿Para qué utilizó Bello la primera imprenta?
    1 para publicar diccionarios hasta entonces inéditos
    2 para imprimir la Constitución de Venezuela
    3 para mejorar el nivel cultural de las masas
    4 para dar a conocer informes de la guerra

11. ¿Por qué estaba enojado el médico?
    1 Un paciente se negó a pagarle.
    2 Una llamada telefónica lo despertó.
    3 Alguien lo llamó por error.
    4 El teléfono no funcionaba.

12. ¿Por qué es importante la Lotería Nacional en España?
    1 Paga los salarios de los diputados.
    2 El dinero se usa para ayudar al público.
    3 Fue fundada por la Diputación Provincial.
    4 El rey da mucho dinero en premios.

13. ¿Qué pide el Sr. Carlos Sanz de Santamaría?
    1 que se aumenten los fondos necesarios para el desarrollo económico
    2 que los Estados Unidos reconozca intereses comunes con la América Latina
    3 que se resuelva el problema de las importaciones
    4 que los Estados Unidos no interfiera en la política latinoamericana

14. ¿Qué noticia especial han publicado los periódicos españoles sobre Camilo José Cela?
    1 que se va a trasladar a París
    2 que acaba de escribir una nueva novela
    3 que enseñará en una Universidad de París
    4 que lo han escogido como candidato a un premio

15. ¿A qué se dedicarán estos jóvenes?
    1 a jugar
    2 a estudiar
    3 a viajar
    4 a trabajar

Part 2

Directions (16–25): Listen to your teacher read twice in succession the setting of a dialogue in Spanish. Then the teacher will read aloud twice a line of the dialogue. Immediately after the second reading of each line of the dialogue in Spanish, you will hear instructions in English telling you how to respond in Spanish. (You will find the same instructions in English in this test booklet.) Then the teacher will pause while you write an appropriate response in Spanish.

Sentence fragments as well as complete sentences in Spanish will be acceptable, but ONLY if they are in keeping with the instructions.

Numerals or abbreviations are NOT acceptable in Part 2. If the response to a dialogue line includes a date, time, amount of money, number, etc., *write out* the number. All words should also be written out completely.

Remember to keep agreement of sentence components according to the masculine or feminine role you are playing in each of the dialogues. [10]

The instructions for responding to dialogue lines 16 through 25 are as follows:

a. 16. Tell who she is.
    17. Agree, and tell when you will.
    18. Give your reaction.
    19. Tell how much.
    20. Tell where.

b. 21. Tell which one.
    22. Tell how long.
    23. Tell how many.
    24. Tell what to look for.
    25. Wish him well.

Part 3

Directions (26–40): Below each of the following passages, there are one or more questions or incomplete statements about the passage. For *each*, select the word or expression that best answers the question or completes the statement *in accordance with the meaning of the passage*, and write its *number* in the space provided in the separate answer booklet. [30]

a. Recientemente el periodista Combas Guerra ha observado la popularidad que viene tomando el idioma inglés en España así como también sus modas, manera de vida y costumbres, muy especialmente entre la gente joven. Buena parte de las principales tiendas de Madrid muestran en sus vitrinas la ropa de los "cowboys" del lejano oeste norteamericano. Además de la ropa de este estilo, importada y cara, varios talleres españoles están fabricando los modelos impuestos en América por Levis. Desde hace varios años existen cadenas americanas de puestos de "hot dogs" y "hamburgers" servidos con las patatas fritas. Aumenta el número de supermercados al estilo yanqui, y ya la población española está consumiendo muchos productos congelados y preparados. En años pasados los españoles rechazaban esta idea con repugnancia.

Se nota gran simpatía por las canciones de "rock" y "blues", aunque no se entienda el lenguaje. Hay muchos clubes y discotecas con música casi exclusivamente cantada en inglés.

En el lenguaje el americanismo "O.K." ha sustituido frases como "de acuerdo" o "convenido". A los libros de mayor venta se les califica como "best sellers" y a las pruebas, se les titula "tests". Ya el inglés ha cobrado carta de primer idioma extranjero en España, y en periódicos y revistas aparecen anuncios de varias escuelas que ofrecen clases de inglés conversacional.

26. ¿Qué fenómeno se nota en España hoy día?
    1 el avance del comercio con las Américas
    2 el aumento de la influencia del inglés en la vida española
    3 el intercambio cultural de profesores y jóvenes
    4 el establecimiento de nuevas instalaciones militares

27. ¿Qué clase de ropa encuentra popularidad entre los jóvenes?
    1 ropa tradicional de las provincias
    2 pantalones anchos al estilo marinero
    3 ropa a la moda de los vaqueros norteamericanos
    4 camisas y chaquetas de campesinos

28. ¿A qué se ha acostumbrado la gente española?
    1 a la comida norteamericana
    2 a los espectáculos al aire libre
    3 a los clubes literarios internacionales
    4 a las exhibiciones de arte yanqui

29. ¿Qué ofrecen varios anuncios en los periódicos de Madrid?
    1 ventas de comestibles en los supermercados
    2 discos importados de las canciones de "rock"
    3 los programas de los clubes y discotecas
    4 lecciones de inglés conversacional

b. Un año después de la muerte del inolvidable director y actor del cine italiano Vittorio de Sica, su esposa, la actriz María Mercader, vuelve al cine después de veintitrés años de ausencia. María, española de nacimiento, fue a vivir a Italia cuando contrajo matrimonio con de Sica. Allí nacieron sus hijos, que, por supuesto, son y se sienten italianos. Hay tantos recuerdos que unen a María a Italia que le es francamente difícil regresar a España. La noticia de que María Mercader vuelve al cine español ha causado sensación entre los grandes productores y directores.

La actriz realizó su primera película en Barcelona, ciudad en que nació. "Estábamos en guerra y era un período muy difícil, por lo que me trasladé a París para continuar mi carrera. Allí me ofrecieron un papel importante en una película que debería filmarse en Roma. Allí en Roma conocí a mi marido y comenzamos a trabajar juntos", dijo la actriz.

– ¿Cuándo se le ocurrió esta idea de regresar al cine?

"Yo nunca pensé en regresar. Fue una noche, durante una cena, hablando con mi hijo Christian. El sugirió mi vuelta al cine".

María Mercader piensa que esto es como una experiencia nueva, puesto que lleva ya mucho tiempo alejada del mundo cinematográfico. Sin embargo, su primera película no causará a la veterana actriz muchas complicaciones, porque la situación es puramente real. María interpretará el papel de madre de Christian, su hijo en la realidad. La producción de esta película se realizará durante siete semanas en Catania y otras tres en Roma. Los grandes del cine italiano y español se alegran con el regreso de María Mercader.

30. María Mercader es de origen
    1 español
    2 italiano
    3 francés
    4 norteamericano

31. María Mercader fue a París porque
    1 le encantaba la ciudad
    2 la guerra había terminado
    3 había problemas en Barcelona
    4 el cine español no tenía prestigio

32. María fue a Roma para
    1 ver una nueva técnica cinematográfica
    2 escribir su biografía
    3 trabajar con su hijo
    4 actuar en una película

33. ¿Por qué decidió María quedarse en Italia?
    1 Era su país de nacimiento.
    2 Su padre había vivido allí.
    3 Se casó con un italiano.
    4 Le gustó el clima.

34. ¿Por qué volvió María a ser actriz?
    1 Quería ganar más dinero.
    2 Fue idea de su hijo.
    3 Estaba aburrida.
    4 Le gustaban las películas italianas.

35. ¿Qué dicen algunos de la vuelta de María al cine?
    1 Dicen que es demasiado vieja.
    2 Están contentos.
    3 Creen que es una mala idea.
    4 Piensan que no podrá adaptarse.

c. Puerto Rico, "lo más cerca del Paraíso aquí en la tierra", es, para el turista, una experiencia inolvidable. Su primavera es eterna. Los vientos suaves refrescan el ambiente. Y dondequiera, las puertas y las ventanas abiertas indican la hospitalidad franca de sus habitantes. La temperatura media es de 26 grados C., y sólo hay seis grados de diferencia entre el verano y el invierno. Tiene Puerto Rico un promedio de cerca de cinco días sin sol al año y no hay allí temporada de lluvias.

Ninguna otra tierra puede ofrecer múltiples experiencias como: bañarse o tomar el sol en las claras playas bordeadas de palmas, gustar de mariscos frescos en una minúscula aldea de pescadores, contemplar la belleza de la Isla desde un pico alto de la cordillera. Los 4.800 kilómetros de carreteras bien pavimentadas hacen la experiencia de viajar alrededor de la Isla muy agradable.

Puerto Rico conserva toda la belleza y el encanto del pasado. Allí puede hallarse el lugar donde desembarcó Colón en 1493, una ciudad rodeada de murallas antiguas, la tumba de Ponce de León, fortalezas que ya eran viejas cuando el Caribe estaba infestado de piratas y bucaneros. Contra el fondo de antiguas catedrales se levantan impresionantes edificios de lujosos hoteles.

La Isla de Puerto Rico tiene kilómetros y más kilómetros de playas de arena rubia y aguas claras. La rara combinación del brillante sol tropical y la brisa fresca y suave hacen al hombre sentirse más vivo, más estimulado, más joven y más optimista.

36. Puerto Rico atrae a los turistas porque
    1 los precios son baratos
    2 el clima y la hospitalidad encantan
    3 queda muy cerca
    4 allí se habla español

37. ¿Por qué prefiere mucha gente visitar a Puerto Rico?
    1 Llueve sólo en el invierno.
    2 Las tiendas siempre están abiertas.
    3 Puede encontrarse con un pirata.
    4 Se puede gozar de varias experiencias.

38. Se puede viajar con facilidad alrededor de la Isla porque hay
    1 varias aldeas de campesinos
    2 muchos campos de flores
    3 buenos hoteles y restaurantes
    4 caminos muy modernos

39. ¿Cuál es la característica sobresaliente de la Isla?
    1 el contraste entre lo antiguo y lo moderno
    2 el color de los árboles
    3 la belleza de las mujeres
    4 la cantidad de iglesias

40. La gente que va a Puerto Rico puede sentirse
    1 más cansada que antes
    2 solitaria y perdida
    3 rejuvenecida y entusiasmada
    4 más experta en bellas artes que antes

Part 4

Directions (41-50): In the separate answer booklet, write your responses in Spanish to dialogue lines 41 through 50.   [10]

Before writing responses, read carefully the setting and its accompanying dialogue. Be sure each response is consistent with the setting and all lines of the dialogue.

Each response must contain a COMPLETE SENTENCE in the form of a statement or a question.

Mere restatements of printed dialogue lines, previous responses, or excerpts from the setting are NOT ACCEPTABLE as responses.

Keep agreement of sentence elements according to the masculine or feminine role you are asked to play.

a. El señor Ruedas busca un coche nuevo. Ahora habla con el vendedor. Usted es el señor Ruedas.

41. El vendedor: Buenas tardes, señor. Veo que tiene interés en este modelo.
    El señor Ruedas:

42. El vendedor: Es un coche muy económico; no usa mucha gasolina.
    El señor Ruedas:

43. El vendedor: El precio indicado incluye todos los lujos posibles en este modelo.
    El señor Ruedas:

44. El vendedor: Hay una lista de espera muy larga. Usted debe decidirse lo más pronto posible.
    El señor Ruedas:

45. El vendedor: En esta semana ofrecemos un descuento muy bueno.
    El señor Ruedas:

b. El director de la escuela secundaria entrevista a Miguel, un estudiante, acerca de sus problemas de disciplina.

46. El director: Miguel, tu maestro de ciencias me informa que tú no vas a clase con regularidad.
    Miguel:

47. El director: Y solamente has asistido a tres sesiones de laboratorio.
    Miguel:

48. El director: Además en la cafetería tuviste un incidente con otro estudiante ayer.
    Miguel:

49. El director: Y llegas a la escuela tarde todas las mañanas.
    Miguel:

50. El director: Voy a hablar con tus padres hoy mismo.
    Miguel:

Part 5

Directions (51): In the answer booklet, write a composition in Spanish as directed below.   [10]

Write a unified composition entitled, "*Un día de mal tiempo.*" Your composition must contain 10 elements. An element is the written expression of thought, action, or description, consisting of one verb form *and* the necessary additional words. The 10 elements may be contained in a total of 10 sentences, each having one element, or they may be contained in fewer than 10 sentences if some of the sentences have more than one element.

Examples:
    One element: I want to go to the store with my mother.
    Two elements: I want to go to the store to buy some clothes.

You may use ideas suggested by any or all of the subtopics listed below *or* you may use your own ideas in whole or in part, provided you keep to the assigned topic (*a bad-weather day*).

The suggested subtopics are as follows: the beginning of your day; description of the bad weather; the weather report; the scene around you; your plans before the bad weather; changes in your plans; an unpleasant incident caused by the bad weather; how the bad weather affected your family; your attitude toward the situation; the end of your day.

Answer all parts of this examination.

Part 1

Directions (1–15): After the second and final reading of each question and passage, write, in the space provided in the separate answer booklet, the *number* of the best suggested answer to the question. Base your answers *on the content of the passage, only.* [30]

1. ¿Cómo murieron los jóvenes?
   1 por un terremoto
   2 por un mal tiempo inesperado
   3 por un cable de alta tensión
   4 por falta de alimentos

2. ¿Por qué protesta este señor?
   1 Su periódico no llega a tiempo.
   2 No hay anuncios en el periódico.
   3 Su periódico es de baja calidad.
   4 No le gustan las tiras cómicas.

3. ¿Cuál fue el propósito de esta conferencia?
   1 proteger una extensión de agua
   2 mejorar el turismo en España
   3 luchar contra una epidemia
   4 inaugurar un nuevo puerto

4. ¿A quiénes salvaron los daneses?
   1 a un grupo de marineros de Taiwán
   2 a unos obreros petroleros en peligro de muerte
   3 a unos soldados de Puerto Rico
   4 a unos bandidos puertorriqueños

5. ¿Cuándo se celebró el homenaje a Joan Miró?
   1 al inaugurar una colección de pinturas
   2 al volver el pintor a Mallorca
   3 al morir el artista
   4 al celebrar su cumpleaños

6. ¿Por qué son tan populares los zapatos españoles?
   1 Hay un programa de publicidad.
   2 Cuestan poco.
   3 Están bien hechos.
   4 Se hacen a mano.

7. ¿Qué ocurre todos los años en Santiago de Chile?
   1 Se inaugura la fiesta de Santiago con una gran procesión.
   2 Hay una exposición pública de obras de arte.
   3 Hay una exhibición de flores chilenas.
   4 Se organiza una feria agrícola en el Parque Forestal.

8. ¿Qué está comprando la señora en el mercado?
   1 vegetales frescos
   2 frutas de la estación
   3 carne para asar
   4 flores de primavera

9. ¿Cómo está representado el tema de la mujer en la obra de Picasso?
   1 Presenta a la misma mujer.
   2 La pinta al estilo clásico.
   3 Aparece según la inspiración de la época.
   4 Ocupa una posición secundaria.

10. ¿Qué sabemos por medio de esta investigación?
    1 Juan Carlos goza de más popularidad ahora.
    2 Los españoles viven mejor que antes.
    3 La gente expresa poca confianza en el Rey.
    4 El pueblo prefiere otra forma de gobierno.

11. ¿Qué se realizará en el siglo 21?
    1 el descubrimiento de un motor eléctrico
    2 un automóvil más potente
    3 un combustible sintético para los coches
    4 la eliminación de transportes a motores

12. ¿Cuál es la característica que identifica a los gitanos?
    1 su musicalidad   3 su comercialismo
    2 su movilidad   4 su fuerza

13. ¿Qué se dice del botijo?
    1 Se vende mucho en las tiendas.   3 Es preferido por los turistas.
    2 Se inventó para los bebés.   4 Es útil para los trabajadores.

14. ¿Cómo se ganaba la vida Pedro Vargas mientras que estudiaba medicina?
    1 Cantaba en el coro de la iglesia.   3 Enseñaba en la secundaria.
    2 Trabajaba en un hospital.   4 Daba lecciones de religión.

15. ¿Por qué no puede viajar hoy este señor?
    1 No puede pagar la cuenta.   3 Es de noche.
    2 Hace mal tiempo.   4 El avión no funciona bien.

Part 2

Directions (16-25): Listen to your teacher read twice in succession the setting of a dialogue in Spanish. Then the teacher will read aloud twice a line of the dialogue. Immediately after the second reading of each line of the dialogue in Spanish, you will hear instructions in English telling you how to respond in Spanish. (You will find the same instructions in English in this test booklet.) Then the teacher will pause while you write an appropriate response in Spanish.

Sentence fragments as well as complete sentences in Spanish will be acceptable, but ONLY if they are in keeping with the instructions.

Numerals or abbreviations are NOT acceptable in Part 2. If the response to the dialogue line includes a date, time, amount of money, number, etc., *write out* the number. All words should also be written out completely.

Remember to keep agreement of sentence components according to the masculine or feminine role you are playing in each of the dialogues. [10]

The instructions for responding to dialogue lines 16 through 25 are as follows:

a. 16. Tell which one.   *b.* 21. Tell how long.
    17. Tell how many.   22. Tell which one.
    18. Agree, and tell why.   23. Tell what you have.
    19. Tell which one and why.   24. Mention one item.
    20. Tell when.   25. Thank him and ask directions.

Part 3

Directions (26-40): Below each of the following passages, there are one or more questions or incomplete statements about the passage. For *each*, select the word or expression that best answers the question or completes the statement *in accordance with the meaning of the passage*, and write its *number* in the space provided in the separate answer booklet. [30]

a. Nace en Caracas, en casa rica y noble de criollos, una criatura a quien el cura bautiza "Simón José Antonio de la Santísima Trinidad". Sus apellidos, Bolívar y Palacio. A los tres años muere su padre. La madre, viuda a los 27 años, intensifica sus afectos y expresiones de cariño para con el chiquillo. Sus hermanos María Antonia, Juana María y Juan Vicente también le muestran el gran amor que sienten por él.

Como es natural, el niño se vuelve caprichoso. Su madre se da cuenta de que no puede disciplinar al niño y lo pone en manos de un tutor. Este señor contará más tarde que el niño era "insoportable, inquieto, imperioso, audaz, voluntarioso, desatento a todo consejo, e intratable". Dice un día el tutor— ¡Este muchacho es una bomba! Y le responde el niño con sarcasmo— ¡No se me acerque usted, porque estallo!

Otro día lo lleva el tutor, montado en un burro, por las calles de Caracas.

—Simoncito—le dice—, temo que nunca llegues a ser un caballero.

Y el niño Bolívar contesta— ¿Cómo va a esperar usted de mí que llegue a caballero montándome en un burro?

26. Simón Bolívar era de origen
    1 aristocrático
    2 pobre y humilde
    3 puramente español
    4 desconocido

27. Cuando murió su padre, ¿qué hizo la madre?
    1 Se puso a trabajar.
    2 Le dio más atención al niño.
    3 Volvió a España con los cuatro hijos.
    4 Llamó al cura para bautizar al niño.

28. Simón José Antonio era un muchacho
    1 tranquilo
    2 indisciplinado
    3 estudioso
    4 generoso

29. El tutor tenía miedo de que el niño llegara a ser un
    1 patriota
    2 bombero
    3 desastre
    4 religioso

30. Según la respuesta del niño, ¿qué simboliza el burro?
    1 lo bonito
    2 lo feroz
    3 lo rápido
    4 lo ordinario

b. Cuando los jueces se disponían a anunciar el ganador del Festival Mundial de Danza Folklórica celebrado en Venecia, los bailarines de los casi 60 grupos participantes se sentían paralizados por la expectación. Entre ellos figuraban algunas de las más prestigiosas compañías de danza de Europa Oriental. ¡Seguramente ganaría una de ellas! La gran sorpresa fue cuando el primer premio correspondió a un grupito no profesional de españoles, poco conocido: el Ballet Gallego de La Coruña.

También resultaba sorprendente que esos españoles no bailaban el taconeado flamenco de los gitanos andaluces, sino que giraban y danzaban al ritmo de las muñeiras y de otros bailes de su región de origen, Galicia, provincia del noroeste de España. Se acompañaban con gaitas, y no con guitarras, y los bailarines representaban las alegrías y sufrimientos del antiguo pueblo celta en cuadros de folklore auténtico.

No fueron los jueces los únicos en quedar impresionados: la noche siguiente 40.000 espectadores aplaudieron al Ballet Gallego, en una función especial, para celebrar su éxito, en la iluminada Plaza de San Marcos.

El Ballet Gallego es creación de un hombre: José Manuel Rey de Viana. Nacido en Orense el 23 de abril de 1923, e hijo de un próspero comerciante, tenía ocho años de edad cuando vio, durante un viaje a Madrid, una película sobre el gran Ballet Ruso. "El efecto que me produjo fue electrizante", recordó más tarde. Y decidió ser bailarín.

El muchacho fue enviado a Alemania para educarse. Allí estudió ballet con algunas de las máximas figuras de la danza e hizo su debut en un teatro a los 15 años de edad. Al final de la presentación tuvieron que alzar el telón repetidas veces y el artista fue objeto de críticas favorables.

31. Los que ganaron el Festival Mundial de Danza Folklórica fueron unos
    1 orientales
    2 americanos
    3 rusos
    4 españoles

32. Los bailes de Galicia se diferencian de los de otras regiones de España porque
    1 se toca la gaita
    2 se taconea
    3 se bailan solos
    4 se acompañan con guitarra

33. En la Plaza de San Marcos, el Ballet Gallego ganó
    1 un viaje a Europa Oriental
    2 mucho dinero
    3 el aplauso de una multitud
    4 un televisor a colores

34. ¿Qué despertó el interés de Rey de Viana en el ballet?
    1 sus estudios en el extranjero
    2 una función del Ballet Folklórico de México
    3 el negocio de su padre
    4 una película sobre el ballet ruso

35. ¿Cuál fue la reacción del público al debut de Rey de Viana?
    1 Lo esperó a la salida del teatro.
    2 Lo aplaudió con entusiasmo.
    3 Trató de tocarlo en el escenario.
    4 Se burló de él.

c. En una noche tempestuosa de junio, un hombre pasaba lentamente por un camino estrecho en las profundidades de una selva. La noche estaba oscura. Los truenos se oían uno tras otro, y a la inmensa agitación del cielo, la selva respondía con el rumor de sus árboles agitados por el viento. De vez en cuando la luz de un relámpago cruzaba el cielo.

La selva, siempre terrible, aún de día con sus amenazas y peligros, a esa hora, en la triste soledad llenaba de miedo el alma más fuerte. Una persona en la ciudad y en las más desesperantes situaciones, no se siente jamás sola. Pero en la selva todo es distinto. Todo parece estar en contra: el aire quieto y pesado, el silencio hostil, el aroma extraño de las plantas, las bestias escondidas tras los troncos, las serpientes que hacen de este paraíso terrestre un infierno. Todo conspira contra el hombre.

Nuestro viajero, a pesar del terror que provoca una noche de tempestad en el bosque, sin más protección que el valor, no parecía sentir miedo. Su paso cuidadoso reflejaba preocupación y también prevención, pero no temor. Algo especial en él indicaba que era una persona habituada a la selva. Este algo era su modo de caminar. Levantaba los pies más, mucho más alto de lo que aparentemente era necesario. Como cuando se camina con zancos.

36. ¿Por dónde andaba el hombre?
    1 por un bosque
    2 por un desierto
    3 por una ciudad
    4 por una aldea

37. ¿Qué tiempo hacía?
    1 Hacía sol.
    2 Hacía mucho frío.
    3 Había una tormenta.
    4 Había una brisa suave.

38. ¿Cómo se siente una persona en ese caso?
    1 cansada
    2 solitaria
    3 poderosa
    4 enojada

39. El hombre no tenía miedo porque
    1 había gente cerca de él
    2 llevaba buenas armas
    3 andaba rápidamente
    4 estaba acostumbrado a la selva

40. Se observaba su manera distinta de
    1 caminar
    2 dormir
    3 sentarse
    4 lavarse

Part 4

Directions (41-50): In the separate answer booklet, write your responses in Spanish to dialogue lines 41 through 50. [10]

Before writing responses, read carefully the setting and its accompanying dialogue. Be sure each response is consistent with the setting and all lines of the dialogue.

Each response must contain a COMPLETE SENTENCE in the form of a statement or a question.

Mere restatements of printed dialogue lines, previous responses, or excerpts from the setting are NOT ACCEPTABLE as responses.

Keep agreement of sentence elements according to the masculine or feminine role you are asked to play.

a. Ud. es empleado que trabaja en una agencia de viajes. Un cliente entra para comprar pasaje a Montevideo.

41. El cliente: ¿Cuánto cuesta el pasaje de ida y vuelta a Montevideo?
    Ud. contesta:

42. El cliente: ¿A qué hora sale el vuelo del próximo jueves?
    Ud. contesta:

43. El cliente: Creo que para mi hijo de seis años puedo pagar una tarifa reducida.
    Ud. contesta:

44. El cliente: ¿Qué dan de comer durante el vuelo?
    Ud. contesta:

45. El cliente: ¿Cómo prefiere Ud. que pague el pasaje?
    Ud. contesta:

b. Después de muchos años Teresa y Ud. se encuentran por casualidad en una fiesta. Tratan de recordar los buenos ratos que pasaron cuando eran jóvenes.

46. Teresa: ¿Eres tú? ¡No creía que te reconocería después de tantos años!
    Ud. contesta:

47. Teresa: Te ves igual que cuando nos graduamos de la secundaria. ¿Qué has hecho durante estos años?
    Ud. contesta:

48. Teresa: Siempre recuerdo las fiestas que tuvimos en la playa durante el verano.
    Ud. contesta:

49. Teresa: Veo a Rosa con frecuencia. ¿Te acuerdas de ella? Todavía es muy alegre.
    Ud. contesta:

50. Teresa: Ahora debemos vernos más a menudo. ¿Cuándo podemos encontrarnos para almorzar?
    Ud. contesta:

Part 5

Directions (51): In the answer booklet, write a composition in Spanish as directed below.   [10]

Write a unified composition entitled, *"Un sueño raro."* Your composition must contain 10 elements. An element is the written expression of thought, action, or description, consisting of one verb form *and* the necessary additional words. The 10 elements may be contained in a total of 10 sentences, each having one element, or they may be contained in fewer than 10 sentences if some of the sentences have more than one element.

Examples:
   One element: I want to go to the store with my mother.
   Two elements: I want to go to the store to buy some clothes.

You may use ideas suggested by any or all of the subtopics listed below *or* you may use your own ideas in whole or in part, provided you keep to the assigned topic (*a strange dream*).
   The suggested subtopics are as follows: the main idea of the dream; why it was strange; who *or* what was in the dream; where it took place; when it happened; what you think it means; why you had this dream; what you remember most; what you did about it; how you reacted after waking up.

Answer all parts of this examination.

Part 1

Directions (1–15): After the second and final reading of each question and passage, write, in the space provided in the separate answer booklet, the *number* of the best suggested answer to the question. Base your answers *on the content of the passage, only.* [30]

1. ¿Qué día es hoy?
   1 2 de mayo
   2 16 de septiembre
   3 12 de octubre
   4 31 de diciembre

2. ¿Por qué conviene viajar a España?
   1 Los precios son bajos.
   2 La gente es muy amable.
   3 Las comidas son excelentes.
   4 El clima es agradable.

3. ¿Qué diferencia podrá notar un visitante al Museo del Prado?
   1 El sistema de visitas será mejorado.
   2 Habrá una exposición de obras antiguas.
   3 Las pinturas de Goya estarán en otro lugar.
   4 Se dedicará mucho más espacio a los pintores modernos.

4. ¿Por qué no tuvo lugar esta feria?
   1 por falta de dinero
   2 por falta de animales
   3 por falta de espacio
   4 por falta de transporte

5. ¿En qué peligro está el Festival Casals de Puerto Rico?
   1 Hay músicos que no quieren participar en el Festival.
   2 Hay otros festivales clásicos que son más populares.
   3 Se encuentra bajo una crítica desfavorable.
   4 Puede sufrir un colapso por razones económicas.

6. ¿Por qué pasó el equipo argentino la noche en la embajada?
   1 para dormir bien
   2 para participar en una fiesta
   3 para elegir un capitán
   4 para practicar más

7. ¿Qué quiere saber Margarita?
   1 cómo hacerse enfermera
   2 cuál es el antibiótico preferido por los médicos
   3 cuál es el mejor tratamiento para un resfrío
   4 cómo reducir el uso de las medicinas

8. ¿Qué celebración se va a cambiar en España?
   1 el casamiento del rey
   2 la fiesta nacional
   3 la muerte del General Franco
   4 la libertad de prensa

9. ¿Por qué aumentó la clientela en este restaurante?
   1 Habían rebajado los precios.
   2 Habían cambiado el menú.
   3 Se podía comer con tranquilidad.
   4 Se gozaba de mejor servicio.

10. ¿Cómo muestran los rusos su afición a la música española?
    1 Muchos cantantes españoles reciben invitaciones a Rusia.
    2 Se compra un gran número de discos españoles.
    3 Se oye tocar frecuentemente el himno nacional español.
    4 Varias obras se editan en español y en ruso.

11. ¿Cómo resuelve este señor su problema de fumar?
    1 Toma un tranquilizante.
    2 Discute en voz alta con sus hijos.
    3 Come dulces todo el día.
    4 Piensa en los peligros.

12. ¿Por qué fue honrado Zeno Gandía?
    1 por sus esfuerzos humanitarios
    2 por sus estudios históricos
    3 por su poesía romántica
    4 por su interés en la independencia

13. ¿Para qué sirve este plan?
    1 para determinar el volumen del petróleo importado
    2 para obtener información sobre la polución de las aguas
    3 para saber la rapidez de los barcos
    4 para mejorar las comunicaciones por mar

14. ¿Qué clase de reunión es?
    1 religiosa   2 atlética   3 escolar   4 política

15. ¿Qué se le prohibe a esta chica?
    1 comer mucho
    2 caminar por la calle
    3 hablar con los huéspedes
    4 conversar por teléfono

Part 2

Directions (16–25): Listen to your teacher read twice in succession the setting of a dialogue in Spanish. Then the teacher will read aloud twice a line of the dialogue. Immediately after the second reading of each line of the dialogue in Spanish, you will hear instructions in English telling you how to respond in Spanish. (You will find the same instructions in English in this test booklet.) Then the teacher will pause while you write an appropriate response in Spanish.

Sentence fragments as well as complete sentences in Spanish will be acceptable, but ONLY if they are in keeping with the instructions.

Numerals or abbreviations are NOT acceptable in Part 2. If the response to the dialogue line includes a date, time, amount of money, number, etc., *write out* the number. All words should also be written out completely.

Remember to keep agreement of sentence components according to the masculine or feminine role you are playing in each of the dialogues.   [10]

The instructions for responding to dialogue lines 16 through 25 are as follows:

a. 16. Tell what is wrong.
    17. Tell how long.
    18. Ask for advice.
    19. Ask how often.
    20. Agree, but show your displeasure.

b. 21. Ask him what he wants.
    22. Tell what it is.
    23. Tell when.
    24. Tell how you are paying.
    25. Express your feelings.

Part 3

Directions (26–40): Below each of the following passages, there are one or more questions or incomplete statements about the passage. For *each*, select the word or expression that best answers the question or completes the statement *in accordance with the meaning of the passage*, and write its *number* in the space provided in the separate answer booklet.   [30]

a. El Jardín Botánico de Madrid no es solamente un parque donde viven especies vegetales singularmente curiosas o bellas, sino un centro de investigación que tiene una historia de siglos.

Fue fundado en 1871, en tiempos del gran rey Carlos III, a quien tanto deben Madrid y la cultura. En el Jardín se ha cultivado la ciencia en el aspecto que hoy llamaríamos de investigación básica o de ciencia pura, y han pasado muchos bótanicos eminentes por él. Pero también en este Jardín se iniciaron los estudios de agricultura, y profesores notables exhibieron en él sus enseñanzas.

Hoy el Jardín constituye un parque cubierto de abundantes y hermosos árboles, en el que se ha tratado de conservar la disposición original, característica de los jardines del siglo pasado, con sus paseos rectilíneos en su mayor parte, y su división en cuadros limitados por arbustos. Aquí están representados todos los árboles que adornan los paseos y parques públicos de Madrid, además de centenares de especies de América y de los demás continentes del mundo. El centro está dedicado también a los mapas de vegetación. Estos tienen una gran importancia del punto de vista agrícola y constituyen la base para el estudio de los problemas de ecología, reforestación y evolución vegetativa.

Otros aspectos sumamente interesantes son los herbarios: colecciones de plantas secas, preparadas y clasificadas. Ahora se está haciendo una revisión de especies americanas del Jardín Botánico e iniciando una sección de Flora Intertropical.

26. El Jardín Botánico de Madrid sirve de
    1 parque de recreo para los niños
    2 centro de estudios científicos
    3 centro deportivo para los madrileños
    4 escuela para estudios culturales

27. El Jardín se dedica a la
    1 investigación de productos agrícolas
    2 difusión de plantas curiosas
    3 publicación de libros de botánica
    4 provisión de plantas para el palacio real

28. En el Jardín Botánico se encuentran
    1 plantas características de la Península
    2 especies de árboles y plantas de varios países del mundo
    3 ejemplares de plantas que van desapareciendo
    4 plantas exóticas del oriente

29. Otra contribución importante del centro es
    1 el descubrimiento de plantas medicinales
    2 la observación del uso de los jardines públicos
    3 el intercambio de semillas y plantas
    4 la preparación de mapas de vegetación

30. Actualmente, los científicos del Jardín se interesan en
    1 establecer una nueva parte del jardín con plantas tropicales
    2 construir un laboratorio de remedios farmacéuticos
    3 iniciar estudios sobre los árboles frutales
    4 publicar tesis doctorales

b. ¿Sabe usted que en su ciudad hay grandes cantidades de libros, discos, películas y colecciones esperándolo a usted? Son gratis, puede llevarlos a su casa, leerlos, disfrutar las mejores grabaciones de música popular y clásica por varias semanas, o estudiar una copia de un cuadro de alto valor, o aprender en cursos perfectamente organizados el idioma que prefiera como segunda lengua.

Si por ejemplo usted vive en los Estados Unidos y no sabe inglés, o si vive en Latinoamérica y piensa venir a los Estados Unidos, en su ciudad puede estudiar gratis, si sabe buscar su mejor amiga: ¡La biblioteca municipal!

Cualquier tipo de ayuda que usted necesite para completar un formulario o entrar en un concurso de literatura, o conocer cuáles son las mejores escuelas de su capital o de la lejana universidad a la que quiere mandar a sus hijos, lo hallará en su biblioteca. Bibliotecas que prestan a domicilio o que van a provincias, traen los beneficios de la lectura al hogar.

Si vive en un pueblo pequeño investigue cuándo la biblioteca móvil visitará su pueblo o tal vez el pueblo vecino. En Europa y América, Africa y Asia, todos los países modernos tienen un propósito en común, desarrollar sus bibliotecas públicas como parte integral de una labor de servicio social.

31. Para utilizar los servicios de la biblioteca municipal hay que
    1 pagar una cuota anual
    2 ser estudiante
    3 descubrirlos y utilizarlos
    4 conocer al director y tener influencia

32. ¿Qué servicios ofrece una biblioteca municipal?
    1 Son de una gran variedad.
    2 Sirven a los niños.
    3 Sirven a los coleccionistas de libros.
    4 Prestan instrumentos musicales.

33. Según este artículo uno puede llevar a su casa
    1 cuadros originales
    2 solamente cosas de poco valor
    3 libros y otras cosas
    4 solamente libros escritos en otras lenguas

34. Muchos países en el mundo se esfuerzan por
    1 atraer más personas a las bibliotecas
    2 reducir el número de publicaciones
    3 construir más escuelas para bibliotecarios
    4 limitar el número de estudiantes universitarios

c. Todos los domingos por la mañana llegaba al café, a aquellas horas de pocos clientes, y se sentaba en un diván con sus cuatro hijos. Formaban un cuadro casi típico de aquel establecimiento. El señor de unos cincuenta años; a un lado, las dos hijas que todavía no tenían doce años; al otro, los dos hijos menores de seis años. Los niños tomaban jugo de tomate. El padre, cerveza. Las hijas estaban acostumbradas a hablar entre sí. Los niños con frecuencia atacaban al padre con preguntas y sonrisas. Ellas charlaban observándolo todo. Ellos mirándose, riendo. El padre trataba de contestar a los hijos. De vez en cuando prestaba atención a las niñas. A veces se quedaba pensativo o saludaba con especial cortesía a algún amigo que entraba. A eso de las dos y media de la tarde salían. Cada una de las hijas se colgaba de un brazo del padre. Los niños iban delante corriendo y saltando.

Aquel domingo de primavera había poca gente en el interior del café. Casi todos los clientes preferían estar al sol, en la terraza. Bastaba un camarero para atender a los clientes de dentro, que pasó gran rato haciéndoles preguntas a los niños, gastándoles bromas, cambiando impresiones con el señor.

Aquel mediodía . . . cuatro personas se habían parado en la puerta y miraban hacia dentro con timidez. En seguida atrajeron la atención de los pocos que había dentro. Parecían gentes de otra época y de pueblo. . . .

Aquellos nuevos y extraños clientes del café en seguida fijaron sus ojos en el señor de los cuatro hijos. . . .

El señor de los cuatro hijos al verlos sintió una dulce sensación. Quedó mirándolos fijamente. Sabía muy bien quiénes eran.

35. Era la costumbre de la familia ir al café
    1 cuando había mucha gente
    2 a las dos de la tarde
    3 todos los días
    4 una vez por semana

36. Parecía que los niños
    1 trataban mal al padre
    2 se entretenían mucho
    3 querían salir del café
    4 no hablaban mucho

37. ¿Qué hacía el camarero?
    1 Hablaba con los otros camareros.
    2 Se divertía con los chicos.
    3 Tomaba el sol en la terraza.
    4 Recogía los platos.

38. La mayor parte de las personas estaban en la terraza porque
    1 querían ver pasar la gente
    2 querían hablar con los niños
    3 hacía buen tiempo afuera
    4 les gustaba hablar con el camarero

39. ¿Qué hizo el padre al entrar las cuatro personas?
    1 Salió corriendo del restaurante.   3 Los saludó con respeto.
    2 Les presentó a sus hijos.   4 Los miró con intensidad.

40. Los recién llegados pasaron el tiempo
    1 mirando al padre   3 conversando con el dueño
    2 tomando cerveza   4 esperando al camarero

Part 4

Directions (41–50): In the separate answer booklet, write your responses in Spanish to dialogue lines 41 through 50.   [10]

Before writing responses, read carefully the setting and its accompanying dialogue. Be sure each response is consistent with the setting and all lines of the dialogue.

Each response must contain a COMPLETE SENTENCE in the form of a statement or a question.

Mere restatements of printed dialogue lines, previous responses, or excerpts from the setting are NOT ACCEPTABLE as responses.

Keep agreement of sentence elements according to the masculine or feminine role you are asked to play.

a. Usted habla con su padre sobre sus planes para estudiar en la universidad.

41. Papá: De las tres universidades que te aceptaron, ¿cuál has seleccionado?
    Usted:

42. Papá: ¿Cuánto dinero cuesta por año?
    Usted:

43. Papá: Podemos darte la mitad del dinero pero no podemos pagarlo todo. Tendrás que trabajar.
    Usted:

44. Papá: ¿Y al fin qué profesión te interesa más?
    Usted:

45. Papá: ¿Y por qué todavía piensas continuar con ésa?
    Usted:

b. Jaime desea ganar dinero. Piensa entregar periódicos antes de ir a la escuela. Tiene que solicitar clientes. Llama a la puerta de la señora Cerdeña.

46. La señora Cerdeña: Buenos días, joven. ¿Qué desea usted?
    Jaime:

47. La señora Cerdeña: Me interesa pero quisiera hacerle unas preguntas.
    Jaime:

48. La señora Cerdeña: ¿Qué días entrega usted el periódico?
    Jaime:

49. La señora Cerdeña: ¿Cuánto cuesta este servicio?
    Jaime:

50. La señora Cerdeña: Si el periódico no llega antes de las ocho, no lo quiero.
    Jaime:

Part 5

Directions (51): In the answer booklet, write a composition in Spanish as directed below. [10]

Write a unified composition entitled, *"Un objeto extraño."* Your composition must contain 10 elements. An element is the written expression of thought, action, or description, consisting of one verb form *and* the necessary additional words. The 10 elements may be contained in a total of 10 sentences, each having one element, or they may be contained in fewer than 10 sentences if some of the sentences have more than one element.

Examples:
  One element: I want to go to the store with my mother.
  Two elements: I want to go to the store to buy some clothes.

You may use ideas suggested by any or all of the subtopics listed below *or* you may use your own ideas in whole or in part, provided you keep to the assigned topic (*an unidentified flying object-UFO*).

The suggested subtopics are as follows: when you saw the object; where you saw it; a short description of it; how you felt; what you did when you saw it; what happened to it; to whom you reported the incident; what the reaction was; what publicity it received; your conclusion.

Answer all parts of this examination.

Part 1

Directions (1–15): After the second and final reading of each question and passage, write, in the space provided in the separate answer booklet, the *number* of the best suggested answer to the question. Base your answers *on the content of the passage, only.*   [30]

1. ¿Qué pasó anoche?
   1 Algunas personas murieron en un incendio.
   2 Los bomberos perdieron un camión.
   3 Un incendio produjo daños considerables.
   4 Se quemaron miles de billetes.

2. ¿Cuál es la decisión de esta señora?
   1 comenzar una campaña de propaganda a favor del café
   2 cambiar lo que se toma por la mañana
   3 comprar más café
   4 eliminar una comida al día

3. ¿A qué se dedicará esta empresa?
   1 a la importación de productos cubanos
   2 a la fabricación de aviones
   3 a negociaciones industriales
   4 a viajes entre Cuba y los Estados Unidos

4. ¿Por qué debe usted entrar por la cocina?
   1 Hay pintura fresca en la sala.
   2 Sólo tiene la llave de esa puerta.
   3 Las otras puertas están cerradas.
   4 La escalera no sirve.

5. ¿Por qué ya no se presenta este programa de televisión?
   1 Al público no le gustó.
   2 El director tiene otro programa.
   3 El contrato se acabó.
   4 Las películas son distintas ahora.

6. ¿Para qué se creó el nuevo instituto?
   1 para enseñar el inglés a los extranjeros
   2 para unir aún más Norteamérica y la América Latina
   3 para dar empleo a los estudiantes latinoamericanos
   4 para popularizar las costumbres latinoamericanas

7. ¿Cómo remedia su cansancio el presidente Suárez?
   1 Trabaja día y noche.
   2 Aumenta su actividad física.
   3 Va de vacaciones.
   4 Duerme más horas.

8. ¿Por qué llamó la atención este hecho?
   1 Esto nunca había ocurrido aquí en una misa.
   2 El periódico pagó el programa.
   3 La misa se celebró en el circo.
   4 Los muchachos cantaron muy bien.

9. ¿Por qué tenemos que ser más cuidadosos en el verano?
   1 porque hace mucho sol y calor
   2 porque las playas están llenas de gente
   3 porque pueden ocurrir más accidentes
   4 porque hay más coches en las carreteras

10. ¿Qué broma le hicieron a Paquita Villalba en su cumpleaños?
    1 Fingieron no recordar el día de su cumpleaños.
    2 Le dieron unos discos rotos.
    3 Le cantaron canciones cómicas.
    4 Pusieron más velitas de las necesarias.

11. ¿De qué se queja este crítico?
    1 de la mala selección de las canciones
    2 de la poca popularidad de esta cantante
    3 de la mala voz de la artista
    4 de la triste apariencia de esta señorita

12. ¿Para qué se exhibieron estas pinturas?
    1 para la inauguración de la Galería Nacional
    2 para el aniversario del Museo del Prado
    3 para la visita de los Reyes de España
    4 para conmemorar una fecha histórica de los Estados Unidos

13. ¿Qué hace este señor para tranquilizarse?
    1 Va a esquiar.   3 Escribe libros.
    2 Juega a las carreras.   4 Empieza a cantar.

14. ¿Qué debemos hacer para continuar escuchando esta estación de radio?
    1 aumentar el volumen   3 cambiar la frecuencia
    2 comprar otra radio   4 variar la hora

15. ¿De qué trata este párrafo?
    1 de una pintura costosa   3 de un programa de televisión
    2 de una película nueva   4 de una reunión de artistas

Part 2

Directions (16–25): Listen to your teacher read twice in succession the setting of a dialogue in Spanish. Then the teacher will read aloud twice a line of the dialogue. Immediately after the second reading of each line of the dialogue in Spanish, you will hear instructions in English telling you how to respond in Spanish. Then the teacher will pause while you write an appropriate response in Spanish.

Sentence fragments as well as complete sentences in Spanish will be acceptable, but ONLY if they are in keeping with the instructions.

Numerals are NOT acceptable in Part 2. If the response to the dialogue line includes a date, time, amount of money, number, etc., *write out* the number.   [10]

The instructions for responding to dialogue lines 16 through 25 are as follows:

a. 16. Give your reaction.   *b.* 21. Ask her to tell you about it.
     17. Name some.   22. Give your reaction.
     18. Tell what you think of it.   23. Tell your feelings about it.
     19. Indicate your preference.   24. Suggest what can be done about it.
     20. Tell how you feel about it.   25. Tell what you think of the idea.

Part 3

Directions (26–40): Below each of the following passages, there are one or more questions or incomplete statements about the passage. For *each*, select the word or expression that best answers the question or completes the statement *in accordance with the meaning of the passage*, and write its *number* in the space provided in the separate answer booklet.   [30]

a. Es probable que el chocolate haya tenido una relación religiosa. En los tiempos antiguos creían que el árbol de cacao tenía orígenes divinos. Los indios de Nicaragua adoraban a Chocolat, un dios que los protegía del sol y de la lluvia.

Los mayas y los aztecas preparaban el cacao, moliéndolo y mezclándolo con maíz, pimientos y especias para hacer chocolactl. El nombre viene de las palabras mayas "choco" (cacao) y "lactl" (agua).

Durante la conquista de México, los aztecas le dieron a beber a Hernán Cortés el chocolactl, pero no le gustó porque era amargo. Lo probó por segunda vez en el palacio de Moctezuma, donde fue preparado con miel, especias y vainilla. ¡Eso sí que era algo especial!

Muy pronto el chocolactl se convirtió en la bebida favorita de los nobles españoles. Para satisfacer su gran demanda, los agricultores españoles comenzaron a cultivar cacao en Trinidad y Venezuela. Cuando se dieron cuenta de la importancia de la nueva industria, los españoles mantuvieron en secreto el cultivo y proceso del cacao. Durante una guerra, años después, entre España y Holanda, los marineros holandeses capturaron un barco español cargado de cacao, pero echaron el cacao al agua porque pensaron que no tenía ningún valor.

26. ¿Por qué adoraban los indios de Nicaragua al Dios Chocolat?
   1 Era muy dulce.
   2 Los protegía contra las enfermedades.
   3 Los defendía de los elementos naturales.
   4 Establecía la paz entre ellos.

27. ¿Cómo hacían el "chocolactl" los mayas y los aztecas?
   1 Ponían frutas dulces en el cacao.
   2 Mezclaban agua con el cacao.
   3 Molían el cacao y le echaban azúcar.
   4 Preparaban el cacao con otros ingredientes.

28. Al probar el chocolactl por primera vez, ¿cómo lo encontró Cortés?
   1 sabroso   2 desagradable   3 dulce   4 indigestible

29. El cacao empezó a ser cultivado en Trinidad y Venezuela porque
   1 llegó a ser muy popular
   2 la gente necesitaba trabajar
   3 la aristocracia lo vendía a Holanda
   4 era muy barato

30. ¿Por qué arrojaron los marineros la carga capturada?
   1 Estaba contaminada.
   2 No sabían lo que era.
   3 Era muy pesada.
   4 Lo ordenó el rey.

b. Johnny Alicea, representante de los New York Mets en la comunidad hispana, acaba de anunciar la donación de 5.000 boletos gratis para un partido de béisbol. Se celebrará en el Shea Stadium el 14 de julio contra los Cachorros de Chicago.

La repartición de estos boletos, como siempre, se hará en coordinación con la Fundación de Deportes Hispanos, que preside el señor Johnny E. Meléndez.

Aquellas organizaciones interesadas en recibir estos boletos para jóvenes entre las edades de 9 a 16 años, deben escribir a Johnny Meléndez, 1089 Simpson Street, Bronx, N.Y. 10459, lo más pronto posible. Este es el sexto año en que se va a celebrar "El Día de la Fundación Hispana" en el Shea Stadium como estímulo a la juventud hispana y como símbolo de la amistad y cooperación que existe entre los "New York Mets" y la comunidad latinoamericana de Nueva York.

Recientemente se completó la distribución de pelotas y bates que los Mets donaron como parte de este programa de cooperación deportiva. Se avisa a todas las organizaciones deportivas y sociales que los Mets tienen películas de la serie mundial, partidos especiales y otras películas de valor instructivo sobre el béisbol. Estas películas se pueden conseguir prestadas para usarlas en sus reuniones y actividades.

Como un tributo eterno al famoso jugador Roberto Clemente se ha producido una película basada en la fabulosa carrera de este astro puertorriqueño. Está a la disposición de todos aquellos grupos interesados en verla.

31. ¿Quién es Johnny Alicea?
    1 un aficionado joven
    2 un beisbolista famoso
    3 un líder hispánico
    4 un comerciante rico

32. Se pueden obtener boletos sin pagar
    1 comprando un bate
    2 asistiendo a otro partido
    3 llamando por teléfono
    4 pidiéndolos por escrito

33. El Día de la Fundación Hispana sirve para
    1 rodar una película
    2 fomentar buenas relaciones
    3 honrar a un héroe hispano
    4 celebrar una victoria

34. Como parte de su programa los Mets regalan
    1 artículos deportivos
    2 uniformes oficiales
    3 almuerzos en el estadio
    4 fotos de los jugadores

35. ¿Qué se ha hecho en memoria de Roberto Clemente?
    1 un libro sobre su vida
    2 una colecta de 5.000 dólares
    3 un film de su carrera
    *4 una sociedad deportiva

  c. Una joven que estudiaba para maestra había recibido la responsabilidad de instruir por una semana a varios alumnos del sexto grado en la casa de campo que pertenecía a la escuela. Con entusiasmo y cuidado planeó una serie de excursiones para aquellos chicos de la ciudad, pues quería experimentar con ellos su amor al campo y a los bosques. Sin embargo, la semana fue un desastre completo. Cuatro de los cinco días llovió sin cesar, y los muchachos estuvieron inquietos y poco dispuestos a ayudar a la joven. Por fin, cuando se preparaban para volver a la ciudad, la muchacha, llorando, dijo para sí: "Antes tenía ciertas dudas, pero hoy estoy convencida de que jamás podré trabajar con niños. ¡No estoy hecha para eso!"

  Entonces mientras los chiquillos subían al autobús, una niña tardaba un poco y, después de un momento, dijo a la maestra: "Quiero darle las gracias por la semana que hemos pasado y por todas las cosas que nos enseñó. ¿Sabe usted? Jamás había escuchado el viento entre los árboles. Y es un sonido muy hermoso que nunca olvidaré. Escribí un poema para usted y no me atrevía a dárselo". Sacó de su bolsa una hoja de papel y se la entregó. Después de leer aquellas pocas líneas escritas con lápiz, la joven maestra levantó los ojos, llenos de lágrimas, pero en esta ocasión de felicidad.

  Gracias a la acción de la niña, numerosos niños gozarán en el futuro del cariño y las enseñanzas de una maestra extraordinaria.

36. ¿Dónde enseñaba la joven?
    1 en una escuela técnica
    2 en un área rural
    3 en la playa
    4 en una escuela universitaria

37. La joven esperaba transmitir a los niños
    1 su amor a la naturaleza
    2 sus conocimientos científicos
    3 ciertos procesos literarios
    4 la habilidad de hablar otra lengua

38. El programa salió mal porque
    1 los muchachos olvidaron sus libros
    2 muchos niños estuvieron ausentes
    3 la maestra lo presentó sin entusiasmo
    4 el tiempo estuvo malo

39. Para mostrar su gratitud, una niña le dio a la maestra
    1 una flor   2 una planta   3 unos versos   4 unas fotos

40. Como resultado de lo que hizo la niña, la maestra
    1 siguió con su profesión original
    2 escribió un cuento
    3 se puso enferma
    4 regresó muy triste a la ciudad

Part 4

Directions (41–50): In the separate answer booklet, write your responses in Spanish to dialogue lines 41 through 50. [10]

Before writing responses, read carefully the setting and its accompanying dialogue. Be sure each response is consistent with the setting and all lines of the dialogue.

Each response must contain a COMPLETE SENTENCE in the form of a statement or a question.

Mere restatements of printed dialogue lines, previous responses, or excerpts from the setting are NOT ACCEPTABLE as responses.

Keep agreement of sentence elements according to the masculine or feminine role you are asked to play.

a. Ya pasó la hora de comer en su casa. Su mamá está impaciente porque Ud. todavía no ha llegado. Al entrar, usted le explica por qué tardó tanto.

41. Su mamá: Hace más de una hora que te espero.
Usted:

42. Su mamá: Sabes que siempre comemos a las seis.
Usted:

43. Su mamá: Y, ¿no podías esperar hasta mañana para hacerlo?
Usted:

44. Su mamá: Y, ¿por qué lo dejaste para el último momento?
Usted:

45. Su mamá: Basta de explicaciones. Ponte a tomar la sopa antes de que se enfríe.
Usted:

b. Los señores Vega llegan a Madrid. Son turistas y van a uno de los hoteles de la ciudad. El señor Vega habla con el empleado del hotel.

46. El señor Vega: Tenemos una reservación. Soy el señor Vega.
El empleado:

47. El señor Vega: Pensamos quedarnos aquí por dos semanas.
El empleado:

48. El señor Vega: ¿A qué hora estará lista nuestra habitación?
El empleado:

49. El señor Vega: En este momento estamos muy cansados porque el viaje fue largo.
El empleado:

50. El señor Vega: Más tarde deseamos ver algunos sitios de interés.
El empleado:

Part 5

Directions (51): In the answer booklet, write a composition in Spanish as directed below. [10]

Write a unified composition entitled, *"El mundo de los ochenta: los próximos diez años."* Your composition must contain 10 elements. An element is the written expression of thought, action, or description, consisting of one verb form *and* the necessary additional words. The 10 elements may be contained in a total of 10 sentences, each having one element, or they may be contained in fewer than 10 sentences if some of the sentences have more than one element.

Examples:
    One element: I want to go to the store with my mother.
    Two elements: I want to go to the store to buy some clothes.

You may use ideas suggested by any or all of the subtopics listed below *or* you may use your own ideas in whole or in part, provided you keep to the assigned topic (*the world in the eighties*).

The suggested subtopics are as follows: where you will be in the eighties; what you will be doing; why you chose to do this; with whom you expect to be doing this; what you will do to achieve it; how your life will be different from the way it is now; what changes, if any, will take place in your family; what your community will be like; what your reactions to the eighties will be; how you will remember the eighties.

Spanish-English Vocabulary

a, to, at; al + *inf.*, upon
. . .
abajo, below; escalera abajo, downstairs
abandonar, to abandon, to desert
abeja, *f.*, bee
abierto,-a, open; abierto de par en par, wide open
abogado, *m.*, lawyer
aborrecer (zc), to hate, to detest
abrazar (c), to embrace, to hug
abrazo, *m.*, embrace, hug
abrigo, *m.*, coat, overcoat
abril, *m.*, April
abrir, to open
absoluto,-a, absolute
abuelo, *m.*, grandfather; abuela, *f.*, grandmother
abundante, abundant
aburrir, to bore; aburrirse, to become bored
acabar, to finish, to end; acabar de + *inf.*, to have just . . .; acabar por + *inf.*, to end by, to finally . . .
acaso, perhaps
accidente, *m.*, accident
acción, *f.*, action
acento, *m.*, accent
aceptar, to accept
acera, *f.*, sidewalk
acerca de, about, concerning
acercarse (qu) a, to approach
acero, *m.*, steel
acertar (ie), to hit the mark, to guess right; acertar a + *inf.*, to happen to
acompañar, to accompany
aconsejar, to advise
acordarse (ue) de, to remember
acostar (ue), to put to bed; acostarse, to go to bed
acostumbrar, to be accustomed to; acostumbrarse

a, to become accustomed to
acto, *m.*, act
actor, *m.*, actor; actriz, *f.*, actress
actual, present, present-day; actualmente, at present, nowadays
actuar (ú), to act
acueducto, *m.*, aqueduct
acuerdo, *m.*, agreement; de acuerdo con, in accordance with; estar de acuerdo, to be in agreement; ponerse de acuerdo, to come to an agreement
acusar, to accuse
adelantar(se), to advance, to progress
adelante, ahead, forward; de hoy en adelante, from now on, henceforth
ademán, *m.*, gesture
además, besides, moreover; además de, besides
adentro, inside
adiós, goodbye
adjetivo, *m.*, adjective
administrador, *m.*, manager, administrator
admiración, *f.*, admiration
admirar, to admire
admitir, to admit
adonde, (to) where; ¿adónde?, (to) where?
adondequiera, (to) wherever
adornar, to decorate, to adorn
adquirir (ie, i), to acquire
adverbio, *m.*, adverb
adversario, *m.*, adversary, opponent, rival
advertir (ie, i), to notify, to warn
afecto, *m.*, affection
afeitar, to shave; afeitarse, to shave oneself
aficionado,-a (a), devoted (to); *m.* or *f.*, "fan"

afirmar, to state, to affirm
afligir (j), to afflict, to grieve; afligirse, to feel aggrieved
afortunado,-a, fortunate; afortunadamente, fortunately
afuera, outside; afueras, *f. pl.*, outskirts
agitar, to agitate, to stir, to wave; agitarse, to become upset
agosto, *m.*, August
agradable, pleasant, agreeable
agradar, to be pleasing
agradecer (zc), to thank (for), to be grateful (for)
agregar (gu), to add
agrícola, agricultural
agricultor, *m.*, farmer
agua (el), *f.*, water
aguador, *m.*, water seller
aguardar, to wait (for), to await
agudo,-a, sharp
águila (el), *f.*, eagle
aguja, *f.*, needle
ahí, there
ahora, now; ahora mismo, right now
aire, *m.*, air
ajedrez, *m.*, chess
ajeno,-a, foreign, alien, another's
ala (el), *f.*, wing
alabar, to praise
alba (el), *f.*, dawn
alcalde, *m.*, mayor
alcanzar (c), to reach, to overtake
alcoba, *f.*, bedroom
aldea, *f.*, village
alegrarse (de), to be glad (of, to)
alegre, merry, gay, happy
alegría, *f.*, joy, merriment
alejarse (de), to move away, to withdraw (from)
alemán, alemana, German;

m., German (language)
Alemania, *f.*, Germany
alfabeto, *m.*, alphabet
alfiler, *m.*, pin, brooch
alfombra, *f.*, carpet, rug
algo, something, somewhat
algodón, *m.*, cotton
alguien, someone
alguno,-a (algún), some; **alguna vez,** some time
alhaja, *f.*, jewel
alimento, *m.*, food
alma (el), *f.*, soul
almohada, *f.*, pillow
almorzar (ue, c), to eat lunch
almuerzo, *m.*, lunch
alrededor de, around
altar, *m.*, altar
alto,-a, high, tall; **en voz alta,** aloud; **de alto,** in height
altura, *f.*, height
alumbrar, to illuminate, to light up
alumno,-a, pupil, student
alzar (c), to raise, to lift
allí, allá, there
amable, kind, amiable
amanecer (zc), to dawn; **al amanecer,** at daybreak
amante, *m.* or *f.*, lover, suitor
amar, to love
amargo,-a, bitter
amargura, *f.*, bitterness
amarillo,-a, yellow
ambición, *f.*, ambition
ambos,-as, both
amenazar (c) (con), to threaten (to)
América, *f.*, America; **la América Hispana,** Spanish America
americano,-a, American; **americana,** *f.*, jacket (of a man's suit)
amigo,-a, friend
amistad, *f.*, friendship
amo, *m.*, master, owner, boss
amor, *m.*, love
ancho,-a, wide

andaluz,-a, Andalusian
andar, to walk, to go
andén, *m.*, station platform
andino,-a, Andean
ángel, *m.*, angel
anillo, *m.*, ring
animado,-a, lively, excited
animar, to encourage
aniversario, *m.*, anniversary
anoche, last night
anochecer (zc), to grow dark; **al anochecer,** at nightfall
ante, before (in the presence of)
anteayer, day before yesterday
anteojos, *m. pl.*, eyeglasses
anterior, previous, preceding
antes, previously, beforehand; **antes de,** before; **cuanto antes,** as soon as possible, without delay
antiguo,-a, ancient, old
anunciar, to announce
añadir, to add
año, *m.*, year; **el Año Nuevo,** New Year; **el año que viene,** next year; **tener . . . años,** to be . . . years old
apagar (gu), to put out, to extinguish
aparato, *m.*, apparatus, set; **aparato de televisión,** television set
aparecer (zc), to appear
apartamiento, *m.*, apartment
apartar, to separate, to place apart; **apartarse (de),** to draw apart (from), to leave
aparte, aside, separate
apellido, *m.*, surname
apenas, scarcely, hardly
apetito, *m.*, appetite
aplaudir, to applaud
aplicado,-a, studious, diligent, industrious
aplicar (qu), to apply
apoderarse de, to take pos-

session of, to get control of
apodo, *m.*, nickname
apóstol, *m.*, apostle
apoyar, to support, to aid; **apoyarse en,** to lean on
aprender, to learn
apresurarse (a), to hurry (to)
apretar (ie), to tighten, to squeeze, to be tight
aprovecharse de, to take advantage of
aproximadamente, approximately
apurarse, to worry
aquel: en aquel entonces, at that time
aquí, acá, here
árabe, Arab, Arabic; *m.*, Arabic (language)
árbol, *m.*, tree
arder, to burn
ardiente, ardent, burning
arena, *f.*, sand
la Argentina, Argentina
aritmética, *f.*, arithmetic
arma (el), *f.*, weapon, arm
armada, *f.*, fleet
armar, to arm
armario, *m.*, closet
arquitecto, *m.*, architect
arquitectura, *f.*, architecture
arrancar (qu), to pull out
arreglar, to arrange, to settle
arreglo, *m.*, arrangement
arrepentirse (ie, i) de, to repent
arriba, above, up, upstairs
arrojar, to throw
arroz, *m.*, rice
arte, *m.* or *f.*, art
artículo, *m.*, article
artista, *m.* or *f.*, artist
ascender (ie), to ascend
ascensor, *m.*, elevator
asegurar, to assure
así, thus, so, in this way; **así que,** as soon as; **así como,** as well as
asiento, *m.*, seat

asistir (a), to attend

asomarse a, to look out of, to appear at (a window)

asombrado,-a, astonished

asombrar, to astonish; asombrarse (de), to be astonished (at), to wonder (at)

aspecto, *m.*, appearance, aspect

aspirar (a), to aspire (to)

asunto, *m.*, matter, affair

asustar, to frighten; asustarse, to be frightened

atacar (qu), to attack

atar, to tie

atención, *f.*, attention; con atención, attentively; prestar atención, to pay attention

atento,-a, attentive

atraer (atraigo), to attract

atrás, in back, behind

atravesar (ie), to cross

atreverse (a), to dare (to)

atrevido,-a, daring, bold

aula (el), *f.*, classroom

aumentar, to increase

aún (aun), even, still, yet

aunque, although, even though

ausente, absent

autobús, *m.*, bus

automóvil (auto), *m.*, automobile

autor, *m.*, author

autoridad, *f.*, authority

avanzar (c), to advance

avaro,-a, miserly, miser

ave (el), *f.*, bird

avenida, *f.*, avenue

aventura, *f.*, adventure

averiguar (gü), to find out, to verify

avión, *m.*, airplane

avisar, to notify, to warn

¡ay!, alas!

ayer, yesterday

ayuda, *f.*, aid, help

ayudar, to help

azteca, *m.* or *f.*, Aztec

azúcar, *m.*, sugar

azul, blue

bailar, to dance

bailarín, bailarina, dancer

baile, *m.*, dance

bajar, to descend, to go down

bajo,-a, low, short; *adv.*, under

bala, *f.*, bullet

balcón, *m.*, balcony

banco, *m.*, bank, bench

banda, *f.*, edge; la Banda Oriental, Eastern Edge (former name of Uruguay)

bandera, *f.*, banner, flag

banquero, *m.*, banker

banquete, *m.*, banquet

bañar, to bathe; bañarse, to take a bath

baño, *m.*, bath, bathroom

barato,-a, cheap

bárbaro,-a, barbarous, barbarian

barco, *m.*, ship

base, *f.*, base, basis

bastante, enough, quite

bastar, to suffice, to be enough

batalla, *f.*, battle

baúl, *m.*, trunk

beber, to drink; dar de beber, to give a drink

bebida, *f.*, beverage, drink

béisbol, *m.*, baseball

belleza, *f.*, beauty

bello,-a, beautiful

besar, to kiss

beso, *m.*, kiss

biblioteca, *f.*, library

bicicleta, *f.*, bicycle

bien, well; *m.*, good, welfare; *m. pl.*, property; llevarse bien (con), to get along well (with); salir bien, to pass (an examination)

billete, *m.*, ticket; billete de ida y vuelta, round-trip ticket

blanco,-a, white

blando,-a, soft

blusa, *f.*, blouse

boca, *f.*, mouth

boda, *f.*, wedding

bolsa, *f.*, purse, stock market

bolsillo, *m.*, pocket

bondad, *f.*, kindness

bondadoso,-a, kind

bonito,-a, pretty

borrador, *m.*, eraser

borrar, to erase

bosque, *m.*, forest, woods

botella, *f.*, bottle

botica, *f.*, drugstore

botón, *m.*, button

bravo,-a, fierce, brave

brazalete, *m.*, bracelet

brazo, *m.*, arm

breve, short, brief

brillante, shining, brilliant

brillar, to shine

broma, *f.*, joke, jest; en broma, in jest

brotar, to sprout

bueno,-a (buen), good; de buena gana, willingly

buque, *m.*, ship

burlarse de, to make fun of, to laugh at

burro, *m.*, donkey

busca, *f.*, search; en busca de, in search of

buscar (qu), to look for, to seek

caballero, *m.*, gentleman, knight

caballo, *m.*, horse

cabello, *m.*, hair

caber (quepo), to fit; no cabe duda, doubtless, there is no doubt

cabeza, *f.*, head; de pies a cabeza, from head to foot

cabo, *m.*, end, corporal; llevar a cabo, to carry out

cabra, *f.*, goat

cada, each; cada vez más, more and more

cadena, *f.*, chain

caer (caigo, y), to fall; dejar caer, to drop

café, *m.*, coffee, café

cafetería, *f.*, cafeteria

caída, *f.*, fall

caja, *f.*, box
cajón, *m.*, drawer
calcetín, *m.*, sock
calendario, *m.*, calendar
calentar (ie), to heat
calidad, *f.*, quality
caliente, hot, warm
calma, *f.*, calm
calor, *m.*, heat, warmth;
  hacer calor, to be warm
  (weather); tener calor, to
  be warm (person)
callarse, to be silent, to
  keep still
calle, *f.*, street
cama, *f.*, bed; guardar
  cama, to stay in bed
cámara, *f.*, camera; pintor
  de cámara, court painter
camarero, *m.*, waiter; ca-
  marera, *f.*, waitress
cambiar, to change
cambio, *m.*, change, ex-
  change; en cambio, on
  the other hand
caminar, to walk
camino, *m.*, road, highway;
  camino de, on the way to;
  en camino, on the road;
  proseguir el camino, to
  continue on one's way
camisa, *f.*, shirt
campana, *f.*, bell
campaña, *f.*, campaign
campesino, *m.*, farmer,
  peasant
campo, *m.*, country, field
canción, *f.*, song
cansado,-a, tired, tiresome
cansar, to tire; cansarse, to
  become tired
cantante, singer; cantante
  callejero, street singer
cantar, to sing
cantidad, *f.*, quantity
canto, *m.*, song, singing
cantor, *m.*, singer
cañón, *m.*, cannon, canyon;
  el Gran Cañón, the Grand
  Canyon
capa, *f.*, cape
capaz, capable
capilla, *f.*, chapel

capital, *f.*, capital (city);
  m., capital (money)
capitán, *m.*, captain
capítulo, *m.*, chapter
cara, *f.*, face
cárcel, *f.*, prison
carecer (zc) de, to lack
cargar (gu), to load
caridad, *f.*, charity
cariño, *m.*, affection, love
cariñoso,-a, affectionate
carne, *f.*, meat
carnicería, *f.*, butcher shop
carnicero, *m.*, butcher
caro,-a, expensive, dear
carpintero, *m.*, carpenter
carrera, *f.*, profession, career
carreta, *f.*, cart
carretera, *f.*, highway
carretero, *m.*, truckman
carta, *f.*, letter
cartero, *m.*, letter carrier,
  postman
casa, *f.*, house, home; casa
  de correos, post office; a
  casa, (to) home; en casa,
  (at) home; mudar de
  casa, to move
casamiento, *m.*, marriage,
  wedding
casar, to marry; casarse
  (con), to get married (to)
casi, almost
caso, *m.*, case; en caso de
  que, in case; en todo
  caso, in any case; hacer
  caso de, to heed, to pay
  attention to
castañuelas, *f.*, castanets
castellano,-a, Castilian,
  Spanish
castigar (gu), to punish
castigo, *m.*, punishment
castillo, *m.*, castle
catalán, catalana, Catalo-
  nian
catarata, *f.*, waterfall
catarro, *m.*, cold (illness)
catástrofe, *f.*, catastrophe
catedral, *f.*, cathedral
caucho, *m.*, rubber
causa, *f.*, cause; a causa de,
  because of

ceder, to yield
celebrar, to celebrate; cele-
  brarse, to be celebrated
célebre, famous, celebrated
cena, *f.*, supper
cenar, to have supper
centavo, *m.*, cent
centro, *m.*, center, down-
  town
cepillo, *m.*, brush
cerca de, near; de cerca,
  nearby
cercano,-a, nearby, neighboring
ceremonia, *f.*, ceremony
cereza, *f.*, cherry
cero, *m.*, zero
cerrado,-a, closed
cerrar (ie), to close
cesar (de), to stop, to cease
cesta, *f.*, basket
ciego,-a, blind
cielo, *m.*, sky, heaven
ciencia, *f.*, science
cierto,-a, certain, a certain
cigarro, *m.*, cigar
cine, *m.*, movies, movie theater
circo, *m.*, circus
círculo, *m.*, circle, club
cita, *f.*, appointment, date
ciudad, *f.*, city
ciudadano,-a, citizen
civil, civil, civilian
civilización, *f.*, civilization
claridad, *f.*, clarity, clear-
  ness
claro,-a, light, clear
clase, *f.*, class, classroom
clavel, *m.*, carnation
clima, *m.*, climate
cobrar, to collect, to charge
cobre, *m.*, copper
cocer (ue, z), to cook
cocina, *f.*, kitchen
cocinero,-a, cook
coche, *m.*, car
cochero, *m.*, coachman,
  driver
coger (j), to seize, to grasp,
  to catch
colchón, *m.*, mattress
colgar (ue, gu), to hang

colocar (qu), to place, to put

colonia, *f.*, colony

color, *m.*, color

columna, *f.*, column

collar, *m.*, necklace

combate, *m.*, combat

combatir, to combat, to fight

comedia, *f.*, (theatrical) play, comedy

comedor, *m.*, dining room

comenzar (ie, c), to begin, to commence

comer, to eat; **dar de comer**, to feed

comercial, commercial

comerciante, *m.*, merchant

comercio, *m.*, commerce, trade

comestibles, *m. pl.*, groceries

comida, *f.*, meal, dinner, food

como, as, like; **como si**, as if, as though; **¿cómo?**, how?; **así como**, as well as; **tan pronto como**, as soon as

cómodo,-a, comfortable

compañero,-a, companion, friend

compañía, *f.*, company

compilar, to compile

completar, to complete

completo,-a, complete

componer (compongo), to compose, to repair

compositor, *m.*, composer

compra, *f.*, purchase; **ir de compras**, to go shopping

comprar, to buy

comprender, to understand, to comprise

común, common; **por lo común**, usually, generally

comunicar (qu), to communicate

con, with; **con tal que**, provided that

conceder, to concede

concierto, *m.*, concert

concluir (y), to end, to conclude

conde, *m.*, count; **condesa**, *f.*, countess

condenar, to condemn

condicional, conditional

condiscípulo, *m.*, fellow pupil

conducir (zc), to conduct, to lead, to drive (an automobile)

conferencia, *f.*, lecture, talk

conferenciante, *m.*, lecturer

confesar (ie), to confess

confianza, *f.*, confidence

confiar (í) en, to rely on, to confide in

conforme, in agreement; **conforme a**, according to, in accordance with; **estar conforme (con)**, to be in agreement (with)

confundir, to confuse; **confundirse**, to become confused

confusión, *f.*, confusion

congreso, *m.*, congress

conjunto, *m.*, entirety, whole

conmemorar, to commemorate

conmigo, with me

conmover (ue), to move (emotionally)

conocer (zc), to know (a person), to meet (make the acquaintance of)

conocido,-a, known; *m.* or *f.*, acquaintance

conquista, *f.*, conquest

conquistador, *m.*, conqueror

conquistar, to conquer

consecuencia, *f.*, consequence

conseguir (i, g), to get, to obtain; **conseguir + *inf.***, to succeed in

consejo, *m.*, advice, council

consentir (ie, i) (en), to consent (to)

conservar, to preserve, to save

considerar, to consider

consigo, with him (self), with her (self), with you (your-self), with them (selves)

consiguiente: por consiguiente, consequently, therefore

consistir (en), to consist (of)

constante, constant

constitución, *f.*, constitution

construcción, *f.*, construction

construir (y), to construct, to build

consuelo, *m.*, consolation

consultar, to consult

contador, *m.*, accountant, bookkeeper

contar (ue), to count, to relate; **contar con**, to rely on

contemplar, to contemplate

contemporáneo,-a, contemporary, present-day

contener (ie, contengo), to contain

contento,-a, content, happy

contestación, *f.*, answer

contestar, to answer

contigo, *fam.*, with you

continente, *m.*, continent

continuar (ú), to continue

contra, against

contrario,-a, contrary

contrato, *m.*, contract

contribuir (y), to contribute

convencer (z), to convince

convenir (ie, convengo) (en), to agree (to)

conversación, *f.*, conversation

conversar, to converse

convertir (ie, i) (en), to convert (to)

copa, *f.*, goblet, cup

copiar, to copy

corazón, *m.*, heart

corbata, *f.*, necktie

cordillera, *f.*, mountain range

correcto,-a, correct

corregir (i, j), to correct

correo, *m.*, mail; **casa de correos**, post office; **echar al correo**, to mail correr, to run

corresponder, to correspond, to belong, to be suitable

correspondiente, corresponding

corrida, *f.* (de toros), bullfight

corriente, current, present; *f.*, current

cortar, to cut

cortés, courteous, polite

cortesía, *f.*, courtesy

cortina, *f.*, curtain

corto,-a, short

cosa, *f.*, thing

cosecha, *f.*, harvest

coser, to sew

costa, *f.*, coast, cost

costar (ue), to cost

costumbre, *f.*, custom

crear, to create

crecer (zc), to grow

creer (y), to believe; ¡ ya lo creo!, of course!, I should say so!

criado, *m.*, servant; criada, *f.*, servant, maid

crimen, *m.*, crime

criollo,-a, Creole

cristiano,-a, Christian

crítico, *m.*, critic

cruz, *f.*, cross

cruzar (c), to cross

cuaderno, *m.*, notebook

cuadrado,-a, square; *m.*, square

cuadro, *m.*, picture

¿cuál?, which?

cualquier(a), any, whatever

¡cuán . . . !, how . . . !

cuando, when; de vez en cuando, from time to time; ¿cuándo?, when?

cuandoquiera, whenever

cuanto,-a, as much as; cuanto antes, as soon as possible, without delay; en cuanto, as soon as; en cuanto a, in regard to, as for; unos cuantos (unas cuantas), a few; ¿cuánto, -a?, how much?; ¿cuán-

tos, -as?, how many?; ¿cuánto tiempo?, how long?; ¿a cuántos estamos?, what is today's date?

cuarto,-a, fourth; *m.*, room, quarter

cubano,-a, Cuban

cubrir, to cover

cuchara, *f.*, spoon

cuchillo, *m.*, knife

cuello, *m.*, neck, collar

cuenta, *f.*, account, bill; darse cuenta (de), to realize, to become aware (of)

cuento, *m.*, story, tale

cuerda, *f.*, cord, rope, string; dar cuerda (a), to wind

cuero, *m.*, leather

cuidado, *m.*, care; con cuidado, carefully; perder cuidado, not to worry; tener cuidado, to be careful

cuidar (a), to take care of (a person); cuidar (de), to take care of (something)

culpa, *f.*, blame, fault; echar la culpa a, to blame; tener la culpa (de), to be to blame (for)

culto,-a, cultured; *m.*, cult, worship

cumbre, *f.*, top, peak

cumpleaños, *m.*, birthday

cumplir (con), to fulfill, to keep (a promise)

cura, *m.*, priest; *f.*, cure

curar, to cure

curiosidad, *f.*, curiosity

curioso,-a, curious

cursivo,-a, italic (letter)

curso, *m.*, course

curtir, to tan

cuyo,-a, whose

chaleco, *m.*, vest

chaqueta, *f.*, jacket

charlar, to chat

cheque, *m.*, check

chicle, *m.*, chewing gum

chico,-a, small, child

chileno,-a, Chilean

chiste, *m.*, joke

dama, *f.*, lady

daño, *m.*, damage, harm; hacer(se) daño, to hurt (oneself), to cause damage

dar (doy), to give; dar a, to face, to look out upon; dar con, to come upon, to find; dar de beber (comer), to give a drink (to feed); dar en, to strike against (to hit); dar la hora, to strike the hour; dar la vuelta a, to circumnavigate; dar las gracias, to thank; dar recuerdos (a), to give regards (to); dar un grito, dar gritos, to shout; dar un paseo, to take a walk, to ride; dar una vuelta, to take a stroll; dar voces, to shout; darse cuenta (de), to realize, to become aware (of); dar(se) por + *past participle*, to consider (oneself); darse prisa, to hurry

de, of, from, by, than; del, of the

debajo, underneath; debajo de, under

deber, to owe, should, ought to; *m.*, duty; deber de, must, probably; debido a, due to

débil, weak

decadencia, *f.*, decadence

decidir, to decide; decidirse (a), to decide (to)

decir (i, digo), to say, to tell; querer decir, to mean; es decir, that is to say; decir la buenaventura, to tell one's fortune; decir que sí (no), to say yes (no)

declaración, *f.*, declaration
declarar, to declare
decorar, to decorate
dedicar (qu), to dedicate, to devote; dedicarse (a), to devote oneself (to)
dedo, *m.*, finger, toe
defecto, *m.*, defect
defender (ie), to defend
defensa, *f.*, defense
definido,-a, definite
dejar, to leave, to let; dejar caer, to drop; dejar de + *inf.*, to fail to, to stop, to neglect to
delante de, in front of
delgado,-a, slender, thin
demás: los (las) demás, the remainder, the remaining
demasiado,-a, too much; *adv.*, too
demostrar (ue), to show, to demonstrate
demostrativo,-a, demonstrative
dentista, *m.*, dentist
dentro (de), within, inside (of); dentro de poco, in a little while
dependiente, *m.*, clerk
deporte, *m.*, sport
derecho,-a, right; *m.*, right, law; a la derecha, to (at) the right
derramar, to spill, to shed
derrotar, to defeat
desagradable, disagreeable, unpleasant
desaparecer (zc), to disappear
desarrollar(se), to unfold, to develop
desastre, *m.*, disaster
desayunarse, to have breakfast
desayuno, *m.*, breakfast
descansar, to rest
descanso, *m.*, rest
descender (ie), to descend
desconocer (zc), to be unaware of
describir, to describe

descubrimiento, *m.*, discovery
descubrir, to discover
desde, from, since; desde luego, of course, at once
desear, to want, to wish
deseo, *m.*, wish, desire
desgracia, *f.*, misfortune; por desgracia, unfortunately
desgraciado,-a, unfortunate; desgraciadamente, unfortunately
deshacer (deshago), to undo
desierto,-a, deserted; *m.*, desert
deslizarse (c), to glide
desmayarse, to faint
despacio, slowly
despacho, *m.*, office
despedirse (i) (de), to take leave (of), to say goodby (to)
despertar (ie), to awaken (someone); despertarse, to wake up (oneself)
después, afterwards; después de, after; después que, after
destino, *m.*, destiny, fate, destination
destruir (y), to destroy
detalle, *m.*, detail
detener (ie, detengo), to stop, to detain; detenerse, to stop (oneself)
detrás de, behind
deuda, *f.*, debt
devolver (ue), to return, to give back
día, *m.*, day; día de fiesta, holiday; al día siguiente, on the following day; de día, by day; Día de los Difuntos, All Souls' Day; algún día, some day; hoy día, nowadays; ocho días, a week; quince días, two weeks; todo el día, all day; todos los días, every day
diamante, *m.*, diamond

diario,-a, daily; *m.*, newspaper
diccionario, *m.*, dictionary
diciembre, *m.*, December
dictado, *m.*, dictation; escribir al dictado, to write at dictation
dictador, *m.*, dictator
dictadura, *f.*, dictatorship
dichoso,-a, fortunate, happy, blessed
diente, *m.*, tooth
diferencia, *f.*, difference
diferente, different
difícil, difficult
dificultad, *f.*, difficulty
dignidad, *f.*, dignity
diligente, diligent
dinamita, *f.*, dynamite
dinero, *m.*, money
Dios, God
dirección, *f.*, address, direction
directo,-a, direct
director, *m.*, director, principal
dirigir (j), to direct, to manage; dirigirse a, to make one's way toward, to address
discípulo, *m.*, pupil, disciple
disco, *m.*, (phonograph) record
discreto,-a, discreet
discurrir, to speak, to discourse, to run about
discurso, *m.*, speech, lecture, discourse
discusión, *f.*, discussion
discutir, to discuss
disgusto, *m.*, displeasure
dispensar, to excuse
disponer (dispongo) de, to dispose of, to have; disponerse a + *inf.*, to get ready to
dispuesto,-a, ready
distancia, *f.*, distance
distinguir (g), to distinguish
distinto,-a, different
distribuir (y), to distribute
diverso,-a, diverse, different; *pl.*, several

divertir (ie, i), to amuse; divertirse, to enjoy oneself, to have a good time

dividir, to divide

doblar, to fold; doblar la esquina, to turn the corner

doble, double

docena, f., dozen

documento, m., document

dólar, m., dollar

doler (ue), to be painful, to cause sorrow

dolor, m., pain, ache, sorrow; dolor de cabeza, headache; tener dolor, to have a pain (ache)

dominar, to dominate

domingo, m., Sunday; Domingo de Resurrección, Easter Sunday

don, m., doña, f., (title used before the given name of a gentleman or lady)

donde, where; ¿dónde?, where?

dondequiera, wherever

dormido,-a, asleep

dormir (ue, u), to sleep; dormirse, to fall asleep

drama, m., drama

dramaturgo, m., dramatist

duda, f., doubt; no cabe duda, doubtless, there's no doubt; sin duda, doubtless, without doubt

dudar, to doubt

dudoso,-a, doubtful

dueño, m., owner, master

dulce, sweet; m. pl., candy

dulzura, f., sweetness, tenderness

durante, during

durar, to endure, to last

duro,-a, hard

e, and (used only before a word beginning with i or hi, but not hie)

económico,-a, economic

echar, to throw, to cast; echar al correo, to mail; echar de menos, to miss;

echar la culpa a, to blame; echarse a + inf., to begin to

edad, f., age; la Edad Media, the Middle Ages

edificio, m., building

educación, f., education, upbringing

educativo,-a, educational

efecto, m., effect; en efecto, in fact, actually, as a matter of fact

ejecutar, to perform, to execute

ejemplar, exemplary, model; m., copy (of a book)

ejemplo, m., example

ejercer (z), to exert, to exercise, to practice (a profession)

ejercicio, m., exercise; hacer ejercicios, to exercise

ejército, m., army

elección, f., election

eléctrico,-a, electric

elefante, m., elephant

elegir (i, j), to elect

elemento, m., element

elevar, to raise, to elevate

embarcarse (qu), to embark, to set sail

embargo: sin embargo, nevertheless, however

emoción, f., emotion

empeñarse en, to insist on

emperador, m., emperor; emperatriz, f., empress

empezar (ie, c), to begin

empleado,-a, employee

emplear, to use, to employ

empleo, m., job

emprender, to undertake

empresa, f., enterprise, undertaking

empujar, to push

en, in, on, at

enamorado,-a (de), in love (with)

encantador,-a, charming

encantar, to enchant, to charm

encanto, m., charm, enchantment

encargar (gu), to put in charge; encargarse de, to take charge of

encender (ie), to light, to ignite

encerrar (ie), to enclose, to lock up

encima, above; encima de, on top of, above

encogerse (j) de hombros, to shrug one's shoulders

encontrar (ue), to find, to meet; encontrarse, to be, to be found; encontrarse con, to meet

enemigo,-a, enemy

enero, m., January

enfadar, to anger; enfadarse, to become angry

enfermedad, f., illness

enfermera, f., nurse

enfermo,-a, sick, ill, sick person

enfrente (de), opposite

engañar, to deceive, to fool

engaño, m., deceit, fraud

enojado,-a, angry

enojar, to anger; enojarse, to become angry

enojo, m., anger

enorme, enormous

ensalada, f., salad

ensayista, m., essayist

ensayo, m., essay

enseñanza, f., teaching

enseñar, to teach, to show

entender (ie), to understand

enterarse (de), to find out (about), to become aware (of)

entonces, then; en aquel entonces, at that time

entrada, f., entrance, (admission) ticket

entrar (en), to enter

entre, between, among

entregar (gu), to deliver, to hand over; entregarse, to devote oneself

entrevista, f., interview, conference

entusiasmo, m., enthusiasm

enviar (í), to send

envolver (ue), to wrap up
época, *f.,* epoch, time, period
equipo, *m.,* team
equivocarse (qu), to be mistaken
error, *m.,* error, mistake
erudito, *m.,* scholar
escalera, *f.,* staircase, stairs
escaparse, to escape
escena, *f.,* scene
esclavo,-a, slave
escoger (j), to choose, to select
esconder, to hide
escribir, to write; **máquina de escribir,** typewriter; **por escrito,** in writing, written; **escribir al dictado,** to write at dictation
escritor,-a, writer
escritorio, *m.,* desk
escuchar, to listen (to)
escudero, *m.,* squire, attendant
escuela, *f.,* school
escultor,-a, sculptor
ese: de esa manera (de ese modo), in that way; **a eso de,** at about (hour); **por eso,** therefore
esfuerzo, *m.,* effort
espacio, *m.,* space
espada, *f.,* sword
espalda, *f.,* back, shoulders
espantar, to frighten; **espantarse,** to become frightened
España, *f.,* Spain
español,-a, Spanish, Spaniard; *m.,* Spanish (language); **a la española,** in the Spanish style
especial, special
especie, *f.,* species, kind, sort
espectáculo, *m.,* spectacle, show
espejo, *m.,* mirror
esperanza, *f.,* hope
esperar, to wait (for), to await, to hope, to expect

espeso,-a, thick
espiar (í), to spy (on)
espíritu, *m.,* spirit
esposo, *m.,* husband; **esposa,** *f.,* wife
esquina, *f.,* corner; **doblar la esquina,** to turn the corner
establecer (zc), to establish; **establecerse,** to settle down
estación, *f.,* season, station
estado, *m.,* state
los Estados Unidos, *m. pl.,* the United States
estallar, to break out
estante, *m.,* shelf, bookcase; **estante para libros,** bookcase
estaño, *m.,* tin
estar (estoy), to be; **estar conforme (con),** to be in agreement (with); **estar de acuerdo (con),** to be in agreement (with); **estar de vuelta,** to be back; **estar a punto de** + *inf.,* to be about to; **estar listo,-a,** to be ready; **estar para** + *inf.,* to be about to; **estar por** + *inf.,* to be in favor of; **¿a cuántos estamos?,** what is today's date?
estatua, *f.,* statue
este, *m.,* east
este: esta noche, tonight; **de esta manera (de este modo),** in this way
estilo, *m.,* style
estimar, to estimate, to esteem
estómago, *m.,* stomach
estrecho,-a, narrow; *m.,* strait
estrella, *f.,* star
estremecerse (zc), to shudder
estuco, *m.,* stucco
estudiante, *m.* or *f.,* pupil, student
estudiar, to study
estudio, *m.,* study

Europa, *f.,* Europe
europeo,-a, European
evidente, evident
evitar, to avoid
exacto,-a, exact
examen, *m.,* examination, test
examinar, to examine
excelente, excellent
exigir (j), to demand, to require
existir, to exist
éxito, *m.,* success; **tener éxito (en),** to be successful (in)
expedición, *f.,* expedition
experiencia, *f.,* experience
experimentar, to experience
explicación, *f.,* explanation
explicar (qu), to explain
explorador, *m.,* explorer
explosión, *f.,* explosion
exponer (expongo), to expose, to expound
exportar, to export
expresar, to express
expresión, *f.,* expression
expulsar, to expel
extender (ie), to extend; **extenderse,** to extend, to spread
extensión, *f.,* area
extinguir (g), to extinguish, to put out
extranjero,-a, foreign, foreigner
extraño,-a, strange
extremo,-a, extreme; *m.,* end, tip, extreme; **el Extremo Oriente,** the Far East

fábrica, *f.,* factory
fabricar (qu), to make, to manufacture
fácil, easy
facturar, to check (luggage)
falda, *f.,* skirt
falso,-a, false, untrue
falta, *f.,* mistake, lack; **hacer falta,** to be lacking; **nos hace(n) falta,** we need, we lack

faltar, to be lacking (to need)
fama, *f.*, fame, reputation
familia, *f.*, family
famoso,-a, famous
favorito,-a, favorite
fe, *f.*, faith
febrero, *m.*, February
fecha, *f.*, date
feliz, happy
femenino,-a, feminine
fenicio,-a, Phoenician
feo,-a, ugly
feria, *f.*, fair
feroz, ferocious
ferrocarril, *m.*, railroad
fiarse (í) de, to trust
fiebre, *f.*, fever
fiel, faithful
fiesta, *f.*, holiday, party; día de fiesta, holiday
figura, *f.*, figure
figurar, to figure; figurarse, to imagine; se me figura, I imagine
fijar, to fix, to set; fijarse en, to notice, to stare at
fijo,-a, fixed, set, firm
fila, *f.*, row
filosófico,-a, philosophical
filósofo, *m.*, philosopher
fin, *m.*, end; fin de semana, weekend; a fin de, in order to; a fin de que, in order that; a fines de, at the end of; al fin, por fin, at last, finally
fingir (j), to pretend
fino,-a, delicate, fine
firmar, to sign
firme, firm
físico,-a, physical
flor, *f.*, flower
florecer (zc), to flourish
fluir (y), to flow
fonda, *f.*, inn
fondo, *m.*, bottom; *pl.*, funds; a fondo, thoroughly
forma, *f.*, form
formal, formal, polite
formar, to form
fortaleza, *f.*, fort, fortress

fortuna, *f.*, fortune
fósforo, *m.*, match
foto, *f.*, photo, picture; sacar fotos, to take pictures
fotografía, *f.*, photograph, photography
fracaso, *m.*, failure
francés, francesa, French; *m.*, French (language)
Francia, *f.*, France
frase, *f.*, sentence
frazada, *f.*, blanket
frecuencia, *f.*, frequency; con frecuencia, frequently
frecuente, frequent
fresa, *f.*, strawberry
fresco,-a, cool, fresh; hacer fresco, to be cool (weather); *m.*, fresco painting
frío,-a, cold; *m.*, cold; hacer (mucho) frío, to be (very) cold (weather); tener (mucho) frío, to be (very) cold (person)
frontera, *f.*, frontier
fruta(s), *f.*, fruit
fuego, *m.*, fire
fuera (de), outside (of); fuera de sí, beside oneself
fuerte, strong, heavy
fuerza, *f.*, force, strength
fumar, to smoke
función, *f.*, performance, show
funcionar, to function, to work
fundador, *m.*, founder
fundar, to found, to establish
furia, *f.*, fury
fútbol, *m.*, soccer, football
futuro, *m.*, future

gaita, *f.*, bagpipes
galán, *m.*, lover, suitor
gallego,-a, Galician
gallina, *f.*, hen
gallo, *m.*, rooster
gana, *f.*, appetite, desire; tener ganas de, to feel

like; de buena (mala) gana, willingly (unwillingly)
ganadería, *f.*, cattle-raising
ganar, to earn, to win
gastar, to spend (money)
gasto, *m.*, expense
gato, *m.*, cat
gemir (i), to groan, to moan
general, general; *m.*, general; por lo general, usually, generally
género, *m.*, class, gender, kind, material (cloth)
generoso,-a, generous
gente, *f.*, people
genuino,-a, genuine
geografía, *f.*, geography
geográfico,-a, geographic
gerundio, *m.*, gerund, present participle
gesto, *m.*, gesture
gitano,-a, gypsy
glorioso,-a, glorious
gobernador, *m.*, governor
gobernar (ie), to govern
gobierno, *m.*, government
golpe, *m.*, stroke, blow
gordo,-a, fat; premio gordo, first prize
gorra, *f.*, cap
gota, *f.*, drop
gótico,-a, Gothic
gozar (c) de, to enjoy
gracia, *f.*, charm, grace; *pl.*, thanks; dar las gracias, to thank
grado, *m.*, grade, degree, rank
graduarse (ú), to be graduated, to graduate
gramática, *f.*, grammar
grande (gran), large, big, great
grave, serious
griego,-a, Greek; *m.*, Greek (language)
gris, gray
gritar, to shout
grito, *m.*, shout, war cry; dar un grito, dar gritos, to shout
grupo, *m.*, group

guante, *m.*, glove

guapo,-a, handsome, pretty

guardar, to guard, to keep; guardar cama, to stay in bed; guardar silencio, to remain silent

guardia, *m.*, guard, policeman

guerra, *f.*, war

guía, *m.*, guide; *f.*, guidebook

guiar (í), to guide, to drive

guisante, *m.*, pea

guitarra, *f.*, guitar

gustar, to be pleasing; nos gusta(n), we like

gusto, *m.*, pleasure, taste; con mucho gusto, gladly, with great pleasure

haba (el), *f.*, bean

haber (he), to have (*auxiliary*); hay, there is, there are (*impersonal*); hay que + *inf.*, one must; haber de + *inf.*, to be (supposed) to, to have to; hay lodo (polvo), it is muddy (dusty); hay sol, it is sunny; hay luna, there is moonlight

hábil, skillful

habilidad, *f.*, skill, ability

habitación, *f.*, room

habitante, *m.*, inhabitant

hablador,-a, talkative

hablar, to speak

hacer (hago), to do, to cause, to make; hacer buen (mal) tiempo, to be good (bad) weather; hacer calor (frío), to be hot (cold) (weather); hacer fresco, to be cool; hacer sol, to be sunny; hacer viento, to be windy; hacer caso de, to heed, to pay attention to; hacer de, to work as, to act as; hacer ejercicios, to exercise; hacer el papel de, to play the role of; hacer

falta, to be lacking (to need); hacer pedazos, to smash, to tear to shreds; hace + *time expression*, ago; hace poco, a little while ago; hacer una pregunta, to ask a question; hacer una visita, to pay a visit; hacer un viaje, to take (make) a trip; hacerse, to become; hacer(se) daño, to harm, to hurt (oneself), to cause damage

hacia, toward

hacha (el), *f.*, ax

hallar, to find; hallarse, to find oneself, to be

hambre (el), *f.*, hunger; tener (mucha) hambre, to be (very) hungry

hasta, until, even; hasta que, until

hazaña, *f.*, exploit, deed

hecho,-a, done, made; *m.*, deed, fact; de hecho, in fact

helado, *m.*, ice cream

helar (ie), to freeze; helarse, to freeze over

hemisferio, *m.*, hemisphere

herida, *f.*, wound

herir (ie, i), to wound

hermano, *m.*, brother; hermana, *f.*, sister; los hermanos, brother(s) and sister(s)

hermoso,-a, beautiful

hermosura, *f.*, beauty

héroe, *m.*, hero

heroico,-a, heroic

hervir (ie, i), to boil

hielo, *m.*, ice

hierba, *f.*, grass; mala hierba, weeds

hierro, *m.*, iron

hijo, *m.*, son; hija, *f.*, daughter; hijos, children

hilo, *m.*, thread

hispanoamericano,-a, Spanish American

historia, *f.*, history, story

histórico,-a, historic

hoja, *f.*, leaf, sheet (of paper)

¡hola!, hello

hombre, *m.*, man

hombro, *m.*, shoulder; encogerse de hombros, to shrug one's shoulders

honrado,-a, honorable, honest

honrar, to honor

hora, *f.*, hour, time; ¿a qué hora?, at what time?; ¿qué hora es?, what time is it?; dar la hora, to strike the hour

hoy, today; hoy día, nowadays; hoy mismo, this very day; de hoy en adelante, from now on, henceforth

huérfano,-a, orphan

huésped, *m.*, guest, host

huevo, *m.*, egg

huir (y), to flee

humanidad, *f.*, humanity, mankind

humano,-a, human

húmedo,-a, humid

humo, *m.*, smoke

hundirse, to sink

ida: billete de ida y vuelta, round-trip ticket

idealista, idealistic

idioma, *m.*, language

iglesia, *f.*, church

igual, equal

iluminar, to light up, to illuminate

ilusión, *f.*, illusion

ilustre, famous, illustrious

imagen, *f.*, image

imaginarse, to imagine

imitar, to imitate

impaciente, impatient

impedir (i), to prevent, to hinder

imperativo,-a, imperative; *m.*, imperative mood

imperfecto,-a, imperfect; *m.*, imperfect tense

imperio, *m.*, empire

impermeable, *m.*, raincoat
importancia, *f.*, importance
importante, important
importar, to import, to be important; **no importa,** it doesn't matter
imposible, impossible
impresión, *f.*, impression
impuesto, *m.*, tax
incaico,-a, *adj.*, Inca
incluir (y), to include
independencia, *f.*, independence
Indias, *f.*, Indies
indicar (qu), to indicate
indicativo,-a, indicative; *m.*, indicative mood
indígena, *m.* or *f.*, native
indio,-a, Indian
industria, *f.*, industry
infancia, *f.*, infancy, babyhood
infinitivo, *m.*, infinitive
infinito,-a, infinite
influencia, *f.*, influence
influir (y) en, to influence, to have influence on
informar, to inform
informe, *m.*, report
ingeniero, *m.*, engineer
Inglaterra, *f.*, England
inglés, inglesa, English; *m.*, English (language)
iniciar, to initiate, to begin
injusticia, *f.*, injustice
inmediatamente, immediately
inmenso,-a, immense
inocente, innocent
inquietud, *f.*, restlessness, uneasiness
insecto, *m.*, insect
insistir (en), to insist (on)
inspirar, to inspire
instrucción, *f.*, instruction
instrumento, *m.*, instrument
inteligencia, *f.*, intelligence
inteligente, intelligent
intención, *f.*, intention
intentar, to intend, to attempt
interés, *m.*, interest
interesante, interesting

interesar, to interest, to be interesting; **interesarse (por),** to be interested (in)
interrogativo,-a, interrogative
interrumpir, to interrupt
íntimo,-a, intimate
inútil, useless
invierno, *m.*, winter
invitado,-a, (invited) guest
invitar, to invite
ir (voy), to go; **ir de compras,** to go shopping; **¡Vaya un(a) . . . !,** What a . . . !; **irse,** to go away
ira, *f.*, anger, ire
isla, *f.*, island
istmo, *m.*, isthmus
italiano,-a, Italian; *m.*, Italian (language)
izquierdo,-a, left; **a la izquierda,** at (to) the left

jabón, *m.*, soap
jamás, never, ever
jamón, *m.*, ham
jardín, *m.*, garden
jefe, *m.*, boss, leader
jinete, *m.*, horseman
joven, young; *m.* or *f.*, young person
joya, *f.*, jewel
juego, *m.*, game
jueves, *m.*, Thursday
juez, *m.*, judge
jugar (ue, gu) a, to play
juguete, *m.*, toy
juicio, *m.*, judgment
julio, *m.*, July
junio, *m.*, June
juntarse, to assemble; **juntarse con,** to get together with, to join
junto a, next to, beside
juntos,-as, together
jurar, to swear
justicia, *f.*, justice
justo,-a, just, exact
juventud, *f.*, youth

kilogramo, *m.*, kilogram
kilómetro, *m.*, kilometer

labio, *m.*, lip
labrador, *m.*, farmer
lado, *m.*, side; **al lado de,** beside
ladrillo, *m.*, brick
ladrón, *m.*, thief
lago, *m.*, lake
lágrima, *f.*, tear
lámpara, *f.*, lamp
lana, *f.*, wool
lanzar (c), to throw
lápiz, *m.*, pencil
largo,-a, long
lástima, *f.*, pity
lavar, to wash; **lavarse,** to get washed, to wash oneself
lección, *f.*, lesson
lectura, *f.*, reading
leche, *f.*, milk
lechero, *m.*, milkman
leer (y), to read
legumbre, *f.*, vegetable
lejano,-a, distant
lejos, far; **lejos de,** far from; **a lo lejos,** in the distance
lengua, *f.*, language, tongue
lento,-a, slow
león, *m.*, lion
letra, *f.*, letter (of the alphabet)
levantar, to lift, to raise; **levantarse,** to stand up, to get up
leve, slight, light
ley, *f.*, law
leyenda, *f.*, legend
libertad, *f.*, liberty
libertador,-a, liberating; *m.*, liberator
libra, *f.*, pound
libre, free; **al aire libre,** in the open air
librería, *f.*, bookstore
libro, *m.*, book
ligero,-a, light
limitar, to limit
límite, *m.*, limit, boundary
limosna, *f.*, alms, charity
limpiar, to clean; **limpiarse,** to get clean, to clean oneself
limpio,-a, clean

lindo,-a, pretty
línea, f., line
líquido, m., liquid
lírico,-a, lyric, lyrical
lista, f., list
listo,-a, ready, clever; estar listo, to be ready; ser listo, to be clever
lobo, m., wolf
loco,-a, crazy, insane
lodo, m., mud; hay lodo, it is muddy
lograr, to attain; lograr + inf., to succeed in
lucir (zc), to shine; lucirse, to show off
lucha, f., fight, struggle
luchar, to fight, to struggle
luego, soon, then; luego que, as soon as; desde luego, of course, at once
lugar, m., place; en lugar de, instead of; tener lugar, to take place
luna, f., moon; hay luna, there is moonlight
lunes, m., Monday
luz, f., light

llamar, to call; llamarse, to be called, to be named
llanero, m., plainsman
llano,-a, flat, smooth; m., plain
llanta, f., (automobile) tire
llanto, m., sobbing, crying
llave, f., key
llegar (gu), to arrive; llegar a, to reach; llegar a ser, to become
llenar, to fill; llenarse (de), to become filled (with)
lleno,-a, full
llevar, to carry, to wear; llevar a cabo, to carry out; llevarse, to carry away; llevarse bien (mal) con, to get along well (badly) with
llorar, to cry, to weep
llover (ue), to rain
lluvia, f., rain

madera, f., wood
madre, f., mother
madrileño,-a, Madrilenian (inhabitant of Madrid)
madrugada, f., dawn, early morning
madrugar (gu), to rise early
maduro,-a, ripe, mature
maestro,-a, teacher, master; obra maestra, masterpiece
magnífico,-a, magnificent
maíz, m., corn
majestad, f., majesty
mal, badly, poorly, ill; m., evil, harm, illness; salir mal, to fail (an examination)
maldición, f., curse
maleta, f., suitcase
malo,-a (mal), bad, ill; m. or f., evil person; mala hierba, weeds; de mala gana, unwillingly; hacer mal tiempo, to be bad weather
mamá, f., mamma, mother
mandar, to order, to send
manejar, to manage, to drive
manera, f., manner; de manera que, so that; de esta (esa) manera, in this (that) way; de ninguna manera, by no means
manga, f., sleeve
mano, f., hand
manta, f., blanket
mantener (ie, mantengo), to maintain, to support
mantequilla, f., butter
manzana, f., apple
manzano, m., apple tree
mañana, tomorrow; f., morning; de la mañana, por la mañana, in the morning; pasado mañana, day after tomorrow
mapa, m., map
máquina, f., machine; máquina de escribir, typewriter

mar, m. or f., sea
maravilla, f., marvel, wonder
maravilloso,-a, marvelous
marcar (qu), to designate, to mark
marcha, f., march, progress; ponerse en marcha, to set out
marchar, to walk, to march; marcharse, to go away
marido, m., husband
marinero, m., sailor
mármol, m., marble
martes, m., Tuesday
marzo, m., March
más, more; lo más pronto posible, as soon as possible; más tarde, later; más vale, it is better; cada vez más, more and more
mascar (qu), to chew
matar, to kill
maullar (ú), to mew (meow)
mayo, m., May
mayor, older, greater; m. or f., grown-up, adult
media, f., stocking
medianoche, f., midnight
medicina, f., medicine
médico, m., doctor
medio,-a, half; m., means; por medio de, by means of; la Edad Media, the Middle Ages; y media, half past
mediodía, m., noon
medir (i), to measure
mejilla, f., cheek
mejor, better, best
mejorar, to improve
memoria, f., memory; de memoria, by heart
mencionar, to mention
menester, m., need; es menester, it is necessary
menor, younger, youngest, least
menos, less, fewer, minus; a menos que, unless; echar de menos, to miss
mentir (ie, i), to lie

mentira, *f.*, lie

menudo,-a, small, minute; a menudo, often

mercado, *m.*, market

mercancías, *f. pl.*, merchandise

merecer (zc), to deserve

mérito, *m.*, merit

mes, *m.*, month; el mes próximo, next month

mesa, *f.*, table; poner la mesa, to set the table

meseta, *f.*, plateau

meter, to put (in), to insert

mexicano,-a, Mexican

México, *m.*, Mexico

mezclar, to mix

miedo, *m.*, fear; tener miedo, to be afraid

miembro, *m.*, member, limb

mientras (que), while; mientras tanto, meanwhile

miércoles, *m.*, Wednesday

milagro, *m.*, miracle

militar, military; *m.*, soldier, military man

milla, *f.*, mile

millón, *m.*, million

mina, *f.*, mine

minero,-a, mining

ministro, *m.*, (cabinet) minister

minuto, *m.*, minute

mirada, *f.*, glance

mirar, to look (at)

miserable, wretched, miserable

miseria, *f.*, misery, poverty

misión, *f.*, mission

misionero, *m.*, missionary

mismo,-a, same, himself, herself, itself; ahora mismo, right now; hoy mismo, this very day

misterio, *m.*, mystery

misterioso,-a, mysterious

mitad, *f.*, half

moda, *f.*, fashion, style; de última moda, in the latest style

modelo, *m.*, model, pattern

modesto,-a, modest

modismo, *m.*, idiom

modo, *m.*, manner; de este (ese) modo, in this (that) way; de ningún modo, by no means; de otro modo, otherwise; de modo que, so that

mojar, to wet; mojarse, to get wet

molestar, to disturb, to annoy, to bother; molestarse (en), to take the trouble (to)

molino, *m.*, mill

momento, *m.*, moment

monasterio, *m.*, monastery

moneda, *f.*, coin

montaña, *f.*, mountain

montañoso,-a, mountainous

montar, to ride (horseback)

monte, *m.*, mountain

monumento, *m.*, monument

moral, moral; *f.*, morality, ethics

morder (ue), to bite, to gnaw

moreno,-a, dark-haired, brunette

morir (ue, u), to die; morirse, to pass away

moro,-a, Moor, Moorish

mostrar (ue), to show; mostrarse, to appear

mover (ue), to move

movimiento, *m.*, movement

mozo, *m.*, waiter, porter, servant

muchacho, *m.*, boy; muchacha, *f.*, girl

muchedumbre, *f.*, crowd

mucho,-a, much; *pl.*, many; *adv.*, much, hard, a great deal; muchísimo,-a, very much; mucho tiempo, a long time

mudar, to change; mudar de casa, to move

mueble, *m.*, article of furniture; *pl.*, furniture

muerte, *f.*, death

mujer, *f.*, wife, woman

muleta, *f.*, cape

mundial, *adj.*, world-wide, world

mundo, *m.*, world; todo el mundo, everybody

muñeca, *f.*, doll, wrist

murmurar, to murmur, to gossip, to grumble

muro, *m.*, wall, mural

musa, *f.*, muse

museo, *m.*, museum

música, *f.*, music

músico,-a, musical; *m.*, musician

muy, very

nacer (zc), to be born

nacimiento, *m.*, birth, representation of the Nativity scene; de nacimiento, by birth

nación, *f.*, nation

nacional, national

nada, nothing, not anything

nadar, to swim

nadie, no one, not anyone

naranja, *f.*, orange

nariz, *f.*, nose

naturaleza, *f.*, nature

navaja, *f.*, razor

nave, *f.*, ship

navegante, *m.*, navigator

navegar (gu), to navigate

Navidad, *f.*, Christmas

neblina, *f.*, fog; hay neblina, it is foggy

necesario,-a, necessary

necesidad, *f.*, necessity

necesitar, to need

negar (ie, gu), to deny; negarse a, to refuse to

negativo,-a, negative

negocio, *m.*, business

negro,-a, black

nevar (ie), to snow

ni, neither; ni . . . ni, neither . . . nor

nieto, *m.*, grandson; nieta, *f.*, granddaughter

nieve, *f.*, snow

ninguno,-a (ningún), no, (not) any; de ninguna manera (de ningún modo), by no means; en ninguna parte, nowhere niño,-a, child; *pl.*, children

no, no, not; **no obstante,** notwithstanding, nevertheless

noche, *f.*, night, evening; **de noche,** at night; **esta noche,** tonight; **de la noche, por la noche,** in the evening

nombrar, to name

nombre, *m.*, name; **nombre de pila,** baptismal (given) name

norte, *m.*, north

norteamericano,-a, North American, American

nota, *f.*, grade, mark

notar, to notice

noticia, *f.*, news item; *pl.*, news

novedad, *f.*, new thing, novelty; **sin novedad,** same as usual, nothing new

novela, *f.*, novel

noviembre, *m.*, November

novio, *m.*, sweetheart, fiancé, bridegroom; **novia,** *f.*, sweetheart, fiancée, bride

nube, *f.*, cloud

nuevo,-a, new; **de nuevo,** again

nuez, *f.*, nut

número, *m.*, number

numeroso,-a, numerous

nunca, never

o, or; **o . . . o,** either . . . or

obedecer (zc), to obey

obligación, *f.*, obligation

obligar (gu), to obligate, to compel

obra, *f.*, work; **obra maestra,** masterpiece

observar, to observe

obstante: **no obstante,** notwithstanding, nevertheless

obtener (ie, obtengo), to obtain, to get

ocasión, *f.*, opportunity, occasion; **tener ocasión de,**

to have the opportunity to

occidental, western

océano, *m.*, ocean

octubre, *m.*, October

ocupado,-a, busy, occupied

ocupar, to occupy; **ocuparse de,** to look after, to take care of, to give attention to

ocurrir, to occur, to happen

ocho días, a (one) week

odiar, to hate

odio, *m.*, hatred

oeste, *m.*, west

ofender, to offend

oficial, *m.*, official, officer

oficina, *f.*, office

ofrecer (zc), to offer

oído, *m.*, ear, hearing

oír (oigo, y), to hear; **oír hablar de,** to hear about; **oírse,** to be heard

¡ojalá!, God grant . . . !, Would to God . . . ! If only . . . !

ojo, *m.*, eye

ola, *f.*, wave

oler (hue), to smell

olvidar, to forget; **olvidarse de,** to forget

omitir, to omit

operación, *f.*, operation

opinión, *f.*, opinion

oponerse (opongo) a, to oppose

opuesto,-a, opposite, opposed

orden, *f.*, order, command; *m.*, order (in a series)

oreja, *f.*, ear

organizar (c), to organize

orgullo, *m.*, pride

orgulloso,-a, proud, haughty

oriental, eastern, oriental; **la Banda Oriental,** Eastern Edge (former name of Uruguay)

Oriente, *m.*, Orient, the East; **el Extremo Oriente,** the Far East

origen, *m.*, origin

orilla, *f.*, shore, bank (of a river)

oro, *m.*, gold

orquesta, *f.*, orchestra

oscuridad, *f.*, darkness

oscuro,-a, dark

oso, bear

otoño, *m.*, autumn

otro,-a, other, another; **otra vez,** again; **de otro modo,** otherwise

oveja, *f.*, sheep

paciencia, *f.*, patience

padre, *m.*, father; *pl.*, parents

pagar (gu), to pay (for)

página, *f.*, page

país, *m.*, country, nation

paisaje, *m.*, countryside

paja, *f.*, straw

pájaro, *m.*, bird

palabra, *f.*, word

palacio, *m.*, palace

pálido,-a, pale

palo, *m.*, stick, pole

pan, *m.*, bread

panadería, *f.*, bakery

panamericano,-a, Pan-American

panecillo, *m.*, roll

pantalones, *m. pl.*, trousers, pants

paño, *m.*, cloth

pañuelo, *m.*, handkerchief

papá, *m.*, papa, dad

papel, *m.*, paper, role; **hacer el papel de,** to play the role of

paquete, *m.*, package

par, *m.*, pair, couple; **(abierto) de par en par,** wide open

para, for, in order to, by; **para que,** in order that; **para sí,** to himself (herself, etc.); **estar para,** to be about to; **servir para,** to be useful (good) for

paraguas, *m.*, umbrella

parar, to stop; **pararse,** to stop (oneself)

pardo,-a, brown

parecer (zc), to seem, to appear; al parecer, apparently; a mi (su, etc.) parecer, in my (his, etc.) opinion; parecerse a, to resemble

pared, f., wall

pareja, f., couple

paréntesis: entre paréntesis, between parentheses

pariente, m., relative

parque, m., park

párrafo, m., paragraph

parte, f., part; en (por) todas partes, everywhere; en ninguna parte, nowhere; tomar parte, to take part

partido, m., game

partir, to leave, to depart

pasado,-a, past, last; m., past; pasado mañana, the day after tomorrow; el lunes (mes, año) pasado, last Monday (month, year)

pasajero,-a, passenger

pasaporte, m., passport

pasar, to pass, to spend (time), to happen, to go

pasearse, to stroll, to take a walk

paseo, m., stroll, drive, boulevard; dar un paseo, to take a walk, ride

pasión, f., passion, enthusiasm

pasivo,-a, passive

paso, m., step, pace

pastel, m., pie, pastry

patio, m., courtyard

patria, f., (native) country, fatherland

patriota, m., patriot

patrón, m., owner, boss; (santo) patrón, patron saint

pavo, m., turkey

paz, f., peace

pecho, m., chest

pedazo, m., piece; hacer pedazos, to smash, to tear to shreds

pedir (i), to ask for, to request

pegar (gu), to stick, to spank

peinar, to comb; peinarse, to comb one's hair

peine, m., comb

pelear, to fight

película, f., film, movie

peligro, m., danger, peril

peligroso,-a, dangerous

pelo, m., hair

pelota, f., ball, jai-alai

peluquería, f., beauty parlor, barber shop

peluquero, m., hairdresser, barber

pena, f., trouble, sorrow; valer la pena, to be worthwhile

penetrar (en), to penetrate, to enter

pensamiento, m., thought

pensar (ie), to think, to intend; pensar en, to think about; pensar de, to think of (have an opinion of)

peor, worse, worst

pequeño,-a, small, little

pera, f., pear

perder (ie), to lose; perder de vista, to lose sight of; pierda (Vd.) cuidado, don't worry

perdón, m., pardon

perdonar, to pardon, to forgive

perezoso,-a, lazy

perfecto,-a, perfect

periódico, m., newspaper

periodista, m., journalist

perla, f., pearl

permanecer (zc), to remain

permiso, m., permission

permitir, to permit

pero, but

perro, m., dog

perseguir (i, g), to pursue, to persecute

persona, f., person

personaje, m., character (in a play, novel, etc.)

pertenecer (zc), to belong

pesado,-a, heavy

pesar, to weigh; a pesar de, in spite of

pescado, m., fish

pescador, m., fisherman

pescar (qu), to fish

peseta, f., peseta (monetary unit of Spain)

peso, m., weight, peso (monetary unit of several Spanish-American countries)

picaresco,-a, picaresque

pícaro,-a, roguish, naughty, rogue, rascal

pico, m., peak, beak (of a bird)

pie, m., foot; a pie, on foot; de pie, standing; de pies a cabeza, from head to foot

piedra, f., stone

pierna, f., leg

pila: nombre de pila, baptismal (given) name

pimiento picante, m., hot pepper

pintar, to paint

pintor, m., painter; pintor de cámara, court painter

pintoresco,-a, picturesque

pintura, f., painting

pirámide, f., pyramid

pirata, m., pirate

pisar, to tread, to step on

piscina, f., pool

piso, m., floor, story, apartment

pizarra, f., blackboard

placer (zc), to be pleasing; m., pleasure

planta, f., plant

plata, f., silver

plátano, m., banana

platino, m., platinum

plato, m., plate, dish

playa, f., beach, seashore

plaza, f., square, plaza

plomero, m., plumber

pluma, f., pen, feather

pluscuamperfecto, m., pluperfect (tense)

población, *f.*, population, town

pobre, poor

poco,-a, little; *pl.*, few; *m.*, a little bit; dentro de poco, in a little while; hace poco, a little while ago; poco a poco, little by little

poder (ue), to be able, can, could; *m.*, power

poderoso,-a, powerful

poesía, *f.*, poem, poetry

poeta, *m.*, poet; poetisa, *f.*, poetess

policía, *m.*, policeman; *f.*, police

política, *f.*, politics, policy

político,-a, political; *m.*, politician

polvo, *m.*, dust; hay polvo, it is dusty

pollo, *m.*, chicken

poner (pongo), to put, to set, to lay (eggs); poner la mesa, to set the table; poner un telegrama, to send a telegram; ponerse, to put on, to become; ponerse a + *inf.*, to begin to; ponerse en marcha, to set out; ponerse de acuerdo, to come to an agreement; se pone el sol, the sun is setting

por, by, through, along, for; por + *adj.* or *adv.* + que, no matter how . . .; por eso, therefore; por desgracia, unfortunately; por consiguiente, therefore; por escrito, in writing; por fin, finally, at last; por la tarde, in the afternoon; por lo común (por lo general), generally; por lo visto, apparently; por medio de, by means of; por supuesto, of course

pordiosero, *m.*, beggar

porque, because; ¿por qué?, why?

portarse, to behave

portugués, portuguesa, Portuguese; *m.*, Portuguese (language)

porvenir, *m.*, future

poseer (y), to possess

posesión, *f.*, possession

posesivo,-a, possessive

posible, possible; lo más pronto posible, as soon as possible; todo lo posible, everything possible

postre, *m.*, dessert

practicar (qu), to practice

precio, *m.*, price

precioso,-a, precious

preciso,-a, necessary

precursor, *m.*, forerunner

preferir (ie, i), to prefer

pregunta, *f.*, question; hacer una pregunta, to ask a question

preguntar, to ask

premio, *m.*, prize; premio gordo, first prize

preocuparse (de, por), to worry (about)

preparar, to prepare

preposición, preposition

presenciar, to witness, to be present

presentar, to present, to introduce; presentarse, to appear, to present oneself

presente, present

presidente, *m.*, president

prestar, to lend; prestar atención, to pay attention

pretérito, *m.*, preterite (tense)

primavera, *f.*, spring (season)

primero,-a (primer), first

primo,-a, cousin

principal, main, principal

príncipe, *m.*, prince; princesa, *f.*, princess

principiar, to begin

principio, *m.*, beginning; a principios de, at the beginning of

prisa, *f.*, hurry; darse prisa,

to hurry; tener prisa, to be in a hurry

prisionero, *m.*, prisoner

probar (ue), to prove, to taste, to test

problema, *m.*, problem

proceder, to proceed

producir (zc), to produce

producto, *m.*, product

profesión, *f.*, profession

profesional, professional

profesor,-a, teacher

profundo,-a, deep, profound

programa, *m.*, program

progresivo,-a, progressive

prohibir, to prohibit, to forbid

promesa, *f.*, promise

prometer, to promise

pronombre, *m.*, pronoun

pronto, soon, quickly; de pronto, suddenly; lo más pronto posible, as soon as possible; tan pronto como, as soon as

pronunciar, to pronounce

propiedad, *f.*, property

propietario, *m.*, proprietor

propina, *f.*, tip

propio,-a, proper, own

proponer (propongo), to propose, to suggest

propósito, *m.*, purpose

prosa, *f.*, prose

proseguir (i, g) el camino, to continue on one's way

proteger (j), to protect

protestar, to protest

proverbio, *m.*, proverb

provincia, *f.*, province

próximo,-a, next; el mes próximo, next month

proyecto, *m.*, project, plan

prueba, *f.*, proof, test, trial

publicar (qu), to publish

público,-a, public; *m.*, audience, public

pueblo, *m.*, town, people

puente, *m.*, bridge

puerta, *f.*, door

puerto, *m.*, port

pues, then, well

puesta, *f.*, setting; la puesta del sol, sunset

puesto,-a, placed, put; *m.*, position, post, job; puesto que, since

pulsera: reloj de pulsera, wrist watch

punto, *m.*, point, dot; en punto, sharp; el punto de vista, viewpoint; estar a punto de, to be about to

que, that, which, who, whom, than; ¿qué?, what?; ¡qué . . . !, what a . . . !, how . . . !

quebrar (ie), to break

quedar(se), to remain; quedarle (a uno), to remain (to someone), to have left; quedarse con, to keep

queja, *f.*, complaint

quejarse (de), to complain (of)

quemar, to burn

querer (ie), to want, to wish, to love; querer decir, to mean

querido,-a, dear, beloved

queso, *m.*, cheese

quien, who, whom, he (she) who; ¿quién?, who?

quienquiera, quienesquiera, whoever

quince días, two weeks

quinto,-a, fifth

quitar, to take away; quitarse, to take off

quizá(s), perhaps

radio, *m.* or *f.*, radio

rápido,-a, rapid

raro,-a, rare, strange; raras veces, rarely, seldom

rato, *m.*, (little) while

raya, *f.*, dash (—)

rayo, *m.*, ray, thunderbolt, flash of lightning

raza, *f.*, race (of people)

razón, *f.*, reason; tener razón, to be right; no tener razón, to be wrong

real, royal, real; *m.*, real (¼ of a peseta)

realidad, *f.*, reality

realista, realist, realistic

realizar (c), to fulfill, to realize (a profit)

recibir, to receive

recibo, *m.*, receipt

reciente, recent

reclamar, to claim, to demand

recoger (j), to gather, to pick up

recomendar (ie), to recommend

reconocer (zc), to recognize

reconquista, *f.*, reconquest

recordar (ue), to remember

recorrer, to travel over, to go over

recuerdo, *m.*, souvenir, remembrance; *pl.*, regards; dar recuerdos (a), to give regards (to)

recurso, *m.*, recourse, resource, means

redondo,-a, round

reducir (zc), to reduce

referir (ie, i), to narrate, to refer; referirse a, to refer to

refresco, *m.*, refreshment

regalar, to present (as a gift)

regalo, *m.*, gift, present

región, *f.*, region

registrar, to inspect, to search

regla, *f.*, rule, ruler

regresar, to return

reina, *f.*, queen

reinado, *m.*, reign

reinar, to reign, to rule

reino, *m.*, kingdom

reírse (í) de, to laugh at

reja, *f.*, grating

relativo,-a, relative

reloj, *m.*, clock, watch

remedio, *m.*, remedy, cure

rendir (i), to subdue, to render, to yield; rendirse, to surrender

renglón, *m.*, line (of a page)

renovar (ue), to remodel, to renew

reñir (i), to quarrel, to scold

reparar: reparar en, to look at, to observe

repartir, to divide, to distribute

repente: de repente, suddenly

repetir (i), to repeat

replicar (qu), to reply

representar, to represent

república, *f.*, republic

resfriado, *m.*, cold (illness)

resfriarse (í), to catch cold

resignarse (a), to resign oneself (to)

resistir, to resist

resolver (ue), to solve, to resolve

respetar, to respect

respirar, to breathe

responder, to answer, to respond

respuesta, *f.*, answer, response

restaurante, *m.*, restaurant

resultado, *m.*, result

retrato, *m.*, portrait

reunión, *f.*, meeting

reunir (ú), to gather, to bring together; reunirse, to meet, to assemble

revista, *f.*, magazine

rey, *m.*, king; Reyes Magos, the Magi (Three Wise Men)

rezar (c), to pray

rico,-a, rich

ridículo,-a, ridiculous

riego, *m.*, irrigation

riesgo, *m.*, risk

rincón, *m.*, corner

río, *m.*, river

riqueza, *f.*, wealth

risa, *f.*, laughter, laugh

risueño,-a, smiling, laughing

robar, to steal, to rob

rodear, to surround

rodilla, *f.*, knee; de rodillas, kneeling

rogar (ue, gu), to ask, to beg

rojo,-a, red

románico,-a, Romanesque

romano,-a, Roman

romper, to break, to tear

ropa, *f.*, clothes

rosa, *f.*, rose

rostro, *m.*, face

roto,-a, broken, torn

rubio,-a, blond

rueda, *f.*, wheel

ruido, *m.*, noise

ruina, *f.*, ruin

rumor, *m.*, murmur, sound

ruso,-a, Russian; *m.*, Russian (language)

ruta, *f.*, route

sábado, *m.*, Saturday

sábana, *f.*, bedsheet

saber (sé), to know (how)

sabio,-a, wise; *m.*, wise man, learned man

sacar (qu), to take out; sacar fotos, to take pictures

sacerdote, *m.*, priest

saco, *m.*, sack, bag, jacket

sacrificar (qu), to sacrifice

sacrificio, *m.*, sacrifice

sal, *f.*, salt

sala, *f.*, hall, living room

salida, *f.*, departure, exit

salir (salgo) (de), to leave, to go out; salir bien (mal), to pass (fail)

salón, *m.*, hall

saltar, to jump, to leap

salud, *f.*, health

saludar, to greet

saludo, *m.*, greeting, salute

salvar, to save, to rescue

salvo,-a, safe; sano y salvo, safe and sound

sandalia, *f.*, sandal

sangre, *f.*, blood

sangriento,-a, bloody

sano,-a, healthy, sound; sano y salvo, safe and sound

santo,-a (San), saint, holy; santo patrón, patron saint

sastre, *m.*, tailor

sastrería, *f.*, tailor shop

satisfacción, *f.*, satisfaction

satisfacer (satisfago), to satisfy

satisfecho,-a, satisfied

seco,-a, dry

secretario,-a, secretary

secreto,-a, secret; *m.*, secret

sed, *f.*, thirst; tener sed, to be thirsty

seda, *f.*, silk

seguida: en seguida, at once, immediately

seguir (i, g), to follow, to continue

según, according to

seguridad, *f.*, security, certainty

seguro,-a, sure, certain, safe

selva, *f.*, jungle, forest

sello, *m.*, seal, stamp

semana, *f.*, week; fin de semana, weekend; la semana pasada, last week; la semana que viene, next week

semejante, similar, alike

semestre, *m.*, semester, term

sencillo,-a, simple

sensación, *f.*, sensation, feeling

sentado,-a, seated

sentarse (ie), to sit down

sentido, *m.*, sense, meaning; sentido común, common sense

sentimiento, *m.*, sentiment, feeling

sentir (ie, i), to regret, to be sorry, to feel; sentirse, to feel (well or ill)

señor, *m.*, gentleman, master, Mr.; señora, *f.*, lady, madam, Mrs.; señorita, *f.*, young lady, Miss

separar, to separate; separarse (de), to withdraw (from)

septiembre, *m.*, September

ser, to be; *m.*, being; llegar a ser, to become; ser aficionado(-a) a, to be

devoted to; ser listo,-a, to be clever

sereno,-a, calm, serene; *m.*, night watchman

serie, *f.*, series

serio,-a, serious; en serio, seriously

servicio, *m.*, service

servilleta, *f.*, napkin

servir (i), to serve; servir de, to serve as; servir para, to be useful for, to be good for

seudónimo, *m.*, pen name

severo,-a, severe

si, if, whether

sí, yes; creo (digo) que sí, I think so

sí, himself (herself, etc.); fuera de sí, beside oneself; para sí, to himself (herself, etc.); volver en sí, to regain consciousness, to come to

siempre, always

siesta, *f.*, (afternoon) nap

siglo, *m.*, century; el Siglo de Oro, the Golden Age

significado, *m.*, meaning

significar (qu), to mean

siguiente, following; al día siguiente, on the following day

silencio, *m.*, silence; guardar silencio, to remain silent

silla, *f.*, chair

sillón, *m.*, armchair

simpático,-a, nice, pleasant, likeable

sin, without; sin que, without; sin duda, doubtless, without doubt; sin embargo, nevertheless; sin novedad, same as usual, nothing new

singular, singular, strange

sino, but (on the contrary); no . . . sino, only

sinónimo, *m.*, synonym

sistema, *m.*, system

sitio, *m.*, place, site, siege

situado,-a, situated

soberbio,-a, proud, haughty, superb

sobrar, to be left over, to have too much (many)

sobre, on, over, about; *m.*, envelope; sobre todo, especially

sobretodo, *m.*, overcoat

sobrino, *m.*, nephew; sobrina, *f.*, niece

socio,-a, member, partner

sol, *m.*, sun; hace (hay) sol, it is sunny; la puesta del sol, sunset; se pone el sol, the sun is setting

solamente, only

soldado, *m.*, soldier

soler (ue), to be accustomed to, to be in the habit of

solicitar, to solicit, to apply for

sólo, only; solo,-a, alone; a solas, alone

soltar (ue), to loosen

sombra, *f.*, shade, shadow

sombrero, *m.*, hat

sonar (ue), to sound, to ring

sonido, *m.*, sound

sonreír (í), to smile

sonrisa, *f.*, smile

soñar (ue), to dream; soñar con, to dream of

sopa, *f.*, soup

sordo,-a, deaf

sorprender, to surprise; sorprenderse (de), to be surprised (at)

sorpresa, *f.*, surprise

sospechar, to suspect

subir, to go up, to climb; subir a, to get into (a vehicle)

subjuntivo, *m.*, subjunctive

subrayar, to underline

suceder, to occur, to happen

suceso, *m.*, event, occurrence

sucio,-a, dirty

sudor, *m.*, perspiration, sweat

sueldo, *m.*, salary

suelo, *m.*, floor, ground

sueño, *m.*, dream, sleep; tener sueño, to be sleepy

suerte, *f.*, luck; tener (mucha) suerte, to be (very) lucky

suficiente, sufficient

sufrir, to suffer

Suiza, Switzerland

sujeto,-a, subject; *m.*, subject

sumamente, extremely

superior, upper, superior

superlativo,-a, superlative

suplicar (qu), to beg, to implore

supuesto: por supuesto, of course

sur, *m.*, south

suspirar, to sigh

sustantivo, *m.*, noun

sustituir (y), to substitute

tabaco, *m.*, tobacco

tal, such, such a; con tal que, provided that; tal vez, perhaps

talento, *m.*, talent

también, also, too

tampoco, neither

tan, so; tan . . . como, as . . . as

tanto,-a, as much, so much; mientras tanto, meanwhile

taquígrafo,-a, stenographer

tardanza, *f.*, delay, tardiness

tardar (en) + *inf.*, to be late (in), to delay (in)

tarde, late; *f.*, afternoon; más tarde, later; de la tarde, por la tarde, in the afternoon

tarea, *f.*, task, homework

tarjeta, *f.*, card

taxímetro, taxi, *m.*, taxi

taza, *f.*, cup

té, *m.*, tea

teatral, theatrical

teatro, *m.*, theater

técnico,-a, technical; *m.* or

f., technician; *f.*, technique

techo, *m.*, roof

teléfono, *m.*, telephone

telegrama, *m.*, telegram; poner un telegrama, to send a telegram

televisión, *f.*, television

televisor, *m.*, television set

tema, *m.*, theme, topic, plot

temblar (ie), to tremble

temer, to fear

templado,-a, temperate

templo, *m.*, temple

temprano, *adv.*, early; temprano,-a, early

tener (ie, tengo), to have; tener . . . años, to be . . . years old; tener calor (frío), to be warm (cold); tener cuidado, to be careful; tener dolor (de cabeza), to have a (head)ache; tener éxito, to be successful; tener ganas de + *inf.*, to feel like; tener la culpa (de), to be to blame (for); tener lugar, to take place; tener miedo, to be afraid; tener por + *adj.*, to consider; tener prisa, to be in a hurry; tener que + *inf.*, to have to, must; tener razón, to be right; tener sed (hambre), to be thirsty (hungry); tener sueño, to be sleepy; tener suerte, to be lucky; tener ocasión de, to have the opportunity to

tenis, *m.*, tennis

tercero,-a (tercer), third

terminar, to finish, to end

terreno, *m.*, land, ground

territorio, *m.*, territory

tertulia, *f.*, party, gathering

tesoro, *m.*, treasure

testigo, *m.* or *f.*, witness

testimonio, *m.*, testimony

tiempo, *m.*, time, weather; a tiempo, on time; hace buen (mal) tiempo, the weather is good (bad); ¿cuánto tiempo?, how long?; mucho tiempo, a long time

tienda, *f.*, store

tierra, *f.*, ground, earth, land

tinta, *f.*, ink

tintero, *m.*, inkwell

tío, *m.*, uncle; tía, *f.*, aunt

típico,-a, typical

tipo, *m.*, type

tirano, *m.*, tyrant

tirar, to throw; tirar de, to pull

título, *m.*, title

tocadiscos, *m.*, record player

tocar (qu), to touch, to play (music); tocarle (a uno), to be one's turn

todavía, still, yet

todo,-a, all; *pl.*, everybody; todo el día, all day; todos los días, every day; todo el mundo, everybody; en (por) todas partes, everywhere; sobre todo, especially; todo lo posible, everything possible

tomar, to take, to eat, to drink; tomar parte, to take part

tono, *m.*, tone, voice

tontería, *f.*, nonsense, foolishness

tonto,-a, foolish, stupid

torcer (ue, z), to twist, to turn

torero, *m.*, bullfighter

toro, *m.*, bull; la corrida de toros, bullfight

toronja, *f.*, grapefruit

torre, *f.*, tower

tortilla, *f.*, omelet

trabajador,-a, hard-working; *m.* or *f.*, worker

trabajar, to work

trabajo, *m.*, work

traducción, *f.*, translation

traducir (zc), to translate

traer (traigo), to bring

traidor,-a, treacherous, traitor

traje, *m.*, suit

tranquilo,-a, tranquil, calm, quiet

tranvía, *m.*, streetcar

tratar, to treat; tratar de + *inf.*, to try to; tratarse de, to be a question of, to be concerned with

través: a través de, through, across

tren, *m.*, train

tribu, *f.*, tribe

trigo, *m.*, wheat

triste, sad

tristeza, *f.*, sadness

triunfar, to triumph

tronar (ue), to thunder

trono, *m.*, throne

tropa, *f.*, troop

tropezar (ie, c), to stumble; tropezar con, to come upon

trueno, *m.*, thunder

tumba, *f.*, tomb

turbar, to disturb; turbarse, to feel upset, disturbed

turco,-a, Turk, Turkish

turista, *m.* or *f.*, tourist

u, or (used only before words beginning with o or ho)

último,-a, last, latest; de última moda, in the latest style

único,-a, only

unidad, *f.*, unity

unión, *f.*, union

unir(se) a, to unite, to join

universidad, *f.*, university

unos,-as, several; unos cuantos (unas cuantas), several, a few

usar, to use

uso, *m.*, use

útil, useful

uva, *f.*, grape

vaca, *f.*, cow

vacaciones, *f. pl.*, vacation

vacío,-a, empty

valer (valgo), to be worth; valer la pena, to be worthwhile; más vale, it is better

valiente, brave

valor, *m.*, value, courage

valle, *m.*, valley

vapor, *m.*, steam, steamship

variar (í), to vary

varios,-as, several

varón, *m.*, male

vasco,-a, vascongado, -a, Basque

vaso, *m.*, glass

vasto,-a, vast

¡Vaya un(a) . . . !, What a . . . !

vecino,-a, neighbor, neighboring

vencer (z), to conquer, to defeat, to overcome

vendedor, *m.*, seller

vender, to sell

veneno, *m.*, poison

venganza, *f.*, revenge, vengeance

venir (ie, vengo), to come; la semana que viene, next week

ventana, *f.*, window

ver, to see

verano, *m.*, summer

veras: de veras, really, truly

verbo, *m.*, verb

verdad, *f.*, truth; ¿no es verdad?, ¿verdad?, isn't it so?

verdadero,-a, true, real

verde, green

vergüenza, *f.*, shame

verificarse (qu), to take place

verso, *m.*, verse

vestíbulo, *m.*, vestibule

vestido, *m.*, dress

vestir (i), to dress (someone), to wear; vestirse, to get dressed

vez, *f.*, time; a veces, at times; a la vez, at the same time; alguna vez, sometime, ever; algunas (varias) **veces**, sometimes, several times; **a su vez**, in your (his, her, its, their) turn; **cada vez más**, more and more; **de vez en cuando**, from time to time; **en vez de**, instead of; **muchas veces**, often; **otra vez**, again; **raras veces**, rarely, seldom; **tal vez**, perhaps

viajar, to travel

viaje, *m.*, trip; **hacer un viaje**, to take (make) a trip

viajero,-a, traveler

viceversa, vice versa

vicio, *m.*, vice

víctima, *f.*, victim

victoria, *f.*, victory

vid, *f.*, grapevine

vida, *f.*, life

vidrio, *m.*, glass

viejo,-a, old, old person

viento, *m.*, wind; **hacer viento**, to be windy

viernes, *m.*, Friday; **Viernes Santo**, Good Friday

villancico, *m.*, Christmas carol

vinagre, *m.*, vinegar

vino, *m.*, wine

violencia, *f.*, violence

violento,-a, violent

violeta, *f.*, violet

virreinato, *m.*, viceroyalty

virrey, *m.*, viceroy

virtud, *f.*, virtue

visigodo, Visigoth

visita, *f.*, visit; **de visita**, on a visit; **hacer una visita**, to pay a visit

visitar, to visit

víspera, *f.*, eve

vista, *f.*, sight, view; **el punto de vista**, viewpoint; **perder de vista**, to lose sight of

visto: por lo visto, apparently

viudo, *m.*, widower; **viuda**, *f.*, widow

vivir, to live

vivo,-a, alive, bright (color)

volar (ue), to fly

volcán, *m.*, volcano

voluntad, *f.*, will

volver (ue), to return; **volver a** + *inf.*, to . . . again; **volver en sí**, to regain consciousness, to come to

voto, *m.*, vote, vow

voz, *f.*, voice; **en voz alta**, aloud; **dar voces**, to shout

vuelo, *m.*, flight

vuelta, *f.*, return; **billete de ida y vuelta**, round-trip ticket; **dar una vuelta**, to take a stroll; **estar de vuelta**, to be back

y, and

ya, already, indeed; **¡ya lo creo!**, of course!, I should say so!; **ya no**, no longer; **ya que**, since

zapatería, *f.*, shoe store

zapatero, *m.*, shoemaker

zapato, *m.*, shoe

English-Spanish Vocabulary

a, an, un, una; (with units of measure), el, la
able: to be able, poder (ue); **not to be able to help . . . ,** no poder menos de + *inf.*
about, acerca de, unos,-as; **at about,** a eso de + *time*; **to be about to,** estar para + *inf.*, estar a punto de + *inf.*
absent, ausente
abundant, abundante
accent, el acento
accept, aceptar
accident, el accidente
accompany, acompañar
accordance: in accordance with, de acuerdo con, conforme a
account, la cuenta
accustom, acostumbrar; **to be accustomed to,** acostumbrarse a, tener la costumbre de; **to get accustomed to,** acostumbrarse a
acquire, adquirir (ie, i)
act, el acto; **to act as,** hacer (hago) de
action, la acción
actor, el actor; **actress,** la actriz
add, añadir, agregar (gu)
address, la dirección; **to address** (a letter), dirigir (j)
admiration, la admiración
admire, admirar
advance, adelantar, avanzar (c)
advantage, el provecho; **to take advantage (of),** aprovecharse (de)
adventure, la aventura
advice, el consejo, los consejos
advise, aconsejar
afraid: to be afraid, tener (ie, tengo) miedo
after, después de, después (de) que, tras

afternoon, la tarde; **in the afternoon,** por la tarde
again, de nuevo, otra vez, volver (ue) a + *inf.*
against, contra
age, la edad; **Golden Age,** el Siglo de Oro
ago: a little while ago, hace poco
agree to, convenir (ie, convengo) en; **to be in agreement (with),** estar conforme (con), estar de acuerdo (con); **to come to (reach) an agreement,** ponerse (pongo) de acuerdo
air, el aire; **in the open air,** al aire libre
Alice, Alicia
all, todo,-a
almost, casi
alone, solo,-a, a solas
along, por
also, también
although, aunque
always, siempre
A.M., de la madrugada, de la mañana
Amazon (river), el Amazonas
America, (la) América; **Spanish America,** la América Hispana; **American,** americano,-a
among, entre
and, y; (before a word beginning with **i** or **hi,** but not **hie**), e
Andes, los Andes
anger, el enojo, la ira; **to anger,** enojar; **to become (get) angry,** enojarse, enfadarse
animal, el animal
Anna, Ana
anniversary, el aniversario
annoy, molestar
another, otro,-a
answer, la respuesta; **to answer,** contestar, responder

any, cualquier(a); *neg.*, ninguno,-a
anyone, *neg.*, nadie
anything, cualquier cosa; *neg.*, nada
anywhere, *neg.*, en ninguna parte
apart: to draw apart (from), apartarse (de), alejarse (de)
apparatus, el aparato
apparently, al parecer, por lo visto
appear, aparecer (zc); **to appear at (the window),** asomarse a (la ventana)
apple, la manzana
appoint, nombrar; **appointment,** la cita
approach, acercarse (qu) a
approximately, aproximadamente
April, abril
Arab, árabe; **Arabic** (language), el árabe
architect, el arquitecto
Argentina, la Argentina
arm, el brazo
armchair, el sillón
army, el ejército
aroma, el aroma
around, alrededor de
arrive, llegar (gu)
article, el artículo
artist, el (la) artista
as, como, que; **as** + *adj.* or *adv.* + **as,** tan . . . como; **as much (as many)** + *noun* + **as,** tanto,-a (tantos,-as) . . . como; **as a matter of fact,** en efecto; **as for,** en cuanto a; **as if, as though,** como si; **as soon as,** así que, en cuanto, luego que, tan pronto como; **as usual,** sin novedad
ashamed: to be ashamed of, tener (ie, tengo) vergüenza (de)
ask (for information), pre-

guntar; (request), pedir
(i)
asleep: to fall asleep, dormirse (ue, u)
assemble, reunirse (ú)
assure, asegurar
astonished: to be astonished, asombrarse
at, a, en; at about, a eso de;
at daybreak, al amanecer; at 11 o'clock, a las
once; at night, de noche;
at nightfall, al anochecer;
at the beginning of, a
principios de; at the end
of, a fines de, al cabo de;
at what time?, ¿a qué
hora?; at least, al (a lo)
menos; at once, en seguida; at the right (left),
a la derecha (izquierda);
at the same time, a la
vez; at this time, a esta
hora
attack, atacar (qu)
attend, asistir (a)
attention: to pay attention
(to), poner (prestar) atención (a)
attitude, la actitud
attract, atraer (atraigo)
August, agosto
aunt, la tía
author, el autor
authority, la autoridad
automobile, el automóvil, el
coche
autumn, el otoño
avenue, la avenida
avoid, evitar
away: to go away, irse
(voy), marcharse
Aztec, azteca

back: to be back, estar de
vuelta
bad, malo, -a (mal); badly,
mal
baker, el panadero
bank, el banco; banker, el
banquero
banquet, el banquete

Barbara, Bárbara
barbarous, barbarian, bárbaro,-a
barber, el peluquero, el barbero; barber shop, la
peluquería
baseball, el béisbol
basket, la cesta
bath, el baño; to take a
bath, bañarse
battle, la batalla
be, ser, estar; to be able,
poder (ue); to be about
to, estar para, estar a
punto de; to be afraid,
tener (ie, tengo) miedo;
to be a question of, tratarse de; to be ashamed
(of), tener vergüenza
(de); to be astonished,
asombrarse; to be back,
estar de vuelta; to be
careful, tener cuidado;
to be cold (person), tener
frío; (weather), hacer frío;
(thing), estar frío,-a; to
be cool, hacer fresco; to
be enough, bastar; to be
foggy, haber (hay) neblina; to be fond of, ser
aficionado,-a a; to be
frightened, asustarse, espantarse; to be glad (to,
of), alegrarse (de); to be
good for, servir (i) para;
to be hungry (thirsty),
tener hambre (sed); to be
in agreement (with), estar
conforme (con), estar de
acuerdo (con); to be in
love (with), estar enamorado,-a (de); to be lucky,
tener suerte; to be mistaken, equivocarse (qu);
to be muddy, haber lodo;
to be one's turn, tocarle
(qu) (a uno); to be right,
tener razón; to be room
for, caber (quepo); to be
sleepy, tener sueño; to be
sorry, sentir (ie, i); to be
sunny, haber sol, hacer
sol; to be (supposed) to,

haber de + inf.; to be
tight, apretar (ie); to be
too much (many), sobrar;
to be warm (hot)
(weather), hacer calor;
to be windy, hacer viento;
to be worth, valer (valgo);
to be worthwhile, valer la
pena; to be wrong, no
tener razón; to be . . .
years old, tener . . . años;
to be beside oneself,
estar fuera de sí; to be
deceived, engañarse; to
be graduated, graduarse;
to be in favor of, estar
por; to be pleasing to (to
be pleased with), agradar
a uno; to be tired, estar
cansado,-a; to be lacking,
faltar, hacer falta
beach, la playa
bear, el oso
bearings: to get one's bearings, orientarse
beast, la bestia
beautiful, bello,-a, hermoso,
-a; beauty, la belleza, la
hermosura
because, porque; because
of, a causa de
become, hacerse (hago),
llegar (gu) a ser; (involuntary), ponerse (pongo)
+ adj.; to become angry,
enfadarse, enojarse; to
become quiet, callarse; to
become tired, cansarse
bed, la cama; to go to bed,
acostarse (ue); to stay in
bed, guardar cama
bedroom, la alcoba, el dormitorio
bee, la abeja
beef, la carne; roast beef,
carne asada, rosbif
before, antes de, antes (de)
que; (in the presence of),
ante
beg, rogar (ue, gu), suplicar
(qu); beggar, el mendigo,
el pordiosero
begin, comenzar (ie, c),

empezar (ie, c), ponerse (pongo) a + *inf.*, echarse a + *inf.*; **beginning,** el principio, el comienzo; **at the beginning of,** a principios de

behave (oneself), portarse

being, el ser

believe, creer (y)

bell, la campana

belong, pertenecer (zc)

beloved, querido,-a

beside, junto a, al lado de; **beside oneself,** fuera de sí

best, el (la) mejor

better, mejor; **it is better,** es mejor, más vale

between, entre

Bible, la Biblia

bicycle, la bicicleta

big, grande

bird, el pájaro, el ave (*f.*)

birthday, el cumpleaños

bitter, amargo,-a

black, negro,-a; **blackboard,** la pizarra

blame, echar la culpa (a)

blanket, la frazada

blond, rubio,-a

blouse, la blusa

blue, azul

boat, el buque, el barco, la nave

boil, hervir (ie, i)

book, el libro; **book case,** el estante (para libros); **bookkeeper,** el contador; **bookstore,** la librería

bored: to get bored, aburrirse

born: to be born, nacer (zc)

boss, el patrón, el jefe

bottle, la botella

bouquet, el ramo

boy, el muchacho

bracelet, el brazalete

Brazil, el Brasil

bread, el pan

break, romper; **to break in pieces,** hacer (hago) pedazos

breakfast, el desayuno; **to**

eat (have) breakfast, desayunarse

brick, el ladrillo

brilliant, brillante

bring, traer (traigo)

broken, roto,-a

brother, el hermano

brush, el cepillo; **to brush,** cepillar, limpiar; **to brush one's teeth,** limpiarse los dientes

build, construir (y); **building,** el edificio; **built,** construido,-a

bull, el toro; **bullfight,** la corrida de toros; **bullfighter,** el torero

bus, el autobús

business, el negocio

busy, ocupado,-a

but, pero, sino

butter, la mantequilla

buy, comprar; **buying,** el comprar

by, por, en, de, para; **by day,** de día; **by dint of,** a fuerza de; **by no means,** de ningún modo, de ninguna manera; **by heart,** de memoria; **by working,** trabajando

cage, la jaula

call, llamar; **to be called,** llamarse

campaign, la campaña

can (to be able), poder (ue); (probability), use future tense; **it can't be helped,** no hay remedio

Canada, el Canadá

candy, los dulces

capable, capaz

cape, la capa

capital (city), la capital

captain, el capitán

care: to take care (of), cuidar (a, de); **to take care of oneself,** cuidarse; **to be careful,** tener (ie, tengo) cuidado

carpenter, el carpintero

carry, llevar; **to carry away,** llevarse; **to carry out,** llevar a cabo

case, el caso; **in case,** en caso de que

cast, echar

Castilian, castellano,-a

cat, el gato

catastrophe, la catástrofe

cathedral, la catedral

cause, causar

celebrate, celebrar

cent, el centavo

century, el siglo

ceremony, la ceremonia

certain, cierto,-a; **it is certain,** es cierto

chain, la cadena

chair, la silla

chapter, el capítulo

charge, cobrar; **to take charge of,** encargarse (gu) de

Charles, Carlos

charming, simpático,-a, amable, encantador,-a

chase, perseguir (i, g)

cheap, barato,-a

check, el cheque; **to check,** facturar

cheese, el queso

cherry, la cereza

chicken, el pollo

child, niño,-a

choose, escoger (j)

Christmas, la Navidad

church, la iglesia

circus, el circo

citizen, el ciudadano

city, la ciudad

civil, civil

civilization, la civilización

class, la clase; **classroom,** sala de clase, el aula (*f.*)

clear, claro,-a

clerk, el dependiente

climate, el clima

clock, el reloj

close, cerrar (ie)

closet, el armario

cloud, la nube

club, el club

coat, el abrigo

coffee, el café; **coffee cup,** taza para café; **cup of coffee,** taza de café
coin, la moneda
cold, frío,-a; (*m.*), el frío; (illness), el resfriado, el catarro; **to be cold** (weather), hacer frío; (person), tener (ie, tengo) frío; (thing), estar frío,-a
collection, la colección
color, el color
Columbus, Colón
comb, el peine; **to comb one's hair,** peinarse
combat, combatir
come, venir (ie, vengo); **to come to** (= to regain consciousness), volver (ue) en sí; **to come to an agreement,** ponerse (pongo) de acuerdo; **to come upon,** dar (doy) con, tropezar (ie, c) con
comfortable, cómodo,-a
commerce, el comercio
companion, el compañero, la compañera
company, la compañía
compile, compilar
complain (of), quejarse (de)
compose, componer (compongo)
condemn, condenar
confess, confesar (ie)
conquer, conquistar, vencer (z)
conquest, la conquista
consciousness: **to regain consciousness,** volver (ue) en sí
consent (to), consentir (ie, i) (en)
consider, dar (doy) por, tener (ie, tengo) por, considerar
consist (of), consistir (en)
construct, construir (y); **construction,** la construcción
consult, consultar
contain, contener (ie, contengo)

continent, el continente
continue, continuar (ú)
contract, el contrato
contribute, contribuir (y)
conversation, la conversación, la charla
convert (to), convertir (ie, i) (en)
convince, convencer (z)
cook, el cocinero, la cocinera; **to cook,** cocer (ue, z), cocinar
cool, fresco,-a; **to be cool,** hacer fresco
copper, el cobre
copy, copiar
correct, correcto,-a; **to correct,** corregir (i, j); **correctly,** correctamente
cost, costar (ue)
cotton, el algodón
could, poder (ue); (polite request), pudiera; (probability), use conditional
count, contar (ue)
countess, la condesa
country, el campo; (nation), el país
course: **of course,** desde luego, por supuesto
cousin, el primo, la prima
cover, cubrir; **covered,** cubierto,-a
cow, la vaca
create, crear
criminal, el criminal
critic, el crítico
cross, la cruz; **to cross,** atravesar (ie), cruzar (c)
cruel, cruel; **cruelly,** cruelmente; **cruelty,** la crueldad
cry, llorar
cup, la taza
cure, curar
curious, curioso,-a; **curiously,** curiosamente, con curiosidad
current, la corriente
custom, la costumbre
cut, cortar

dance, el baile; **to dance,**

bailar; **dancer,** el bailarín, la bailarina
danger, el peligro; **dangerous,** peligroso,-a
dare (to), atreverse (a)
dark, oscuro,-a; **darkness,** la oscuridad
date, la fecha
daughter, la hija
day, el día; **the day after tomorrow,** pasado mañana; **by day,** de día; **every day,** todos los días; **some day,** algún día; **the next day,** el (al) día siguiente; **this very day,** hoy mismo; **at daybreak,** al amanecer
dear, querido,-a
debt, la deuda
deceive, engañar; **to be deceived,** engañarse
December, diciembre
decide (to), decidirse (a)
declare, declarar
decorate, decorar
dedicate (oneself), dedicarse (qu)
deed, la hazaña
deep, hondo,-a
defeat, vencer (z)
defend, defender (ie)
delay (in), tardar (en); **without delay,** cuanto antes
deny, negar (ie, gu)
depart, partir, salir (salgo)
descend, descender (ie), bajar
describe, describir
desert, el desierto; **deserted,** desierto,-a
deserve, merecer (zc)
dessert, el postre
destroy, destruir (y)
detail, el detalle
devote, dedicar (qu), consagrar
dictator, el dictador
dictionary, el diccionario
die, morir (ue, u)
difficult, difícil; **difficulty,** la dificultad
dignity, la dignidad

diligent, diligente, aplicado, -a; **diligently,** diligentemente

dint: by dint of, a fuerza de

dirty, sucio,-a

disappear, desaparecer (zc)

disaster, el desastre

disciple, el discípulo

discover, descubrir

discuss, discutir

dish, el plato

distance: in the distance, a lo lejos

distribute, distribuir (y)

divide, dividir; **divided by,** dividido por

do, hacer (hago); **to have nothing to do with,** no tener (ie, tengo) nada que ver con; **no sooner said than done,** dicho y hecho

doctor (title), el doctor; (profession), el médico

document, el documento

doll, la muñeca

dollar, el dólar

Dominic, Domingo

donkey, el burro, el asno

door, la puerta

doubt, la duda; **to doubt,** dudar; **doubtful,** dudoso, -a; **doubtless, there's no doubt,** sin duda, no cabe duda

downstream, río abajo

drama, el drama; **dramatist,** el dramaturgo

draw apart (from), apartarse (de)

dream, el sueño; **to dream,** soñar (ue); **to dream of,** soñar con

dress, el vestido; **to dress (oneself),** vestir(se) (i)

drink, la bebida; **to drink,** beber

drive, conducir (zc), manejar

drop, dejar caer

drown, ahogar (gu); **to be drowned,** ahogarse

drugstore, la botica, la farmacia

dry, seco,-a

during, durante

each, cada; **each other,** uno a otro, una a otra

early, temprano

earn, ganar

earth, la tierra

easy, fácil; **easily,** fácilmente

eat, comer; **to eat breakfast,** desayunarse

Ecuador, el Ecuador

effort, el esfuerzo

egg, el huevo; **to lay an egg,** poner (pongo) un huevo

eight, ocho; **eight o'clock,** las ocho; **eighteen(th);** diez y ocho (dieciocho); **eighth,** octavo,-a; **eight hundred,** ochocientos,-as; **eighty,** ochenta

either (in negative sentence), tampoco; **either . . . or** (in negative sentence), ni . . . ni

electrical, eléctrico,-a

elevator, el ascensor

eleven, once; **eleven o'clock,** las once

Elizabeth, Isabel

embrace, dar un abrazo, abrazar (c)

Emil, Emilio

employ, emplear; **employee,** el empleado, la empleada

empty, vacío,-a

end, terminar; **to end by,** acabar por; **at the end of,** a fines de, al cabo de

enemy, el enemigo, la enemiga

England, Inglaterra; **English,** inglés, inglesa; (language), el inglés

enjoy, gozar (c) de; **to enjoy oneself,** divertirse (ie, i)

enough, bastante; **to be enough,** bastar

enter, entrar (en), pase Vd.

enterprise, la empresa

enthusiasm, el entusiasmo; **enthusiastically,** con entusiasmo

envelope, el sobre

equals (=), son

era, la época

erase, borrar

error, el error

essay, el ensayo

eternal, eterno,-a

Europe, Europa

even: even though, aunque; **not even,** ni siquiera

evening, la noche; **every evening,** todas las noches

ever, jamás, nunca

every, todos los . . . , todas las . . . ; **everybody, everyone,** todos, todo el mundo; **every day,** todos los días; **every morning,** todas las mañanas; **everything,** todo; **everywhere,** en (por) todas partes

evident, evidente

examination, el examen, la prueba; **examine,** examinar

exercise, el ejercicio

exert, ejercer (z)

expedition, la expedición

expensive, caro,-a

experience, la experiencia

explain, explicar (qu)

explore, explorar; **explorer,** el explorador

explosion, la explosión

expose, exponer (expongo)

extinguish, extinguir (extingo)

extraordinary, extraordinario,-a

eye, el ojo; **eyeglasses,** los anteojos

face, la cara, el rostro; **to face,** dar (doy) a

fact: in fact, as a matter of fact, en efecto

factory, la fábrica

fail: to fail to, dejar de + *inf.*; **failure,** el fracaso

faint, desmayarse
faithfully, fielmente
fall, la caída; to fall (down), caer(se) (caigo); to fall asleep, dormirse (ue, u); to fall in love (with), enamorarse (de)
false, falso,-a
fame, la fama
family, la familia
famous, famoso,-a; célebre
"fan," el aficionado
farmer, el labrador, el campesino
father, el padre
favor, el favor; to be in favor of, estar por; favorite, favorito,-a
February, febrero
feel, sentir(se) (ie, i); to feel like, tener (ie, tengo) ganas de
fellow pupil, condiscípulo
female, la hembra
Ferdinand, Fernando
ferocious, feroz
fever, la fiebre
few: a few, varios,-as, algunos,-as, unos cuantos (unas cuantas); fewer, menos
fiancé, el novio; fiancée, la novia
fierce, bravo,-a
fifteen, quince; fifth, quinto, -a; fifty, cincuenta
fight, luchar (con), pelear (con)
finally, al fin, por fin, finalmente
find, encontrar (ue), hallar; to find out, saber (supe) (pret.); averiguar (gü), enterarse (de)
finish, terminar, acabar
fire, el fuego
firm, firme
first, primero,-a (primer)
fish, pescar (qu); fishing, el pescar, la pesca
five, cinco; five hundred, quinientos,-as
flat, llano,-a

flee, huir (y)
flower, la flor
foggy: it is foggy, hay neblina
follow, seguir (i, sigo)
fond (of), aficionado,-a (a)
food, el alimento
foot, el pie; on foot, a pie
for, para, por; as for, en cuanto a
forbid, prohibir
force, la fuerza
foreign, extranjero,-a
forest, el bosque
forget, olvidar, olvidarse de
former (the), aquél, aquélla, aquéllos, aquéllas
fortune, la fortuna
found (= establish), fundar
four, cuatro; forty, cuarenta; four hundred, cuatrocientos,-as; fourteen, catorce; fourth, cuarto,-a
France, Francia; French, francés, francesa; (language), el francés; in the French style, a la francesa
Fred, Federico
freeze, helar (ie); to freeze over, helarse
frequently, frecuentemente, con frecuencia
fresh, fresco,-a
Friday, el viernes
friend, el amigo, la amiga; friendship, la amistad
frighten, asustar, espantar; to be frightened, asustarse, espantarse
from, de, desde; from time to time, de vez en cuando; from now on, de hoy en adelante
frontier, la frontera
fruit, las frutas
full, lleno,-a
fun: to make fun of, burlarse de
function, la función
furniture, el mueble, los muebles
future, el futuro, el porvenir

garden, el jardín
gather (up), recoger (j)
general, general; (title), el general
generous, generoso,-a
genius, el ingenio
gentleman, el señor, el caballero
George, Jorge
German, alemán, alemana; (language), el alemán; Germany, Alemania
get, obtener (ie, obtengo), conseguir (i, consigo); to get angry, enojarse, enfadarse; to get bored, aburrirse; to get dressed, vestirse (i); to be getting late, hacerse tarde; to get lost, perderse (ie); to get married (to), casarse (con); to get one's bearings, orientarse; to get ready to, disponerse (dispongo) a; to get up, levantarse; to get washed, lavarse; to get wet, mojarse
gift, el regalo
girl, la muchacha
give, dar (doy); giving, el dar; give regards, dar recuerdos
glad: to be glad (of, to), alegrarse (de)
glance, la mirada
glorious, glorioso,-a; glory, la gloria
glove, el guante
go, ir (voy), andar; to go away, irse, marcharse; to go out, salir (salgo); to go to bed, acostarse (ue); to go up, subir
God, Dios; god, el dios; God grant that . . .!, ¡Ojalá que . . .!
gold, el oro; Golden Age, el Siglo de Oro
good, bueno,-a (buen); to be good for, servir (i) para; goodness, la bondad
govern, gobernar (ie); gov-

ernment, el gobierno; governor, el gobernador

grade, la nota

graduate, to be graduated, graduarse (ú)

granddaughter, la nieta; grandmother, la abuela; grandson, el nieto

grapefruit, la toronja

grass, la hierba

grateful: to be grateful (for), agradecer (zc)

gray, gris

great, grande (gran); greatness, la grandeza

Greek, griego,-a

green, verde

greet, saludar

grieve, afligir (j)

ground, el suelo

group, el grupo

grow, crecer (zc)

guard, el guardia, la guardia

guest, el invitado, la invitada, el huésped

guidebook, la guía

guitar, la guitarra

hair, el pelo, el cabello; to comb one's hair, peinarse

half, medio,-a, la mitad

hall, la sala, el salón

hand, la mano; to hand (over), entregar (gu); to shake hands, darse la mano; on the other hand, en cambio

hang (up), colgar (ue, gu)

happen, ocurrir, suceder, pasar; to happen to, acertar (ie) a + inf.

happiness, la felicidad, la alegría; happy, alegre, feliz

hard, adv., mucho

harvest, la cosecha

hat, el sombrero

hate, odiar

have, tener (ie, tengo); (auxiliary), haber (he); to have breakfast, desayunarse; to have just . . . ,

acabar de + inf.; to have left (= remaining), quedarle (a uno); to have lunch, almorzar (ue, c); to have nothing to do with, no tener nada que ver con; to have too much, sobrarle (a uno); to have to, tener que + inf.

he, él; he who, el que, quien

head, la cabeza

health, la salud

hear, oír (oigo, y); to hear of (about), oír hablar de

heart: by heart, de memoria

heat, el calor

heed: to pay heed to, hacer (hago) caso de

height, la altura; in height, de alto

Helen, Elena

help, la ayuda; to help, ayudar; it can't be helped, no hay remedio; not to be able to help . . . , no poder (ue) menos de + inf.

hen, la gallina

henceforth, de hoy en adelante

Henry, Enrique

her (possessive), su, sus; (direct object), la; (after prep.), ella; herself, se; to herself, para sí; with her(self), consigo

here, aquí, acá

hero, el héroe; heroic, heroico,-a; heroically, heroicamente

hers, el (la, los, las) suyo(-a, -os, -as)

hide, esconder, ocultar

high, alto,-a

him (direct object), le, lo; (after prep.), él; himself, mismo; (reflexive), se; (after prep.), sí; to himself, para sí; with him(self), consigo

hinder, impedir (i)

his, su, sus; el (la, los, las) suyo(-a, -os, -as)

historic, historical, histórico,-a; history, la historia

hit, dar (doy) en

holiday, el día de fiesta

home, (la) casa; at home, en casa; (to) home, a casa; homework, la tarea

honor, el honor; to honor, honrar

hope, la esperanza; to hope, esperar

horse, el caballo; on horseback, a caballo

hospital, el hospital

hot, caliente; to be hot (weather), hacer calor

hour, la hora

house, la casa

how?, ¿cómo?; how (well she sings)!, ¡qué (bien canta)!; how (dark) it is, lo (oscuro) que es; how long?, ¿cuánto tiempo?; how much?, ¿cuánto, -a?

however, sin embargo; however + adj. or adv., por + adj. or adv. + que

human, humano,-a

hundred, ciento (cien)

hungry: to be hungry, tener (ie, tengo) hambre

hurry: to hurry (to), apresurarse (a + inf.), darse (doy) prisa (a + inf.)

hurt, doler (ue), hacer (hago) daño (a); to hurt (oneself), hacer(se) (hago) daño

I, yo; I should say so!, ¡ya lo creo!

idealist, idealista

if, si; as if, como si

ill, enfermo,-a; illness, la enfermedad

image, la imagen

imagination, la imaginación; to imagine, imaginarse

imitate, imitar

immediately, en seguida, inmediatamente

important, importante
impossible, imposible
impression, la impresión
in, en; (after superlative),
de; **in order to,** para; **in
regard to,** en cuanto a;
in the (French) style, a la
(francesa); **in the open
air,** al aire libre; **in this
(that) way,** de este (ese)
modo, de esta (esa) ma-
nera; **in accordance with,**
de acuerdo con, conforme
a; **in a little while,** dentro
de poco; **in fact,** en efecto; **in spite of,** a pesar de
include, incluir (y)
independence, la independencia
Indian, el indio
indicate, indicar (qu)
indulgent, indulgente
influence, la influencia; **to
have influence on,** influir
(y) en
inhabitant, el habitante
injustice, la injusticia
inn, la fonda
inside (of), dentro (de)
insist (on), insistir (en),
empeñarse (en)
inspector, el inspector
inspire, inspirar
instantly, al instante
instead of, en vez de, en
lugar de
instrument, el instrumento
intelligence, la inteligencia;
intelligent, inteligente
intend, pensar (ie) + *inf.*
interest, el interés; **to interest,** interesar; **interesting,**
interesante
interrupt, interrumpir
into, en
inventor, el inventor
invite, invitar, convidar
island, la isla
it (direct object), lo, la;
(after prep.), él, ella; **its,**
su, sus
Italian, italiano,-a; (language), el italiano

jacket, la chaqueta, la
americana
James, Diego, Jaime
Jane, Juana
January, enero
jewel, la joya, la alhaja
job, el empleo, el puesto
John, Juan; **Johnny,**
Juanito
join, unir(se) a
Joseph, José
journalist, el periodista
judge, el juez
July, julio
June, junio
jungle, la selva
just: to have just . . . ,
acabar de + *inf.*

keep, guardar, quedarse
con; **to keep one's word,**
cumplir (con) la palabra;
to keep on, seguir (i, sigo);
to keep silent, callarse
kind, bondadoso,-a, la especie; **kindness,** la bondad
king, el rey
kitchen, la cocina
kneeling, de rodillas
knife, el cuchillo
know (a fact), saber (sé);
(a person), conocer (zc);
to know how, saber

lack, carecer (zc) de; **to be
lacking,** faltar, hacer falta
lady, la dama, la señora, la
señorita; **young lady,** la
señorita
lake, el lago
land, la tierra
language, la lengua, el
idioma
large, grande
last, durar; **last night,** anoche; **last (year, month,
Wednesday),** el (año,
mes, miércoles) pasado
late, tarde; **to be getting
late,** hacerse tarde; **later,**
más tarde

latter (the), éste, ésta,
éstos, éstas
laugh (at), reírse (í) (de)
law, la ley; **lawyer,** el abogado
lay (an egg), poner (un
huevo)
lazy, perezoso,-a
leaf, la hoja
lean (on, against), apoyarse
(en)
learn, aprender
least (the), el (la) menor,
los (las) menores; **at least,**
a lo (al) menos
leave, salir (salgo) (de),
dejar; **to take leave (of),**
despedirse (i) (de)
left: at (to) the left, a la
izquierda; **to have left
(= remaining),** quedarle
(a uno)
leg, la pierna
lend, prestar
less, menos
lesson, la lección
letter, la carta; (alphabet),
la letra
liberty, la libertad
library, la biblioteca
lie, la mentira; **to lie,** mentir
(ie, i)
life, la vida
lift, levantar, alzar (c)
light, la luz
like, como; **I like,** me
gusta(n); **I would like,**
me gustaría(n), quisiera;
to feel like, tener (tengo)
ganas de
limit, el límite; **to limit,**
limitar
lion, el león
listen (to), escuchar
literature, la literatura
little (quantity), poco,-a;
(size), pequeño,-a; **a little
while ago,** hace poco; **in a
little while,** dentro de
poco
live, vivir; **living room,** la
sala
lively, animado,-a

long, largo,-a; a long time, mucho tiempo; how long?, ¿cuánto tiempo?; no longer, ya no

look (at), mirar; to look for, buscar (qu); to look out of (the window), asomarse a (la ventana)

lose, perder (ie); to lose sight of, perder de vista; loss, la pérdida; to get lost, perderse

Louis, Luis

Louise, Luisa

love, el amor; to love, querer (ie), amar; to be in love (with), estar enamorado, -a (de); to fall in love (with), enamorarse (de)

lower, bajar

luck, la suerte; to be lucky, tener (ie, tengo) suerte

Lucy, Lucía

luggage, el equipaje

lunch, el almuerzo; to have lunch, almorzar (ue, c)

machine, la máquina

Madame, señora

magazine, la revista

mail, echar al correo

make, hacer (hago); to make a mistake, hacer un error; to make a trip, hacer un viaje; to make fun (of), burlarse (de); to make one's way to, dirigirse (j) a

male, el varón

mama, mamá

man, el hombre; (husband), el marido; old man, el viejo

manager, el administrador, el director

manufacture, fabricar (qu)

many, muchos,-as; how many?, ¿cuántos,-as?

map, el mapa

marble, el mármol

March, marzo

mark, la nota; to mark, marcar (qu)

market, el mercado

marry, casar; to get married (to), casarse (con)

Martha, Marta

Mary, María

masterpiece, la obra maestra

material, el material

mathematics, las matemáticas

matter, el asunto; as a matter of fact, en efecto; it doesn't matter, no importa; no matter how..., por + adj. or adv. + que

May, mayo

mayor, el alcalde

me, me; (after prep.), mí; with me, conmigo

meal, la comida

mean, significar (qu), querer (ie) decir

means: by no means, de ningún modo, de ninguna manera

meanwhile, mientras tanto

measure, medir (i)

meat, la carne

medicine, la medicina

meet, encontrar (ue), encontrarse con, reunirse (ú); (make one's acquaintance), conocer (zc); meeting, la reunión

melancholy, la melancolía

member, socio,-a

memory, el recuerdo, la memoria

merchandise, las mercancías; merchant, el comerciante

mere, simple

merit, el mérito

Mexican, mexicano,-a; Mexico, México

Michael, Miguel

midnight, la medianoche

mile, la milla

military, militar

milk, la leche

million, el millón

mine, el (la, los, las) mío(-a, -os, -as)

minute, el minuto

miser, el avaro; miserly, avaro,-a

misfortune, la desgracia

Miss, (la) señorita; to miss, echar de menos

mistake, el error, la falta; to be mistaken, equivocarse (qu)

Mister (Mr.), (el) señor; Mr. & Mrs., los señores

mix, mezclar

moan, gemir (i)

model, el modelo

modern, moderno,-a

modest, modesto,-a

moment, el momento

monarch, el monarca

Monday, el lunes

money, el dinero

month, el mes; last month, el mes pasado

monument, el monumento

moon, la luna

Moor, el moro

more, más; the more ..., the more, cuanto más ..., (tanto) más; more and more, cada vez más

morning, la mañana; good morning, buenos días; every morning, todas las mañanas; in the morning, por la mañana

most (the), el (la, los, las) más

mother, la madre

mountain, la montaña, el monte; mountainous, montañoso,-a

mounted, montado,-a

move, mover(se) (ue)

Mrs., (la) señora

much, mucho,-a; adv., mucho; how much?, ¿cuánto,-a?; so much, tanto,-a; too much, demasiado,-a; to be too much, sobrar

mud, el lodo; to be muddy, haber (hay) lodo

multiplied by, por

murmur, murmurar

museum, el museo

music, la música; musical, músico,-a; musician, el músico

must (probability), use future tense or deber de + inf.; (obligation), tener (ie, tengo) que, deber; one must, hay que + inf.

my, mi, mis

narrow, estrecho,-a

nation, la nación

nature, la naturaleza, el genio

navigate, navegar (gu)

near, cerca de; nearby, cercano,-a

necessary, necesario,-a

necklace, el collar

necktie, la corbata

need, necesitar, hacerle falta (a uno), faltarle (a uno)

needle, la aguja

neighbor, neighboring, vecino,-a

neither, tampoco; neither . . . nor, ni . . . ni

never, nunca, jamás

nevertheless, sin embargo, no obstante

new, nuevo,-a; nothing new, sin novedad

news, la(s) noticia(s); newspaper, el periódico, el diario

next, próximo,-a, siguiente; the next day, el (al) día siguiente

night, la noche; at night, de noche; at nightfall, al anochecer; last night, anoche

nine, nueve; nine hundred, novecientos,-as; nineteen-(th), diez y nueve (diecinueve); ninety, noventa; ninth, noveno,-a

no, ninguno,-a (ningún); no longer, ya no; no one, nadie; no sooner said than done, dicho y hecho

noise, el ruido

none, ninguno,-a

noon, el mediodía

nor, ni; neither . . . nor, ni . . . ni

not, no; not even, ni siquiera; not now, ahora no; not yet, todavía no; not to be able to help . . . , no poder menos de + inf.

nothing, nada; nothing new, sin novedad; to have nothing to do with, no tener (ie, tengo) nada que ver con

notice, notar, hacer (hago) caso de

notify, avisar

notwithstanding, no obstante

novel, novela; novelist, el novelista

November, noviembre

now, ahora; from now on, de hoy en adelante; not now, ahora no; right now, ahora mismo; nowadays, hoy día, actualmente

number, el número

numerous, numeroso,-a

nurse, la enfermera

obey, obedecer (zc)

object, el objeto

observe, observar, reparar en

occur, ocurrir, acontecer (zc)

o'clock: at eight o'clock, a las ocho

October, octubre

of, de; of course, desde luego, por supuesto

off: to take off, quitarse

office, la oficina

often, a menudo, muchas veces

oil, el aceite

old, viejo,-a; (former), antiguo,-a

omit, omitir

on, en; on (entering), al (entrar); on Mondays, los lunes; on the other hand, en cambio; on time, a tiempo; on foot, a pie; on purpose, de propósito

once: at once, en seguida

one, uno,-a (un); the one who, el (la) que; one hundred, cien(to); no one, nadie

only, no . . . más que

open, abierto,-a; to open, abrir; to open wide, abrir de par en par; in the open air, al aire libre

operation, la operación

opponent, el adversario

oppose, oponerse (opongo) (a); opposite, opuesto,-a

or, o; (before word beginning with o or ho), u

orange, la naranja

orchard, la huerta

orchestra, la orquesta

order, la orden; to order, mandar, ordenar; in order to, para; in order that, para que

orphan, el huérfano, la huérfana

other, otro,-a; each other, uno a otro, una a otra; on the other hand, en cambio; otherwise, de otro modo

ought, deber

our, nuestro,-a; ours, el (la, los, las) nuestro(-a, -os, -as)

out: to carry out, llevar a cabo; to go out, salir (salgo); to look out of (the window), asomarse a (la ventana); to take out, sacar (qu)

own: (my, your, our, his, her, its, their) own, propio, -a

owner, el dueño

package, el paquete

page, la página

pain, el dolor

paint, pintar; painter, el pintor; painting, la pintura, el cuadro

pair, el par

palace, el palacio

paragraph, el párrafo

parents, los padres

park, el parque

parlor, la sala

part: to take part (in), tomar parte (en)

party, la fiesta, la tertulia

pass, pasar

passenger, el pasajero, la pasajera

passion, la pasión

passport, el pasaporte

patience, la paciencia

patriot, el patriota

patron (saint), el (santo) patrón

Paul, Pablo

pay (for), pagar (gu); to pay heed (to), hacer (hago) caso (a, de); to pay attention (to), prestar (poner) atención (a); to pay a visit, hacer una visita

peace, la paz

peak, el pico

pear, la pera

pearl, la perla

peasant, el campesino, el labrador

pen, la pluma

pencil, el lápiz

people, la gente, las personas

per, por

perfume, el perfume

perhaps, tal vez, quizás

period, la época

permit, permitir

persist (in), empeñarse (en)

person, la persona

Peru, el Perú

Peter, Pedro

Philip, Felipe

philosopher, el filósofo

phonograph, el tocadiscos

piano, el piano

picture, el cuadro; (movie), la película; to take a picture, sacar (qu) una fotografía; picturesque, pintoresco,-a

pie, el pastel

piece, el pedazo; piece of furniture, el mueble; to break in pieces, hacer (hago) pedazos

pity, la piedad, la lástima; it is a pity, es lástima; pitying glance, la mirada de piedad

place, lugar, sitio; to place, poner (pongo), colocar (qu); to take place, verificarse (qu), tener lugar

plan, el plan

plane, el avión; by plane, en (por) avión

plant, la planta

plate, el plato

platform, el andén

platinum, el platino

play (theatrical), la comedia; to play (music), tocar (qu); (a game), jugar (ue); to play the role of, hacer (hago) el papel de

please, por favor; to please (to be pleasing), gustar, agradar

plumber, el plomero

plus, y, más

P.M., de la tarde, de la noche

poem, la poesía, el poema

poet, el poeta; poetess, la poetisa; poetry, la poesía

police, la policía; policeman, el policía

political, político,-a; politician, el político

poor, pobre

popular, popular

portrait, el retrato

Portuguese, portugués, portuguesa; (language), el portugués

possession: to take possession of, apoderarse de

possible, posible

post card, la tarjeta postal

postman, el cartero

pound, la libra

powerful, poderoso,-a

practice, la práctica; to practice, practicar (qu)

prefer, preferir (ie, i)

prepare, preparar

present, regalar, presentar

preserve, conservar

president, el presidente

pretty, bonito,-a

price, el precio

pride, el orgullo

prince, el príncipe; princess, la princesa

print, imprimir

prison, la cárcel

prize, el premio

probable, probable; probably (use future or conditional), probablemente

problem, el problema

proceed, andar; proceed on one's way, proseguir el (su) camino

procession, la procesión

produce, producir (zc)

program, el programa

progress, el progreso; to progress, adelantar

prohibit, prohibir

project, el proyecto

promise, prometer

property, la propiedad

propose, proponer (propongo)

protect, proteger (j)

protest, protestar

proud, orgulloso,-a; proudly, orgullosamente, con orgullo

provided that, con tal que

public, público,-a; (m. sing.), el público

publish, publicar (qu)

punish, castigar (gu); punishment, el castigo

pupil, el alumno, la alumna; fellow pupil, el condiscípulo

purchase, la compra

purpose: on purpose, de propósito
purse, la bolsa
put, poner (pongo); to put in, meter; to put on, ponerse
pyramid, la pirámide

quarrel, reñir (i)
question: to be a question of, tratarse de
quickly, rápidamente, aprisa, pronto, de prisa
quiet: to become quiet, callarse
quite, bastante

race, la raza
radio, el (la) radio
rain, la lluvia; to rain, llover (ue)
raise, levantar, alzar (c); (bring up), criar (í)
rapidly, rápidamente
ray, el rayo
reach, llegar (gu) a; to reach an agreement, llegar a un acuerdo, ponerse (pongo) de acuerdo
read, leer (y); reader, el lector; reading, el leer, la lectura
ready, listo,-a, dispuesto,-a; to get ready to, disponerse (dispongo) a
realize, darse (doy) cuenta de; really, de veras
receipt, el recibo; to receive, recibir
recognize, reconocer (zc)
recommend, recomendar (ie)
refer to, referirse (ie, i) a
refreshment, el refresco
refuse (to), negarse (ie, gu) (a)
regain consciousness, volver (ue) en sí
regard: in regard to, en cuanto a; to give regards, dar (doy) recuerdos

region, la región
reign, reinar
relate, contar (ue)
relative, el pariente
reliable, seguro,-a, cierto,-a; to rely on, contar (ue) con
religious, religioso,-a
remain, quedar(se)
remember, acordarse (ue) (de), recordar (ue)
repent, arrepentirse (ie, i) (de)
rescue, salvar
resemble, parecerse (zc) a
respect, respetar
rest, el descanso, el reposo; to rest, descansar
restaurant, el restaurante
result, el resultado; to result (in), resultar
return (go back), volver (ue), regresar; (give back), devolver (ue)
rice, el arroz
rich, rico,-a
Richard, Ricardo
ride: to take a ride, dar un paseo (en coche)
right, derecho,-a; at (to) the right, a la derecha; right now, ahora mismo; to be right, tener (ie, tengo) razón
rise, ascender (ie), subir
rival, el adversario
river, el río
road, el camino
roast, asar; roast beef, carne asada, rosbif
role: to play the role of, hacer (hago) el papel de
Roman, romano,-a
room, la habitación, el cuarto; to be room for, caber (quepo)
rose, la rosa
round-trip ticket, el billete de ida y vuelta
rug, la alfombra
run, correr; to run along (down, through), correr por

Russian, ruso,-a; (language), el ruso

sacrifice, sacrificar (qu)
sad, triste; sadness, la tristeza
safe and sound, sano y salvo
sailor, el marinero
Saint, Santo,-a (San)
salad, la ensalada
salt, la sal
same, mismo,-a; same as usual, sin novedad; at the same time, a la vez
sand, la arena
satisfy, satisfacer (satisfago)
Saturday, el sábado
save, conservar, salvar
say, decir (i, digo); I should say so!, ¡ya lo creo!; no sooner said than done, dicho y hecho
scarcely, apenas
school, la escuela
science, la ciencia; scientist, el científico
sculptor, el escultor, la escultora
season, la estación
seat, el asiento; (theater), la localidad; seated, sentado,-a
second, segundo,-a
secret, secreto,-a
secretary, el secretario, la secretaria
see, ver (veo)
seem, parecer (zc)
seize, coger (j)
sell, vender; selling, el vender
semester, el semestre
send, enviar (í), mandar
sentence, la frase
September, septiembre
serape, el sarape
serious, grave, serio,-a
servant, el criado, la criada
serve, servir (i); to serve as, servir de

set, poner (pongo); to set the table, poner la mesa

settle, arreglar

seven, siete; seven hundred, setecientos,-as; seventeen(th), diez y siete (diecisiete); seventh, séptimo,-a; seventy, setenta

several, varios,-as

severe, severo,-a; severely, severamente

sew, coser

shake hands, darse la mano

shall (use present or future tense)

sharp, agudo,-a; eight o'clock sharp, las ocho en punto

shave, afeitar; to shave oneself, afeitarse

she, ella

shed, derramar

shine, brillar

ship, el buque, la nave

shirt, la camisa

shoe, el zapato; shoemaker, el zapatero

shop, la tienda

short, corto,-a, bajo,-a

should, deber (debiera); I should say so!, ¡ya lo creo!

shoulder, el hombro; to shrug one's shoulders, encogerse (j) de hombros

shout, el grito; to shout, gritar, dar (doy) gritos (voces)

show, enseñar, mostrar (ue), demostrar (ue)

shrug: shrug one's shoulders, encogerse (j) de hombros

side, el lado; sidewalk, la acera

sigh, el suspiro

sight: to lose sight of, perder (ie) de vista

sign, firmar

signal, la señal

silent: to keep silent, callarse

silk, la seda

silver, la plata

similar, semejante

simple, sencillo,-a; simpleminded, simple

since, ya que, puesto que

sing, cantar; singer, el cantor, la cantora, el (la) cantante

sir, señor

sister, la hermana

sit (down), sentarse (ie)

six, seis; six hundred, seiscientos,-as; sixteen(th), diez y seis (dieciséis); sixth, sexto,-a; sixty, setenta

skill, la habilidad; skillful, hábil

skirt, la falda

sky, el cielo

slave, el esclavo, la esclava

sleep, dormir (ue, u); to be sleepy, tener (ie, tengo) sueño

sleeve, la manga

slowly, lentamente, despacio

small, pequeño,-a

smash, hacer (hago) pedazos

smell, oler (huelo); to smell (of, like), oler a

smile, la sonrisa; to smile, sonreír (í)

smoke, el humo; to smoke, fumar; smoking, el fumar

smoothly, suavemente

snow, la nieve; to snow, nevar (ie)

so, tan; so much, tanto,-a; so that, de modo (manera) que

soap, el jabón

soldier, el soldado

solve, resolver (ue)

some, alguno,-a (algún); some day, algún día; someone, alguien

son, el hijo

song, la canción

soon, pronto; as soon as, así que, en cuanto, luego que, tan pronto como;

no sooner said than done, dicho y hecho

sorry: to be sorry, sentir (ie, i)

soul, el alma (f.)

sound, el sonido; safe and sound, sano y salvo

soup, la sopa

south, el sur; South America, la América del Sur, Sudamérica

souvenir, el recuerdo

Spain, España; Spaniard, el español, la española; Spanish, español,-a; (language), el español; Spanish America, la América Hispana; in the Spanish style, a la española

spank, pegar (gu)

speak, hablar

species, la especie

spectacle, el espectáculo

spend (time), pasar; (money), gastar

spill, derramar

spite: in spite of, a pesar de

sport, el deporte

spread, esparcir (z)

spring, la primavera

spy, el espía; to spy, espiar (í)

square, cuadrado,-a

stamp, el sello

stand up, levantarse; standing, de pie

star, la estrella

stare (at), fijarse en, reparar en

start, iniciar, principiar, empezar (ie, c), comenzar (ie, c)

state, el estado

statue, la estatua

stay, quedar(se); to stay in bed, guardar cama

steal, robar

steel, el acero

stenographer, la taquígrafa

step, el paso; to step (on), pisar

still, todavía; to keep still, callarse

stocking, la media
stone, la piedra
stop, cesar de + *inf.*, parar(se), dejar de + *inf.*
store, la tienda
strange, extraño,-a
street, la calle
strike, dar (la hora); (against), dar (doy) en
stroll, pasearse, dar (doy) una vuelta, dar un paseo
struggle, luchar
stucco, el estuco
student, el (la) estudiante, alumno,-a; studious, aplicado,-a; to study, estudiar
style, el estilo; in the French (Spanish) style, a la francesa (española)
succeed (in), lograr + *inf.*
such (a), tal
suddenly, de pronto, de repente
suffer, sufrir
suffice, bastar; sufficient, suficiente, bastante
suit, el traje; suitcase, la maleta
summer, el verano; summer vacation, las vacaciones de verano
sun, el sol; sunset, la puesta del sol; it is sunny, hay sol, hace sol
Sunday, el domingo; every Sunday, todos los domingos; on Sundays, los domingos
support, mantener (ie, mantengo)
supreme, supremo,-a
sure, seguro,-a; I am sure, estoy seguro,-a
surprise, sorprender; to be surprised (at), sorprenderse (de)
surround, rodear
sweetheart, el novio, la novia
swift, rápido,-a
swim, nadar; swimming, el nadar
sword, la espada

table, la mesa; tablecloth, el mantel; to set the table, poner (pongo) la mesa
tailor, el sastre
take, tomar, llevar; taking, el tomar; to take a bath, bañarse; to take advantage (of), aprovecharse (de); to take a picture, sacar (qu) una fotografía; to take a ride, dar un paseo (en coche); to take a trip, hacer (hago) un viaje; to take a walk, dar un paseo, pasearse; to take care of, cuidar (a, de); to take charge (of), encargarse (gu) (de); to take leave of, despedirse (i) de; to take off, quitarse; to take out, sacar (qu); to take part (in), tomar parte (en); to take place, tener (ie, tengo) lugar, verificarse (qu); to take possession of, apoderarse de
talent, el talento
talk, hablar
tall, alto,-a
tax, el impuesto
tea, el té
teach, enseñar; teacher, maestro,-a, profesor,-a
telegram, el telegrama
telephone, el teléfono
tell, decir (i, digo)
ten, diez; tenth, décimo,-a
tennis, el tenis
terror, el terror
test, el examen, la prueba
than, que, del que, de la (los, las) que; (before number), de
thank (for), agradecer (zc)
that (*adj.*), ese, esa, aquel, aquella; (*pron.*) ése, ésa, aquél, aquélla; (*neuter pron.*) eso, aquello; (*conj.*) que; that of, el (la) de; in that way, de esa manera (de ese modo)
the, el, la, los, las

theater, el teatro
their, su, sus; theirs, el (la, los, las) suyo(-a, -os, -as)
them, los, las; to them, les; (after prep.), ellos,-as
then, luego
there, allí, allá; there is (are), hay; there was (were), había, hubo; there's no doubt, no cabe duda
therefore, por consiguiente, por eso
Theresa, Teresa
they, ellos,-as
thief, el ladrón
thing, la cosa
think, pensar (ie); to think of, pensar en; (opinion), pensar de
third, tercero,-a (tercer)
thirsty: to be thirsty, tener (ie, tengo) sed
thirteen(th), trece
thirty, treinta
this, este,-a; (*neuter pron.*), esto; this (one), éste,-a; this very day, hoy mismo; in this way, de esta manera (de este modo)
thoroughly, a fondo
though: as though, como si; even though, aunque
thousand, mil
threaten, amenazar (c)
three, tres; three hundred, trescientos,-as
throne, el trono
through, por, a través de
throw, tirar, echar
Thursday, el jueves
ticket, el billete; ticket office, la taquilla; round-trip ticket, el billete de ida y vuelta
tight: to be tight, apretar (ie)
till, hasta
time, el tiempo; (hour), la hora; (in a series), la vez; this time, esta vez; a long time, mucho tiempo; at the same time, a la vez;

at this time, a esta hora; at what time?, ¿a qué hora?; from time to time, de vez en cuando; on time, a tiempo; what time is it?, ¿qué hora es?; "times" (✕), por

tip, la propina

tired, cansado, -a (with estar); to become tired, cansarse; tiresome, cansado,-a (with ser)

to, a, para; to himself, para sí; to the left, a la izquierda; to the right, a la derecha

today, hoy; tomorrow, mañana; the day after tomorrow, pasado mañana; tonight, esta noche

too, demasiado; too much, demasiado,-a; to be too much (many), sobrar

tooth, el diente; to brush one's teeth, limpiarse los dientes

top, la cumbre

touch, tocar (qu)

tourist, el (la) turista

toward, hacia

town, el pueblo

train, el tren

translate, traducir (zc)

travel, viajar; traveler, viajero,-a

treasure, el tesoro

treat, tratar; treatment, el tratamiento

tree, el árbol

tremble, temblar (ie)

trip, el viaje; to make (take) a trip, hacer (hago) un viaje; round-trip ticket, billete de ida y vuelta

true: it is true, es verdad; truth, la verdad

trust, fiarse (í) de

try to, tratar de + inf.

Tuesday, el martes

turn, torcer (ue, z); to be one's turn, tocarle (qu) (a uno); turn on (light), encender (ie)

twelve (twelfth), doce

twenty, veinte

twice, dos veces

two, dos; two hundred, doscientos,-as; two weeks, quince días

tyrant, tirano,-a

umbrella, el paraguas

uncle, el tío

understand, comprender, entender (ie)

undertake, emprender

undo, deshacer (deshago)

unfold, desarrollar(se)

unfortunate, infeliz, desgraciado,-a; unfortunately, por desgracia

United States (the), los Estados Unidos

university, la universidad

unless, a menos que

until, hasta, hasta que

unwillingly, de mala gana

up: get up, levantarse; go up, subir

upon (entering), al (entrar); to come upon, tropezar (ie, c) con, dar con

us, nos; to us, nos; (after prep.), nosotros

use, usar, emplear; used to, soler (ue) (or use imperfect tense); useless, inútil

usual: same as usual, sin novedad; usually, por lo común, por lo general

vacation, las vacaciones; summer vacation, las vacaciones de verano

vague, vago,-a

valley, el valle

vary, variar (í)

vendor, el vendedor

verb, el verbo

verse, el verso

very, muy; this very day, hoy mismo

vice, el vicio

victim, la víctima

victory, la victoria

view, la vista

village, la aldea

Vincent, Vicente

violet, la violeta

virtue, la virtud

visit, visitar; to pay a visit, hacer (hago) una visita

voice, la voz

volume, el tomo

voyage, el viaje

wait (for), esperar, aguardar

waiter, el camarero, el mozo

wake up, despertarse (ie)

walk, andar, caminar; to take a walk, dar un paseo, pasearse

wall, el muro, la pared

want, desear, querer (ie)

war, la guerra; World War, la Guerra Mundial

warm, caliente; to warm oneself, calentarse (ie); to be warm (weather), hacer calor; to be warm (person), tener calor

warn, advertir (ie, i)

wash, lavar; to wash oneself, lavarse; to get washed, lavarse

watch, el reloj; to watch, mirar, velar, reparar en

water, el agua (f.)

way: to make one's way to, dirigirse (j) a; to proceed on one's way, proseguir (i, prosigo) el camino; in this way, de este modo, de esta manera; in that way, de ese modo, de esa manera

we, nosotros,-as

wealth, la riqueza

wear, llevar

wedding, la boda

Wednesday, el miércoles

week, la semana, ocho días; two weeks, quince días; last week, la semana pasada; weekend, el fin de semana

well, bien
west, el oeste
wet, mojado,-a; to get wet, mojarse
what (conj.), lo que; what?, ¿qué?, ¿cuál,-es?; what a . . . !, ¡qué . . . !, ¡vaya un,-a . . . !; at what time?, ¿a qué hora?; what time is it?, ¿qué hora es?; whatever, cualquier(a)
when, cuando; when?, ¿cuándo?; whenever, cuandoquiera
where, donde; where?, ¿dónde?; wherever, (a)dondequiera; from where?, ¿de dónde?
whether, si
which, que, el (la) cual, los (las) cuales, el (la, los, las) que, lo cual, lo que; which?, ¿cuál,-es?
while, mientras (que); m., el rato; a little while ago, hace poco; in a little while, dentro de poco
white, blanco,-a
who, quien, que, el (la, los, las) que, el (la) cual, los (las) cuales; who?, ¿quién,-es?; whoever, quien(es)quiera; whom?, ¿prep. + quién,-es?; whose, cuyo,-a; whose?, ¿de quién,-es?
whole (the), todo el, toda la
why?, ¿por qué?, ¿para qué?
wide, ancho,-a; wide open,

abiertos(-as)deparenpar; width, la anchura; in width, de ancho
wife, la esposa, la señora, la mujer
will (use future tense); will you . . . ?, ¿Quiere Vd. . . . ?
willingly, de buena gana
win, ganar
wind, el viento; it is windy, hace viento
wind (a watch), dar cuerda (a un reloj)
window, la ventana
winter, el invierno
wise, sabio,-a
wish, desear, querer (ie)
with, con; with me, conmigo; with you, contigo, con Vd. (vosotros, Vds.)
without, sin, sin que; without delay, cuanto antes
witness, el (la) testigo
wolf, el lobo
woman, la mujer
wonder: I wonder . . . (use future or conditional)
wood, la madera; wooden, de madera
wool, la lana; woolen, de lana
word, la palabra; to keep one's word, cumplir (con) la palabra
work, el trabajo, la obra; to work, trabajar, funcionar
world, el mundo; adj., mundial; world-wide, mundial

worry: not to worry, perder (ie) cuidado
worse, peor; worst, el (la) peor
worth: to be worth, valer (valgo); to be worthwhile, valer la pena
would (use conditional)
wounded, herido,-a
wrap, envolver (ue)
write, escribir; written, escrito,-a; writer, el escritor, la escritora; in writing, por escrito
wrong: to be wrong, no tener (ie, tengo) razón

year, el año
yesterday, ayer
yet, todavía; not yet, todavía no
you, Vd., Vds., tú, vosotros, -as; (ind. obj.), le, les, te, os; (after prep.), Vd., Vds., ti, vosotros,-as; with you (fam. sing.), contigo
young, joven; younger, menor; youngest, el (la) menor; young lady, la señorita
your, su, sus, tu, tus, vuestro(-a, -os, -as); yours, el (la, los, las) suyo(-a, -os, -as); el (la, los, las) tuyo(-a, -os, -as); el (la, los, las) vuestro(-a, -os, -as); yourself (fam.), te, os; (formal), se